CW01662575

André Gorz

Willy Gianinazzi

André Gorz

Une vie

La Découverte / Poche
9 *bis*, rue Abel-Hovelacque
75013 Paris

Cet ouvrage a été précédemment publié en 2016 aux Éditions La Découverte.

À Walter Riffel

Composé par Facompo à Lisieux
Dépôt légal : mai 2019

ISBN 978-2-348-04351-2

Introduction

Les chemins de l'après-capitalisme

En principe, un écrivain ne compte que pour son œuvre. À la limite, sa vie n'est que support négligeable ou terreau anecdotique. Carl Gustav Jung, psychanalyste des profondeurs, racontait que sa vie sédentaire au bord du lac de Zurich était insignifiante, et qu'au contraire sa vie spirituelle était un bouillonnement perpétuel d'idées. Mais que dire lorsque l'écriture est une urgence que la vie même commande, lorsqu'elle est le fruit d'une recherche chevillée au plus profond des tourments et des interrogations d'un auteur ? Peut-on dès lors renoncer à la « découverte du quotidien[1] » où grouille l'énigme de la condition humaine ?

« Quand suis-je moi-même, c'est-à-dire non pas le jouet ou le produit extérodéterminé de forces ou d'influences étrangères, mais l'auteur de mes pensées, actions, sentiments, valeurs, etc.[2] ? » Pour André Gorz, seule une quête du sens peut permettre de répondre à cette question. Quête existentielle et quête philosophique à la fois. Aussi Gorz fut-il deux fois rebelle : en tant qu'individu inassimilé qui apprit à vivre en dépassant son refus juvénile d'exister par son rejet du conformisme social ; en tant qu'écrivain subversif refusant la mainmise de la machine techno-capitaliste sur la vie et la nature. Sur ces deux fronts, il s'est battu invariablement. À bien y réfléchir, ses thèmes de prédilection

1 Bruce Bégout, *La Découverte du quotidien*, Allia, Paris, 2005.

2 André Gorz, « L'homme est un être qui a à se faire ce qu'il est. Entretien [du 16 octobre 1983] avec Martin Jander et Rainer Maischein sur l'aliénation, la liberté et l'utopie », *in* Christophe Fourel (dir.), *André Gorz. Un penseur pour le XXIe siècle*, La Découverte, Paris, 2012 (2e éd.), p. 250.

coulent alors presque de source : critique de l'aliénation, de la consommation, du travail et du saccage du milieu de vie ; louange de l'autonomie, du temps libéré, de l'activité créatrice et du bien-vivre. On pressent les auteurs qui l'ont inspiré : Jean-Paul Sartre, Edmund Husserl, Karl Marx, Ivan Illich.

Quoique exerçant le métier privilégié de journaliste qui le tint à distance du travail abrutissant que subissent les masses, quoique réticent à l'engagement militant par incompatibilité de caractère, André Gorz a naturellement mis en adéquation ses idées critiques et sa vie. Il est peu de penseurs qui, comme lui, ont uni à ce point la théorie et la pratique. Sûrement la philosophe Simone Weil. Ce qu'on a pu dire d'elle vaut pour Gorz : « Faute d'une inscription significative dans la réalité sociale et surtout dans le monde du travail, le comportement dans l'existence est pour l'intellectuel la seule pierre de touche de l'authenticité de ses convictions[1]. » La biographie que l'on s'apprête à lire le vérifiera presque à chaque page.

Ce va-et-vient entre l'œuvre et la vie nous incitera d'ailleurs à nommer notre protagoniste non pas systématiquement par son pseudonyme consacré – André Gorz –, qui renvoie à son statut de penseur, mais par l'un ou l'autre de ses noms ou pseudonymes qui s'imposent selon le contexte. Bornons-nous ici à en dresser la liste : Gerhart Hirsch, Gerhart Horst, Gérard Horst, qui sont ses noms successifs à l'état civil, G. Bosquet, Michel Bosquet, André Gorz, qui sont ses noms d'emprunt couvrant respectivement ses incursions dans la traduction de romans, le journalisme et la prose littéraire ou théorique. Autant de noms qui façonnent son identité incertaine.

L'œuvre d'André Gorz est imposante. Né en 1923, Gorz a commencé à écrire pendant la Seconde Guerre mondiale pour n'y mettre un terme qu'en décidant de sa propre mort en 2007. Avec dix-huit ouvrages, dont dix-sept traduits dans d'autres langues, il a obtenu une grande écoute à différentes périodes et dans des milieux divers – les syndicats, la nouvelle gauche, la

---

1 Jacques JULLIARD, *Le Choc Simone Weil*, Flammarion, Paris, 2014, p. 24.

social-démocratie, les écologistes, les associations de chômeurs et précaires. Probablement plus à l'étranger qu'en France.

André Gorz est évidemment un penseur à part entière, mais singulier. En Suisse, où il a vécu dix ans, de 1939 à 1949, il a été un auditeur récalcitrant et fugitif sur les bancs d'une faculté de philosophie, puis a décroché un diplôme d'ingénieur dans un domaine scientifique dans lequel il n'exerça jamais. En France, il a occupé pendant près de vingt ans un « travail-emploi » de journaliste au *Nouvel Observateur* et même plus longtemps la fonction de rédacteur aux *Temps modernes*, où il a côtoyé nombre d'autres rédacteurs non universitaires comme lui. Autodidacte, il s'est volontiers departi de l'image du philosophe professionnel, allant jusqu'à se rabaisser : « La vérité est que je suis un bricoleur, un *maverick*, bref un type pas vraiment sérieux[1] », avait-il confié en privé au soir de sa vie. Mi-philosophe, mi-journaliste, Gorz s'est vécu comme « une sorte d'être hybride, quelque chose comme un musicien de rue[2] », qui ne prétend pas à la virtuosité, mais qui offre son interprétation honnête à un auditoire intéressé.

Assurément, Gorz n'a pas été un « intellectuel fonctionnaire » chargé de produire, dans les murs calfeutrés de l'Université ou des instituts de recherches spécialisés, un savoir destiné aux étagères des bibliothèques ou, au mieux, à l'expertise sur les plateaux de télévision et dans les couloirs du pouvoir. Il s'est donné pour tâche non pas de délaisser ce savoir, mais de l'exploiter, de l'interroger, de le reformuler, bref, de le *renverser* pour « créer une rupture dans la façon de penser les problèmes[3] ». Il s'agit, selon ses propres termes, de faire surgir « le besoin de défaire les mailles du discours dominant qui condamne le vécu

---

1 Lettre d'André Gorz à Françoise Gollain des 20-26 avril 2007 (GRZ : fonds Gorz de l'IMEC [Institut Mémoires de l'édition contemporaine]).

2 Entretien en allemand d'André Gorz avec Martin Jander et Wolfgang Templin du 8 octobre 1989 destiné à *Die Tageszeitung* (Berlin) (GRZ 10.26).

3 Christophe Fourel, « De la politique du temps au revenu citoyen. Itinéraire d'un penseur de l'après-capitalisme » (entretien avec Sarah Troche), *Geste*, n° 6, octobre 2009, p. 57.

au silence[1] ». *Traître* à l'ordre et à la société, l'intellectuel, auquel Gorz s'est identifié dans son roman éponyme, se doit d'aider, avec les outils de la pensée critique, à dégager les possibles d'un autre monde qui soit humainement désirable. Décideurs et experts – y compris ceux au service du socialisme gestionnaire – ne cessent au contraire de rabâcher aux oreilles lasses de salariés asservis et inquiets, de chômeurs et autres précaires incrédules les théorèmes de la compétition, de la croissance et de l'emploi pour l'emploi. Que soient pourtant possibles des voies de salut en dehors de ces solutions en trompe-l'œil, rien ne l'illustre mieux que l'œuvre fervente mais exigeante qu'André Gorz a bâtie sans relâche.

Il arrive que des auteurs écrivent des livres à foison, mais qu'arrivés à l'âge de la maturité où les idées se sédimentent ils ne fassent que remettre sur le métier le même livre camouflé derrière des variations plus ou moins stériles. Gorz n'a pas été de ceux-là. Profond dans ses investigations, il n'a pas été moins disponible pour continûment réviser ses idées, explorer de nouveaux territoires intellectuels, découvrir de nouveaux candidats à l'insoumission, avec pour immuable objectif de faire jaillir du réel des propositions censées donner libre carrière à l'utopie concrète. Ce à quoi André Gorz a obstinément travaillé, c'est à « imaginer une société non capitaliste et non marchande porteuse de liberté et qui fasse rêver[2] ». Le chemin a été long et sinueux.

---

1 André Gorz, « La vie, la nature, la technique », *in Le Fil rouge de l'écologie. Entretiens inédits en français* (édité par Willy Gianinazzi), Éd. de l'EHESS, Paris, 2015, p. 81.

2 Lettre d'André Gorz à Denis Clerc du 19 mai 1983 (GRZ).

Première partie

L'aliénation de l'homme moderne

Années 1940-1950 : confort et conformisme

« Miser sur la volonté de vivre[1]. »
« Ce remaniement perpétuel, ce pouvoir d'initiative et de transformation, c'est ça, la liberté[2]. »

1 Raoul VANEIGEM, *Nous qui désirons sans fin*, Gallimard, coll. « Folio », Paris, 1998 (nouv. éd.), p. 187.
2 André GORZ, *Le Traître*, Gallimard, Paris, 2008, p. 120.

1

Étranger à soi-même

André Gorz a décrit son enfance dans une autobiographie intitulée *Le Traître* (1958), dans laquelle il exprime par la force des choses un point de vue et un ressenti tout personnels. Mais il n'est pas impossible de brosser avec davantage de distance le portrait de la famille dans laquelle il a grandi.

Le protagoniste de notre histoire naît à Vienne le 9 février 1923, dix-huit mois après sa sœur Erika (Helena dans *Le Traître*). Il se prénomme Gerhart, Robert, Karl, Jacob. Son père, Robert Hirsch (Jacob dans *Le Traître*), né en 1880 à Přerov (Moravie) d'une famille juive possédante, a d'abord travaillé dans l'entreprise de caisses et tonneaux de son riche beau-frère Armin Bondi – marié à Anna (couverte de bagues et perles dans *Le Traître*) –, où il a rencontré sa future épouse qui est secrétaire. Puis, à la mort de celui-ci, il a repris et dirigé cette importante fabrique d'usinage de bois qu'il cédera formellement en 1938 à un prête-nom, le conseiller commercial Josef Drexler, pour éviter l'expropriation due à la loi d'« aryanisation ».

Le 19 juillet 1919, Robert Hirsch a épousé Maria Starka, de quinze ans sa cadette, selon le rite catholique romain, ce qui suppose sa conversion à la religion de sa femme. Née à Nuremberg mais ayant grandi à Pilsen (Bohême), celle-ci appartient à une modeste famille catholique tchèque qui s'est installée en 1918 à Vienne où le père, Karl (Yaroslav dans *Le Traître*), a abandonné son activité de chanteur lyrique itinérant pour ouvrir l'agence de théâtre Starka, renflouée par la belle-famille juive mais appelée à durer grâce à son fils. C'est en référence au dramaturge naturaliste allemand Gerhart Hauptmann que la mère a choisi le prénom de son fils.

La famille, bourgeoisement installée dans le quartier chic d'Ober-Sankt-Veit (au 116 de la Heitzinger Hauptstraße), n'habite pas le centre-ville et – elle a beau exhiber bibliothèque et piano à queue – c'est par un certain manque de culture qu'elle laisse les enfants à l'écart de la Vienne des arts que le fils découvrira plus tard en touriste[1]. Aussi celui-ci restera-t-il dépourvu, selon plusieurs témoignages, de tout sens esthétique. Mais la mère, qui investit dans ses enfants son amour et ses attentes immodérées, veille à leur bonne éducation : à son entrée à l'école, Gerhart sait lire, écrire et compter. La gouvernante française initie les enfants à sa propre langue.

Vers 1930-1931, à l'âge de sept ou huit ans, Gerhart, qui a été baptisé comme sa sœur, apprend – dans la rue ou en famille[2] ? – que son père est juif. Le 19 mai 1930, inquiet de la montée de l'antisémitisme en Autriche, ce dernier a changé de nom : la famille s'appelle désormais Horst.

> Si un jour tu devais demander pourquoi, écrit la mère dans le journal de vie de son fils, voici la réponse : papa l'a fait en premier lieu par amour pour toi. Tu comprendras peut-être seulement plus tard quel sacrifice cela a représenté pour ton père de prendre et de mettre à exécution une telle décision, et je voudrais que tu apprécies avec un sentiment de gratitude particulier cette abnégation de ton père. À l'abandon du nom de Hirsch, tu ne dois pas attribuer une fausse explication. Quel que soit leur nom, tous les hommes honorables sont d'égale valeur[3].

Le 12 juin 1933, le père est baptisé dans la religion catholique. Dans les mois qui suivent l'*Anschluss* de mars 1938, ces

1 Selon la lettre d'André Gorz à Franz Schandl du 1er novembre 2004, dans « Über den Horizont unserer Handlungen. Aus den nachgelassenen Briefen des André Gorz », *Streifzüge*, n° 41, novembre 2007, p. 11.

2 À une centaine de pages de distance (p. 67-68 et p. 177), *Le Traître* (Gallimard, Paris, 2008) se contredit sur ce point.

3 Maria Starka-Horst, journal de vie de son fils (en allemand), annotation de juin 1930, f° 77, GRZ 21.1.

précautions n'empêchent ni la mainmise sur la fabrique du nazi de la première heure, ancien petit marchand de bois devenu député Paul Hudl, déjà impliqué dans l'assassinat du chancelier Dollfuss en 1934, ni l'éviction du bel appartement familial au profit d'un occupant « aryen » membre du parti nazi. Une seule autre personne de la famille paternelle semble avoir été inquiétée par les menées antisémites du régime : l'oncle de Gerhart, Oskar Hirsch (Oscar dans *Le Traître*), professeur à l'université de Vienne et oto-rhino-laryngologiste connu, qui est contraint à l'exil ; après la guerre, il récupérera les œuvres d'art que les nazis lui avaient volées, dont un tableau d'Egon Schiele – les Horst habitaient un immeuble mitoyen de celui où le peintre était décédé en 1918. Sans domicile, la mère de Gerhart est hébergée avec ses deux enfants chez sa sœur, alors que le père, par précaution, part habiter seul une modeste chambre de pension avant de la rejoindre en novembre 1941. Au lendemain de la guerre, le père réintègre ses fonctions de propriétaire d'entreprise.

Voilà pour ce qui est des faits à peu près objectifs que l'on peut extraire soit du florilège de reproches acérés que le fils adresse à ses parents dans son essai introspectif, soit de ses diverses déclarations postérieures, soit des papiers de famille qu'il laisse à sa mort, y compris des annotations de la mère dans le journal de vie de son fils[1], soit encore de récentes et fructueuses explorations dans les archives autrichiennes[2]. Reste à savoir comment Gerhart Hirsch/Horst a vécu lui-même son enfance.

Un « métis inauthentique »

Du père, Gerhart ne supporte ni l'autoritarisme, exercé à l'usine comme à la maison, ni l'adhésion aux valeurs d'ordre

1 En octobre 1985, alors qu'elle a quatre-vingt-dix ans, la mère fait don à son fils du *Tagesbuch* le concernant, soit soixante-dix-huit feuillets ayant pour date finale 1930 (GRZ 21.1).

2 Voir Wolfgang Stenke, « Die Wege des André Gorz », *in* Claus Leggewie et Wolfgang Stenke (dir.), *André Gorz und die zweite Linke. Die Aktualität eines fast vergessenen Denkers*, Wagenbach, Berlin, 2007, p. 10-34.

et de hiérarchie qui, encore en 1951, lui auraient fait dire qu'il n'avait rien contre Hitler si ce n'est tout cet antisémitisme. À la mère, dont il attribue le mariage au désir d'ascension sociale et à la vénalité contre l'avis d'un père antisémite, il reproche d'avoir tout fait pour gommer la judaïté de son mari, avec qui elle ne s'entend guère, et par conséquent la semi-judaïté de ses enfants baptisés. Son frère, qui dirige avec succès l'agence de théâtre, arbore fièrement l'insigne à croix gammée. « Drôle de famille » donc, « divisée contre elle-même, et dont il avait à intérioriser les divisions[1] ». « Je ne pouvais, se souviendra-t-il, correspondre aux attentes ni de mon père ni de ma mère. J'étais condamné à trahir l'un ou l'autre ou les deux à la fois, un peu comme ces bâtards qui sont des figures centrales dans le théâtre de Sartre[2]. » Convaincu de ne pouvoir satisfaire les « exigences exorbitantes de sa mère[3] » et de ne pas être à la hauteur de ce que le « Tribunal des parents et ancêtres » attend de lui, Gerhart enfant se replie sur lui-même, « bégayant, silencieux, timide, bigle, paralysé de terreur coupable dès qu'une voix le somme à se manifester au dehors[4] ».

C'est pourquoi « il n'a jamais vécu sa relation au monde et avec les autres comme une immédiateté quasi naturelle, sa spontanéité est empoisonnée à la base, il a appris à surveiller ses intentions affectives dès leur surgissement[5] ». Aussi se défie-t-il d'un monde hostile qui lui est insaisissable et étranger (ne fut-il pas la risée de ses camarades d'école pour avoir changé de nom[6] ?). Il aime certes son instituteur Franz Spiroch, un « rouge » qui joue le rôle de père de substitution[7] et lui inculque

---

1 André Gorz, *Le Traître*, *op. cit.*, p. 155.
2 Michel Contat et Thomas Ferenczi, « Un entretien avec André Gorz », *Le Monde*, 14 avril 1992.
3 André Gorz, *Le Traître*, *op. cit.*, p. 409.
4 Fragment inédit du *Traître* (GRZ 1.15).
5 André Gorz, *Fondements pour une morale*, Galilée, Paris, 1977, p. 464.
6 Témoignage de la sœur Erika recueilli par Christophe Fourel en 2009. Voir Christophe Fourel (dir.), *André Gorz. Un penseur pour le XXIe siècle*, *op. cit.*, p. 18.
7 André Gorz, « La vie, la nature, la technique », *loc. cit.*, p. 27.

la certitude que « le travail humain est l'origine du monde qui nous est donné[1] ».

Mais à l'école et dans la rue, on lui renvoie une image négative de juif que sa mère s'emploie à contrecarrer par l'évocation d'une mythique lignée aristocratique dont elle serait issue. Quant aux idéaux de force et de virilité, ils ne peuvent être reçus d'un père vieillissant, houspillé par son épouse et qui, en tant que juif, lui paraît faire preuve de faiblesse et de couardise ; la tentation est grande de les admirer ailleurs, dans des types de caractère, socialement valorisés, qu'incarneront par la suite les Jeunesses hitlériennes, auxquelles l'accès lui sera évidemment prohibé, et les chemises brunes (SA). Ce méli-mélo de sentiments contradictoires fera dire à l'auteur du *Traître* que son enfance a été celle d'un « métis inauthentique[2] », plongé dans un exil intérieur. Des pages écrites en 1946 rendront compte de la situation existentielle qui a été la sienne.

> Ce monde n'est pas le *sien* [...]. Il n'a pas de vie : son engagement primordial dans le monde s'est désagrégé par une série de dépaysements et de malheurs ; peut-être même sa situation, comme celle du métis, de l'apatride, de l'émigré, a-t-elle été originellement déchirée, en sorte que le monde ne lui apparaît dans aucune perspective définie, qu'il ne bénéficie d'aucun « sol » historique, social, ethnique. [...] Fils baptisé d'une mère chrétienne et d'un père juif, par exemple, il est rejeté vers les Juifs quand il veut se conduire en chrétien, et vers les chrétiens quand il veut s'intégrer aux Juifs. Métis, Blancs, Noirs se le renvoient mutuellement et le désavouent également. Quoi qu'il fasse, son comportement ne parviendra pas – du moins pas rapidement – à assumer et dépasser effectivement, pour la totaliser, sa situation de départ[3].

L'importance qu'André Gorz accorde à la reconstruction de son enfance rend intéressante la question que sa mère, âgée de

---

1 Manuscrit s.d. de Gorz (GRZ, 8.32).
2 André GORZ, *Le Traître, op. cit.*, p. 175.
3 *Idem, Fondements pour une morale, op. cit.*, p. 361-362.

quatre-vingt-sept ans, adressera à « [son] cher petit » dans une lettre écrite avec esprit et « sans rancune ! », après que son fils, réconcilié, l'aura mise au courant d'une interview autobiographique parue dans la presse : « Comment te serais-tu développé si, par exemple, tu avais été le fils d'un Allemand des Sudètes très nationaliste, car parmi mes soupirants figurait un tel homme ? Si on t'avait épargné l'écartèlement de ton ascendance, qu'aurait produit l'influence d'un tel père sur ton esprit alerte[1] ? » La réponse est oiseuse, mais l'interrogation est sensée et la problématique philosophique qui la sous-tend capitale, car c'est bien dans son vécu *particulier* que Gorz a puisé le principe *universel* d'émancipation, qui fonde toute sa réflexion sociale. Ce principe s'énonce ainsi :

> Les individus ont à se construire eux-mêmes leur identité, à chercher eux-mêmes ce qui est « juste », à former eux-mêmes, électivement, les communautés auxquelles ils puissent se sentir appartenir [...]. Cette condamnation à l'autonomie est [leur] lot commun[2].

Le choix du français

Le 20 juillet 1939, Gerhart Horst arrive en Suisse. Il a seize ans. Sa mère et sa sœur l'accompagnent. Son père, venu les saluer à la gare de départ, à Vienne, ne se doute pas qu'il ne reverra pas son fils pendant huit ans et que celui-ci, après ces années passées en Suisse, choisira la France au lieu de revenir dans son pays natal. Pour l'heure, il s'agit de longues vacances, d'abord à Montreux, station climatique huppée au bord du lac Léman où l'adolescent remarque que les « larbins » sont plus nombreux que la riche clientèle pour qui ils travaillent, puis dans une pension de famille à Zurich, ville opulente à la jouissance contenue et à la misère honteuse.

---

1 Lettre en allemand de Maria Horst-Starka à son fils du 2 septembre 1982 (GRZ).

2 Michel Contat et Thomas Ferenczi, « Un entretien avec André Gorz », *loc. cit.*

L'invasion de la Pologne, le 1er septembre, et le début de la guerre en Europe, qui ajoutent au traumatisme de l'*Anschluss* l'année précédente, poussent la mère à de fiévreuses démarches pour placer son fils dans un internat suisse. En dépit des restrictions financières que connaît la famille depuis la crise économique des années 1930 – privant les Horst de leurs vacances bourgeoises sur les plages adriatiques d'Italie, de Slovénie ou dans les hôtels d'Arosa, dans les Grisons – et les taxes imposées par les lois contre les Juifs depuis l'*Anschluss*, le choix est contraint : il se porte forcément sur un institut international d'enseignement pour riches, dont la Suisse s'est fait la spécialité. Grâce à l'épouse d'un directeur de Daimler-Benz, rencontrée dans une file d'attente au bureau des étrangers, la mère a vent d'un institut qui prépare au baccalauréat de jeunes Allemands, Hollandais et Suisses. C'est dans cet établissement de langue allemande, agréé par le Grand Reich et à la discipline de fer notoire – pronazi par son directeur[1] –, perché à 1 700 mètres d'altitude dans les Grisons, à proximité de Saint-Moritz, que l'adolescent fait, dix-huit mois durant, l'expérience concrète, objective, non plus seulement intérieure, de la solitude et de l'exil. Quand on sait que le patriotisme suisse, à la recherche de sa *Heimat*, s'est construit autour du mythe naturaliste de la montagne, on mesure la portée quasi ontologique des souvenirs que gardera le pensionnaire de l'ultra-select *Lyceum alpinum* de Zuoz[2] :

> La montagne l'a exalté les premiers jours, puis elle lui pesait ; il rêvait à la mer parce que la mer fait rêver, tandis que la montagne, qui ne change pas, décourage l'imagination. Les hommes rampent dans son ombre, leurs pensées sont courtes comme l'horizon, étroites comme la vallée, avares comme le sol rocailleux ; parce que l'activité humaine ne l'entame pas, la

---

1 Selon André Gorz, *Le Traître, op. cit.*, p. 209.

2 L'autobiographe cache son identité (à sa mère) en parlant de l'« Institut Montana » (*ibid.*) situé à Klosters, dans une autre vallée, à une heure de train, mais indique bien l'altitude du lycée de Zuoz, dont il conserve les attestations de scolarité.

> montagne décourage, invite au repliement, au conservatisme. L'Histoire se brise à son pied sans la marquer, et les montagnards ne croient pas à l'Histoire : il n'y a pour eux qu'une éternité lunaire, dont le coiffeur, le tabac et le vin rythment l'ennui[1].

À croire, suivant le déterminisme géographique de Vidal de La Blache, que le conservatisme proverbial de ce pays est à jamais figé dans le roc ! C'est, semble-t-il, dans l'œuvre d'André Gide que Horst trouve une corroboration littéraire de sa détestation des cimes[2].

Dans toutes les matières, Gerhart Horst a de bons, voire d'excellents résultats. Il n'est pas meilleur en français qu'en anglais, en allemand qu'en mathématiques. Il ne suit pas les cours de religion : il est athée, de manière ostensible et définitive. Un soir de l'hiver 1939-1940, il prend la résolution de se vouer corps et âme à l'apprentissage du français. Cette langue ne lui est pas inconnue ; elle a été une mélodie feutrée de l'enfance, en contrepoint de la langue maternelle qu'il rejette désormais en tant que telle.

Mais, objectivement, le choix de la langue française, qui ravive le doux souvenir de sa gouvernante, ne peut être « un divorce[3] » d'avec sa mère qui s'y était aussi initiée. Walter Riffel, qui a connu Horst dès 1943, raconte d'ailleurs que son ami n'avait aucune prévention contre sa mère jusqu'à ce que celle-ci s'oppose, en 1948, à son mariage avec Doreen Keir et que son père lui avait révélé qu'elle avait eu soin de choisir des gouvernantes de langue française dans le but de les empêcher d'avoir le moindre contact avec le père qui ne parlait qu'allemand[4].

Alors que les professeurs préviennent Gerhart, dans son livret de notes, qu'il « ferait bien de ne pas s'isoler si hautainement des autres étudiants », sa décision vaut sécession ; elle est capitale :

---

1 *Ibid.*

2 Voir la lettre de Walter Riffel à André Gorz du 26 août 1990 (GRZ). Riffel est un Grison que Gorz a connu à l'époque de ses études à Lausanne.

3 Contrairement à ce qu'il affirme dans un entretien : André Gorz, *Penser l'avenir. Entretien avec François Noudelmann*, La Découverte, Paris, 2019.

4 Entretien de l'auteur avec Walter Riffel, 17 mars 2016.

elle implique à ses yeux un choix de civilisation. « Il a décidé, écrira-t-il dans *Le Traître*, que le corps de la pensée vraie et de la Raison était la langue française, que la terre où la vie était encore et, par excellence, vivable était la France[1]. »

Dès que possible, il se fera donc appeler Gérard et pour toujours (c'est ainsi que les intimes le nommeront), et le français deviendra délibérément sa langue d'expression élective (avec des concessions à l'anglais liées aux exigences du travail et par choix amoureux) : il faudra attendre longtemps pour que, la notoriété aidant, il se résolve à concéder des entretiens, à donner des conférences et à écrire dans sa langue maternelle. « Pendant plus de quarante ans (1940-1983), écrira-t-il en soignant la légende de sa répulsion linguistique, j'ai refusé de parler, penser ou d'écrire en allemand[2]. » Cette façon qu'il dira « passionnée, disciplinée, ascétique », et même « masochiste[3] » – après la débâcle française –, de se consacrer au français et à sa littérature trahit un sourd besoin de rompre avec tout ce qu'a représenté pour lui une enfance surprotégée, mais qu'il a vécue comme malheureuse : « La France, expliquera-t-il, était l'Autre de tout ce qu'il était et connaissait [...]. Il fuyait la contradiction austro-germano-judéo-chrétienne vers le mythe de l'absolu français[4]. » Une « contradiction » qu'il intériorise comme une

---

1 André Gorz, *Le Traître, op. cit.*, p. 216-217.

2 Lettre d'André Gorz à Oskar Negt, en anglais (ici parce que dactylographiée par son épouse Doreen/Dorine), du 23 mai 1990 (GRZ). En 1971, Gorz choisit délibérément de s'exprimer en anglais dans un séminaire à l'université d'Heidelberg. S'il n'est pas certain qu'il ait accepté l'invitation à parler à la radio allemande NDR en 1969, en revanche il participe bel et bien en 1970 et 1971 à des émissions des télévisions allemande et suisse alémanique. En 1974, à Cuernavaca, il s'adresse à un interlocuteur allemand dans sa langue maternelle, mais feint un accent français (communication à l'auteur de Jean Robert, 28 avril 2013)... C'est seulement à partir de 1980 qu'il concède, puis multiplie des entretiens pour des publications germanophones. Si l'on veut donner une explication psychanalytique à la levée de ce tabou, on remarquera la coïncidence approximative entre cette décision et la réconciliation avec sa mère vers 1982.

3 André Gorz, *Le Traître, op. cit.*, p. 217 et p. 222.

4 *Ibid.*, p. 217 et p. 231.

faille identitaire et qui, nous l'avons vu, trouve son origine dans le roman familial. Aussi persistera-t-il à se vivre comme un demi-juif, un émigré, un étranger, un déraciné. Il ne se reconnaîtra donc « aucune identité nationale » : « J'ai quatre grands-parents tchèques, dont deux étaient juifs, répondra-t-il à un intervieweur allemand en 1982. Je ne suis pas plus français que Wittgenstein n'est anglais, Feyerabend californien et Ivan Illich mexicain, qui tous trois sont des Viennois ayant vécu à l'étranger[1]. »

Les baccalauréats suisse et du Grand Reich en poche, et résolu à mettre en acte sa rupture, Horst quitte la Suisse alémanique pour la Romandie francophone. Mais il est encore loin de savoir comment orienter sa vie. À dix-huit ans, il sait juste que, juif ou non juif, il ne veut pas être incorporé dans l'armée allemande. Même si le père ne voit pas de danger pour lui-même et refuse d'émigrer – son épouse l'a longtemps pressé de partir au Brésil –, la famille donne son assentiment au choix du jeune homme en finançant ses études supérieures, avant qu'un couple philanthrope de Zurich sans enfant, séduit par l'entregent incroyable de la mère, ne prenne le relais – Horst, reconnaissant, lui rendra visite régulièrement pendant ses études en Suisse.

Le cas suisse

Gérard Horst arrive à Lausanne en avril 1941. Il s'inscrit en chimie à l'école d'ingénieurs. Il ne songe pas aux lettres parce que le diplôme n'est pas reconnu à l'étranger. Les études ne l'intéressent guère, mais il décroche en 1945 son diplôme d'ingénieur chimiste de l'université de Lausanne[2]. Ses velléités de travailler au Congo belge persistant plusieurs mois mais sans se concrétiser et ses quelques tentatives d'embauche en Suisse et

---

1 André GORZ, « Friedensbewegung – keine europäische Solidarität ? » (entretien avec Claus Leggewie), *Zeitung zum frankfurter Friedenskongress : Links*, juin 1982 (éd. spéc.), p. 8. C'est probablement cet entretien, déjà publié dans le *Frankfurter Rundschau* du 14 juin, que Gorz communique à sa mère.

2 « Les nouveaux gradués de l'université de Lausanne », *Gazette de Lausanne*, 15 juin 1945.

plus tard en France ayant été infructueuses, il n'exercera jamais ce métier. Ses inclinations intellectuelles véritables sont d'une autre nature.

Dès son arrivée dans la capitale vaudoise, il entreprend des lectures intensives d'ouvrages de littérature et de philosophie. Il dévore Gide, Ruyer, Dostoïevski, se passionne pour Valéry, découvre – dans la vitrine d'une librairie de Gênes où il se rend en 1941 pour revoir sa mère – *La Nausée* et *Le Mur* de Sartre, puis étudie à fond *L'Être et le Néant* qui est publié en 1943. Son immersion dans la littérature française le détourne d'une proposition qu'il reçoit en 1942 d'émigrer aux États-Unis où s'est exilé son oncle Oskar Hirsch. Mais ces lectures ne comblent pas d'emblée le vide spirituel dans lequel il continue de végéter ni ne suppléent à l'isolement de ses premiers dix-huit mois passés à Lausanne.

Rien de sa cogitation, remarquera-t-il plus tard, n'a contribué à le rapprocher des Suisses. L'incompréhension est totale. Ce qu'il voit dans la presse ou dans les actualités cinématographiques, ce sont les clichés de propagande aux relents pétainistes et la politique faussement neutre en faveur de l'Axe. Sait-il que la censure est en effet partout ? Alors que la guerre fait rage sur le front de l'Est et en Libye, il ressent chez les Suisses, qu'il toise à la brasserie ou dans la rue, l'insouciance alliée à la prospérité, l'une et l'autre assises, comme il dira avec sarcasme, « sur six années de réserves alimentaires et de combustible ». Mais cette Suisse « sans vérité » qui « exilait ses habitants de l'Histoire et les enfermait dans la sécurité et dans le confort comme dans une prison[1] » ne convient pas plus aux étudiants suisses qu'il va bientôt rencontrer.

Si on lit en historien le récit autobiographique du *Traître*[2], on s'aperçoit que la lumière qu'a jetée le jeune Horst sur son pays

1 André Gorz, *Le Traître, op. cit.*, p. 248-249, p. 244 et p. 249.

2 En s'appuyant sur Françoise Fornerod, *Lausanne, le temps des audaces. Les idées, les lettres et les arts de 1945 à 1955*, Lausanne, Payot, 1993 ; Pierre Jeanneret, *Popistes. Histoire du Parti ouvrier et populaire vaudois. 1943-2001*, Éd. d'en bas, Lausanne, 2002.

hôte est frappée d'un coin d'ombre. Car un autre milieu que celui, privilégié et clos, de la jeunesse étudiante est réfractaire à l'ordre bourgeois bien-pensant, que Horst méconnaît faute de l'avoir fréquenté. Un milieu qui, de surcroît, est étranger à la richesse des Suisses qui tant aveugle un étudiant sans le sou comme lui. Il s'agit des ouvriers. Ceux-ci subissent de plein fouet les restrictions de guerre, notamment les rationnements alimentaires qui sont maintenus jusqu'en 1947, et même au-delà pour le pain, en raison de la permanence des difficultés économiques (en 1948, le canton de Vaud recourt au travail obligatoire des fonctionnaires et des jeunes, envoyés pendant trois semaines aux champs !). À cela s'ajoutent le déficit chronique de logements et la persistance de taudis.

Ce tableau austère de la réalité suisse d'après guerre est absent du *Traître*. Pourtant, si on ne l'a pas en tête, on comprend mal les grèves d'ouvriers et de mineurs du charbon qui se multiplient à Lausanne et dans l'arrière-pays à cette époque. Ces grèves rappellent aussi que Lausanne – à l'instar de Genève – n'est pas qu'une ville bourgeoise et étudiante, mais également une ville ouvrière avec ses bastions socialiste et communiste. Déjà au moment des fronts populaires cautionnés par le Komintern, les rouges ont dirigé la municipalité (1934-1937). Avec la levée de la censure, et de l'interdiction des communistes qui date dans le canton de Vaud de 1938, le Parti ouvrier et populaire (POP), créé dans la clandestinité en 1943, remporte largement les élections communales de 1945 et forme, avec les socialistes, la nouvelle majorité municipale (le début de la Guerre froide et les effets du coup de Prague de février 1948 empêcheront que cette majorité soit reconduite en 1949). Cette poussée ouvrière d'après guerre, qui est générale dans le pays et qui fait craindre aux « partis bourgeois », comme ils se nomment eux-mêmes, une réédition de la situation révolutionnaire de 1918, amène à l'institution en 1948 du système des retraites, vieille revendication du mouvement ouvrier suisse.

Pour les Suisses prêts à se révolter, il y a donc une marge de manœuvre dans l'action politique. Mais pour Horst, toute perspective de transformation révolutionnaire dans ce pays est illusoire tant que le monde alentour n'aura pas changé. Il partage le cafard de ses camarades, dont l'un s'exclame : « Que peut-on entreprendre dans cet univers kafkaïen, à partir de notre désespoir de poissons rouges en bocal ? Impuissants, nous sommes impuissants[1]. » Ayant pour seul horizon ses fréquentations étudiantes, il notera que « cette révolte était sans espoir » : « Elle devait tourner court ou s'épancher en littérature[2]. » Quant à ceux qui restent au POP « par ressentiment contre cette société étouffante », ils ne peuvent le faire que lovés dans l'impuissance du stalinisme : en « s'évadant avec sectarisme de la réalité vers un système prophétique qui la nie, mais dont la prophétie et le rêve de fraternité humaine restent sans prise sur leur condition[3] ». Horst est taraudé par cette expérience proprement pathétique de l'impossibilité révolutionnaire. Ayant quitté la Suisse, il songera un moment à écrire une brochure sur la *Révolte de la jeunesse suisse*[4].

Une vie d'étudiant et de bohème

Deux événements concomitants vont signifier la fin de la solitude pour Gérard Horst : le début d'une relation avec une jeune travailleuse qu'il voit en fin de semaine (*L* dans *Le Traître*) et, hormis sa fréquentation d'étrangers et exilés indiens, allemands, italiens ou autrichiens, son intégration à un cercle d'étudiants. Ce second événement, intellectuellement marquant, est curieusement négligé dans son autobiographie. Il faut au contraire lui accorder toute son importance.

Le 30 octobre 1942, Horst est admis par cooptation à la Société de belles lettres de Lausanne. Il en devient le secrétaire en 1944-1945, avant d'assumer la même charge, en 1945-1946, pour l'ensemble des sections suisses – les autres sections étant celles de

1 Charles Apothéloz, « Idéologie et mystification » (1949), *in Cris et écrits. Textes sur le théâtre, 1944-1982* (éd. par Joël Aguet), Payot, Lausanne, 1990, p. 158.
2 André Gorz, *Le Traître, op. cit.*, p. 252.
3 *Ibid.*, p. 253.
4 Voir la lettre de Gérard Horst à Walter Riffel, s.d. [1953 ?] (GRZ).

Genève, Neuchâtel et Fribourg. Le 7 février 1947, signe éclatant d'intégration parmi ses pairs, il est nommé vice-président de la société de Lausanne[1]. Cette société d'étudiants, créée à l'orée du XIXe siècle, est à l'époque très active et d'esprit ouvert, l'éventail de sensibilités allant des radicaux à quelques popistes. Sans plus s'encombrer de l'uniforme des aînés, ses membres pratiquent « une révolte assez joyeuse contre tout conformisme[2] ». Une ou deux fois l'an, ils s'obligent à monter une représentation théâtrale. Des écrivains, des journalistes, des peintres sont invités à donner des conférences, suivies de « pots » bien arrosés où règne la bonne humeur.

Horst les fuit. Il leur préfère les séances de discussion moins mondaines et plus informelles du vendredi soir, où les étudiants présentent une œuvre, un texte de leur cru ou déclament des poèmes. C'est l'occasion pour lui de trouver un auditoire et des attaches intellectuelles. Déjà, à la pension de famille où il logeait avec des étudiants, une actrice, un peintre et un écrivain prometteur, il « dominait de ses sarcasmes ou de ses sorties spirituelles la conversation des convives[3] ». Par son éloquence, sa réflexion éthérée et son savoir supérieur, il méduse certains étudiants et impressionne tout le monde. « Tu pues l'intelligence comme d'autres sentent des aisselles », lui lance l'un d'eux[4]. Plus tard, Gorz se justifiera : « J'étais absolument malheureux à cette époque et je faisais payer mon malheur aux autres. Je m'en parais comme d'une supériorité. Je me situais dans un ailleurs, soustrait au jugement d'autrui, d'où je jugeais (et damnais) tout et tous[5]. » Horst initie ses camarades à Camus,

---

1 *Belles lettres de Lausanne. Livre d'or du 200e anniversaire, 1806-2006*, Société de belles lettres de Lausanne, Lausanne, 2007, p. 376 ; *Gazette de Lausanne*, 18 février 1947.

2 Franck JOTTERAND, *Présence de Franck Jotterand. Recueil de textes* (présenté par J.-P. Moulin), L'Âge d'homme, Lausanne, 1997, p. 19.

3 Souvenirs de Walter Riffel évoqués dans sa lettre à André Gorz du 26 août 1990 (GRZ) et dans l'entretien cité avec l'auteur.

4 André GORZ, *Le Traître*, *op. cit.*, p. 295.

5 Lettre d'André Gorz à Walter Riffel du 29 octobre 1990 (archives privées), en réponse à celle citée ci-dessus.

Queneau, Prévert, Nizan et aux romans de Sartre. De nature taciturne, il se métamorphose lorsqu'il rentre en philosophie et, par une voix monocorde et douce, développe les thèmes de l'existentialisme sans que ses auditeurs parviennent à le suivre, la plupart du temps. Il connaît aussi la littérature réaliste et sociale américaine qu'il dévore en anglais ; il a un faible pour Farrell et tout spécialement pour Dos Passos[1] ; il lit aussi Faulkner. À des fins alimentaires, il traduit d'ailleurs pour un éditeur local deux romans américains à la mode, affermissant ainsi sa maîtrise de la langue de Shakespeare[2].

Les personnes qui ont côtoyé Horst dans son exil lausannois s'accordent aujourd'hui sur le portrait qu'elles en brossent. L'influence qu'a eue la lecture du *Traître* sur leur mémoire peut être un biais, mais des détails méconnus transparaissent malgré tout. On souligne que Gérard était extrêmement cérébral et d'une formidable indifférence à tout ce qui ne relevait pas de choses hautement intellectuelles[3]. On se rappelle qu'à cette période « fuligineuse » de sa vie, il était réfrigérant, réfractaire à l'effusion, ne recherchant pas l'amitié, austère et vraiment singulier[4]. « Terroriste du rationnel[5] », il ne participe pas aux quatre cents coups des étudiants. Il refuse les « charriages » (bizutages) pratiqués à Belles-Lettres. Il ne boit pas, ne court guère les cabarets, auxquels il préfère le jeu d'échecs. Par goût, mais aussi par manque d'argent. Il se distingue en outre par son désintérêt pour le jazz et, s'étant débarrassé de ses skis, de son vélo et de sa raquette de tennis, par son mépris pour le sport,

---

1 Voir Gérard Horst, « La littérature américaine industrialisée », *Servir*, 19 juin 1947.

2 Ramona Stewart, *...Et le désert autour* (trad. de Gérard Horst), Marguerat, Lausanne, 1946 ; Charles Mergendahl, *La Route aux étoiles* (trad. et adaptation de G. Bosquet [*alias* Gérard Horst]), Marguerat, Lausanne, 1947. L'usage du pseudonyme est sans doute motivé par l'éreintement qu'il fait de ce best-seller dans l'article cité ci-dessus.

3 Entretien de l'auteur avec Jean-Pierre Moulin, 9 décembre 2010.

4 Entretien de l'auteur avec Charles-Henri Favrod, 12 octobre 2010.

5 Expression utilisée par Gaston Cherpillod dans une lettre à l'auteur du 15 décembre 2011.

cette « discipline abrutissante » qu'on lui a imposée à Zuoz[1] avant qu'il ne s'en fasse dispenser ; mais à la plage, il exhibe, « en dépit de ce qu'[il] racont[e], l'attachement aux valeurs corporelles, athlétiques[2] », comme le prouvent ses photos de vacances. Il s'octroie tout de même cinq séances de cinéma par semaine, et fume comme tout le monde, trop content d'avoir déniché le débit de tabac le moins cher de toute la ville – son avarice est proverbiale[3].

Mis à part l'allusion aux beaux velours de ses pantalons et vestes (quoique portés jusqu'à l'usure), les lignes du portrait que fera de lui un collègue journaliste, qui le côtoiera pendant près de trente ans, sont déjà là :

> C'était un oiseau assez énigmatique, aux ailes repliées, habillé de peu de couleurs – mais dans des tissus de bonne qualité –, parlant lentement, d'une voix douce, toujours avec précision et compétence, donnant parfois le sentiment d'être déconcerté sinon accablé par l'ignorance de ses interlocuteurs. Il affichait dans les discussions un sourire patient, presque amusé par les objections qu'on pouvait lui faire, mais ne renonçait jamais à convaincre. On eût dit parfois que, de la caverne de Platon, il était parvenu à s'extirper pour accéder à l'univers du vrai. Était-il pour autant arrogant, méprisant ? Jamais. Il aimait écouter, apprendre, lire tout, dévorer l'information[4].

Après avoir quitté la pension de famille Wachsmuth au chemin de Boston 5 et « créché » de chambre en chambre, Horst loue à l'automne 1946 une petite mansarde de la vieille ville, rue du Tunnel 6, où populo et prostituées font bon ménage. Les visiteurs en gardent un souvenir encore plus sombre que la description qu'en donne *Le Traître*, comme de la vie frugale à

1 Souvenirs de confidences reçues par Walter Riffel évoqués dans sa lettre à Gorz du 26 août 1990.

2 Lettre citée d'André Gorz à Walter Riffel du 29 octobre 1990.

3 L'auteur du *Traître* ne s'en cache pas. Ce trait de caractère est mis en évidence par quiconque a connu Gorz.

4 Serge Lafaurie, « Hommage à André Gorz » (communication lue à une table ronde commémorative à Paris), 5 mai 2009.

base de flocons d'avoine, frisant la mortification, qu'y mène son occupant : chambre insalubre tendue de draps noirs, aux fenêtres closes ; pas de chauffage ; résistance électrique pour chauffer l'eau ; une unique ampoule pendant à un fil au milieu de la pièce ; « les installations sanitaires fonctionnant mal, une bassine pleine d'eau trônait sur le plancher. Pendant nos conversations, se souvient le disciple Freddy Buache, Horst y puisait des louches qu'il buvait par lampées brèves avant de poursuivre le commentaire critique d'une proposition[1]. »

Fréquentations lausannoises

À Belles-Lettres, Horst est en osmose avec la fine fleur des jeunes intellectuels qui, après la guerre, sont en proie à une incroyable excitation intellectuelle, portés par l'idée d'un monde à refaire, et qui vont effectivement décloisonner la culture en Suisse romande[2]. Bon nombre opèrent à partir de Paris, où Horst voit le « centre du monde » et où ils atterrissent avec la même frénésie qu'un oiseau libéré de sa cage – ce seront les premiers amis de Horst à Paris.

Parmi ceux qui comptent à ses yeux, on trouve Jean-Pierre Moulin (entré à Belles-Lettres en 1942), journaliste et parolier (ami de Boris Vian) installé à Paris dès 1946 en habitué de Saint-Germain-des-Prés. Franck Jotterand (1943), qui en 1947 pique au vif la municipalité de Lausanne en reprochant à la ville d'être fermée et antijeune. Parti lui aussi pour le Paris des existentialistes, il s'enflamme pour Jean Vilar et le théâtre d'Albert Camus et dirige à partir de 1949, en un va-et-vient avec Lausanne, ce richissime kaléidoscope international des arts et de la culture qu'est le supplément littéraire de la *Gazette de Lausanne*. C'est cet ami proche de Horst qui affirme qu'il pue l'intelligence.

1 Freddy Buache, *Derrière l'écran. Entretiens avec Christophe Gallaz et Jean-François Amiguet*, L'Âge d'homme, Lausanne, 2009, p. 44-45.

2 Voir « Jean-Pierre Moulin, un "Amant américain" à Paris » (entretien avec Jean-Jacques Roth), *Le Nouveau Quotidien*, 3 janvier 1993.

On pense aussi à Charles-Henri Favrod (1946), grand reporter et critique au même journal avant de produire des films (dont *Le Chagrin et la Pitié* [1969], de Marcel Ophüls). À Charles Apothéloz (1942), qui rompt avec sa famille bourgeoise pour la bohème et renonce au droit pour le théâtre.

Il y a aussi ceux dont *Le Traître*, sans les nommer expressément, décrit avec affection la révolte sans espoir, comme Jean-Pierre Schlunegger (Jean-Marie dans le roman[1]) (1944), poète de la solitude qui choisit la mort à trente-neuf ans. Ou comme Gaston Cherpillod (*A* dans le roman[2]) (1945), fils d'ouvrier et de servante de ferme, enseignant licencié en 1953 dans le climat de la Guerre froide et écrivain se disant « enragé », militant et édile du POP, puis de la gauche alternative – qui se rappelle qu'en mai 1946, anniversaire de l'armistice, Horst arbora à sa fenêtre un drapeau rouge orné de faucille et marteau[3]. Ou enfin comme Freddy Buache (*B* dans le roman[4]) (1948), déjà évoqué, féru de cinéma (promoteur de la Cinémathèque suisse), postdadaïste avec son manifeste du *Doigt* qui inquiète la police municipale dirigée par les communistes[5]. Découvrant André Breton en même temps qu'il fraie avec les popistes qui le taxent de trotskiste, Freddy Buache est peut-être celui avec lequel Horst se sent le plus d'affinité. Logé un peu comme lui à l'enseigne du métissage, en raison de modestes origines campagnardes qui, à l'université, lui laissent un « sentiment de

1 André Gorz, *Le Traître, op. cit.*, p. 253.
2 *Ibid.*, p. 252.
3 Lettre citée de Gaston Cherpillod (décédé en 2012), qui situe l'anecdote rue de Bourg et au moment de l'armistice. Horst n'emménageant dans cette rue qu'en avril-mai 1946, nous privilégions la mémoire du lieu à celle du temps.
4 André Gorz, *Le Traître, op. cit.*, p. 252.
5 Vendu dans la rue par des hommes-sandwichs et annoncé par une banderole déroulée le long de l'unique tour de la ville (la tour Bel-Air) un jour de l'été 1948, ce manifeste provocateur à la mise en page hilarante, qui implique d'autres étudiants bellettriens mais non Horst, est commenté par ce dernier dans le journal auquel il collabore : G. H., « *Le Doigt*. Un manifeste des étudiants lausannois », *Servir*, 8 juillet 1948. Pour sa reproduction, voir Françoise Fornerod, *Lausanne, le temps des audaces, op. cit.*, p. 199.

bâtardise[1] », il s'entiche de la philosophie existentialiste et choisit pour « guide » ce jeune intellectuel autrichien d'un an plus âgé.

À Lausanne, Horst côtoie aussi avec profit le milieu de la radio – le média romand le plus important dans la diffusion de la culture au lendemain de la guerre. En particulier, il fréquente assidûment le couple Benjamin Romieux-Jane Rosier[2]. Elle est comédienne du Radio-Théâtre, lui, responsable de l'information internationale à Radio-Lausanne (Sottens), à laquelle il donne une dimension documentaire exceptionnelle. Il est probable que, par l'étendue de ses connaissances en la matière, ce loup blanc de la culture locale a contribué à engendrer l'analyste politique qui pointe dans les articles de Horst à partir de 1947.

Deux autres connaissances de Horst, également plus âgées que lui, ont aussi des émissions radiophoniques. Le journaliste Léon Savary, conférencier fort respecté à Belles-Lettres, sait parler à la jeunesse rebelle, qu'il exhorte à ne pas céder aux sirènes de la carrière. En attendant lui aussi la fin de la guerre pour partir à Paris, il vit à Berne où il est correspondant de la *Tribune de Genève*. Un jour de l'été 1944, Pierre Cordey, également introduit à la radio, lui demande d'intercéder en faveur de Horst auprès du chef de la police fédérale des étrangers afin que cessent les tracasseries quant à la délivrance de son titre de séjour. C'est inhabituellement éméché dans une boîte à hôtesses de la tour Bel-Air que Moulin et Cordey, autre bellettrien, avaient découvert Gérard esseulé un soir vers minuit, terrassé par l'ordre d'expulsion ! Menaçant d'en faire une affaire dans la presse, Savary a gain de cause[3] : Horst obtient un permis de séjour de dix-huit mois[4].

1 *Personnalités suisses*, 8 avril 1969, émission de la Télévision suisse romande (TSR) consacrée à Freddy Buache, <rts.ch/archives> ; voir aussi *Le Traître*, *op. cit.*, p. 252.

2 Entretien cité avec Charles-Henri Favrod.

3 Entretien cité avec Jean-Pierre Moulin.

4 Autorisation provisoire de séjour du canton de Vaud valable du 31 août 1944 au 28 février 1946 (GRZ, 21.2).

Dans *Le Traître*, il est longuement question des interrogatoires tatillons des fonctionnaires de police lors du renouvellement du permis de séjour trimestriel[1]. Le fait est qu'en Suisse on n'aime pas qu'on se défile de ses obligations militaires. Sans comprendre le danger qu'encourent les Juifs, auxquels le statut de réfugié politique n'est pas accordé (avant juillet 1944), et donc aussi ce demi-juif, bientôt privé du passeport du Grand Reich allemand parce que réfractaire, l'administration trouve normal et logique qu'il rentre chez lui pour accomplir son devoir. Mais le militarisme a beau être le fond idéologique le plus partagé dans ce pays de milice, il produit inévitablement ses anticorps, si bien que c'est dans un milieu antimilitariste et pacifiste que Horst fera ses premiers pas de militant après guerre – nous y viendrons.

Horst craint une suspension de son permis de séjour à une autre occasion. Au cours d'une promenade en bateau sur le lac Léman, en compagnie de Riffel et d'Alan Stace, le demi-frère de Doreen venu lui rendre visite, leur embarcation est arraisonnée après avoir coupé la route d'un bateau de la Compagnie générale de navigation. Riffel en assume la responsabilité et réussira par la suite à annuler l'amende exorbitante.

L'autre intervenant sur les ondes de Sottens est le romancier et reporter Alexandre Metaxas, que Horst a connu à la pension de famille. Il est issu d'une riche famille grecque d'Odessa, avec laquelle il a rompu. Après avoir été interné dans un camp, il a réussi à quitter la France pendant la guerre pour s'établir à Lausanne. Ses amis le jalousent parce que, à vingt-huit ans, il est en passe de publier un premier roman, *Le Nœud coulant*, chez Gallimard (*Les Temps modernes* en rendront compte). Quoiqu'il partage avec Horst un penchant pour le roman américain, il est tout son contraire, exubérant et volubile ; il n'en devient pas un ami proche. Sa femme est une Suissesse grande cuisinière qu'il traite de manière grossière : elle sert le repas en restant debout à regarder les convives. Rapporter cette description d'un invité n'est pas futile. Car c'est précisément lors d'un repas chez

1 André Gorz, *Le Traître*, *op. cit.*, p. 254-257.

cet hôte, à la fin de l'été 1947, que Horst, sans plus d'amie et rentré d'un voyage solitaire en Italie où il s'est ennuyé à mourir, rencontre celle qui va devenir l'amour de sa vie, Doreen Keir (Kay dans *Le Traître*).

Cette jeune Anglaise (son nom écossais et aristocratique n'est pas celui de son père) est née à Londres vingt-trois ans plus tôt, le 12 avril 1924. À peine arrivée d'Angleterre, balbutiant le français d'une voix fluette, elle travaille chez les Metaxas comme fille au pair. Ce soir-là, muette, debout comme sa patronne, elle impressionne et intrigue les trois convives qui croient connaître son triste passé : son mari, sous-marinier dans la flotte britannique, aurait été porté disparu lors d'une opération en mer pendant la guerre[1]. Elle n'avait pas vingt ans lorsque, vers la fin de l'année 1943, elle s'était mariée dans la banlieue de Londres avec Victor Henkers, un Anglais de son âge[2]. Elle ne vécut pas avec lui[3], alors que, à rebours des suppositions de notre informateur, nous savons qu'il était bel et bien sauf – remarié en 1950, il émigrera aux États-Unis[4].

Le 23 septembre 1947, la procédure de divorce est achevée. C'est donc une femme libre que Gérard commence à fréquenter un mois plus tard, en l'emmenant au bal de Belles-Lettres au *Beau Rivage*. Doreen n'aimera pas parler de son passé et Gérard, qui reconstituera avec ses propres images cette toute première rencontre[5], taira ces vicissitudes sentimentales. Dans un brouillon du *Traître*, où il avoue que par « la géographie, l'éducation et l'histoire » leur couple était « improbable à l'origine », il écrit qu'ils gardaient, « malgré l'intimité et l'habitude, leur mystère

1 Entretien cité avec Charles-Henri Favrod, qui parle cependant de « fiancé ». Les deux autres convives sont Favrod et le bellettrien José Bovay.

2 General Register Office, *England and Wales Civil Registration Indexes, 1916-2005*, Londres, oct.-déc. 1943, <ancestry.com>.

3 « [Tu] avais vécu seule les dernières années de la guerre avec ton chat Tabby » (André Gorz, *Lettre à D. Histoire d'un amour. Récit*, Galilée, Paris, 2006, p. 12).

4 General Register Office, *England and Wales Civil Registration Indexes*, *loc. cit.*, juil.-sept. 1950 ; *US Naturalization Record Indexes, 1791-1992*, <ancestry.com>.

5 Voir André Gorz, *Lettre à D.*, *op. cit.*, p. 10-12.

l'un pour l'autre[1] ». Doreen s'était mariée très jeune pour échapper à une adolescence aussi perturbée que son enfance. Gérard réussira à lui faire raconter que, dès l'âge de quatre ans, elle avait vécu chez son père – appelé « parrain » – que d'incessantes querelles avaient séparé de sa mère, Elisabeth Coleman, officiellement mariée à un autre homme, James Keir, invalide de la Grande Guerre et interné. Au soir d'une vie passée ensemble, il évoquera l'expérience infantile de solitude qu'ils avaient en commun et dira, avec les mots poignants de l'amour, tout ce qu'il devait à sa compagne – dans une sublime *Lettre à D.*, sous-titrée *Histoire d'un amour*.

1 Fragment inédit du *Traître*, s.d. (GRZ 1.15).

2

La construction de soi

Dès son arrivée à Lausanne, Horst s'applique à des exercices de style pour s'approprier au mieux la langue française. Le besoin d'écrire l'envahit rapidement. Car il s'agit « de continuellement expliciter en paroles écrites un silence fondamental, une solitude originelle dont il ne sort que par l'action d'écrire[1] ». Pour l'heure, se faire pur esprit par l'écriture est sa seule façon d'exister : « Le projet de l'écrivain entraîne une attitude qui résout une insoluble situation, en faisant de l'interrogation sur le sens de la vie le sens même de la vie : la vie de l'écrivain devient vie pour interroger, et l'angoisse trouve, dans cette activité, son remède[2]. »

L'écriture, une névrose salvatrice

La tenue d'un journal, de 1940 à 1946, ne lui suffit pas. Fin 1943, il écrit une étude philosophique sur l'amour qu'il intitule *La Comédie des sentiments ou le Traité des trois bonheurs*[3]. En 1945, il entreprend la rédaction d'un roman, *Vie morte*, signé de l'anagramme « Gérard Sorth », qui aurait dû être une « description monumentale du Désespoir et de la vanité de vivre[4] ». Le nihilisme est assumé et ainsi résumé dans la note

---

1 André Gorz, *Le Traître*, *op. cit.*, p. 90.
2 Gérard Horst, « Kafka et le problème de la transcendance » (1945), *in* Christophe Fourel (dir.), *André Gorz. Un penseur pour le XXI*e *siècle*, *op. cit.*, p. 204.
3 GRZ 50.1.
4 André Gorz, *Le Traître*, *op. cit.*, p. 290 ; *idem*, « *Vie morte* (extraits) », *La Règle du jeu*, n° 45, janvier 2011, p. 167-169.

ajoutée par l'auteur âgé au manuscrit conservé : « Fragments d'un anti-roman mettant en scène l'absurdité de tout, y compris du sentiment d'absurdité de tout ». *Le Traître* garde également trace de cet esprit destructeur qui se retourne contre soi : « Rien n'ayant d'importance, la conscience que rien n'a d'importance n'a elle-même aucune importance[1]. » Ce projet d'écriture, qui vire à « du sous-Valéry et à du sous-*Nausée*[2] », n'aboutit pas, englouti dans le tourbillon d'une pensée tourmentée.

Entre deux tirades contre l'injustice de ce monde, Horst ne disserte-t-il jamais de suicide avec son camarade Schlunegger, poète valéryen maudit obsédé par la fin choisie de son père ? Hanté par cette « pensée constante » – déjà lovée dans *Vie morte* –, l'écriture le sauve car elle est à la fois un palliatif qui le « dispense de vivre[3] » et, en son moment créateur, un acte qui maintient en vie, quitte à contraindre l'écrivain à se produire sans cesse[4]. De cette période, l'intéressé gardera l'image d'« un écrivain névrosé qui a essayé de rayer son existence – les expériences, les émotions, les sentiments[5] ».

Pendant la guerre et durant un semestre, Horst suit quelques cours à la faculté de philosophie. Mais sans profit : ceux-ci lui paraissent tellement « grotesques » qu'il se moque publiquement des professeurs sans plus jamais revenir[6]. C'est en autodidacte qu'il multiplie les jalons de sa quête philosophique. En 1945, il est à même de se référer à Georges Bataille, Léon Chestov, Karl Jaspers ou Sartre et s'initie à Kierkegaard à travers les *Études kierkegaardiennes* de Jean Wahl, publiées en 1938. Ces lectures lui servent à préparer une conférence sur les fondements de l'œuvre de Kafka qu'il prononce le 23 juin 1945 non pas à Belles-Lettres, qui réserve son estrade aux aînés, mais à la Société

1 *Idem*, *Le Traître*, *op. cit.*, p. 235.
2 *Ibid.*, p. 238.
3 *Ibid.*, p. 259.
4 *Ibid.*, p. 90-91.
5 Lettre à Franz Schandl du 1er novembre 2004, *loc. cit.*, p. 9.
6 André GORZ, « Oficios del saber y del trabajo » (entretien avec Michel Zlotowski, décembre 1998), *Clarín* (supplément), Buenos Aires, 21 février 1999.

des études de lettres[1]. Née en 1926, cette dernière, riche de 419 adhérents, émane de la faculté de lettres de l'université de Lausanne. Elle organise des cycles de conférences où sont invités des spécialistes, dilettantes ou chevronnés, en littérature, histoire et philosophie. À la conférence assistent une quinzaine de personnes, dont un groupe d'Autrichiens exilés que Horst fréquente régulièrement.

Horst ne choisit pas son sujet au hasard. En Kafka, juif de Moravie (comme son père), il se retrouve : chez lui, dit-il, « à la place d'actes révélateurs, nous trouvons l'absence d'actes ; et le plus significatif de tous me semble le Silence », que Valéry explique par la « détresse[2] ». L'optique retenue est existentialiste, voire sartrienne puisque, aux yeux du conférencier, la symbolique narrative de Kafka donne carrière à l'expérience de l'absurde en soulevant le dilemme irrésolu de la transcendance.

Exercices existentialistes

Libéré de ses fastidieuses études de chimie, Horst entame vers la fin de 1945 un interminable essai qui va l'occuper trois heures par nuit pendant tout son séjour lausannois. Au bout de huit ou neuf ans d'effort, quinze cents pages sont couvertes d'une fine écriture. Caviardé d'un bon tiers, le manuscrit ne sera publié qu'en 1977, sous le titre *Fondements pour une morale*.

Au départ, il s'agit pour l'auteur de dépasser le nihilisme dans lequel il a trempé lui-même et de repousser en conséquence le subjectivisme asocial des Chestov, Nietzsche ou Jaspers[3]. Non pas en niant l'écartèlement que provoque en lui sa condition d'exclusion et de solitude, mais au contraire en faisant jouer sa singularité comme « une révélation de portée universelle sur

1 Voir la courte mention de la conférence dans la revue de la société : *Études de lettres*, année 19, n° 3, juillet 1945, p. 184.

2 Gérard Horst, « Kafka et le problème de la transcendance », *loc. cit.*, p. 203.

3 Voir *idem*, « Qui est Sartre ? », *Servir*, 31 juillet 1947, repris dans Christophe Fourel (dir.), *André Gorz. Un penseur pour le XXIe siècle*, *op. cit.*, p. 236. Voir aussi André Gorz, « Préface », *in Fondements pour une morale*, *op. cit.*, p. 14-15.

la condition humaine » ; il lui faut « réinventer tout l'humain pour justifier, non pas ses propres préférences particulières, mais le refus de ce monde pourri et étranger[1] ». Dans une page manifestement autobiographique des *Fondements*, rédigée en 1946, la figure du « déraciné » renvoie à l'état de conscience spécifique qui permet de rendre compte du caractère artificiel et conventionnel d'un monde que les êtres « intégrés » vivent comme naturel[2]. Il est alors question de faire un procès en règle à toutes les attitudes de vie compromises avec ce réel normé en débusquant leur inauthenticité et leur lot de mauvaise foi.

Les catégories élaborées par Sartre dans *L'Être et le Néant* vont servir à cette déconstruction gigantesque. Horst ne s'approprie pas cette œuvre à la première lecture, en 1943 ; il lui faut en mesurer l'écart et l'originalité par rapport à d'autres démarches philosophiques affines qu'il se met à étudier : celles de Heidegger (*Qu'est-ce que la métaphysique ?*), de Husserl (*Idées directrices pour une phénoménologie pure* ; *Méditations cartésiennes* ; *La Crise des sciences européennes*[3]), de Merleau-Ponty (*Phénoménologie de la perception*) et bientôt de Hegel (*Phénoménologie de l'esprit*). Il s'arme ainsi pour explorer les soubassements phénoménologiques de la méthode réflexive sartrienne. Celle-ci consiste à retrouver l'homme au moment où il produit le monde avant d'en être le jouet. Pour cela, il faut, comme dit Husserl, « un retour à la naïveté du vécu » qui est « le sol de toutes nos évidences, la source de toutes nos élaborations » (« Penser ne devient comprendre, répétera Gorz en 1990, que si le rapport vécu à ce qui est pensé se comprend lui-même dans l'intentionnalité qui le sous-tend. Si en revanche le penser exclut tout rapport vécu

1 *Idem*, *Le Traître*, *op. cit.*, p. 284 et p. 296.
2 *Idem*, *Fondements pour une morale*, *op. cit.*, p. 463.
3 Gérard Horst possède, et utilisera toujours, l'édition première et originale, mais partielle, de *Die Krisis* publiée par Husserl dans la revue *Philosophia* de Belgrade en 1936. Il l'a probablement obtenue du dernier assistant de Husserl, Eugen Fink, dont Heidegger lui communique l'adresse en réponse à sa lettre du 10 avril 1946 (lettre de Martin Heidegger à Gérard Horst du 3 mai 1946 [GRZ]).

à son objet, alors il s'agit d'un penser dogmatique-technique que le sujet ne peut habiter, inaccessible à l'autocritique, potentiellement anti-humain[1] »). L'auteur de « L'essai » (ainsi nommé dans *Le Traître*) utilise donc la méthode de Sartre pour donner corps à un projet philosophique qui est « sa propre aventure singulière[2] », autrement dit qui satisfait aux choix existentiels de l'individu concret qui est à son origine.

Ce qui ne signifie nullement, comme Gorz s'acharnera encore à le dire à la fin de sa vie, que ce projet, comme tout projet philosophique centré sur le sujet, est une rationalisation de la situation existentielle et psychologique de son auteur ; mais, pour qu'il soit fondé et investi d'une valeur universelle, ce projet doit partir d'« une expérience philosophique première, irréductible », qui, en l'espèce, est « l'expérience de l'angoisse, de l'ennui, de la contingence[3] ». La philosophie, telle qu'il l'entend, aide à vivre en ce qu'elle pose à l'individu les *questions vitales*. « Il me semblait, ajoute Gorz à ce propos, que le sens de ma vie, que la possibilité même de vivre dépendaient de ces questions-là[4]. » La philosophie participe de la création de soi. En 1983, cette conception, qui sous-tend son entière existence d'écrivain impliqué, est fixée par une formule définitive :

> Je ne comprends donc pas la philosophie à la manière des créateurs de grands systèmes philosophiques, mais comme la tentative de se comprendre, de se découvrir, de se libérer, de se créer. [...] De sorte que se pose aussitôt la question de l'aliénation et de son possible dépassement[5].

Cet individu que nous avons vu placé en situation d'observation privilégiée, *Le Traître* le dépeint comme un « homme

1 André Gorz, « La vie, la nature, la technique », *loc. cit.*, p. 21.
2 *Idem, Fondements pour une morale, op. cit.*, p. 508.
3 *Idem*, « Lettre à François George », *Les Temps modernes*, n° 632-634, juillet-octobre 2005, p. 59.
4 *Idem*, « Authenticité et valeur dans la première philosophie de Sartre », *ibid.*, p. 627.
5 *Idem*, « L'homme est un être qui a à se faire ce qu'il est », *loc. cit.*, p. 250.

séquestré dans un monde étranger et hostile[1] », auquel se présentent formellement trois issues possibles. L'élaboration et la hiérarchisation axiologique de ces trois possibilités forment précisément la charpente des *Fondements pour une morale* – avec, en liminaire, une première section que l'auteur réserve à la fondation ontologique de sa propre phénoménologie de la liberté[2] :

1. *Attitude vitale.* Il est possible d'échapper à sa condition originaire en tentant d'amadouer l'ordre qui emprisonne, en se conformant à ses exigences, fût-ce au prix d'une désadaptation de soi. Le meilleur moyen est de se laisser habiter par l'habitude. Un autre moyen consiste à se laisser « hanter » par les valeurs de puissance, de richesse ou de sécurité. Il s'agit moins d'un « choix souverain » que d'un « choix par défaut » que la conscience malheureuse du déraciné met d'emblée hors circuit.

2. *Attitude esthétique.* Il est aussi possible de se résigner à son sort en s'évadant dans la rêverie. On crée un monde imaginaire où on loge faute de pouvoir loger dans le réel.

3. *Attitude morale.* Il est enfin possible de travailler à son évasion en choisissant de construire les conditions de son autonomie et de sa libération. On parlera ici de « conversion morale ».

La première et la deuxième attitude participent d'une aliénation qui ne peut mettre à l'abri de la souffrance, au mieux latente ou sourde, parce qu'elle implique une part inévitable d'inauthenticité. Seule la troisième, présentée dans une partie finale intitulée « Le choix de la liberté », est acceptable. C'est vers elle qu'il faut tendre parce que, en donnant un fondement éthique à la révolte nécessaire contre les aliénations sociales, elle ouvre la voie à l'authenticité de l'homme et donc à sa liberté. Reste qu'entre soi et la liberté il y a toujours un écart introduit par l'éducation et la culture, et qu'il y a donc comme une impossibilité pérenne à décrocher une victoire morale absolue sur le donné.

---

1 *Idem*, *Le Traître*, *op. cit.*, p. 211.

2 Pour une synthèse, voir *ibid.* et *idem*, *Fondements pour une morale*, *op. cit.*, p. 127-138 et p. 504-508.

Remarquons qu'une quatrième possibilité, prônée par le marxisme, n'est pas envisagée : celle de changer le monde – mais dès son premier livre publié, Gorz l'endossera : « L'homme est impossible dans ce monde-ci, *donc* c'est ce monde qu'il faut changer, impérativement[1]. » Remarquons aussi, avec Gorz lui-même, que cette recherche centrée sur la hiérarchisation des valeurs impliquant la désapprobation du relativisme moral ne démarque pas *L'Être et le Néant*, qui sur ce point reste inabouti, tandis qu'elle rencontre un certain écho chez Simone de Beauvoir (*Pour une morale de l'ambiguïté*, 1947) et chez Francis Jeanson (*Le Problème moral et la pensée de Sartre*, 1947)[2]. Mais Gorz omet de signaler que, entre 1946 et 1948, Sartre aussi se lance dans des réflexions sur la morale, qu'en 1949 il montre à son disciple sous la forme d'un manuscrit de deux mille pages[3] – d'où, peut-être, les « affinités » repérées entre les *Cahiers pour une morale*, publiés après la mort de Sartre, et certaines analyses des *Fondements* sur l'aliénation, la liberté et la conversion morale[4].

Premières réflexions sur le travail

Les choix philosophiques d'André Gorz, centrés sur le sujet, l'amènent d'emblée à accorder une place aux questions liées au travail. Cette place sera prépondérante dans son œuvre.

Le travail sérieux

De toutes les attitudes de vie qui font l'objet d'une critique existentielle dans les *Fondements*, il en est une qui va fournir à André Gorz le point de départ théorique de sa réflexion sur le travail. Il s'agit de la prédisposition à choisir un métier pour entrer dans le monde du travail[5]. Il peut arriver, comme

1 *Idem*, *Le Traître*, *op. cit.*, p. 80.
2 *Idem*, « Préface », *in Fondements pour une morale*, *op. cit.*, p. 16 n.
3 Selon Gérard Horst dans sa lettre à Walter Riffel du 7 juillet [1949] (GRZ).
4 Voir Arno Münster, *Sartre et la morale*, L'Harmattan, Paris, 2007, p. 50-51.
5 André Gorz, *Fondements pour une morale*, *op. cit.*, p. 70-71.

dans l'exemple type du métier d'ingénieur décrit en opposition aux métiers artistiques, que l'on fasse un choix pour être-dans-le-monde au lieu d'être soi-même. De sorte que, si d'aventure le plaisir est la seule motivation du travail que l'on entreprend, on biaise avec le « sérieux » du métier qui est d'entretenir une relation technique d'efficacité avec les lois et l'ordre de l'univers. La seule liberté qu'offre ce travail sérieux est la liberté technique circonscrite dans son rapport de dépendance au monde. Cette dépendance a ses avantages apparents : elle donne de la sécurité, protège de soi-même et libère de sa propre « terrible "subjectivité" ». Mais il s'agit là d'une « noyade dans l'objectif », d'une « démission de soi-même » et d'un renoncement à exister pour soi.

Cette conception du « travail sérieux », qui à vrai dire reste à l'état d'ébauche dans les *Fondements*[1], renvoie à ce que Sartre appelle l'« esprit de sérieux ». À titre d'éclaircissement, on peut donc reprendre la définition de Sartre appliquée aux « valeurs » en l'adaptant à l'objet travail : « L'esprit de sérieux, écrit-il dans *L'Être et le Néant*, a pour double caractéristique de considérer [le travail] comme une donnée transcendante indépendante de la subjectivité humaine, et de transférer le caractère "désirable" de la structure ontologique [du travail] à sa simple constitution matérielle[2]. » Quel est donc, en contrepoint, ce travail originaire traversé par la subjectivité et foncièrement désirable ?

Le sens premier du travail

Dans un article publié dans *Servir* en août 1947, Horst pose ouvertement la question :

> Originellement, un homme ne travaille pas pour gagner de l'argent ou pour vendre son produit. Il travaille parce que la

1 Elle est cependant importante aux yeux mêmes de Gorz qui republie en 2005 les quelques pages afférentes : André GORZ, « Authenticité et valeur dans la première philosophie de Sartre », *loc. cit*, p. 629-635.

2 Pour la définition originale, voir Jean-Paul SARTRE, *L'Être et le Néant. Essai d'ontologie phénoménologique*, Gallimard, Paris, 1994, p. 676.

> vie est travail et qu'on ne se réalise qu'en faisant quelque chose qui vous exprime et en quoi on se reconnaisse. Sans doute même le peintre vend ses toiles et l'écrivain ses livres. Mais il ne les crée pas pour les vendre. C'est la création qui est sa fin. C'est la vie, en tant qu'elle s'y réalise, qui est la fin pour l'homme[1].

Dans cette vision idéale du travail, les métiers artistiques font office de modèle, mais ils ne sont pas les seuls concernés : « C'est encore la vie que le paysan conquiert en cultivant les champs, c'est la vie future qu'il sème en ensemençant la terre et en engrangeant la récolte. [...] Il est, comme tout producteur libre, solidaire de la société pour laquelle il produit, et la société se sent solidaire de lui[2]. »

Suit, à l'opposé, une description de la dégradation du travail soumis au taylorisme. La répétition et la décomposition des gestes, l'opacité des fins, le métier non choisi, l'interchangeabilité des postes : tout concourt à ce que le travailleur y perde le sens de ce qu'il fait.

Le chômage intérieur

L'homme au travail peut donc être amputé de sa subjectivité. Ce constat est l'objet d'une recension que Horst livre un an plus tard d'un ouvrage du jeune sociologue genevois, et bientôt collaborateur de *Servir*, Roger Girod qui préfigure la littérature sur la société des loisirs[3]. Le malaise contemporain est identifié à la vacance du goût et du besoin de faire. Car l'homme est ce qu'il fait.

Attelé à sa tâche comme à une corvée, rivé à sa chaîne de montage, il ne peut se faire. Le travail ne représente plus d'« indéterminations » par où le travailleur peut faire jouer sa « liberté créatrice » et dominer le processus productif plutôt

---

1 Gérard Horst, « Du libéralisme au communisme. Faire et avoir », *Servir*, 14 août 1947.

2 *Ibid.*

3 G. H., « *Gagner son temps* par Roger Philippe », *Servir*, 26 août 1948. Roger Philippe est un pseudonyme.

qu'en être l'instrument. C'est pourquoi on peut dire, avec l'auteur du livre, que le travailleur est en « chômage intérieur ». S'il ne dépérit pas, il aspire à occuper son esprit, laissé vacant par le travail. Le sport semble être la manifestation d'une nouvelle raison d'être, mais la préférence de Horst va à un autre axe que développe l'auteur : l'activité syndicale qui pourrait devenir proprement essentielle et reléguer le travail machinal au rôle de divertissement.

La rencontre avec Sartre

En tournée en Suisse pour une série de conférences avec Simone de Beauvoir, Jean-Paul Sartre est accueilli le samedi 1er juin 1946 au cinéma *Le Capitole* de Lausanne. Un jeune spécialiste de l'existentialisme sartrien piaffe d'admiration dans la salle. La conférence est annoncée depuis sept mois[1]. Sa tenue est fébrilement attendue et attire les badauds ; on compte un millier d'auditeurs. Depuis la retentissante conférence parisienne « L'existentialisme est un humanisme » du 29 octobre 1945 et sa publication à Genève par Nagel, le débat sur l'existentialisme est vif dans la presse romande[2]. Le sujet est à la mode. Il est aussi sulfureux, tant il semble remettre en question le conformisme à la fois religieux et politique des bien-pensants. Mais la stigmatisation va en général de pair avec une méconnaissance des catégories sartriennes et se perd en de faux procès. D'autres voix, comme celle de la philosophe genevoise Jeanne Hersch, élève et disciple de Karl Jaspers, contribuent toutefois à faire comprendre cette nouvelle version de l'existentialisme et trouvent tout particulièrement accueil dans *Servir*, journal lausannois de gauche dirigé par Lucien de Dardel, lui-même attiré par les idées de Sartre et qui a déjà accouru l'écouter à Genève une semaine plus tôt.

---

1 Sans que la date en soit encore fixée. Voir *Gazette de Lausanne*, 26 octobre 1945.

2 Voir Françoise Fornerod, *Lausanne, le temps des audaces*, *op. cit.*, p. 49-51.

L'initiative de faire venir à Lausanne le « pape de l'existentialisme » revient à la Société de poésie. Fondée en 1944 par Edmond Jaloux, critique littéraire et académicien français retiré en pays de Vaud, cette société ne peut passer pour une chapelle de gauche et prouve ainsi que l'intérêt pour les déclamations sartriennes peut aussi relever d'une curiosité sans *a priori*. Elle prend soin d'inviter Horst à l'apéritif avec Sartre, prévu le soir peu après la conférence, pour montrer à son hôte qu'à Lausanne des érudits connaissent tout de son œuvre. Pendant deux ou trois heures, le jeune homme monopolise la discussion avec le maître. L'auteur du *Traître* relève l'altérité de leurs attitudes existentielles jusque dans les corps : Morel (*alias* Sartre) investit le monde « par ses gestes volumineux » ; lui se reconnaît une « allure de volatile aux gestes parcimonieux comme s'il cherchait à contenir en soi son être[1] ». Dans son premier article consacré à Sartre, il écrit :

> Ce premier contact inspire confiance ; on a envie d'entrer dans ce monde tout plein et ce n'est pas bien difficile. Car Sartre n'écarte légèrement aucune question, vous met à l'aise et vous donne envie de poursuivre pendant des heures la discussion que vous venez d'engager [...] il ne vous assène pas d'abord quelque théorie, mais cherche à comprendre votre position ; il y a des chances qu'il y réussisse mieux que vous-mêmes[2].

« Il ne ressemblait pas à l'image qu'un lecteur pouvait se faire de lui, se souviendra-t-il plus tard. Il était vif, amical, attentif, il s'intéressait à tout, ne se prenait pas au sérieux. Un interlocuteur idéal[3]. » Horst veut absolument revoir Sartre. Il a aussi des questions pour Beauvoir à qui il écrit. Il se rend à Genève le jeudi suivant, ignorant que le conférencier est alors en déplacement à

1 André Gorz, *Le Traître*, *op. cit.*, p. 301 et p. 101. La posture du volatile colle à la peau de Gorz, comme on le voit dans un film tourné dans la campagne de Vosnon en 1990, en marge d'un entretien avec Marian Handwerker : mais désormais le vieil homme, toujours aussi malingre, court en plein champ en déployant ses longs bras dans son envol imaginaire vers la liberté.

2 Gérard Horst, « Qui est Sartre ? », *loc. cit.*, p. 234.

3 André Gorz, « La vie, la nature, la technique », *loc. cit.*, p. 28.

Berne et rate par là même la rencontre avec Beauvoir qui tient ce jour-là une conférence à Lausanne[1]. Trois jours plus tard, le dimanche 9 juin, tandis que le couple s'apprête à rentrer en France, il réussit à décrocher une entrevue d'une demi-heure avec eux dans un café de Genève. La discussion achoppe sur la question de l'implication : « Quand bien même ce monde serait injustifiable comme vous allez en répétant, il faut prendre parti », lui lance Sartre[2].

Le disciple est impressionné par le rapport au concret du philosophe, par sa capacité à vivre pleinement et sereinement dans un monde qu'il ne peut récuser. Toutes choses qui lui font défaut. Les entretiens avec Sartre ont leur effet. Horst ne semble plus se complaire dans son isolement malheureux. Il souhaite chercher le bonheur en s'ouvrant à lui-même et en se donnant pleine conscience du monde qu'il habite. C'est ce qui ressort du premier texte sur Sartre qu'il publie en juillet 1947 dans *Servir*, plus d'un an après la rencontre, mais seulement deux mois après avoir débuté sa collaboration à cet hebdomadaire.

Dans ce long article, le sartrien en herbe s'emploie à réfuter l'idée éculée selon laquelle la philosophie existentialiste est une doctrine de l'angoisse et du désespoir. Après avoir enrôlé Hegel, Marx et Kierkegaard parmi les philosophes existentialistes parce qu'ils assument l'expérience vécue de l'homme dans sa totalité dynamique, il affirme que quand l'existentialisme parle, avec Hegel, du malheur de la conscience, de la solitude et du manque de sens pour chaque homme, il n'appelle pas à la résignation. Au contraire, c'est un appel à la liberté dans une recherche sans répit du dépassement « du particulier vers l'universel, de la solitude vers la communication, de l'absurdité vers le sens. [...] L'angoisse, sur laquelle on dit tant de sottises, n'est rien d'autre que cette exigence de la liberté se voulant elle-même ;

1 Voir la lettre de Marie Brindel à Gérard Horst du 6 juin 1946 (GRZ).

2 André Gorz, *Le Traître*, *op. cit.*, p. 302-303. Nous condensons le dialogue qui y est reconstitué.

la conscience que toute décision est risque[1] ». Horst ne baigne plus dans le « désenchantement permanent de l'Homme », qu'il reproche à Albert Camus[2] – *L'Étranger* (1942), *L'Homme révolté* (1951), typiques de cette misanthropie, ne seront donc pas des références pour le futur auteur du *Traître*.

Dans un autre article de *Servir*, écrit neuf mois plus tard, en avril 1948, qui est une réplique au directeur du journal, lui-même évangélique vaudois, pour qui l'athéisme de Sartre entre en résonance avec l'existentialisme chrétien de Kierkegaard, Horst préfère délaisser le « mysticisme » de ce dernier pour souligner que s'il faut chercher un Dieu dans l'existentialisme, il faut convoquer la *Phénoménologie de l'esprit* de Hegel. Comme l'homme qui a à se faire chez Sartre, le Dieu de Hegel, qui prend la forme de l'Esprit, « doit être révélé, il doit devenir manifeste, il doit devenir la signification de nos actes et projets ». Aussi, conclut Horst par une association d'idées surprenante, cette perpétuelle construction de l'ordre humain qui est celle de l'existentialisme rappelle-t-elle, par-delà les vues politiques, « la formule trotzkiste de "révolution permanente"[3] ». Voilà qui est parler librement dans la Lausanne du bloc socialo-stalinien...

Le théâtre est prisé à Belles-Lettres et les représentations constituent un moment privilégié de l'activité. Pour le rendez-vous annuel de 1948, le choix se porte sur une pièce mineure de Sartre, *Les Faux Nez*, dont la *Revue du cinéma* a publié le scénario l'année précédente[4]. La troupe, qui se constitue sous la conduite de Charles Apothéloz, est formée des fréquentations étudiantes coutumières de Horst, mais inclut aussi sa propre compagne Doreen qui s'y fait des amis. Après une première mise en scène à

---

1 Gérard HORST, « Qui est Sartre ? », *loc. cit.*, p. 236-237.

2 *Idem*, « *La Peste* d'Albert Camus », *Servir*, 17 juillet 1947.

3 G. H., « Sartre contre le chrétien ? », *Servir*, 29 avril 1948. Dans un article portant le même titre, Lucien de Dardel est intervenu dans le numéro précédent du 22 avril.

4 Françoise FORNEROD, *Lausanne, le temps des audaces*, *op. cit.*, p. 181-184 ; Charles APOTHÉLOZ, *Cris et écrits*, *op. cit.*, p. 259-260.

Lausanne en novembre, que Horst a soin d'annoncer dans *Servir* en en montrant les ficelles existentialistes[1], l'équipe se transforme en Compagnie des Faux-Nez et donne encore deux représentations dans lesquelles joue Doreen, qui finit toutefois par jeter l'éponge car, en vérité – confessent d'autres comédiens –, sa non-maîtrise de la langue rend peu crédible sa prestation[2].

L'étape suivante est la participation au Concours de jeunes compagnies qui a lieu à Paris au début de l'été 1949. Les choses sont bien faites : le programme distribué, orné de dessins originaux de Cocteau et de Picasso, comprend une préface d'ordre philosophique et une postface sur le mode de vie « authentique » des comédiens (autrement dit l'itinérance bohème). Horst se charge de la préface en toilettant son texte paru dans *Servir*. La trame de la pièce – que Sartre dit « non montable » à Favrod venu lui demander l'autorisation de la jouer[3] – s'inscrit à merveille dans la thématique existentialiste qui renvoie l'être à son miroir : les courtisans portent un faux nez parce que le prince a un nez énorme. Pour « Apoth' », Buache – qui joue le prince – et Horst, les plus sartriens et politisés de l'équipe, il est question, à travers une mise en scène truculente, de mettre à nu les conventions hypocrites et les mensonges de la société. « Le Prince, c'est vous, explique le troisième : peut-être avez-vous saisi, comme lui, que vous vous étiez composé un personnage et des croyances sur la foi des autres, que l'opinion publique n'est le résultat que de la croyance de chacun, qui ne se croit tel que parce que tous les autres croient qu'il se croit tel[4] ! » Jouée au théâtre de l'Atelier les 22 et 23 juin 1949, la pièce, bien rodée, gagne le prix de la mise en scène. Mais il n'est pas sûr que ses dessous démystificateurs, voulus par les trois compères, soient

1 H., « Une première de Sartre à Lausanne », *Servir*, 25 novembre 1948.

2 Entretiens de l'auteur avec Freddy Buache, le 11 octobre 2010, et avec Charles-Henri Favrod, le lendemain.

3 Entretien cité avec Charles-Henri Favrod. Celui-ci est alors le président de Belles-Lettres.

4 [Gérard Horst], préface au programme des *Faux nez*, cité dans Freddy Buache, *Derrière l'écran*, *op. cit.*, p. 62.

évidents pour tous, si bien que dans la salle tel snob se croit bien inspiré en marmonnant que le surréalisme est autrement révolutionnaire[1]...

Un épisode a lieu en marge des représentations. Sartre ne se rend pas au théâtre, mais il reçoit Buache qui lui parle de cet homme rencontré à Lausanne et qui n'aspire qu'à trouver du travail à Paris et à y demeurer. Sartre se souvient parfaitement de Horst et accepte de jouer les intermédiaires[2]. Ainsi, Horst aidera Marcel Duhamel à traduire des romans de la « Série noire » pour la NRF. Correctement rémunérée, cette mission ne représentera cependant que six semaines de travail, sans suite.

Gérard Horst et Doreen Keir, qui ont accompagné la troupe, s'installent dans la foulée à Paris. Une amie française, Cécile Béchaux, fille d'un riche colon de Tunisie employée dans une librairie à Lausanne (elle ouvrira peu après la librairie Clairefontaine à Tunis), leur a loué sa mansarde, avec eau et toilettes turques sur le palier au cinquième étage sous les toits, au 74, rue des Saints-Pères. Avec leur chat, ils la garderont trois ans. On verra qu'en s'employant dans une association militante, Citoyens du monde, Horst trouvera une solution pécuniaire plus durable que celle mentionnée, ce qui permettra au couple de se fixer en France.

1 J.-P. M. [Jean-Pierre Moulin], « Les Faux-nez à Paris », *Gazette littéraire* (supplément de la *Gazette de Lausanne*), 2 juillet 1949.

2 Entretien cité avec Freddy Buache.

3

La troisième force

L'introduction à Belles-Lettres et la rencontre avec Sartre ont été des étapes déterminantes sur le chemin qui conduit Horst de l'égotisme nihiliste à l'ouverture à l'autre. La découverte des réalités à travers le journalisme en est une supplémentaire.

Journaliste en herbe

C'est par hasard qu'un jour de mai 1947 Lucien de Dardel, directeur de *Servir*, demande à Gérard Horst de réagir à l'actualité à laquelle, en principe, il devrait être sensible : l'immigration en Palestine des Juifs rescapés des camps. Sa collaboration, rémunérée à la pige, se poursuivra jusqu'à la cessation d'activité du journal en janvier 1949. Il y aura écrit une cinquantaine d'articles, signés de son nom (ou des initiales G.H. et H.).

À Servir, *hebdo de gauche*

Servir, né en septembre 1944 à Lausanne, est un remarquable hebdomadaire de la gauche intellectuelle non marxiste dont le rayonnement touche toute la Suisse francophone. Il est organisé sur le modèle coopératif, plutôt dynamique dans le pays, et vise à étendre son audience dans le milieu du syndicalisme. Il n'est rattaché à aucun parti et, s'il décrie la politique soviétique, ne pratique pas l'anticommunisme. Se réclamant du socialisme démocratique et coopératif ainsi que d'un humanisme qui fait appel à Mounier et encore plus à Sartre, son directeur, réformé pratiquant, place délibérément le journal dans une position de troisième force, ni capitaliste ni communiste. À une exception près, les écrits de Horst s'accordent avec la ligne du journal.

On comprend qu'un tout premier article de Horst, qui traite des grèves de juin 1947 en France après le départ des communistes du gouvernement, n'ait pas été publié par *Servir*, mais par la libérale *Gazette de Lausanne* : passablement anticommuniste, le texte est tout aussi défavorable aux débordements des grévistes, soutenus par les socialistes et les chrétiens ; la raison invoquée tient à la nature antiéconomique des revendications au vu de l'état de sous-production de l'économie nationale[1]. Ce ne sera pas la seule fois que Horst fait preuve de réalisme économique...

Dans *Servir*, Horst disserte de littérature (Camus, Malraux), de cinéma (Chaplin) ou de théâtre (Sartre) et commente l'actualité politique internationale. Il lui arrive de jouer à l'envoyé spécial, comme aux Rencontres internationales de Genève de septembre 1947, où personnalistes (Emmanuel Mounier et Nicolas Berdiaev) et communistes discutent d'humanisme et de marxisme, de progrès technique et de progrès moral. Il profite aussi de son séjour à Vienne, où il a passé un mois et demi dans sa famille qu'il revoit après huit ans d'absence à la fin de l'année 1947, pour livrer un reportage saisissant sur la ville détruite et occupée de l'après-guerre, et s'interroger sur le quotidien banal de la collaboration des Autrichiens avec les nazis[2].

Des analyses politiques et économiques de Horst, souvent entremêlées, il ressort un tableau assez personnel de l'état et de l'équilibre du monde de l'après-guerre. La caractérisation des deux grandes puissances soviétique et américaine y est saillante, mais l'attention à la situation en Palestine mérite mention. La question juive est abordée d'entrée de jeu en faisant remarquer que les persécutions hitlériennes ont contribué comme jamais

1 Voir Gérard Horst, « Opinions. Dessous de grève », *Gazette de Lausanne*, 28 juin 1947.

2 *Idem*, « Vienne. Février 1948 », *Servir*, 19 février 1948 ; *Idem*, « Problèmes autrichiens, problèmes universels », *Servir*, 25 mars 1948.

à la constitution d'une communauté juive consciente d'elle-même[1] – propos qui n'est pas sans rappeler l'image sartrienne du Juif qui n'est tel qu'à travers le regard de l'autre (*Réflexions sur la question juive,* 1946).

Si la revendication nationale des Juifs en Palestine est légitime – Horst ignore sa dimension coloniale[2] –, elle est nécessairement de nature expansionniste, tant le territoire alloué est insuffisant[3]. Tout porte à croire cependant que cette expansion sera pacifique et aux couleurs de la révolution sociale, sous la conduite des « communautés communistes » *(kibboutzim)*, dont Horst apprend des récits idylliques. Aussi lit-il la guerre entre Juifs et États arabes, au mois de mai 1948, comme une phase de la lutte de classes[4]. Quant au conflit entre Juifs et Palestiniens, ponctué par des actes de purification ethnique, il reste sous le boisseau, la cause nationale palestinienne étant encore embryonnaire. Horst ne reviendra plus sur ces questions[5] ; il laisse la place à Sartre, dont *Servir* reprend un article projuif paru dans le mensuel *Caliban* de Jean Daniel[6]. En réalité, la question nationale, où qu'elle se pose, ne le préoccupera jamais vraiment, sauf dans le contexte de l'anti-impérialisme ou, dans le cas de l'Allemagne divisée, si elle se mue en conscience nationale antisoviétique.

Le paradoxe des Soviétiques et le fétiche des Américains

Horst impute à l'Union soviétique la division de l'Europe qui s'amorce au début de l'été 1947. Si l'URSS soustrait ses États satellites à l'aide américaine en vue de garder la main

---

1 *Idem,* « Le problème juif », *Servir,* 29 mai 1947.

2 Sur ce sujet, voir Yaël Dagan, « Les mots du sionisme. Retour aux sources », *Mil neuf cent. Revue d'histoire intellectuelle,* n° 27, 2009, p. 133-146.

3 Gérard Horst, « L'enjeu palestinien », *Servir,* 13 mai 1948.

4 *Idem,* « Une nouvelle face de la guerre palestinienne », *Servir,* 20 mai 1948.

5 Sauf à l'occasion des massacres de Sabra et Chatila, en septembre 1982 ; voir *infra,* p. 230.

6 Jean-Paul Sartre, « C'est pour tous que sonne le glas… », *Servir,* 24 juin 1948, repris dans *Situations,* III, *Littérature et engagement. Février 1947-avril 1949,* Gallimard, Paris, 2013.

sur les ressources de ces pays, c'est qu'elle est en proie au paradoxe qui lui est consubstantiel. Ce pays arriéré a fait la révolution, mais, faute de parvenir à combler son retard, il continue de privilégier les considérations économiques en virant à la dictature repoussoir[1]. Non pas que cet impératif matériel ne soit justifié. Il est même à l'ordre du jour dans toute l'Europe : l'état de crise que connaît celle-ci depuis la guerre ne permet pas de satisfaire les besoins de la population et oblige au dirigisme économique, quitte à lui sacrifier l'écoute démocratique[2] – d'où la susdite condamnation par Horst des revendications salariales en France.

Quant aux États-Unis, ils ne sont pas moins guidés par un objectif économique, celui d'écouler en Europe leur surproduction. La générosité du plan Marshall va de pair avec l'impérialisme et fait songer à l'ambivalence du potlatch[3]. Le système qui régit l'économie de ce pays prospère, emblématique du libéralisme en général, consiste, lui, à dégrader le sens anthropologique du travail afin que le travailleur ait pour seul but la paie, et le patron, le gain. Comme il l'apprend par l'économiste marxiste Jean Domarchi[4], qui dans la *Revue internationale* de Gilles Martinet et Pierre Naville rapproche théorie de la valeur et phénoménologie[5], l'*argent* est au cœur de ce système : il est la « valeur suprême », le « fétiche », après lequel le prolétariat court en s'embourgeoisant, et que capitalistes et couches moyennes veulent accumuler pour ne plus avoir à travailler.

En assimilant cet esprit de capitalisation à une « mystique de l'épargne », Horst dénonce l'aspiration égoïste du rentier qui est d'arriver un jour au stade « où l'on pourra consommer sans produire et jouir en paix d'une oisiveté exquise dans un monde

---

1 Gérard Horst, « Le paradoxe soviétique », *Servir*, 10 juillet 1947.

2 G. H., « Les nouvelles maladies de la démocratie », *Servir*, 6 novembre 1947.

3 *Idem*, « Que veut l'Amérique ? », *Servir*, 2 octobre 1947. Pour Georges Bataille, lu par Horst, le potlatch est un don qui oblige à un contre-don plus grand.

4 André Gorz, *Le Traître*, *op. cit.*, p. 305.

5 Jean Domarchi, « Théorie de la valeur et phénoménologie », *Revue internationale*, n° 2, janvier-février 1946.

asservi[1] ». Où l'on voit que ce jeune autodidacte, pas très au clair du mécanisme de reproduction du capital mais repérant déjà l'incitation consumériste sous-jacente à l'argent, met le doigt sur ce que le théoricien de la classe de loisir, Thorstein Veblen, avait nommé, près de cinquante ans auparavant, la « culture pécuniaire » américaine.

Militant à Citoyens du monde

À cause d'Hiroshima, le retour à la paix en 1945 ne met pas un terme aux angoisses collectives de mort. Il inaugure au contraire une nouvelle forme de psychose de guerre qui va aller s'amplifiant. « C'est pourquoi il nous faut des paroles sans peur [...]. Et nous détournerons le cours du désespoir », clame le poète ami (Schlunegger, « Plus jamais Hiroshima »). À la menace de destruction atomique de l'humanité s'ajoute, avec la Guerre froide, la division du monde en deux blocs qui rend plausible une troisième guerre mondiale apocalyptique. Mounier, dans *Esprit* de janvier 1947, décrit l'époque comme celle d'un « âge guerrier, atomique, crématoire et concentrationnaire », et Orwell imagine, dans son *1984* écrit en 1948, une dictature totale issue du cataclysme atomique. Horst enregistre à sa façon cette montée des périls. Il dénonce le détournement du plan Marshall au profit du réarmement de l'Europe, l'agressivité militaire grandissante des États-Unis et va jusqu'à se déclarer favorable – par provocation ? par antiaméricanisme acéré ? – à ce que l'Union soviétique possède aussi sa bombe pour apaiser tout le monde : ayant la mort entre les mains, l'humanité saura peut-être préférer l'humain au règne de la puissance[2].

C'est en lisant *Les Temps modernes* qu'en octobre 1948 Horst prend la mesure des positions du Rassemblement démocratique

---

1 Gérard Horst, « Du libéralisme au communisme. Faire et avoir », *Servir*, 14 août 1947.

2 G. H., « Arrière-plan Marshall », *Servir*, 10 juin 1948 ; *idem*, « Préparatifs d'invasion », *Servir*, 21 octobre 1948 ; Gérard Horst, « Vaincre la Russie par la persuasion ? », *Servir*, 30 septembre 1948.

révolutionnaire (RDR), qu'il va faire entièrement siennes. Créé en France au mois de février par Sartre et David Rousset, ce parti, dont l'allant s'éteindra dès la fin de l'année, a un positionnement de *troisième force,* qui n'est pas celui, parlementaire, de ladite Troisième Force, antigaulliste et anti-PC : il s'en distingue par son neutralisme vis-à-vis des blocs Est, Ouest. Sur le plan social, il prône une autre voie entre capitalisme et stalinisme. « La seule chance de l'Europe et de la paix, expose Horst, c'est que nous nous rendions politiquement indépendants » des deux grandes puissances ; « l'Europe socialiste peut cesser d'inquiéter les États-Unis, si nous cessons de confondre l'anticapitalisme russe avec le socialisme et apprenons à voir dans la société soviétique un socialisme en panne, dévié de ses objectifs initiaux et qui ne les rejoindra pas par la seule vertu d'une fatalité historique[1]. »

Les options du RDR satisfont la sensibilité politique de Horst, mais n'ont pas pour lui de prolongements pratiques. C'est dans les pas d'un autre mouvement de la troisième force neutraliste que Horst est amené à marcher. Il ne s'agit pas des fédéralistes européens, qu'il rencontre à Montreux comme envoyé spécial en août 1947 : il leur reproche de considérer l'URSS comme un obstacle sans voir les défauts de l'Ouest, notamment le colonialisme[2]. Il s'agit des « mondialistes », qui bouclent leur premier congrès international à Montreux le 24 août, soit trois jours avant l'ouverture de celui des européanistes, mais que Horst n'honore d'aucun commentaire à cette occasion.

Les « mondialistes » forment une mouvance hétérogène qui reste divisée sur la notion même de gouvernement mondial et sur les étapes à suivre[3]. À Montreux, ceux du Mouvement universel pour une Confédération mondiale (MUCM), à forte empreinte anglo-saxonne, considèrent, dans une optique fédéraliste, que pour assurer la paix menacée par les antago-

---

1 G. H., « La défense de l'Europe se passe de canons », *Servir,* 14 octobre 1948.

2 Gérard Horst, « Pour une Europe fédéraliste, mais comment ? », *Servir,* 4 septembre 1947.

3 Rolf Paul Haegler, *Histoire et idéologie du mondialisme,* Europa Verlag, Zurich, 1972.

nismes entre États, il faut convoquer rapidement une Assemblée constituante mondiale pour transformer l'Organisation des Nations unies (ONU) en une confédération aux compétences et à l'autorité accrues. Une autre tendance, présente en France, prône la création d'une Assemblée constituante des peuples instituant un gouvernement unitaire du monde qui ne soit en rien une gouvernance fédérale d'États. Au-delà des divergences, la mouvance mondialiste va réussir à se hisser sur le devant de la scène publique en profitant de l'initiative individuelle d'un Américain pragmatique et bien décidé.

Garry Davis, ancien pilote de bombardier converti aux plans de paix d'Albert Einstein et de Bertrand Russell (*One world or none*), rend son passeport pour se déclarer citoyen du monde, puis, pour éviter son expulsion de France, s'installe le 12 septembre 1948 sur les marches du palais de Chaillot, en vertu du statut international du lieu qui accueille l'assemblée de l'ONU. Ce jeune homme de vingt-huit ans fait longuement la une des journaux en même temps qu'il attire toutes sortes de militants voulant le gagner à leur cause. Les mondialistes français de Robert Sarrazac[1], un militaire ancien résistant à la tête de maquis-écoles, ont le dessus et organisent avec lui un nouveau coup médiatique en interrompant l'assemblée de l'ONU un jour de novembre. Puis les meetings se succèdent, le 3 décembre à la salle Pleyel et le 9 au Vél'd'Hiv (devant 20 000 personnes).

Le soutien est de qualité et comparable – quelquefois identique par les noms – à celui qu'obtient le RDR des intellectuels : outre Davis, s'y expriment Jean Paulhan, l'abbé Pierre, Mounier, Vercors, Bourdet, Rousset, Breton, Camus (les quatre derniers seront aussi à Pleyel le 13 pour le meeting du RDR). Grâce à un accord avec Bourdet, directeur de *Combat*, le 25 décembre est lancée *Peuple du monde*, feuille recto verso insérée dans le journal. Dirigée par Sarrazac, elle fait office d'organe français des Citoyens du monde (CDM), qui sont issus du mouvement

1 Voir Nicolas Barret, *Les Citoyens du monde, 1948-1951* (mémoire de maîtrise), université Paris-I-Panthéon-Sorbonne, Paris, 1992.

né autour de Davis. Au-delà des collaborations attendues (le travailliste anglais Henry Usborne et l'abbé Pierre, tous deux du MUCM), prestigieuses (Thomas Mann) ou anecdotiques (Jean Daniel), mentionnons le plaidoyer de paix original de Jacques Duboin en faveur de l'économie abondanciste, dans le numéro du 5 mars 1949[1].

Il est remarquable qu'au même moment, le 23 décembre 1948, *Servir* s'engage lui aussi dans la publication d'une page, intitulée « Tribune de la paix », en soutien à Davis. Aux extraits d'articles français s'ajoutent, au fil des numéros, des contributions originales dont celles signées Metaxas, qui rend compte de la grande messe du Vél'd'Hiv, Buache, René Bovard, dont il va être question, et Horst. L'article de ce dernier est évidemment acquis au dessein de paix, mais il lève un lièvre en posant la question : « L'action de Garry Davis a-t-elle une couleur politique ? » La réponse se trouve dans l'aversion que suscite le premier citoyen du monde chez les « ennemis du peuple », qu'il désigne ainsi :

> Dans chaque pays, il y a des fonctionnaires, des affairistes, des cliques de militaires, des industriels ou des trusts dont l'intérêt particulier s'oppose à l'intérêt majoritaire. Et dans chaque pays, c'est cette minorité qui centralise la puissance, aliène le jeu normal des institutions et substitue une volonté et une logique d'État à la volonté et au bon sens du peuple[2].

Le 20 janvier 1949, *Servir* cesse brusquement de paraître. Des raisons financières sont avancées. La décision fait suite à l'échec des négociations en coulisses avec les syndicats, qui renoncent à une participation. Le coup est rude pour tout le monde. La cause de Davis perd sa tribune romande, Horst, ses revenus. La rencontre avec un activiste pro-Davis va le faire rebondir.

---

1 Nous évoquerons les affinités théoriques entre Gorz et Jacques Duboin au chapitre 15.

2 Gérard Horst, « L'action de Garry Davis a-t-elle une couleur politique ? », *Servir*, 20 janvier 1949.

Pour l'objection de conscience

Directeur d'une importante revue de réflexion sociale, *Suisse contemporaine*, René Bovard est en lien avec un groupe pro-Davis apparu à Genève en avril 1949. Il peut compter sur un groupe homologue encore plus actif qui, à l'initiative du couple Dardel et de Horst, s'est déjà formé à Lausanne[1] où Davis vient parler à la fête populaire des coopératives le 3 juillet. À cette époque, Horst – qui, avec Doreen, vend à la criée *Peuple du monde* – revoit à Genève Bovard, qu'il avait croisé aux Rencontres internationales de 1947. Pacifiste à la manière de Gandhi, objecteur de conscience condamné à trois mois de prison ferme en 1947, Bovard est aussi membre de la communauté des quakers. Cette affiliation lui facilite le contact avec Davis qui a lui-même été hébergé par des quakers après avoir été délogé de son campement par la police. La bonne entente avec l'activiste américain conduit Bovard à entamer des démarches en faveur de son éventuel établissement en Suisse[2]. Elle se concrétise lors du procès, le 6 mai 1949, de l'objecteur français Jean-Bernard Moreau à la cause duquel Davis se rallie. *Peuple du monde* accueille deux articles des « Suisses » Bovard et Horst favorables à l'objection de conscience, le second se chargeant de démonter les ficelles du procès[3].

L'intérêt de Horst pour cette question n'est pas accidentel. Au même moment, Apothéloz prépare sa défense en vue de son deuxième procès pour objection. Avec son copain Buache, il se restaure tous les jours chez Gérard et Doreen : l'on y discute du refus sartrien du « sérieux », du refus d'entrer dans le jeu des États bourgeois qui « oppressent » les prolétaires et, par consé-

---

1 Voir la lettre de Garry Davis à Isabelle de Dardel et à Gérard Horst du 4 avril 1949 (GRZ). Le groupe se constitue officiellement le 20 juin 1949 (Lucien de Dardel, *Gazette de Lausanne*, 12 septembre 1949).

2 Lettre de René Bovard à Gérard Horst du 12 août 1949 (CENAC, Bibliothèque de La Chaux-de-Fonds).

3 René Bovard, « Situation de l'objecteur de conscience dans le monde », *Peuple du monde*, 21 mai 1949 ; G. H., « Un Citoyen du Monde en prison : Jean-Bernard Moreau », *ibid.*

quent, du refus de servir, mais aussi de la violence prolétarienne contre ces « salauds », les « bourgeois[1] ». Il faut dire que, de Lucien de Dardel à Horst, ni la non-violence ni « le quiétisme contemplatif » des sectateurs de Gandhi[2] ne sont du goût des pacifistes lausannois – en dépit de leurs « drôles d'auditoires[3] » composés de catholiques, réformés et autres quakers. La non-violence, absolu moral qui n'existe que par son contraire qui en devient le faire-valoir, est même un sujet d'agacement que Horst, en gardant en mémoire certaines de ses fréquentations helvétiques, conservera toute sa vie[4]. Il continuera cependant de défendre l'objection de conscience dans laquelle il voit un acte d'insoumission[5].

Aux CDM, la façon pacifiste d'aborder l'objection ne fait pas l'unanimité. Car il faut bien voir que l'idée d'une Force de sécurité mondiale, qu'avait soulevée initialement l'objecteur Moreau et qui justifiait l'intérêt que lui portaient les CDM, est passée à la trappe aussi bien durant son procès qu'auprès de ses partisans. C'en est trop pour le groupe de Sarrazac, qui craint une dérive politique et antimilitariste de l'objectif supranational originel. Cette dissension amène Davis à se tenir en retrait du mouvement à la mi-juillet 1949. Les pacifistes, que Sarrazac traque depuis un moment, ne sont pas écartés de la direction pour autant, puisque Bovard devient le secrétaire international des CDM au cours d'une réunion organisée à Paris les 14 et 15 mai 1949. Ne pouvant lui-même s'établir dans la capitale française alors que la crise interne bat son plein, Bovard demande à Horst de devenir son homme de confiance auprès

1 Voir des extraits du gros mémoire présenté aux juges dans Charles Apothéloz, « Idéologie et mystification » (août 1949), *loc. cit.*, p. 145-162. Avec sa description acide des Suisses et de leur confort ennuyeux, ce texte semble annoncer les thèmes du *Traître*.

2 André Gorz, *Fondements pour une morale, op. cit.*, p. 411.

3 *Idem, Le Traître, op. cit.*, p. 335.

4 Voir, par exemple, André Gorz et François Châtelet, « Et si la politique redécouvrait la morale… » (dialogue), *Les Nouvelles littéraires*, 5 mai 1977.

5 Voir Michel Bosquet [André Gorz], « Le droit de désobéir », *Le Nouvel Observateur*, 26 novembre 1979.

du secrétariat français. Horst est déjà à Paris car le 22 juin, deux jours après la réunion publique de fondation officielle des CDM lausannois, il y avait accompagné la troupe des Faux-Nez sans repartir. Courant juillet, Horst intègre le poste, qui est rémunéré, mais au noir.

La citoyenneté du monde, un mythe social

Indépendamment des divergences de vues qui les divisent, les CDM affichent des objectifs lointains et vagues. C'est ce que leur reproche Sartre. Il ne partage à leur encontre ni la franche hostilité de François Mauriac et Robert Aron, ni la sympathie complice de Bourdet et considère que les CDM brassent du vent. Invité à ouvrir un dialogue dans leur propre feuille, il argue que le gouvernement mondial relève d'un idéal ou d'« un mythe au sens sorélien du terme », ce qui dispense d'engagements concrets pour la paix aux côtés des Palestiniens, des Indochinois, des Malgaches, etc.[1]. Le groupe de Sarrazac, faisant sienne l'idée de mythe forgée par Sorel, répond que « l'histoire moderne se trouve en face d'un nouveau mythe social », celui de la « citoyenneté mondiale » qui ouvre « les portes d'un rêve actif et capable de coïncider avec les aspirations intimes de l'individu[2] ». Bovard est sur la même ligne lorsqu'il juge que la création de structures mondiales est prématurée tant que l'hégémonie des États-Unis et de l'Union soviétique n'est pas contrebalancée par l'avènement d'autres puissances telles la Chine, l'Inde et l'Europe, mais qu'il faut dès à présent susciter l'« esprit » de l'unité du monde, indispensable à la future réalisation de celle-ci[3].

En arrivant à Paris, Horst réalise son souhait le plus cher. Mais son enthousiasme s'étiole aussitôt. Il accourt au congrès

---

1 « Jean-Paul Sartre ouvre un dialogue », *Peuple du monde*, 18 juin 1949.

2 « Garry Davis et la citoyenneté mondiale seront-ils une nouvelle mystification de l'après-guerre ? », *Peuple du monde*, 18 juin 1949.

3 René Bovard, « Citoyen du monde », *Suisse contemporaine*, IX, 9, septembre 1949, p. 445.

national du RDR les 28 et 29 juin 1949, mais c'est pour constater les querelles d'un mouvement agonisant. Désenchanté, il a l'impression d'être « emporté et englouti par le monde, sans grand espoir d'agir sur lui[1] ». Perdue la cour d'admirateurs à laquelle il commençait à goûter (« j'ai l'habitude d'être considéré comme un type formidable. À Lausanne, c'était assez courant. Mais depuis [...][2] »), il lui faut reconstruire avec Doreen sa vie sociale à partir de presque rien – il ne reverra Sartre et Beauvoir fréquemment qu'à partir de la fin de l'année 1955.

Et puis, surtout, il y a la mauvaise surprise : en se rendant au secrétariat des Citoyens du monde pour la France et les pays associés, il découvre non seulement que tout est à faire, mais aussi qu'il met les pieds dans un « panier de crabes » et que Davis est bien naïf. Des dizaines de milliers de demandes d'enregistrement comme citoyen du monde sont en souffrance ; les groupes étrangers – présents essentiellement dans les trois pays vaincus, Allemagne, Autriche, Italie où le neutralisme a plus la cote et où d'anciens nazis/fascistes se recyclent – ne se conforment à aucune directive ; pis, l'organisation allemande, qui compte à elle seule pour la moitié de tous les enregistrements des CDM, est aux mains d'atlantistes roulant pour les Américains. Horst, révulsé, menace de démissionner[3]. La seule note heureuse qui, à cette époque, égaie sa vie est d'ordre privé : le 20 septembre 1949, il vainc ses réserves de principe et épouse civilement Doreen à Lausanne.

Expérience stérile finalement que cet engagement appointé de Horst qui vire au gratte-papier subordonné dans un bureau encombré, qui passe son temps à collectionner des timbres-poste ou, entre quelques visites d'affiliés étrangers, à rédiger circulaires, communiqués et autres rappels à l'ordre. Le contexte international tournant le dos aux hypothèses du neutralisme mondial,

---

1 Lettre de Gérard Horst à Walter Riffel du 7 juillet [1949] (GRZ).
2 Lettre de Gérard Horst à Walter Riffel du 27 janvier 1953 (GRZ).
3 Voir la correspondance Gérard Horst-René Bovard d'août 1949 (CENAC).

le déclin des CDM est inévitable. À bout de souffle, les CDM licencient Horst le 24 avril 1950, après neuf mois de service. Davis, las, rentre aux États-Unis le 20 mai, peu de jours avant que ne débute la guerre de Corée qui rend complètement anachronique le rêve d'assemblée des peuples.

4

Le journalisme comme compromis

> Ici Paris est une ville triste. Claude Bourdet a fini avec *Combat* et les Citoyens du monde sont finis avec Gérard ! Nous mangeons des flocons d'avoine et espérons de trouver quelque chose – demain, toujours demain. Et lisons *Le Figaro* et *New York Herald*. Oui le monde est si triste[1] !

Ces quelques mots dépités de Doreen Horst à leur ami suisse Walter Riffel, en avril 1950, font écho au marasme intellectuel ambiant – l'élan de la Libération s'est épuisé – et aux difficultés matérielles contre lesquelles le couple se bat pendant l'année de chômage qui s'annonce. Doreen et Gérard enchaînent les petits boulots. Elle pose comme modèle à l'École des beaux-arts, donne des leçons particulières d'anglais, se mue en archiviste pour le compte d'un particulier et fait la guide pour des groupes d'écoliers d'outre-Manche.

Lui se transforme en cicérone, en impossible démarcheur d'assurances (deux jours d'essai), en correspondant rétribué pour le magazine suisse qu'il lisait avec empressement au réfectoire de la pension lausannoise, *L'Illustré* – grâce aux relations de Jotterand[2] –, en vain postulant à l'UNESCO (Organisation des Nations unies pour l'éducation, la science et la culture) – où Roger Girod travaille – pour des traductions d'allemand, puis – grâce à ce même contact – en secrétaire particulier du général

1 Lettre de Doreen Horst à Walter Riffel du 14 avril [1950] (GRZ).

2 Voir, par exemple, « Comment on vit à Paris avec un salaire moyen », texte dactylographié destiné sans doute à ce magazine populaire (GRZ, chemise Riffel).

Thakar, attaché militaire de l'ambassade de l'Inde. Pendant sept mois, Horst rédige des rapports sur la situation internationale en Europe et donne des cours quotidiens à ses filles. « Nous, ironise-t-il dans une lettre à Walter Riffel, demeuré en Suisse, on va peut-être devenir riches. Parce qu'on est en chômage, on n'a jamais autant travaillé. Du matin au soir. Connement[1]. » À cet ami connu à la pension de famille de Lausanne, il a déjà demandé l'envoi de lait et de café en poudre, de sucre et de riz...

Un travail-emploi à *Paris-presse*

Le 15 avril 1951, Gérard Horst, vingt-huit ans, est embauché à *Paris-presse l'Intransigeant*, un quotidien du soir à grand tirage. Il l'annonce à son ami intime :

> La pourriture du monde va m'engloutir. En [la circonstance], la pourriture du monde a pris la figure de *Paris-presse* où je me suis pressé d'accepter un emploi de rédacteur aux rétributions inconnues. Je commence la semaine prochaine et mon organisme commence à s'empoisonner de toutes les compromissions qu'il me sera demandé à passer avec moi-même[2].

Horst obtient cet emploi grâce à « un journaliste célèbre » que lui a présenté Betty, une amie américaine (Jane dans *Lettre à D.*)[3] – nous supposons qu'il s'agit de Jean-Jacques Servan-Schreiber, chroniqueur ponctuel du quotidien. *Paris-presse*, fondé en 1944, est un journal conservateur, à partir de 1952 aux mains du groupe possédant *France-soir* et d'hommes d'affaires gaullistes (le directeur Édouard Corniglion-Molinier, bientôt ministre de Laniel, et l'actionnaire, à hauteur de 50 %, Marcel Dassault). Horst y est chargé, à partir du 18 mai, de corédiger la revue de la presse étrangère, dont la place ira croissant au fil des ans. Doreen l'aide à dépouiller la masse des publications anglo-saxonnes,

1 Lettre de Gérard Horst à Walter Riffel, s.d. [1950] (GRZ).
2 Lettre de Gérard Horst à Walter Riffel du 22 avril [1951] (GRZ).
3 André Gorz, *Lettre à D.*, *op. cit.*, p. 36.

débutant ainsi un travail de documentation qui lui permettra d'épauler son compagnon pendant toute sa carrière de journaliste. Gérard l'empêche cependant d'apprendre la langue de la civilisation allemande qu'il honnit.

Les sujets les plus divers sont traités : questions de société, techno-sciences (essais atomiques, automobiles électriques), santé publique (ondes ionisantes aux effets inconnus, radioactivité) ; ou perspectives fastes (culture du blé en Sibérie et en Alaska) et funestes (montée des eaux) du réchauffement climatique dû au gaz carbonique émis par l'industrie[1]. À partir de 1954, Horst couvre aussi de temps à autre les affaires étrangères. Son premier « papier » avait été un reportage à Vienne en mars 1953 signé Gérard Horst. Au vu de son nom allemand, on lui demande d'en changer. Il choisit Michel pour prénom et Bosquet pour nom, ce dernier étant une traduction de *Horst* (on sait qu'en Suisse il avait déjà utilisé ce nom d'emprunt par convenance [*voir note 5, p. 25*]).

Dans ses articles, il apprend les « ruses de l'objectivité[2] », « chacun d'eux contenant, comme une dose de discret venin, la matière d'un réquisitoire omis pour laisser parler les faits[3] ». Il y décrit les méthodes du maccarthysme et du FBI (Federal Bureau of Investigation), les manœuvres des Américains pour affaiblir en Italie le syndicat communiste de la CGIL (Confédération générale italienne du travail) ou encore la cause du gouvernement guatémaltèque d'Arbenz en passe d'être renversé au profit des intérêts de la United Fruit. Jugeant ces articles subversifs, Gorz écrira plus tard à une étudiante qu'ils étaient cependant inattaquables puisqu'on trouvait des analyses semblables dans d'autres journaux bien-pensants, comme le *New York Times*. Et puis, confiera-t-il dans cette même lettre de 1967, « je ne pouvais tout de même pas écrire ce que je voulais, et je ne le peux

1 « La Terre se réchauffe d'un degré par siècle », *Paris-presse l'Intransigeant*, 5 mars 1954.
2 André Gorz, *Lettre à D.*, *op. cit.*, p. 38.
3 *Idem*, *Le Traître*, *op. cit.*, p. 335.

toujours pas : le journalisme n'est pas un moyen d'expression. C'est un compromis[1]. »

L'image que Bosquet a de lui-même à l'époque de *Paris-presse*, et qu'il transmet à son ami confident, reste « celle de traître et de salaud compromis dans les saloperies de la presse réactionnaire », où il « pratique avec mauvaise conscience et ressentiment la politique du moindre mal » : « Alors je fais ma gueule à longueur de journée[2]. »

Mendésisme et modernisme à *L'Express*

Dix minutes d'entretien suffisent en juillet 1955 pour que Bosquet commence en octobre une carrière à *L'Express*, qui durera neuf ans. Dès son arrivée, se rappellera un journaliste devenu son ami, « on a tout de suite vu qu'on avait affaire à quelqu'un de pas ordinaire [...] il n'avait pas du tout le profil d'un Rouletabille de la grande presse[3] ». L'embauche, voulue par Servan-Schreiber, fondateur et directeur du magazine, s'explique par les besoins en journalistes dus à la transformation (temporaire) de l'hebdomadaire en quotidien pour soutenir Pierre Mendès France, candidat aux législatives de 1956. « J'ai accepté avec joie d'entrer à *L'Express*, se souviendra Gorz en 1967, parce que c'était tout de même un journal plus intelligent que le quotidien où j'étais avant et que, sans pouvoir s'y exprimer, on pouvait y dire plus de choses, avec toujours beaucoup de concessions et de prudence[4]. »

Ce magazine d'information et d'opinion, créé en 1953, est conçu comme une tribune que son directeur met à disposition de Mendès France, qu'il essaie d'aiguiller dans le sens le plus

1 Lettre d'André Gorz à une étudiante (non identifiée) du 17 mars 1967 (GRZ). Pour réfléchir à ce sujet, voir Cyril Lemieux (dir.), *La Subjectivité journalistique. Onze leçons sur le rôle de l'individualité dans la production de l'information*, Éd. de l'EHESS, Paris, 2010.

2 Lettre de Gérard Horst à Walter Riffel du 20 juin [1954] (GRZ).

3 Serge Lafaurie, « Hommage à André Gorz », *loc. cit.*

4 Lettre citée d'André Gorz à une étudiante.

réformateur possible[1]. Avec la complicité d'un jeune secrétaire de rédaction déjà à *L'Express*, Serge Lafaurie, Bosquet, chargé de l'actualité internationale, entreprend lui aussi d'infléchir l'image du leader radical, mais dans un sens qui n'est pas celui de « JJSS », chantre de l'américanisme : avec « Serge au torse noir [qui] pense comme moi, écrit-il en privé, on a pu si bien travailler que l'ambassade yankee a déjà conclu que le Mendès était neutraliste [et] que *Time* l'a attaqué à cause de ça[2] ». Bosquet a de l'estime pour Mendès, qu'il rencontre lors de la campagne électorale. À l'époque de *Paris-presse* déjà, il l'avait rangé, avec Bourdet, parmi les hommes qui font « un travail meilleur » que ceux qui choisissent le Parti communiste[3]. Tout comme Jean Daniel, qui couvre la brûlante actualité d'Afrique du Nord dans le magazine, il est conquis par la politique mendésiste de désengagement colonial.

Mais Mendès France, à l'instar de *L'Express*, n'est pas que cela : il incarne aussi le « modernisme », dont l'anticolonialisme est le préalable. Par ce terme, on entend l'idéologie et les pratiques qui, dans les années 1950, mobilisent les milieux progressistes de la bourgeoisie et les hauts fonctionnaires de l'État – politiquement inféodés au radicalisme et au christianisme social – pour rationaliser et dynamiser l'économie française, sur le modèle américain, tout en préconisant une redistribution des bénéfices de la croissance[4]. L'apparition des pages d'économie dans *L'Express*, comme dans le quotidien de gauche *Le Monde*, va dans ce sens : elle répond au souci pédagogique et démocratique de livrer au public des informations sur des questions jugées déterminantes

---

1 Christian DELPORTE, « *L'Express*, Mendès France et la modernité politique (1953-1955) », *Matériaux pour l'histoire de notre temps*, n° 63-64, juillet-décembre 2001, p. 96-103 ; Michel JAMET, *Les Défis de* L'Express, Cerf, Paris, 1981.

2 Lettre de Gérard Horst à Walter Riffel du 2 janvier [1956] (GRZ). Son article signé le plus récent est alors : Michel BOSQUET, « L'URSS propose : "Fixons immédiatement une date pour arrêter les expériences atomiques" », *L'Express*, 30 novembre 1955.

3 Lettre de Gérard Horst à Walter Riffel, s.d. [1953 ?] (GRZ).

4 Luc BOLTANSKI, « America, America... », *Actes de la recherche en sciences sociales*, n° 38, mai 1981, p. 19-41.

pour l'avenir du pays (plus tard, *L'Expansion* de Jean Boissonnat remplira pleinement cette fonction)[1].

À son corps défendant, Bosquet participe de cette mouvance. En signant dans *L'Express* son premier article d'économie, le 20 novembre 1958, il se fait le spécialiste d'un domaine qu'il va cultiver dans le journalisme pendant près de vingt-cinq ans. Tout en partageant au début la rubrique avec Jean Cau, ancien secrétaire de Sartre, et le démographe Alfred Sauvy (en politique étrangère, il alterne avec le spécialiste de l'Est, K.S. Karol), il se fait remarquer par ses enquêtes de terrain. Il y problématise avec intelligence et subtilité situations, conjonctures et enjeux, mais non sans payer finalement un tribut à l'idée de progrès et au discours de la rationalisation économique, parfois sous couvert de la rationalité du Plan – à la française.

C'est ainsi que, plusieurs fois invité par le négociant Édouard Leclerc à visiter ses magasins – il admire les idées humanistes de cet ex-séminariste breton avec lequel il discute librement de politique –, il vante la suppression des intermédiaires dans la distribution et le procès de concentration de celle-ci comme une rationalisation qui permet la réduction des marges et les bas prix. Ce qui l'amène à considérer la protestation des petits commerçants contre le système Leclerc comme dirigée contre un « progrès[2] ».

Quand bien même il écoute des syndicalistes, Bosquet est dépendant des sources glanées au Commissariat au Plan et auprès d'entrepreneurs. Il reproduit à *L'Express* le discours ambiant d'une époque et d'une élite, qui se résume à une ligne keynésienne et planificatrice. Avant même d'être chargé de la

---

1 Philippe Riutort, « Le journalisme au service de l'économie. Les conditions d'émergence de l'information économique en France à partir des années 50 », *Actes de la recherche en sciences sociales*, n° 131-132, mars 2000, p. 41-55.

2 Voir Michel Bosquet, « Vie quotidienne. L'aventure de Grenoble », *L'Express*, 2 avril 1959 ; *idem*, « Économie. Le "circuit du pauvre" », *L'Express*, 3 mars 1960 ; *idem*, « Reportage. Leclerc et la liberté », *L'Express*, 11 octobre 1962. *A contrario* : *idem*, « La mort des "petits" », *Le Nouvel Observateur*, 4 mai 1970 (repris dans *Critique du capitalisme quotidien*, Galilée, Paris, 1973, p. 156-164).

rubrique économie, il concède dans *Le Traître* que son « faible pour les problèmes démographiques mondiaux, les statistiques sur les ressources globales de la Terre, les théories stratégiques, les plans quinquennaux » ferait de lui « un bon fonctionnaire du ministère du Plan ou de la Population[1] ». Et en 1993, il reconnaîtra que, face à des économistes « de très haut niveau » dans les ministères et les administrations, il était d'abord important de *comprendre* et que sa lecture de Marx, d'ailleurs peu systématique, lui servait avant tout à forger des clés d'interprétation dans son travail de journaliste[2] – autrement dit moins à critiquer qu'à comprendre. Il y a donc bel et bien chez Gorz/Bosquet une sorte de dualisme intellectuel qui le clive « entre un moraliste attentif à la Cité des fins et un économiste fasciné par la logique des choses[3] ».

Sur un autre plan, celui de la relation professionnelle, Bosquet est plus conscient des barrières qui l'empêchent d'affirmer son sens critique. Celles-ci délimitent la marge de manœuvre que lui accorde l'hebdomadaire. En 1967, répondant à une étudiante, il en fait le bilan avec lucidité :

> Je ne suis pas venu au journalisme par militantisme, mais pour gagner ma vie d'une façon qui m'informe et m'aide à réfléchir et m'oblige à apprendre constamment. C'est à force de travailler comme journaliste que je suis devenu un peu militant. Mais [...] un journaliste écrit toujours pour son rédacteur en chef, c'est-à-dire en fonction de l'idée que le rédacteur en chef se fait des goûts et opinions du public, des articles susceptibles de plaire à son public, de lui attirer un certain public. La « ligne » d'un journal ou sa « manière » sont toujours *strumentali* : la vérité ou la justesse de l'analyse y passe après la valeur commerciale, « attractive », de l'article. [...] Si donc vous me demandez ce que je pense de mon travail comme Bosquet, je vous dirais que je ne

1 André Gorz, *Le Traître, op. cit.*, p. 106.

2 « Dialogue avec André Gorz » (entretien de novembre 1993 avec Jeremy Tatman), *Écologie & Politique*, n° 22, printemps 1998, p. 24.

3 Louis Pinto, « Un théoricien du *Nouvel Observateur* », *in L'Intelligence en action : Le Nouvel Observateur*, Métailié, Paris, 1984, p. 157.

> m'y reconnais pas. Les articles que je serais prêt à contre-signer de tous mes noms, je peux les compter : [il en dénombre six[1]]. Sur les centaines d'articles que j'ai faits, ça fait peu de choses[2].

Dans ces conditions, on comprend mieux pourquoi Gorz veille scrupuleusement à ce que son pseudonyme de philosophe social ne soit pas associé publiquement à celui de journaliste : là il est sujet, ici « il n'existe pas ». Et c'est bien ce qui lui est pénible dans le journalisme : « Mobiliser toutes les ressources de sa pensée pour produire une pensée dont sa pensée [soit] absente[3]. »

Au début de l'année 1963, *L'Express* opère un virage vers le centre en conjuguant, sans complexes, mythe productiviste et séduction du lectorat « cadres », cible des annonceurs. En entérinant sa rupture avec Mendès France, qu'il a encore soutenu aux élections de 1962, Servan-Schreiber pousse vers la sortie les journalistes de l'ancienne orientation. Jean Daniel, rédacteur en chef, est licencié en janvier 1964 et happé par *Le Monde*. Ne se reconnaissant plus dans l'esprit de la publication, écarté de la rubrique sensible de l'économie et entravé dans son autonomie de travail, Bosquet démissionne à son tour en septembre, au moment où le recentrage trouve sa nouvelle formule, celle du news magazine[4]. Réglé aux prud'hommes (une lettre de Mendès

1 Nous les avons repérés précisément : Michel Bosquet, « Reportage. Grève à l'italienne », *L'Express*, 27 septembre 1962 ; *idem*, « Communistes. Les premiers pas », *L'Express*, 20 décembre 1962 ; *idem*, « Le "socialisme" et la bagnole », *Le Nouvel Observateur*, 11 mai 1966 (repris dans *Critique du capitalisme quotidien*, *op. cit.*, p. 43-45) ; *idem*, « Les chômeurs de la relance », *Le Nouvel Observateur*, 17 août 1966 ; *idem*, « Et si on nationalisait la Bourse… », *Le Nouvel Observateur*, 12 octobre 1966 ; *idem*, « Cent mille morts par jour », *Le Nouvel* Observateur, 21 décembre 1966 (repris dans *Critique du capitalisme quotidien*, *op. cit.*, p. 226-232).

2 Lettre citée d'André Gorz à une étudiante.

3 André Gorz, « "Je n'existe pas." Note sur le journalisme » (vers 1960), *in* Christophe Fourel (dir.), *André Gorz, en personne*, Le Bord de l'eau, Lormont, 2013, p. 94.

4 Voir sa longue lettre de démission, *in* Christophe Fourel (dir.), *André Gorz. Un penseur pour le XXIe siècle*, *op. cit.*, p. 238-246.

France à l'appui[1]), son départ *in extremis* s'explique par le fait que, dans son cas, la solution de rechange professionnelle tarde.

Il pourrait diriger une revue sur les expériences internationales du mouvement ouvrier[2], comme la *Revue internationale du socialisme* que Lelio Basso s'apprête à lancer et à laquelle il apportera tout son soutien. Ou il pourrait accepter de rédiger l'organe du syndicat chrétien CFTC (Confédération française des travailleurs chrétiens), en passe de se constituer en syndicat laïque (CFDT, Confédération française démocratique du travail), mais il décline cette offre aussi, convaincu qu'il risquerait de perdre son indépendance politique. Son ami syndicaliste italien Bruno Trentin (qui nourrit une amitié filiale avec l'intellectuel de la CFTC Paul Vignaux, qu'il a fréquenté en France dans sa jeunesse) lui écrit à ce sujet :

> Malgré le très grand intérêt et la grande signification qu'elle revêt, je suis bien d'accord avec toi que son acceptation t'aurait, en fait, contraint à devenir – tout au moins pour un bon bout de temps – un fonctionnaire de la CFTC, avec toutes les limites et les conditionnements qui en dérivent. Et cela aurait très probablement limité ton espace vital et l'influence que tes écrits peuvent avoir sur le mouvement ouvrier français et la CFTC elle-même[3].

C'est finalement en novembre 1964 qu'il participe à la fondation du *Nouvel Observateur* avec les autres transfuges de *L'Express* Jean Daniel, K.S. Karol, Claude Krief, Serge Lafaurie et l'oncle de celui-ci, Jacques-Laurent Bost. Une autre épopée commence dans sa vie de journaliste.

---

1 Lettre de Pierre Mendès France à Michel Bosquet du 17 novembre 1964 (GRZ). Le différend porte sur les indemnités de départ qui découlent de l'application légale de la clause de conscience.

2 Bruno Trentin fait allusion à cette proposition dans une lettre à André Gorz du 13 octobre 1964 (GRZ).

3 *Ibid.*

5

L'aliénation en société d'abondance

Ayant mis depuis un moment un point final au manuscrit des *Fondements pour une morale,* Horst le présente à Sartre le 1er décembre 1955 ; près de cinq mois sont nécessaires pour que le philosophe, accaparé par d'autres enjeux théoriques, s'en fasse une idée et le recommande enfin à trois éditeurs[1]. Dans la préface de l'ouvrage publié en 1977, Gorz, qui réduit l'attente à six, huit semaines, raconte l'accueil perplexe que Sartre réserva à une œuvre démesurée qu'il ne fit sans doute que parcourir, et dont l'échafaudage ontologique et moral lui semblait dépassé. C'est sans illusion que Sartre munit son protégé d'un mot de recommandation pour Jean Hyppolite, directeur d'une collection philosophique aux Presses universitaires de France (PUF). Avec le recul, il était prévisible que le manuscrit serait refusé. L'auteur en est pourtant surpris – contrairement à ce qu'il prétendra plus tard[2]. Dans une lettre à Walter Riffel du 2 janvier 1956, il manifeste son optimisme à propos de ce qu'il appelle comiquement « leuvre (comme couleuvre) » : « Quand JPS [Sartre] l'aura lue, je pense qu'elle paraîtra ; l'hiver prochain peut-être[3]. » Mais cet échec ne va pas le désarçonner. Car Horst s'est déjà lancé dans une autre entreprise qui en est à certains égards le prolongement. Il s'agit de l'écriture du *Traître*.

---

1 Voir les lettres de Gérard Horst à Walter Riffel des 2 janvier et 25 avril [1956] (GRZ).

2 Voir André Gorz, « Préface », *in Fondements pour une morale, op. cit.,* p. 18.

3 Lettre citée de Gérard Horst à Walter Riffel du 2 janvier [1956].

Liberté et analyse existentielle

Roman autobiographique atypique, *Le Traître* n'est autre qu'une application à un cas de vie particulier de la typologie phénoménologique des attitudes et des situations élaborée dans l'essai-fleuve[1]. Le développement et le but de l'ouvrage sont identiques à ceux des *Fondements* : il est question de frayer, au bout d'un dédale de motivations et de relations inauthentiques et aliénées, la voie qui mène le sujet à la liberté. Sartre reste la référence. Tout comme les *Fondements* ont pour modèle *L'Être et le Néant*, *Le Traître* dispose maintenant de l'exemple du *Saint Genet* (1952) qui exalte la sécession et la trahison sociales, ce que reflète jusqu'au choix du titre.

Ce genre de récit biographique se déploie en trois temps : à une période de formation succèdent les affres de l'épreuve, puis la résolution. Contrairement à *La Chute* (1956) de Camus, où le protagoniste se raconte et se met à nu sans médiation, *Le Traître* est écrit à la troisième personne, afin de préserver l'écart entre ce que l'homme est et le regard qu'il porte sur lui-même. Mais, encore une fois contrairement à Camus, ce qui frappe, c'est le langage employé, passablement familier, et les raisonnements souvent tortueux, qui introduisent de l'intimité et de la sincérité dans un récit qui est avant tout un dialogue avec soi-même.

Le roman est composé de quatre parties aux titres pronominaux (« Nous », « Eux », « Toi », « Je »). La première partie pose la grande question du moment, celle du positionnement de l'individu face aux théories marxiste et analytiques – en 1957, Sartre publie *Questions de méthode*, où il répond à György Lukács sur « Marxisme et existentialisme ». Les deux suivantes mettent en scène « il » aux prises avec les autres afin d'exprimer le refus de soi et de l'image que les autres lui renvoient ; dans la dernière,

---

1 Pour une ample mise en contexte, voir Michael Mundhenk, *Appropriating Life-History through Autobiographical Writing. André Gorz's* The Traitor, *a Dialectical Inquiry into the Self* (thèse), Simon Fraser University, Burnaby (Vancouver), 1984.

résolutive, le « je » surmonte la « terreur de l'identification » en s'acceptant[1].

Familièrement, l'auteur présente à Riffel son projet comme un « nouveau machin que j'ai commencé de pondre et qui doit quasiment montrer sur le vif, sur mon exemple, comment un type, et si, peut arriver à se comprendre et à se ressaisir, à se psychanalyser et se marxiser lui-même ». Dans la même lettre, où il mentionne ses entrevues avec Sartre liées à la remise du manuscrit des *Fondements*, Horst constate que les préoccupations de son mentor sont analogues aux siennes et sait en tirer profit :

> Il m'a expliqué que personnellement la phénoménologie ne le passionnait plus tant que ça et la chose importante pour lui c'était de trouver une perspective qui fonde l'unité de la psychanalyse et du marxisme, ce dont je me doutais bien, et qu'il fallait arriver à comprendre comment ça bidule, la « Société », d'où ça vient qu'il y en ait une et en réconcilier la signification historique avec la signification vécue [...] ce qui m'a permis de voir que j'avais déraillé à un certain endroit du nouveau machin[2].

Qu'est-ce qu'un traître ? Le marginal et l'intellectuel

Le titre de l'ouvrage n'est que peu élucidé dans le cours du texte et son sens est camouflé, dans l'édition de 2005, par un texte en couverture, qui reprend la conclusion[3], où Gorz met en avant la trahison que subissent les traîtres de son espèce. Trahis dès le départ par un réel qui leur assigne un rôle et une place qu'ils n'ont pas voulus sciemment, « désadaptés de notre réalité, dévorés de besoins que cette civilisation ne peut satisfaire », certains hommes deviennent des « traîtres » à

---

1 Voir les belles analyses très différentes de Norio INOUE, « Il – Je – Sujet de l'énonciation », *Memoirs of the Faculty of Liberal Arts and Education* (université Yamanashi, Japon), n° 33, décembre 1982, p. 75-83 (tiré à part envoyé à Gorz ; GRZ, chemise Inoue), et Frédéric WORMS, « André Gorz ou l'autre issue », *in* Christophe FOUREL (dir.), *André Gorz, en personne*, *op. cit.*, p. 39-50.

2 Lettre citée de Gérard Horst à Walter Riffel du 2 janvier [1956].

3 André GORZ, *Le Traître*, *op. cit.*, p. 371-372.

la société. Exactement comme Jean Genet dépeint par Sartre. Ce sont ceux qui persistent à maintenir consciente leur « fêlure définitive » qui rend impossible de se reconnaître dans l'image de leur situation en société. La trahison s'incarne alors dans « l'opposition et la contestation[1] », à travers lesquelles l'individu recherche et façonne son authenticité. Le traître est l'insoumis et l'exclu.

Toute société porte en elle, comme sa propre négation, cette figure de l'altérité. Elle la refoule avec le serment implicite de ses membres de se cantonner au licite et la pourchasse par le soupçon généralisé lorsque, holiste (« archaïque ») ou autoritaire (« maccarthyste »), elle dicte à chaque individu sa place[2]. En 2004, Gorz insistera encore : « C'est dans ses interstices, ses ratés, ses marges seulement que surgissent des sujets autonomes par lesquels la question morale peut se poser[3]. » Il est surprenant que, pour apprécier la prégnance sociale du sujet non conformiste, Gorz n'ait jamais eu l'occasion de renvoyer à la percutante étude du psychologue social Serge Moscovici *Psychologie des minorités actives* (1976/1979[4]). Sur ce point, il préféra se parer de l'autorité d'un autre chercheur, le sociologue Alain Touraine, qu'il étudiera attentivement.

Il est un cas où le « marginal » a une visibilité sociale spéciale. C'est lorsque, d'une part, il assume sa solitude et par la même occasion celle des autres et, de l'autre, il choisit d'évaluer le monde à partir de son « exigence d'humanité » : il est alors un *intellectuel*[5]. Du fait de sa distance à la société, l'intellectuel est « le traître » par excellence[6]. Incarnant l'« esprit d'autonomie », il « dit non au monde de l'aliénation et des nécessités inhumaines. Mais ce faisant, il n'empêche pas ce monde d'être et ne forge

1 *Ibid.*, p. 365, p. 364 et p. 337.
2 André Gorz, *La Morale de l'histoire*, Seuil, Paris, 1959, p. 86-87 n.
3 *Idem*, *Écologica*, Galilée, Paris, 2008, p. 12-13.
4 Les dates présentées ainsi au cours du présent ouvrage sont celles de l'édition originale et de la parution en français.
5 André Gorz, *La Morale de l'histoire*, *op. cit.*, p. 141.
6 *Idem*, *Le Traître*, *op. cit.*, p. 365-367.

pas les instruments de sa transformation[1] ». Son rôle n'est pas de nier les impératifs de la vie courante. Il est par exemple mal placé pour critiquer, que ce soit de l'extérieur ou de l'intérieur du Parti communiste, l'« action de la classe révolutionnaire » en faisant fi de ses « conditions objectives[2] ». Son rôle est plutôt de maintenir vivante la négativité, la « nostalgie d'un monde humain » qui est en chacun de nous, pour qu'un jour, en en prenant conscience, les hommes se libèrent. L'intellectuel qui a pour vocation la révolte de l'esprit, parfois isolé par sa tentation de juger en surplomb les mouvements réels, se retrouvera alors aux côtés de ceux qui dénoncent, comme lui, l'aliénation générale et ne pourra manquer « d'être de "gauche"[3] ».

En 1960, dans un numéro d'*Arguments* consacré aux intellectuels, Edgar Morin – qui a publié l'année précédente une *Autocritique* de son engagement passé au Parti communiste – discute indirectement le dilemme soulevé par Gorz. Il fait observer que l'intellectuel de gauche – naturellement dissident et adepte des Lumières –, qui pose un « absolu » (là, l'« exigence d'humanité ») pour le mettre en tension avec le « réalisme » (là, les « conditions objectives »), accuse une faiblesse de jugement par rapport à ce qu'est la « vulgate marxiste » qui inculque ce même réalisme[4]. Il nous faudra donc revenir sur cette « faiblesse » de Gorz, d'avant 1960, à l'égard de ce qui est visé ici, l'idéologie communiste officielle.

Au regard de la psychanalyse et du marxisme

La narration du *Traître*, qui met en scène un homme aux prises avec les tourments de son être inabouti, pose d'emblée comme névralgique la question du rapport entre les détermi-

1 *Idem, La Morale de l'histoire, op. cit.*, p. 141-142.
2 *Idem, Le Traître*, éd. de 1958, p. 258 n.
3 *Idem, La Morale de l'histoire, op. cit.*, p. 143 et p. 144.
4 Edgar Morin, « Intellectuels. Critique du mythe et mythe de la critique », *Arguments*, n° 20, 4e trimestre 1960, repris dans *Arguments 3*, UGE, Paris, 1978, p. 137-138.

nations objectives, qui relèvent à la fois de son passé et de son milieu social, et le choix personnel où se joue sa liberté. Ce rapport restera à jamais sous-jacent au projet émancipateur de Gorz qui conçoit l'être comme sujet de ses actions. Il invite à une confrontation avec les problématiques qui divergent en partie avec la démarche existentielle : la psychanalyse freudienne et le marxisme.

La psychanalyse existentielle, qui n'est ni une thérapeutique du verbe, ni une introspection, mais une *technique narrative du dévoilement*, part du choix personnel – concept clé – pour « comprendre comment on s'est fait à sa condition, comment on s'est choisi à partir d'elle, laissé infecter par elle, à demi victime, à demi complice, comment il a été possible qu'on accepte de la vivre [...]. Idée donc qu'il y a une pente objective du choix[1] ». Gorz, à la suite de Sartre[2], voue aux gémonies aussi bien la notion d'inconscient que celle de libido, de sorte que pour lui le complexe de la personnalité, qui ne contient rien d'enfoui dans les profondeurs indiscernables de l'être, se dévoile le mieux par un abord phénoménologique. Cela n'interdit pas des points d'accord avec la psychanalyse proprement dite – ou, par ailleurs, des incidences sur la clinique : au même moment, l'étude de psychiatrie existentielle de Ronald Laing *Le Moi divisé* (1959/1970), aussi redevable au psychiatre suisse Ludwig Binswanger qu'à Sartre, développe une phénoménologie du Moi dont la portée clinique et politique va bientôt donner naissance à l'extraordinaire et détonant mouvement de réforme antipsychiatrique.

Une des convergences avec la théorie de Sigmund Freud porte sur la reconnaissance de la détermination originelle de l'enfance, qui est celle d'un choix ou d'un complexe imposé par la relation familiale (Sartre parle de « contingence originelle du choix[3] »)

1 André Gorz, *Le Traître*, *op. cit.*, p. 70 et p. 75.
2 Voir Betty Cannon, *Sartre et la psychanalyse*, PUF, Paris, 1993.
3 Jean-Paul Sartre, « La psychanalyse existentielle », *in L'Être et le Néant*, *op. cit.*, p. 603-621.

et qui sécrète dès le début une incomplétude ou un manque chez l'individu. D'où cette image de Merleau-Ponty qui frappe Gorz dans les *Fondements pour une morale* : « Le passé demeure comme une blessure par où notre force s'écoule[1]. » Dans ce livre, l'auteur expose sa conception :

> Nous nous sommes noués à nous-mêmes et au monde dans l'enfance [...] la manière dont nous dévoilons le monde est toujours motivée par la manière dont nous sommes déjà situés par le choix que nous avons fait de notre corporéité, de notre passé enfantin, du monde immédiatement sensible [...] nos conduites adultes sont les sublimations ou symbolisations de nos complexes infantiles, nos relations avec les autres restent orientées par le choix que nous avons fait de nous-mêmes dans nos relations avec le père ou la mère, et ce choix originel est comme le fatum subjectif qui nous fait nous retrouver toujours dans un même type de situation[2].

L'autre convergence, tout aussi fondamentale, porte sur la possibilité libératrice de choisir postérieurement la réappropriation remaniée de ce choix forcé[3]. Ce qui veut dire que l'individu n'est pas rivé irrémédiablement à sa détermination originelle. Concrètement, on se gardera donc d'expliquer à la va-vite, par exemple, tel comportement révolutionnaire par un complexe infantile de révolte contre le père[4] – ou, dans le cas de Gorz, son choix à venir de l'autolimitation par son avarice...

> Car dès l'instant qu'un complexe a réussi à se dépasser en un engagement objectivement fondé et à revendiquer celui-ci au nom de l'exigence de liberté qui s'y affirme historiquement, ce complexe s'est liquidé en tant que complexe[5].

---

1 Maurice Merleau-Ponty, *Phénoménologie de la perception*, Gallimard, Paris, 1945, p. 100 ; André Gorz, *Fondements pour une morale, op. cit.*, p. 460.

2 *Ibid.*, p. 459-460.

3 Sur l'optique psychanalytique, voir Claude Rabant, « Un choix renversant », *in* Collectif, *La Question du choix inconscient. Déterminisme et responsabilité du sujet*, Éd. du Hasard, Marseille, 1997, p. 37-45.

4 André Gorz, *Fondements pour une morale, op. cit.*, p. 438-439.

5 *Ibid.*, p. 439.

Comme Gorz le dira plus tard en discutant la notion d'autobiographie avec son ami sartrien Michel Contat, il arrive un moment où « les propositions qu'on émet tiennent debout indépendamment de la motivation originelle ». On évitera aussi de concevoir le récit autobiographique comme une construction légitimante de l'identité « déjà là » de l'auteur. De ce point de vue, *Le Traître* est une « entreprise différente » qui cherche à « comprendre le "choix originel" dans son conditionnement et son sens [...] pour pouvoir le remanier, remanier la situation et devenir le sujet de ses entreprises[1] ». Si donc, expliquera Gorz dans un article important sur Sartre, la « constitution affective » de départ, « qui est la manière dont, originellement, avant toute réflexion et rétroaction possible, nous nous sommes noués, dans l'enfance, à notre corps, aux autres et au monde », demeure comme la matrice des vécus, cela ne signifie pas que l'on en soit prisonnier : on ne la quitte jamais mais on la dépasse toujours, « tissant à partir d'elle des rapports *vrais* avec la réalité historique[2] ».

Par ailleurs, la « situation » qui se présente à l'individu n'est pas le seul fait de son parcours existentiel, qui charrie le passé. L'incomplétude de l'être, qui naît dépendant pour ensuite s'arroger le libre arbitre (Gorz ne rejette pas le rapprochement avec le libre arbitre des chrétiens[3]), s'enracine dans un contexte plus large, d'ordre social et économique, qui agit à tout instant et dans le présent, et que seul le *marxisme* appréhende comme la forme de détermination essentielle que subit l'homme adulte dans ses choix. Que les fonctions et les rôles sociaux de l'individu définissent son identité en l'empêchant d'exister par lui-même sera pour Gorz une vérité inébranlable : « Ce n'est pas "je"

1 Lettre d'André Gorz à Michel Contat, s.d. [septembre 1988] (GRZ).
2 André Gorz, « Sartre malgré lui ? » (recension de François George, *Sur Sartre*), *Le Nouvel Observateur*, 6 décembre 1976.
3 En 1976, il attend d'ailleurs que « quelqu'un découvre enfin les ressemblances troublantes entre l'ontologie de Sartre et la théologie de gauche chrétienne – ressemblances confirmées par des convergences éthiques et politiques dont ni Sartre ni la gauche chrétienne ne semblent pleinement conscients » (*ibid.*).

qui agit, c'est la logique automatisée des agencements sociaux qui agit à travers moi en tant qu'Autre, me fait concourir à la production et reproduction de la mégamachine sociale[1]. » Il n'y a pas de liberté qui puisse s'affranchir de ce monde ; elle est par nécessité « située » dans le monde. Cela veut dire aussi que la rencontre du sujet et du contexte est constitutive d'une situation qui n'est pas jouée d'avance et qui offre toujours, à l'état virtuel, la possibilité de la révolte et d'une inflexion vers la liberté. L'injonction morale que suscite la permanente collusion du sujet avec cette double détermination, individuelle et sociale, est simple : il faut dans un même élan se modifier soi-même et modifier les conditions externes de son existence[2]. Axiome synchronique et dialectique que récusent aussi bien le marxisme que le christianisme, qui privilégient chacun un pôle différent.

La déconstruction narrative aide à ce travail. Car elle ne conçoit pas l'homme comme le résultat passif et contraint d'une collection de causes, subjectives et objectives, qui se surajoutent. Les explications purement causales font long feu. Elles sont à écarter pour cette raison évidente que, énoncées après coup, elles ne rendent compte que trop facilement du choix tel qu'il devait se faire. Ce point de vue renvoie dos à dos les théories marxiste et psychanalytique :

> Toutes deux, quoiqu'à des niveaux différents, expliquent l'homme par sa condition (matérielle, infantile). Cette explication est *toujours* vraie, mais c'est aussi sa faiblesse : tout choix étant conditionné, on peut toujours prouver qu'il était « donné d'avance » en son conditionnement comme une possibilité ou probabilité objective ; mais on ne peut jamais prouver qu'il était fatal, ni nécessaire, ni le prévoir[3].

Que le socialisme à édifier réponde à la même dialectique des conditions et des choix, c'est ce que nous allons bientôt découvrir dans les écrits plus politiques de Gorz.

---

1 André Gorz, *Écologica*, *op. cit.*, p. 12.
2 *Idem*, *Le Traître*, *op. cit.*, p. 72, p. 83 et p. 109.
3 *Ibid.*, p. 119.

Un auteur est né

En septembre 1956, le manuscrit du *Traître* est achevé et rapidement remis à Francis Jeanson, directeur de collection au Seuil et philosophe proche de Sartre. Celui-ci a déjà promis à Horst une préface. Rien n'est joué : Jeanson (sachant son départ des éditions imminent) est obligé de mettre sa démission dans la balance pour que la publication se fasse. Le manuscrit est accepté de justesse, l'éditeur se laissant finalement séduire par les perspectives que lui ouvre la collaboration indirecte de Sartre[1]. L'ouvrage, avec la longue et élogieuse présentation de Sartre, paraît à la fin de l'hiver 1958. Auparavant, des extraits ont été publiés dans *Les Temps modernes* en octobre 1957 et en mars 1958.

Le moment choisi est particulier : l'autobiographe vient de perdre son père en septembre. Ne voulant ni associer l'écrivain introspectif et subversif au journaliste politologue désormais connu sous le nom de Michel Bosquet, ni blesser sa mère qu'il rudoie dans le texte encore plus que son père, Horst choisit un nouveau pseudonyme qu'il emploie pour la première fois dans les bonnes feuilles[2]. La crainte de compromettre sa naturalisation, demandée deux ans plus tôt (avec l'aide de Mendès France), ne joue finalement pas puisqu'il l'obtient par décret, en même temps que Dorine, le 12 avril 1957. Le choix du pseudonyme se porte sur « André », autre prénom français – est-ce en écho à Gide, son premier amour littéraire, dont il a apprécié la recherche de l'homme simple[3] ? –, et sur « Gorz », proche

1 Voir la lettre d'André Gorz à Madeleine Lafaurie du 2 novembre 1958 (GRZ).

2 C'est aussi pour préserver l'anonymat, auquel il tient beaucoup vis-à-vis de sa mère, qu'il veille à ce que tous ses ouvrages indiquent une fausse date de naissance. Son premier livre (*Le Traître*, 1958) le rajeunit de trois ans (et situe sa venue en France à la Libération) ; un autre, de six ans (voir *Stratégie ouvrière et néocapitalisme*) ! Ce n'est qu'en 1982 qu'il décide de révéler son pseudonyme à sa mère, alors âgée de quatre-vingt-sept ans.

3 Voir André Gorz, *Le Traître*, *op. cit.*, p. 153. Une autre hypothèse penche pour André Malraux. Voir Christophe Fourel, « Itinéraire d'un penseur », *in* Christophe Fourel (dir.), *André Gorz, un penseur pour le XXIe siècle*, *op. cit.*, p. 16.

phonétiquement de son patronyme : « Horst ». Il l'adopte en voyant sur les jumelles de l'armée, qu'il a ramenées de l'enterrement et que lui a léguées son père, la marque Goerz, du nom du fondateur, qu'il croit (à tort) dériver de la ville de Gorizia, Görz de son nom en allemand, « ville "bâtarde" » italo-autrichienne « qui, très longtemps, n'a pas su quelle était sa vraie identité[1] » – notons que les écrivains du mal-être Carlo Michelstaedter et Italo Svevo sont natifs de cette région.

Cette première publication met un terme à des années d'écriture solipsiste. Il est vrai que la non-publication d'un manuscrit ultérieur – nous y viendrons – fait dire à Gorz, dans une lettre à une admiratrice du *Traître*, qu'il ne se sent « ni glorieux, ni admirable, ni promis à des lendemains qui chantent[2] ». Mais son entrée dans les librairies lui donne peu à peu confiance et lui confère une place dans le monde : il est désormais un auteur (le 21 mai 1959, *L'Express* publiera des bonnes feuilles de son ouvrage suivant, *La Morale de l'histoire*, et se vantera, dans sa publicité, de compter parmi ses collaborateurs André Gorz – plutôt que Michel Bosquet...). Un auteur flatté d'avoir droit à une recension de Maurice Blanchot, qui trace un parallèle avec *L'Homme sans qualités* de Robert Musil[3], lui aussi Autrichien exilé au bord du lac Léman. *Le Traître* s'étant vendu à quelques dizaines de milliers d'exemplaires, rapidement traduit en anglais, son auteur empoche pour la première fois de sa vie une somme rondelette (3 millions d'anciens francs dans l'année). Ce sera son plus grand succès de librairie jusqu'à ce qu'il écrive, à la fin de sa vie, *Lettre à D.*, son histoire d'amour avec Dorine.

---

1 Lettre d'André Gorz à une étudiante, non identifiée, du 17 mars 1967 (GRZ). Voir aussi André GORZ, *Penser l'avenir*, *op. cit.* En 1926, la famille avait passé des vacances à la mer à Grado, dans la province de Gorizia.

2 Lettre citée à Madeleine Lafaurie (1958). La destinataire est la mère de Serge Lafaurie, collègue de Gorz à *L'Express*.

3 Maurice BLANCHOT, « La passion de l'indifférence », *La Nouvelle Revue française*, n° 67, juillet 1958, p. 93-101, repris sous le titre « La terreur de l'identification », dans *L'Amitié*, Gallimard, Paris, 1971, p. 236-245.

En Suisse romande, où le récit est situé, le livre rencontre un bon écho. Dès la sortie, des passages sur la jeunesse suisse sont étudiés dans le secondaire grâce à Jeanlouis Cornuz[1], un enseignant sartrien membre du POP qui, à Lausanne, avait sans doute fréquenté Horst et animé un petit cercle se réclamant du RDR. Michel Contat, élève de Cherpillod et de Cornuz, futur spécialiste de Sartre, lit *Le Traître* pendant sa classe de terminale à Lausanne. La nouvelle gauche, en gestation suite aux défections qui affectent le POP après 1956, va puiser dans cet ouvrage de Gorz, et encore davantage dans les deux suivants, de 1959 et 1964, les outils de son socialisme humaniste et révolutionnaire, ce qui va contribuer à la distinguer de l'extrême gauche suisse allemande (POCH zurichois [Organisations progressistes de Suisse] et POB [Organisation progressiste de Bâle]) figée dans son néostalinisme.

Marxisme et socialisme

Plusieurs événements vont permettre dans les années 1950 une décrispation de la polarisation entre les deux blocs géopolitiques et, par ricochet, en Occident, un climat intellectuel plus favorable au marxisme et au communisme soviétique, sinon à leur parfait recoupement. La guerre de Corée terminée, l'apparition des revendications anticolonialistes en Afrique, avec pour repoussoir la politique mollétiste à Suez et en Algérie, l'espoir que la page du stalinisme ait véritablement été tournée avec le rapport Khrouchtchev au XXe congrès, sont de nature à rapprocher les intellectuels européens, et particulièrement français, des partis communistes et de leur idéologie. Le soviétologue jésuite Henri Chambre témoigne de ce climat en étudiant sereinement *Le Marxisme en Union soviétique* (1955) – alors que Merleau-Ponty, incarnant avec Claude Lefort de Socialisme ou barbarie une contre-tendance, met les pieds dans

1 Jeanlouis CORNUZ, « D'une lecture faite en classe », *Études de lettres*, série 2, tome I, n° 3, juillet-septembre 1958, p. 95-103.

le plat avec *Les Aventures de la dialectique* (1955), entérinant sa brouille avec Sartre. La répression soviétique de la révolution hongroise en 1956 met à mal cette propension en poussant à une distinction tranchée entre le « socialisme » bâti à l'Est, et l'idéal émancipateur et anti-impérialiste du marxisme authentique. Aussi *Le Marxisme soviétique* (1957/1963) d'Herbert Marcuse, qui à ce propos enfonce le clou, arrive-t-il à point.

Sartre est l'exemple type de ce parcours[1]. Gorz n'est pas en reste. Il suit une « évolution procommuniste » que de nouvelles fréquentations et des lectures auraient stoppée en 1957[2]. Il n'empêche que, comme Sartre, il persiste pendant un moment à nourrir des illusions relatives à « la déstalinisation [qui] peut être l'annonce d'un socialisme authentique[3] » ; et lorsqu'en 1959, en voyage d'étude en République démocratique allemande (RDA), il est horrifié par le conformisme des ouvriers et le bourrage de crâne que le régime leur inflige, c'est pour mettre ces aberrations sur le compte... du « caractère allemand[4] ». Au début des années 1960, il aurait même jugé que le Parti socialiste unifié (PSU) ne valait pas le Parti du travail helvétique (communiste)[5] – vraisemblablement parce que moins « ouvrier ».

Lorsque, bien plus tard, Cornelius Castoriadis, un condisciple de Lefort à Socialisme ou barbarie, rappellera les ambiguïtés philosoviétiques de Sartre à cette période, s'attirant les foudres de Gorz, c'est bien lui qui aura raison contre le défenseur complice du maître[6].

Il est certain, par ailleurs, que l'intérêt de Gorz pour la « philosophie de Marx », qu'il distingue de la vulgate des suiveurs (Engels compris), ne cesse de grandir et que pour lui, comme pour Sartre,

1 Emmanuel Barot (dir.), *Sartre et le marxisme*, La Dispute, Paris, 2011.
2 André Gorz, *Lettre à D.*, *op. cit.*, p. 58-59.
3 *Idem*, *La Morale de l'histoire*, *op. cit.*, quatrième de couverture.
4 Michel Bosquet, « Reportage. La perspective à l'Est », *L'Express*, 11 juin 1959.
5 Selon Philippe Ivernel, alors militant PSU, dans sa lettre à Gorz, s.d. (GRZ).
6 Voir Cornelius Castoriadis, « Les divertisseurs », *Le Nouvel Observateur*, 20 juin 1977 ; André Gorz, « Sartre et les sourds », *Le Nouvel Observateur*, 27 juin 1977 ; Cornelius Castoriadis, « Réponse à André Gorz », *Le Nouvel Observateur*, 4 juillet 1977.

« il n'y a pas d'autre philosophie pour cette époque[1] ». Cette attirance pour le marxisme est précédée de celle qu'il a pour le prolétariat : pendant l'hiver 1949-1950, il se fait photographier avec Dorine devant les usines Renault de Billancourt par leur amie suisse, la photographe professionnelle Suzi Pilet que Gorz a connue en fréquentant son ex-petite amie (*L* dans *Le Traître*)[2]. Elle advient, en un premier temps, à l'ombre de l'évolution de Sartre. Dans un manuscrit d'une centaine de feuillets écrit en 1958, Gorz tente de montrer « l'achèvement de l'existentialisme dans un marxisme rénové ». Ce texte, excessivement technique, se heurte à une fin de non-recevoir du comité de lecture du Seuil qui lui reproche son aspect « assommant, jargonnant[3] ». Mais Gorz prépare déjà un autre ouvrage.

Les études sur le marxisme connaissent dans les années 1950 un foisonnement sans lien avec la doxa communiste. Une lecture humaniste de Marx se libère avec les travaux, en France, du thomiste Pierre Bigo (*Marxisme et humanisme*, 1953), du jésuite Jean-Yves Calvez (*La Pensée de Karl Marx*, 1956), de Maximilien Rubel (*Marx*, 1957), Pierre Naville (*De l'aliénation à la jouissance*, 1957), Lucien Goldmann (*Recherches dialectiques*, 1958), aux États-Unis, d'Erich Fromm (*La Conception de l'homme chez Marx*, 1961/1977), etc. C'est dans cette large mouvance qu'il faut situer Gorz lorsqu'il publie son premier livre théorique, en juin 1959 : *La Morale de l'histoire*. Il dit avoir lu le livre de Calvez – presque une référence obligée –, les écrits de jeunesse de Marx – point d'orgue pour tous ces auteurs –, le *Staline* du trotskisant Isaac Deutscher[4], auxquels il faut ajouter le *Que faire ?* de Lénine.

---

1 André Gorz, « Force et faiblesse du marxisme d'aujourd'hui », s.d. [1960 ?] (GRZ 8.26) ; voir Jean-Paul Sartre, *Critique de la raison dialectique*, Gallimard, Paris, 1960, p. 29.

2 L'une des photos est publiée dans *Libération* le 5 octobre 2006, suite à un reportage, avec la date erronée (et impossible) de février 1947. Cette photo figure en couverture du présent ouvrage.

3 Lettre citée d'André Gorz à Madeleine Lafaurie (1958). Le manuscrit n'est que génériquement mentionné dans la lettre, mais nous croyons l'avoir identifié : composé de 96 feuillets, il est conservé sous la cote GRZ 1.1.

4 André Gorz, *Lettre à D.*, *op. cit.*, p. 57.

Rédigé de 1956 à 1958 sur le mode hybride du journalisme philosophique, *La Morale de l'histoire* mêle les visions de l'existentialisme et du marxisme en consacrant leur féconde rencontre. Le titre épouse les préoccupations de l'époque – dont se fait aussi écho le manuscrit sur la morale que Sartre remet à Gorz en 1958 pour comparaison[1]. Mais il n'est pas très heureux eu égard à l'ensemble du propos. Celui de la traduction en espagnol (Mexico, 1964), « Histoire et aliénation », rend mieux compte des problèmes abordés qui ont trait à la perspective du socialisme et à l'aliénation dans la société capitaliste.

Quand la jouissance prime l'efficience

Déjà dans quelques pages des *Fondements pour une morale*, le marxisme est discuté comme philosophie de l'histoire et donc comme théorie de l'édification du socialisme. La prémisse existentialiste du choix des fins gouverne le principe retenu : la voie qui libère le prolétariat vaut moins par un processus objectif qui serait celui de l'Histoire que par un projet conscient qui fabrique les possibles[2]. Quant à la dialectique des moyens et des fins que convoque Merleau-Ponty, à la suite de Trotski (*Leur morale et la nôtre*), dans ses tranchants articles sur « Le yogi et le prolétaire »[3], elle connaît dans les *Fondements* une application subtile où les fins se fondent dans les moyens. Le principe étant que les fins puissent être mises en œuvre et illustrées autant que possible dans la pratique. Sans pour autant que les moyens soient épurés des contraintes de l'état de choses présent. Dans un monde aliéné, ces contraintes ressortissent à un Mal inévitable. Par la suite, l'auteur saura trop invoquer cet

---

1 Ces notes de travail ont été versées par Gorz, *via* Michel Contat, à la Bibliothèque nationale en 1988.

2 André Gorz, *Fondements pour une morale, op. cit.*, p. 113-118.

3 André Gorz cite Maurice Merleau-Ponty, « Le yogi et le prolétaire (II) », *Les Temps modernes*, n° 14, novembre 1946, p. 253-287, repris dans *Humanisme et terreur. Essai sur le problème communiste* (1947), *in Œuvres*, Gallimard, Paris, 2000.

argument pour lénifier sa critique des régimes de l'Est, empêtrés dans les difficultés du « socialisme de la pénurie et de l'accumulation ».

Mais dans une situation « heureuse », aboutie, les choses se présentent différemment. L'antiproductivisme présent au fond du marxisme est un idéal. Il est alors question de ne pas procrastiner la jouissance. Dans une société authentiquement socialiste, explique-t-il en conclusion de son essai, « un plan de constructions sera valable dans la mesure où son exécution peut se faire sans surmenage et sans contrainte, car rien ne presse, et même si l'avenir qu'il prépare sera meilleur que le présent, il n'y a aucune raison de lui sacrifier la joie du présent par une hâte injustifiée[1] ».

L'adhésion au marxisme ne doit pas reposer sur le rôle historique du prolétariat qui découle des conditions économiques, mais se prévaloir d'un projet polarisé vers un humanisme, projet qui est, selon les mots du (jeune) Marx, une « reconquête totale de l'homme[2] ». Il s'ensuit que, idéalement, dans une société socialiste en construction, l'efficacité et la rationalisation ne sont pas des critères premiers pour juger de l'authenticité morale de l'action en cours, car la routine, le conformisme, la bureaucratisation, qui la guettent, dégradent la liberté et se muent en un nouveau conservatisme. « Le monde où règne la liberté n'est pas celui du maximum de rationalisation[3] », mais celui où cette rationalisation permet l'épanouissement des ressources humaines, fût-ce aux dépens de l'efficience immédiate.

L'utopisme humaniste de Gorz s'arrête ici. Pierre Naville, au passé surréaliste et trotskiste, va plus loin dans son livre en arguant que le point de vue critique marxien qui permet de fonder la jouissance comme liberté est celui du non-travail, en tant qu'activité désintéressée qui n'a pas de valeur – et d'invoquer le fameux *Droit à la paresse* du gendre de Marx, Paul Lafargue.

---

1 André GORZ, *Fondements pour une morale*, *op. cit.*, p. 569.
2 *Ibid.*, p. 587.
3 *Ibid.*, p. 589.

Le socialisme est une nécessité facultative

La Morale de l'histoire reprend donc le thème du sujet dans l'histoire que nous avons rencontré à la fin des *Fondements*. Si, pour Gorz, il n'y a pas une *direction* de l'histoire gravée dans le marbre – comme le pense aussi au même moment l'ex-trotskiste Castoriadis –, il peut y avoir en revanche une *orientation* morale incarnée par une force sociale puissante qui aspire à la liberté : le prolétariat. Cette morale du prolétariat ne peut être fondée sur des *intérêts* matériels et contingents que seraient le travail ou le salaire, qui sont la négation même de son être libre, mais sur des *besoins* posés dans leur « autonomie » avec pour *fins* celles de l'exigence d'humanité[1] – nous y reviendrons.

Gorz n'est pas loin ici du plaidoyer en faveur de l'autonomie et de la morale prolétariennes que le conseilliste et marxologue Maximilien Rubel emprunte au syndicaliste révolutionnaire Georges Sorel, mais c'est... à Lénine et à sa problématique de la conscience ouvrière qu'il se réfère – l'incongruité de notre rapprochement n'est qu'apparente, le point commun entre Sorel et Lénine étant le rejet du spontanéisme. Cette disposition révolutionnaire, qui mêle morale et besoins, estime-t-il, n'est pas immanente au mouvement ouvrier et apparaît comme apportée de l'extérieur par ses théoriciens. Elle s'impose cependant dans la lutte des ouvriers lorsque celle-ci bute contre leur impossibilité de vivre. Dès lors, la nécessité du socialisme est voulue expressément par les prolétaires et exige « la conscience explicite de leurs fins humaines » : leur praxis « n'aura d'autres raisons que celle qu'elle se donne ; bref elle sera *autonome* ». Si donc la revendication du socialisme doit être étayée par un projet conscient – sur lequel Lénine a opportunément insisté –, cela veut dire aussi que le socialisme n'est pas fatal et qu'il répond à une volonté : il est seulement une « nécessité *facultative*[2] ». C'est encore plus vrai maintenant puisque l'atténuation

1 André GORZ, *La Morale de l'histoire*, *op. cit.*, p. 147-156.
2 *Ibid.*, p. 166, p. 167 et p. 172.

des crises cycliques a éliminé la nécessité vitale du socialisme qui découlait de la paupérisation[1].

Théorie de l'aliénation

Gorz a écrit un jour : « Mon point de départ fut toujours l'expérience de l'aliénation[2]. » Ce faisant, il suit sa génération. Quoi qu'il ait pu dire – déçu par le manque d'écho qu'eut en France sa *Morale* (tirée à 4 000 exemplaires longtemps inépuisés) dont il croyait la thématique une exception[3] –, beaucoup d'auteurs de la période 1956-1968 font précisément de l'aliénation une catégorie cardinale de la philosophie marxiste qu'ils étudient – pour l'historien Pierre Nora, c'est « le mot-moment » de l'époque[4]. Ils repèrent la critique du « travail aliéné » dans les *Manuscrits économico-philosophiques* (1932/1937) rédigés par Marx en 1844. Immédiatement commentés en Allemagne par Marcuse, Henri Lefebvre en présente des extraits dans des *Morceaux choisis* publiés en 1934[5]. Ces auteurs lisent cette œuvre en référence à Hegel, dont la pensée est éclairée savamment en France par les exposés d'Alexandre Kojève et de Jean Hyppolite : pour apprivoiser le marxisme, il faut connaître Hegel, pensent-ils – tout comme Gorz qui, visitant la RDA, s'étonne que Hegel n'y soit pas enseigné (et qu'Ernst Bloch, médiateur du jeune Marx, y soit mis au ban depuis 1956)[6].

Pour ces auteurs non inféodés au stalinisme, l'enjeu est de battre en brèche ce que d'aucuns considèrent comme la

---

1 *Ibid.*, p. 163-181.

2 Lettre en anglais d'André Gorz à Josué Pereira da Silva du 29 janvier 2006 (GRZ).

3 Voir André Gorz, « Préface », *in Fondements pour une morale, op. cit.*, p. 19 n. D'après Gorz, les traductions en italien (1960) et en espagnol (1964) furent plus remarquées.

4 Pierre Nora, « Aliénation », *in* Le Débat, *Les Idées en France, 1945-1988*, Gallimard, Paris, 1989, p. 493-500.

5 Sur l'importance de ces *Manuscrits* pour le marxisme européen de l'époque, voir Perry Anderson, *Sur le marxisme occidental*, Maspero, Paris, 1977, p. 72-74.

6 Voir Michel Bosquet, « Reportage. La perspective à l'Est », *loc. cit.*

théorie anti-dialectique et positiviste de la conscience-reflet sur laquelle les communistes s'appuient pour prétendre posséder la vérité scientifique. Henri Lefebvre, arrivé au communisme par le surréalisme et gardant une marge d'indépendance, a déjà mis en doute cette théorie avant guerre ; en délicatesse avec le parti depuis les événements de Budapest de 1956, il donne le ton en problématisant le décalage entre ce que les hommes pensent et ce qu'ils font dans le premier tome de sa *Critique de la vie quotidienne* (1958, 2ᵉ éd.), prélude à la critique de la publicité et de la société de consommation contenue dans le second (1961).

D'autres auteurs, dont nous avons cité les ouvrages, suivent en réservant une place cruciale au concept d'aliénation : ainsi le père Calvez, néanmoins hostile à un accord entre chrétiens et marxistes ; ou Pierre Naville qui, après avoir constaté que Hegel fonde l'économie politique sur le « système des besoins », s'inspire des *Manuscrits* de 1844 pour situer la désaliénation au-delà du travail ; ou encore Lucien Goldmann qui étudie la réification sur la base d'*Histoire et conscience de classe* (1923/1960) du communiste hongrois György Lukács – texte désavoué en 1960 par son auteur, « normalisé » depuis longtemps, car dangereux pour l'idée de reflet ; ou enfin le psychosociologue Joseph Gabel qui, à partir de Lukács lui aussi et de la phénoménologie des psychiatres Binswanger et Minkowski, interroge le concept d'aliénation politique en s'appuyant sur *La Fausse conscience* (1962) qu'illustrent des cas cliniques de schizophrénie. Le philosophe Kostas Axelos, qui aux côtés d'Edgar Morin travaille à dégager un « méta-marxisme » dans la revue *Arguments* en même temps qu'il traduit le jeune Lukács maudit, ne s'y trompe pas, qui ravale *Marx, penseur de la technique* (1961), en déconstruisant le concept d'aliénation.

Si Gorz néglige la critique *économique* qui donne leur sève aux *Manuscrits* de 1844, pour lui préférer les vues *philosophiques* de *L'Idéologie allemande* de Marx et Engels, et s'il ne fait pas d'efforts sérieux pour étudier Hegel dans le texte, c'est parce qu'il continue de baigner dans la phénoménologie existentialiste. Cette philosophie lui suffit pour réfléchir sur l'aliénation *ayant pour objet les fins et les besoins de l'homme*[1].

L'inaccomplissement des fins

Pour Hegel, résume Gorz (sans doute à partir de Marx), l'essence de l'homme est le travail et c'est par son biais que l'homme se réalise. Hegel voit principalement l'aliénation comme l'extériorisation du sujet dans les produits de son travail. Il s'agit d'une objectivation (*Entäusserung* = devenir autre) de l'ordre de la maîtrise et qui ne souffre aucune contradiction entre le sujet et la matière transformée. Quant à Marx, il reprend à Hegel un cas de figure contraire où l'aliénation signifie la perte de soi dans l'objet produit, qui acquiert une qualité indépendante. Il s'agit d'une extranéation (*Entfremdung* = devenir étranger) de l'ordre de la servitude qui met en contradiction les fins de l'individu avec les résultats observés[2].

L'existentialisme, moins attentif à l'acte économique de produire qu'à l'acte générique de socialisation de l'individu, décrit à sa façon ce phénomène en tant qu'« aliénation médiate par autrui » : les fins de ce que je fais sont noyées dans le système parce que mon faire est borné par le faire des autres[3]. Le marxisme l'explique par l'« aliénation sociale » : l'activité des hommes se déploie de manière dispersée, sans concertation, de sorte que le résultat obtenu au niveau de la société est indépendant des fins singulières[4]. Dans tous les cas, on part du même postulat : l'inaccomplissement de l'humain dans l'objectivation est possible parce que « nous sommes toujours action en vue de

---

1 Pour un long exposé de la théorie de l'aliénation chez Gorz, voir Josué Pereira da Silva, *André Gorz. Trabalho e política*, Annablume, São Paulo, 2002. L'auteur occulte cependant la notion de *besoin* en tant que soubassement de cette théorie. Est-ce parce que le portugais ne distingue pas « besoin » et « nécessité » (*necessidade* dans les deux cas) ?

2 André Gorz, *La Morale de l'histoire*, *op. cit.*, p. 54.

3 *Ibid.*, p. 67-74.

4 *Ibid.*, p. 83-92.

nos fins[1] » et que rien ne préjuge de la réalisation de celles-ci. Le marxisme vulgaire (et stalinien) a beau asséner que l'homme est le produit des conditions objectives et que l'aliénation est un état subi, subjectivement inexistante, ces conditions ont été produites par l'homme avec des fins qu'il faut précisément interroger.

Ces fins, que l'homme s'assigne, ont vocation à satisfaire une demande propre qui précède son action et commande tout son comportement. Pour la philosophie existentialiste, ce préalable ressortit à un *choix*. D'un point de vue social et économique, il peut être défini comme un *besoin*. La question de savoir ce que sont les besoins, comment ils se différencient et comment ils interviennent dans le fonctionnement d'un système social, se révèle alors indispensable pour mesurer l'aliénation dans une société. Elle l'est d'autant plus que les sociétés occidentales, et en premier lieu la société étatsunienne, sont arrivées à un tel degré de richesse qu'elles donnent l'impression, pourtant erronée, de pouvoir satisfaire les besoins de tous et d'avoir enclenché le processus d'embourgeoisement du prolétariat.

Qu'est-ce qu'un besoin en société d'abondance ? Le cas américain

Le grand intérêt des analyses que Gorz développe sur l'aliénation vient de ce que la critique théorique de celle-ci passe par la prise en compte des formes contemporaines qu'elle revêt. La critique anthropologique se double d'une critique sociologique qui la concrétise. Comme par le passé, Gorz regarde du côté des États-Unis. Son expérience à deux volets du cas suisse – confort et aliénation qui lui ont été insupportables ; mais aussi phobie puritaine et autarcique du gaspillage qu'il a intériorisée... – le prédispose à mieux appréhender le cas américain.

Il étudie celui-ci à travers deux ouvrages qui, inconnus en France, connaissent outre-Atlantique un retentissement énorme,

1 *Ibid.*, p. 55.

Les Cols blancs (1951/1966) de Ch. Wright Mills et *La Foule solitaire* (1950/1964) de David Riesman. Le premier, dont la démarche psychologique rappelle *La Personnalité névrotique de notre temps* (1937/1953) de Karen Horney, décrit l'aliénation comportementale des employés sur le marché du travail et dans les emplois de service. Le second, dont la thématique fait écho cette fois-ci à un autre livre précurseur d'un autre psychanalyste allemand émigré aux États-Unis, *La Peur de la liberté* (1941/1963) d'Erich Fromm, explique la modernité des États-Unis par un « caractère social » émergent. Celui qui consiste, pour l'individu atomisé et délivré de ses repères traditionnels, à chercher la norme de son comportement dans le regard des autres, en étouffant son angoisse dans les convenances, l'esprit grégaire et la consommation. Ses propres besoins seront donc ceux de tous ses pairs. Mais quelle est la nature de ces besoins ?

Les besoins, observe Gorz, sont toujours socialement conditionnés et ne doivent pas être catalogués comme artificiels sous prétexte qu'ils n'ont pas existé avant l'arrivée « des gadgets et innombrables outils de la civilisation technicienne » : « Plus une civilisation est riche, plus riches et divers seront les besoins des hommes[1]. » Mais si, pour Marx, le besoin, loin de se réduire à une donnée physiologique, répond à un manque qui s'incruste à chaque instant dans un contexte social, c'est parce qu'il est une « *exigence autonome* » que se donne le sujet au moment même où il est pris au filet de l'objectivation aliénante – c'est à ce niveau de l'analyse qu'Axelos, ignoré par Gorz, déplore chez Marx un envers indéterminé et « métaphysique » du concept d'aliénation. C'est pourquoi, poursuit Gorz imperturbable, « les marxistes fondent implicitement une éthique sur le besoin » :

> Ils voient en lui la négativité : le besoin, l'homme du besoin contestent la société existante, et la pénurie qu'elle fait régner, en leur nom et en lui seul. Le besoin est révolutionnaire en germe, il

1 *Ibid.*, p. 234-235.

réclame implicitement une société qui rende son assouvissement et son enrichissement possibles[1].

Mais tout change si le besoin, au lieu de fonder la revendication sociale, est suscité par la société existante pour qu'elle se perpétue : « Si les hommes ne projettent pas une société selon *leurs* besoins, mais si la société façonne des hommes selon *ses* besoins. » Il semble donc « qu'il faille distinguer des besoins autonomes et hétéronomes, authentiques et inauthentiques. Mais comment les distinguera-t-on ? Et *qui* fera cette distinction[2] ? » L'embrouillamini, qui met en jeu la difficile définition du sujet œuvrant à sa désaliénation, est pour l'instant laissé en suspens. En revanche, Gorz identifie aisément, à partir du cas américain que présente Riesman, les logiques et les techniques mises en œuvre pour susciter et orienter les besoins.

Afin d'écouler la production de masse, le système économique produit des envies qui, en l'espèce, sont celles du conformisme, de l'adaptation sociale et de la reconnaissance par les pairs. Ainsi, la publicité incite à consommer pour paraître face à l'autre et être comme les autres.

En assouvissant la quête d'uniformité, cette stratégie marketing ne s'est appliquée finalement qu'à un cycle défini de l'économie américaine, puis européenne – celui de l'« homme unidimensionnel » que raille Marcuse. Gorz en débusque aussi une plus substantielle qui va marquer la croissance capitaliste sur la longue durée. Il s'agit de la multiplication de besoins éphémères et renouvelables par le biais de l'obsolescence artificielle des produits ; on organise ainsi le « gaspillage » en affublant les produits de valeurs symboliques qui les rendent obsolètes, alors qu'ils sont encore physiquement viables. Comme l'indique en 1957 le publicitaire américain Stanley Resor que Gorz cite abondamment, l'utilisation à plein des capacités de production exige que la consommation croisse, ce qui n'est pas donné automatiquement par l'augmentation des revenus, mais

1 *Ibid.*, p. 235.
2 *Ibid.*, p. 235 et p. 236.

est rendu possible grâce à la « force d'éducation » que représente la publicité[1]. On saisit ici « l'aliénation fondamentale de la société capitaliste d'abondance » :

> L'obligation de consommer pour faire tourner l'économie ; le fait que l'on devra consommer pour pouvoir travailler, et non l'inverse ; le fait que l'existence de millions de travailleurs ne peut être assurée que par le gaspillage systématique des richesses qu'ils produisent ; le fait donc que leur travail, destiné à être gaspillé, n'a aucun sens et reste asservi à ses produits[2].

La « critique du modèle de consommation opulent », qui émane de ces pages, anticipe les thèmes que Jean Baudrillard, de retour des États-Unis, développera avec éclat dans sa *Société de consommation* (1970). Elle fait surtout de Gorz un « écologiste avant la lettre », comme il le revendiquera lui-même dans un entretien réalisé en 2004[3]. Indissociable d'une théorie critique des besoins, elle est bien le point de départ de sa future conversion à une écologie politique anticapitaliste.

1 *Ibid.*, p. 246-247 et p. 250-251.
2 *Ibid.*, p. 254-255.
3 André Gorz, *Écologica*, *op. cit.*, p. 14.

Deuxième partie

La libération du travail à l'ère de l'automatisation

Années 1960 : fordisme et État-providence

« La révolution n'est rien d'autre que le mouvement qui impose la réalité de la vie à la réalité économique qui la nie[1]. »
« Le problème qui se pose est celui du genre et du contenu de la vie à produire[2]. »

1 Raoul Vaneigem, *Nous qui désirons sans fin, op. cit.*, p. 179.
2 André Gorz, *Stratégie ouvrière et néocapitalisme*, Seuil, Paris, 1964, p. 96.

6

Le réformisme révolutionnaire

Se pencher sur les âges de la vie est une vocation existentialiste[1]. Sartre a beaucoup disserté sur l'enfance et la mort, et Simone de Beauvoir le fera à propos de *La Vieillesse* (1970). Reste l'âge « actif », cette longue plage de l'âge adulte séparant la jeunesse et la vieillesse, qui, rapporté à celles-ci, pose d'une manière incommensurablement autre le problème de l'autonomie : la dépendance vis-à-vis d'autrui propre à l'enfance et qui guette le troisième âge n'a pas grand-chose à voir avec la situation de l'adulte dans la fleur de l'âge, dont Gorz, en bon existentialiste, se charge de démythifier la puissance.

Fin de la jeunesse et intégration sociale

Au tournant des années 1950, André Gorz ressent le besoin de rédiger une suite du *Traître* qui fasse état de sa nouvelle situation dans la vie. Il l'intitule « Le vieillissement »[2]. Le texte en couverture du livre annonçait déjà en 1958 : « Un homme découvre qu'il est trop tard : *il est fait*. Sans y prendre garde, tout en croyant ménager l'avenir, il s'est mis à avoir une vie. » « Il entre dans l'âge où on ne se recommence plus, l'âge où on commence à vieillir, où il faut accepter de prendre dans la société

1 Éric Deschavanne et Pierre-Henri Tavoillot, *Philosophie des âges de la vie*, Grasset, Paris, 2007.

2 André Gorz, *Le Traître*, *op. cit.*, p. 373-405. Publication d'origine, plus complète : « Le vieillissement », *Les Temps modernes*, n° 187, décembre 1961, p. 638-665 et n° 188, janvier 1962, p. 829-852.

une place qui vous fera exister comme Autre parmi les Autres », c'est-à-dire, en termes prosaïques, « accepter un emploi et mener le plus clair du temps une vie *quelconque*[1] ».

À trente-huit ans, l'homme est installé professionnellement avec deux livres et des articles remarqués, marié (depuis 1949), naturalisé (depuis 1957). Il commence à connaître une certaine aisance matérielle : il est mieux logé (depuis 1956, il vit au quatrième étage du 65, rue du Bac où il cohabite avec les cafards, mais utilise une baignoire...), joue les estivants réguliers (en Italie, à Nerja sur la côte andalouse ou en Yougoslavie), juché sur une motocyclette puis à bord d'une berline (il aligne des milliers de kilomètres au compteur). Sur le plan affectif, il lui semble être devenu adulte, ayant réussi à instaurer un rapport apaisé avec ses parents, à commencer par sa mère :

> Il ne me reste aucun grief à son égard et en la revoyant, une fois par an, j'apprécie ses bons côtés, qui sont notables, comme j'apprécie les bons côtés de toute autre personne. De même, j'avais pardonné à mon père d'être mon père, peu avant sa mort, en 1957 : il avait fini par me raconter sa vie, très pitoyable. Je crois qu'une personne ne devient adulte que lorsqu'elle s'est si complètement émancipée de ses parents – ce qui, dans nos sociétés, suppose toujours une phase de révolte – qu'elle peut chercher à comprendre leur vie comme celle de tout autre individu proche[2].

Sur l'autre versant affectif, il connaît avec son épouse la stabilité d'une union envisagée pour la vie : « Au bout de quinze ans de vie commune, ils formaient ce qu'on appelle un couple uni. La magie du désir s'était évanouie entre eux, sauf par éclipses, et ils s'étaient fidèles [*sic*]. Pour autant qu'ils puissent le prévoir, ils le resteraient jusqu'à la fin de leur vie. Ils étaient partis pour mourir ensemble[3]. » Quoique rechignant à s'inventer des besoins selon le modèle de consommation en

1 *Idem*, *Le Traître*, *op. cit.*, p. 375 et p. 326.
2 Lettre d'André Gorz à une étudiante, non identifiée, du 17 mars 1967 (GRZ).
3 Fragment d'une suite inédite du *Traître*, s.d. [1962 ?] (GRZ 50.3).

vogue – son couple n'ayant « jamais porté [son] niveau de vie et de consommation à la hauteur de [son] pouvoir d'achat[1] » –, Gorz est mûr pour s'interroger sur le conformisme et la routine de sa vie, sur l'impuissance et l'affaiblissement de ses idéaux, sur les compromis[2] et l'aliénation de son métier de journaliste[3], sur la vie qu'il perd à la gagner (« tout travail consistant à vendre son temps pour avoir à soi le temps qui reste[4] »), autrement dit sur son « vieillissement » et sur la signification du mot « intégration ».

Au même moment, le cinéaste Jacques Demy brosse le malaise qui serpente chez les jeunes devenus adultes : il tourne *Lola*, dont le protagoniste affiche désaffection pour le travail et ennui. À propos d'un autre film qui a heurté les bien-pensants pour avoir campé une bande de jeunes désorientés refusant travail et intégration, *Les Tricheurs* de Marcel Carné, Gorz a déjà développé quelques réflexions sur les impasses de la jeunesse d'après guerre à laquelle il a appartenu. Imprégnée des idéaux existentialistes, cette génération, note-t-il, a en commun avec les aînés de la Résistance l'élan réformateur issu de la Libération. En 1950, cet élan s'est tari, laissant dans la génération suivante décrite par Carné un vide idéologique que renforce l'inexistence de perspective révolutionnaire dans l'Occident développé[5]. Gorz s'aperçoit qu'en Union soviétique aussi la jeunesse cherche un sens à la vie[6]. Il attend beaucoup de la ferveur transformatrice de la jeunesse d'ailleurs ; en 1960, tout particulièrement des jeunesses cubaine et algérienne. Tiers-mondiste comme tout progressiste à l'époque, il partage cette attente avec la plupart

---

1 André GORZ, *Lettre à D.*, *op. cit.*, p. 59.
2 Voir un dialogue imaginaire inédit d'André Gorz, s.d., faisant écho à ses débuts à *Paris-presse* (GRZ 50.3).
3 Voir les notes d'André Gorz sur le journalisme, contemporaines du « Vieillissement », publiées dans Christophe FOUREL (dir.), *André Gorz, en personne*, *op. cit.*, p. 92-99.
4 *Ibid.*, p. 96.
5 André GORZ, « Le point de vue d'André Gorz auteur du *Traître* », *Gazette littéraire*, supplément de la *Gazette de Lausanne*, 18 octobre 1958.
6 Manuscrit d'un article non identifié [second semestre 1960] (GRZ 7.2).

des intellectuels français qui seront quelque peu déconcertés par l'effervescence juvénile du Mai 1968 national.

Mais Gorz, qui côtoie le clairvoyant Alfred Sauvy à *L'Express*, compte également sur les changements que pourrait apporter la génération du baby-boom « à partir de 1965[1] » – bonne intuition puisque 68, comme le soulignera à chaud Edgar Morin, sera aussi un phénomène démographico-générationnel. Le « mal de l'époque », spécifique à l'Occident, lui paraît celui d'un monde bloqué :

> C'est l'inertie monstrueuse de ses structures pétrifiées ; c'est notre impuissance à le changer et l'impossibilité de lui trouver un sens ; c'est la mort des valeurs traditionnelles et des valeurs révolutionnaires *à la fois*. Qu'est-ce qui reste ? Une vie sans portée, cette disponibilité transitoire qu'on appelle « jeunesse » et dont on profite (si on peut) sans y croire ; cet avenir morne que les appareils collectifs ont préétabli pour chacun[2].

Si pour Gorz la jeunesse est la période où « l'individu considère la société comme une entrave contingente et croit pouvoir construire sa vie contre elle ou en marge », la perte de cette illusion traduit l'arrivée à l'âge adulte : l'individu n'est plus libre de choisir une autre voie que celle que son passé a déjà tracée. Cet « excédent de conditionnement[3] » correspond à ce que Sartre appelle, dans la *Critique de la raison dialectique* que Gorz vient de lire, le poids du « pratico-inerte » : « On est produit dans la passivité par ce que l'ensemble pratico-inerte a fait de ce qu'on vient de faire[4]. » (Un connaisseur de l'œuvre sartrienne confiera à Gorz à propos du « Vieillissement » : « Tu as tiré la substantifique moelle de la *Critique*[5]. ») La conséquence en est la restriction des champs du possible et la paralysie de l'imagination. Tandis que le manque de moyens d'agir cantonne

1 André Gorz, *Le Traître, op. cit.*, p. 390 et p. 388.
2 *Idem*, « Le point de vue d'André Gorz auteur du *Traître* », *loc. cit.*
3 *Idem, Le Traître, op. cit.*, p. 386 et p. 392.
4 Jean-Paul Sartre, *Critique de la raison dialectique, op. cit.*, p. 373.
5 Lettre de François George à André Gorz du 9 octobre 2005 (GRZ), suite à l'envoi de la nouvelle édition du *Traître* incluant « Le vieillissement ».

les jeunes dans la pure contestation, l'âge adulte est certes le moment de l'action, mais non pas de la toute-puissance : l'action est aussitôt frustrée par la découverte que « chaque individu n'a de prise sur le monde qu'à travers les instruments que le champ social lui fournit et que ces instruments, quand même il les remanie à son propre usage, dessinent comme un destin le sens et les limites indépassables de son action[1] ».

Gorz conclut que le passage à l'âge adulte et le vieillissement relèvent moins du processus biologique que de la sanction sociale (Beauvoir, qui remarque sur-le-champ la fécondité de l'analyse gorzienne, dira la même chose à propos de « la vieillesse », qui n'est telle que par le regard de l'autre), car ce n'est pas tant le corps de l'individu qui dicte l'âge que son rapport à la société : l'âge adulte est l'« âge social » où l'individu est socialement intégré.

Cette intégration est signifiée par la place de *producteur* et de *consommateur* qu'on lui ménage à l'intérieur d'une machinerie sociale où il n'a prise sur rien, mais où, par l'autocensure et l'habitude, il recouvre la fonction avec l'aisance d'un rouage huilé : « Vous n'êtes plus opprimé : vous vous opprimez vous-mêmes[2]. » Ce genre d'observation ne concerne pas la masse diffuse des exclus, les étudiants pauvres et les sans- métiers, salaires, logements, etc., qui pour cela est potentiellement contestataire – comme il l'a déjà suggéré en 1946, à propos des déracinés[3]. L'intégration se fait à la fois par le *métier* et la *solvabilité* que celui-ci permet. La double aliénation se reflète au miroir de l'illusion marchande qui est ainsi définie :

> Produire ces objets cosmétiqués et factices qui, en nos sociétés de consommation conformisantes, doivent soigneusement cacher sous leur vernis sans bavure, la *sueur*, la *fatigue*, la *saleté* du travail, les *aspérités*, les *résistances*, les *usures* de la matière, afin de refléter au consommateur fasciné et dupe [...] l'univers mythique

1 André GORZ, *Le Traître*, *op. cit.*, p. 395.
2 *Ibid.*, p. 401.
3 André GORZ, *Fondements pour une morale*, *op. cit.*, p. 463.

> et fétichisé de l'abondance : c'est-à-dire l'univers archi-faux de l'élégance sans peine où les marchandises éclosent instantanément et par magie grâce au seul geste désinvolte tirant un billet d'un portefeuille, où *l'argent* est le chemin le plus court du besoin à la jouissance, où la richesse est *pouvoir d'achat* et la rareté de produits, rareté de numéraire[1].

Les Temps modernes et l'horizon italien

Au cours des années 1960, la réflexion de Gorz gagne en profondeur. D'essentiellement philosophique, elle prend une tournure plus économique, comme si la critique de l'existant ne pouvait gagner sa légitimité qu'en abordant concrètement, empiriquement, la structure techno-matérielle de la société. L'intensification des avancées économiques et techniques du capitalisme, sur lesquelles repose l'idée de progrès depuis l'*Esquisse* de Condorcet, pousse à situer la rationalité sur ce terrain. C'est donc sur ce terrain que ceux qui prétendent la mettre à mal sont sommés de placer leurs arguments.

La pénétration spectaculaire du structuralisme dans les sciences sociales, y compris dans le marxisme (Louis Althusser publie en 1965 son *Pour Marx*), témoigne de cette tendance qui aspire à la scientificité ; le déclin amorcé de l'existentialisme, qui privilégie la vie et l'histoire, en est le pendant[2]. Gorz reste imperméable à cette mode qui transforme le sujet en « support » des structures et fait l'impasse sur la praxis qui amène la rupture. Il le montre, en juin 1967, lors d'une émission radiophonique du *Masque et la plume* où, avec Mikel Dufrenne, il porte le fer contre la pensée structuraliste des Foucault, Lévi-Strauss et autres Althusser[3]. Plus tard, Gorz racontera qu'il avait objecté

---

1 André GORZ, *Le Traître*, *op. cit.*, p. 401-402.

2 Voir Anna BOSCHETTI, *Sartre et* Les Temps modernes. *Une entreprise intellectuelle*, Minuit, Paris, 1985, p. 299-301.

3 « Sartre et le structuralisme », *Le Masque et la Plume*, France inter, 11 juin 1967, <ina.fr>. Voir aussi André GORZ, *Réforme et révolution*, Seuil, Paris, 1969, p. 18-19.

qu'il conversait pourtant bien avec lui, ce à quoi Claude Lévi-Strauss avait répondu « avec le sourire que ses paroles n'étaient que des activités neuronales dans "son" cerveau », confirmant une nouvelle fois qu'il était un « parfait virtuose de la pensée formalisante sans sujet[1] ». Gorz sera tout aussi critique envers les postmodernes qui véhiculent le même refoulement du sujet[2].

Mais, d'une certaine façon, cette inflexion d'époque se manifeste tout de même chez Gorz : précisément, par une lecture de Marx qui délaisse les écrits philosophiques de jeunesse pour se concentrer sur sa critique de l'économie politique. *Le Capital* et plus encore ses travaux préparatoires publiés en allemand à Moscou (1939), puis en fac-similé à Berlin sous le titre *Grundrisse der Kritik der politischen Ökonomie* (1953/1967-1968), sont désormais parmi ses livres de chevet. De sorte que l'« humanisme marxiste » adossé aux *Manuscrits* de 1844, qu'abhorre Althusser, est nommément récusé par Gorz, avec l'argument qu'il est fondé sur une nature de l'homme générique ayant des besoins qu'on prétend retrouver plutôt que de les voir comme « surdéterminés » dans la production historique[3]. C'est là une dissension importante que Gorz peut désormais expliciter à l'égard de la « conception naturaliste » que sous-tend, à son avis, l'idée d'aliénation chez le freudo-marxiste Herbert Marcuse[4] – d'où la proximité de fait avec l'accusation de « biologisme » que l'autre francfortien américain, Erich Fromm, adresse inexorablement à son collègue et rival.

Une telle évolution de la pensée de Gorz est conjointe à son activité rédactionnelle aux *Temps modernes*. C'est parce que Sartre pressent l'atténuation du rayonnement de sa philosophie et souhaite en conséquence élargir l'assise thématique de la revue

---

1 *Idem*, *Wissen, Wert und Kapital. Zur Kritik der Wissenökonomie* (éd. en allemand de *L'Immatériel*, révisée et augmentée), Rotpunkt, Zurich, 2005 (2e éd.), p. 118.

2 *Idem*, « La vie, la nature, la technique », *loc. cit.*, p. 30-32.

3 Voir son entretien avec Ilija Bojović dans *Socijalizam*, juin 1967, repris dans Ilija Bojović, *1968. Archéologie d'une pensée* (éd. par Boško Bojović), La Valsainte, Vevey, 2008, p. 124-125.

4 Voir André Gorz, *Réforme et révolution*, *op. cit.*, p. 17.

qu'il décide, au mois de novembre 1960, de coopter Gorz au comité de rédaction en même temps qu'il recrute le psychanalyste Jean-Bertrand Pontalis et le littéraire Bernard Pingaud. Couvrant l'actualité internationale (après un premier article paru dès avril 1960), Gorz apporte une dimension socioéconomique à la partie politique promue par Marcel Péju, le secrétaire, et Claude Lanzmann.

L'élargissement de la rédaction a lieu au lendemain de la diffusion du Manifeste des 121 en soutien au réseau Jeanson. *Les Temps modernes* sont partie prenante de ce manifeste pour le droit à l'insoumission des appelés en Algérie. Contrairement aux deux autres entrants, Gorz ne le signe pas. À *L'Express*, c'est aussi le cas de Servan-Schreiber et de Jean Daniel, alors que le dessinateur Siné, Lafaurie et Bost s'engagent. Nous ne connaissons pas les raisons de l'abstention de Gorz. Cependant, il ne fait aucun doute qu'il se range résolument du côté de l'Algérie nouvelle[1], comme d'ailleurs de nombreux non-signataires (dont Bourdet et Martinet de *France Observateur*) soucieux de ne pas accroître les divisions politiques au sein de la gauche. Il y a là, apparemment, une « fêlure entre la pratique et la théorie » que scelle son refus, « malgré ses positions de principe, d'accepter des valises » – selon le témoignage d'Olivier Todd qui a côtoyé en rédaction « le toujours étrange Gorz[2] ». En réalité, cette contenance concorde avec ce qui nous apparaît comme l'« implication dégagée » de cet intellectuel, que nous expliquerons plus loin.

Accusé d'être trop proche du Front de libération nationale (FLN) algérien (précisément d'être soudoyé), Péju quitte la revue en 1962. Cet épisode a été lu comme le fruit d'une lutte de

1 Michel Bosquet signe un article sur l'Algérie et son avenir dans le premier numéro du mensuel genevois *Dire* (avril 1960), aux côtés de Jotterand, Favrod, Moulin, Apothéloz et Bovard. Des amis suisses de Gorz œuvrent en coulisses à l'indépendance de l'Algérie – comme Favrod, qui plaide d'ailleurs pour l'Afrique entière, ou l'épouse de Freddy Buache, Marie-Magdeleine Brumagne, qui rend visite à Gorz lors de ses déplacements clandestins à Paris. Michel Contat, que Gorz fréquentera par la suite, fait partie de cette antenne suisse du réseau Jeanson.

2 Olivier Todd, *Un fils rebelle*, Grasset, Paris, 1981, p. 114 et p. 113.

succession engagée par les disciples sartriens de la revue (dont Jean Pouillon) contre un intrus[1]. Gorz, qui sera toujours un peu en marge du cénacle, n'y participe pas. Mais, à la suite de ce limogeage, son autorité politique au sein du comité de direction nouvellement institué ne cesse de s'accroître jusqu'à devenir prépondérante en 1968 – parallèlement, la proportion d'articles de facture politique augmente, approchant 50 % pendant cette période. Ce n'est pas tant en raison de sa proximité d'idées avec Sartre – quoiqu'il la cultive, comme en témoigne une conférence sur « La pensée actuelle de Sartre » que, sur sollicitation de Jotterand, il donne à Lausanne au théâtre des Faux-Nez le 18 février 1961. Son aura, il la doit plutôt à ses compétences en économie : « Il influençait Sartre, se souvient Olivier Todd, lâchant des chiffres, tous braqués dans la bonne direction. Comme personne, absolument personne, à l'exception de Lefort, peut-être, n'avait les plus élémentaires connaissances d'économie, [il] pouvait pratiquer librement un terrorisme économique d'autant plus accepté qu'il correspondait au progressisme et aux vœux ambiants[2]. » En 1963, il parvient à faire publier deux assommants articles d'économie sur le Marché commun, le sien et celui de Lazare Rozensztroch.

Mais ce ne sont pas tant ses quelques articles de chronique économique et sociale qui, avant 1968, lui assurent un pouvoir dans la revue que l'organisation de numéros thématiques qu'il introduit, comme ceux de l'automne 1962 et de février 1967 sur le mouvement ouvrier ou celui de mai 1963 sur le conflit sino-soviétique. Le tout premier de ces numéros mobilise pour moitié des auteurs italiens : Lelio Basso, Vittorio Foa et les communistes Bruno Trentin, Lucio Magri et Giorgio Amendola. Il révèle que Gorz a désormais pour boussole les orientations originales qui surgissent du mouvement ouvrier italien, en passe de voir se constituer en son sein une gauche radicalisée d'un nouveau type.

---

1 Anna Boschetti, *Sartre et* Les Temps modernes, *op. cit.*, p. 301.

2 Olivier Todd, *Un fils rebelle, op. cit.*, p. 113. La collaboration de Lefort à la revue a cessé dès 1953.

À l'époque, Gorz étend son réseau intellectuel. En 1962, il est déjà en contact avec Marcuse. Il entretient aussi des relations, politiquement plus affines à ce moment, avec les trotskistes Ernest Mandel et Jean-Marie Vincent. Le premier, qui deviendra le principal responsable de la IVe Internationale, pratique l'« entrisme » au Parti socialiste belge ; il a publié un encyclopédique *Traité marxiste d'économie* (1962) que Gorz cite aussi volontiers qu'il sollicite régulièrement son auteur pour des articles de théorie marxiste dans *Les Temps modernes*. Le second est un jeune dirigeant du Parti socialiste unifié (PSU), qui éblouit Gorz par son érudition en sciences sociales et qui, à la sortie de *La Morale de l'histoire*, lui avait indiqué ce qu'il fallait lire dans les *Grundrisse* que Gorz découvrait ; en 1963, il invite Gorz au colloque international sur « L'intégration européenne et le mouvement ouvrier » organisé par le Centre d'études socialistes, proche du PSU – Gorz, qui prend part pour la première fois à un colloque, y présente un long texte[1]. Gorz noue aussi des relations avec la *New Left Review* de Perry Anderson dans laquelle il publiera de temps à autre. C'est lui qui, au début de l'année 1964, use de son influence pour que son ami Ronald Fraser, rencontré au cours de vacances en Andalousie en 1957, entre dans la revue dont il deviendra la cheville ouvrière. Grâce aussi à Vincent, qui lui fait rencontrer ses connaissances, y compris allemandes, et avec qui il se rend en Italie en 1963, Gorz déploie une activité de journaliste international qui le rapproche de théoriciens italiens qui vont exercer sur lui une grande influence.

Parmi eux, Lelio Basso (le futur fondateur avec Sartre du tribunal Russell) ne pense pas composer le prélude d'une amitié lorsqu'il écrit en février 1962 à *L'Express* pour contester une enquête mal informée sur la gauche socialiste italienne signée Michel Bosquet[2]. Basso, qui fréquente les milieux du PSU (Gilles

---

1 André Gorz, *Stratégie ouvrière et néocapitalisme, op. cit.*, p. 125-174.

2 Voir Michel Bosquet, « Italie. Le grand pari », *L'Express*, 1er février 1962. Bosquet s'était informé auprès de Pietro Nenni, chef du Parti socialiste italien, rencontré à Megève. Voir la réponse de Michel Bosquet à Lelio Basso du 9 février 1962 (LLB : Fondazione Lelio et Lisli Basso, Rome).

Martinet, Marc Heurgon et Vincent) avant même la naissance de ce parti en 1960, est friand d'échanges internationaux[1]. Socialiste de gauche, luxemburgiste (et éditeur érudit de Rosa Luxemburg), opposé au gouvernement de centre-gauche italien né de la participation des socialistes, il cofonde en 1964 le PSIUP (Parti socialiste italien d'unité prolétarienne), dont le positionnement sur l'échiquier politique transalpin est comparable à celui du PSU en France. C'est par son attention aux réquisits politiques et démocratiques de la transition au socialisme qu'il alimente la réflexion du Français.

Sur un autre plan se situent les apports de Lucio Magri, au passé de jeune catholique ayant adhéré en 1956 au Parti communiste italien (PCI), dont il devient un dirigeant avant d'en être exclu en 1969 ; de Vittorio Foa, ancien résistant libéral-démocrate, socialiste dissident à l'origine du PSIUP, dirigeant de la CGIL (Confédération générale italienne du travail) qualifié plausiblement par Gorz d'« anarcho-syndicaliste[2] » et penseur respecté de l'extrême gauche[3] ; ou de Trentin, né en France d'une famille antifasciste en exil, ancien résistant et secrétaire général talentueux de la FIOM (Fédération italienne des ouvriers de la métallurgie), que Gorz apprend à bien connaître lors de vacances balnéaires dans les Pouilles en 1963. Ces trois hommes ont pour creuset commun une *réflexion ouvriériste* centrée sur la nature de la lutte que la classe ouvrière tend à livrer contre l'organisation capitalistique du travail. C'est bien ce qui intéresse Gorz qui entreprend en 1963 la rédaction de *Stratégie ouvrière et néocapitalisme.*

À partir de 1962, Gorz multiplie les déplacements et les rencontres en Italie. Au tout début de l'année, il revient de Rome

---

1 Roberto Colozza, « Une affinité intellectuelle, une proximité politique. Lelio Basso, Gilles Martinet et la "deuxième gauche" », *Histoire@Politique*, n° 16, janvier-avril 2012, p 1-12, <histoire-politique.fr>.

2 Dans l'après-guerre, il collabora effectivement avec l'ex-syndicaliste révolutionnaire Giuseppe Di Vittorio à la direction de la CGIL.

3 Les revues *Quaderni rossi* et *Il Manifesto*, dont il sera question plus loin, débutent avec un article de Foa.

très impressionné par sa visite au siège de la CGIL, où il s'est entretenu avec Foa, « figure massive d'intellectuel » quinquagénaire qui lui rappelle Jean Hyppolite, et avec Trentin, « l'air tout aussi intellectuel[1] ». La première phrase qu'il retient de Foa préfigure toute une stratégie et tout un projet de société nouveaux : « C'est la lutte contre l'aliénation des travailleurs qui fera vivre le syndicalisme, et non la lutte contre la seule exploitation[2]. » En septembre, il jauge *de visu* l'originalité des grèves des métallurgistes turinois et milanais qui réclament moins des augmentations salariales qu'ils ne visent le « despotisme du capital » exercé sur les conditions de travail. Il rapporte cette déclaration de Trentin : « Plus le niveau de vie ouvrier s'élève, plus les autres aspects du rapport de travail deviennent insupportables[3]. »

En se rendant avec Karol, pour le compte de *L'Express*, au Xe congrès du PCI à Rome en décembre, il croise des dirigeants à l'esprit ouvert et dynamique comme Rossana Rossanda (future compagne de Karol) avec qui il partagera bientôt les idées buissonnantes de 68. C'est aussi pour lui l'occasion de prendre la mesure de la « voie italienne » au socialisme, qui se distingue aussi bien du stalinisme que du réformisme français : à la fois distante du « socialisme réel », dénoncé depuis 1956, et attentive à ne pas dissocier réformes et transformation en profondeur de la société[4]. Il ne manque pas d'en faire des analyses détaillées, comme celle qui apparaît dans la première livraison de l'annuaire anglais *The Socialist Register* du philosophe marxiste Ralf Miliband[5]. Quant à son article dans le numéro inaugural du *Nouvel Observateur*, en 1964, il est le fruit d'un entretien avec Trentin à Rome[6], qui annonce d'autres voyages en Italie.

---

1 Michel Bosquet, « Socialisme. Le laboratoire italien », *L'Express*, 4 janvier 1962.
2 Lettre d'André Gorz à Jacques Robin des 12-14 septembre 1997 (GRZ). Gorz situe l'épisode en 1960 (?).
3 Michel Bosquet, « Reportage. Grève à l'italienne », *loc. cit.*
4 Voir *idem*, « Communistes. Les premiers pas », *loc. cit.*
5 *Idem*, « Aspects of Italian communism », *The Socialist Register*, [octobre] 1964, p. 82-91.
6 *Idem*, « L'automobile en crise », *Le Nouvel Observateur*, 19 novembre 1964.

Les rapports intenses avec les marxistes italiens se concrétisent aussi par des collaborations réciproques aux revues. Gorz fait parfois traduire leurs articles dans *Les Temps modernes*. Avant 1968, il collabore lui-même à *Problemi del socialismo*, la revue de Basso, à *Mondo nuovo*, l'organe du PSIUP que dirige Lucio Libertini, à la *Revue internationale du socialisme*, bimestriel bilingue franco-anglais créé en 1964 par Basso (parmi les auteurs francophones, il compte, sans exclusive politique, Vincent, Mandel, Lucien Goldmann, Serge Mallet, Daniel Guérin, Jean Chesneaux, Charles Bettelheim), auquel Gorz s'emploie à procurer des collaborateurs scandinaves (en 1967), et même à *Critica marxista*, la revue du PCI, lorsqu'il s'agit de commenter la pensée de Marcuse ou de défendre celle de Sartre.

Contrôle ouvrier et autonomie ouvrière

De 1946 à 1973, le niveau de vie a été multiplié par trois en France, les inégalités sociales ont diminué et les modes de vie ont été profondément transformés[1]. L'économiste Jean Fourastié baptise ces années les « trente glorieuses » (les « trente désastreuses », répliqueront les écologistes[2]). Le compromis social qui règne alors en Europe consiste à rationaliser le travail par les méthodes fordistes en échange du plein-emploi et d'une politique de redistribution des revenus. Doublé d'un consommateur – selon les visées de Ford et Keynes –, le travailleur docile doit avoir pour seuls horizons son « pouvoir d'achat » et son confort. Les années 1960 marquent l'apogée de ce modèle d'expansion économique que cautionnent, notamment en France et en Italie, les orientations planificatrices de l'État-providence. Or c'est précisément au cours de cette décennie que la remise en cause du contrat social fordiste pointe du côté ouvrier. Timidement en France, *via* la CFTC, puis la

1 Jean Fourastié, *Les Trente Glorieuses ou la révolution invisible de 1946 à 1975*, Fayard, Paris, 1979.

2 La formule est d'Alain Hervé, fondateur des Amis de la Terre.

CFDT[1], très fortement en Italie, *via* la CGIL – sans compter le réveil militant de la jeunesse qui fait éclore la nouvelle gauche et annonce 68.

En publiant en 1962 le numéro « mi-italien » des *Temps modernes* intitulé *Données et problèmes de la lutte ouvrière* puis, au printemps 1964, son nouvel ouvrage, *Stratégie ouvrière et néocapitalisme*, et enfin, en 1967, *Le Socialisme difficile*, recueil dont deux conférences données en 1966 au Mexique forment l'ossature, Gorz se fait avec insistance le héraut de cette contestation montante.

Il observe que, pour légitime qu'elle soit, la revendication salariale, encadrée par la politique contractuelle des revenus, aide à la reproduction du système parce qu'elle place « d'emblée l'action ouvrière sur le terrain de l'idéologie et des structures de consommation dominantes[2] ». Mais la satisfaction de ces *besoins quantitatifs* n'empêche en rien la révolte contre l'état intolérable de la condition ouvrière. Non pas, comme continuent de le croire la CGT et le PCF, parce que la pauvreté (relative au *standing*) persiste. Mais parce que, comme l'explique un travailleur italien répondant à une enquête des *Quaderni rossi* – revue ouvriériste née de la dissidence socialiste –, « l'ouvrier, *quel que soit son salaire*, a le sentiment qu'on ne le paiera *jamais* assez » pour le temps qu'il perd à travailler dans des conditions et pour un but qu'on lui impose[3]. Ce n'est pas tant l'exploitation que l'aliénation, au sens large de l'oppression et de la déshumanisation des relations et des conditions de travail, qui appelle le refus du capitalisme pour ce qu'il est : un système aux rapports sociaux « autoritaires » et « anti-démocratiques[4] ».

Le consumérisme et la social-démocratisation politique de la classe ouvrière se trouvent ainsi contrecarrés par l'émergence

---

1 La grande majorité de la CFTC, syndicat chrétien, se transforme en CFDT, syndicat aconfessionnel, en novembre 1964.

2 André Gorz, « Avant-propos », *Données et problèmes de la lutte ouvrière : Les Temps modernes*, n° 196-197, septembre-octobre 1962, p. 392.

3 Cité dans *idem*, *Le Socialisme difficile*, Seuil, Paris, 1967, p. 27-28.

4 *Idem*, *Stratégie ouvrière et néocapitalisme*, *op. cit.*, p. 33.

de *besoins qualitatifs*. Après Marx, on sait que, d'une manière générale, ces besoins radicaux sont ceux d'un « développement libre et multilatéral des facultés humaines » ; mais ils prennent désormais la forme précise d'une aspiration à la maîtrise des modes et des contenus du travail et, à partir de là, de la consommation et des loisirs. Cette demande, qui touche le cœur du conditionnement subi par le producteur-consommateur, relève du *contrôle ouvrier* au double sens du droit de regard et du contre-pouvoir. Ce contrôle ne peut s'exercer que dans le cadre d'un mouvement ouvrier qui fait de l'action syndicale sa priorité. Il présuppose en parallèle l'*autonomie de la classe ouvrière* vis-à-vis de la gestion capitalistique des entreprises, non pas pour ignorer celle-ci (à l'instar de la CGT) mais pour que la négociation syndicale puisse y opposer des solutions compatibles avec les exigences de vie des travailleurs. Plus largement, cette autonomie se manifeste comme une contestation de la civilisation capitaliste tout entière, « de ses priorités, de sa hiérarchie des valeurs, de sa culture[1] ». Elle est aussi d'ordre politique car la « liberté ouvrière », selon le mot de l'antistalinien Vittorio Foa[2], risque toujours d'être étouffée par une gestion qui, pour être socialisée, serait bureaucratique et centralisée – on tire les enseignements du « socialisme » à l'Est.

Les réformes de structures

Le catastrophisme des communistes ayant conduit à l'attentisme et l'insurrection étant inenvisageable en Europe, la seule question est de savoir si, de l'intérieur du capitalisme, il est possible d'« imposer des solutions anticapitalistes qui ne soient pas aussitôt incorporées et subordonnées au système[3] ». Le vieux débat du mouvement ouvrier « réforme ou révolution » n'a donc plus de sens.

---

1 *Ibid.*, p. 24.
2 *Ibid.*, p. 41.
3 *Ibid.*, p. 12.

Il est en revanche nécessaire de définir la différence entre « réformes réformistes » et « réformes révolutionnaires ». Les premières trahissent la soumission à la rationalité établie. Les secondes, fondées sur des besoins et des exigences humaines profondes, se reconnaissent dans la mesure où elles préparent les masses laborieuses à la direction de la société par la décentralisation, la démultiplication des pouvoirs de décision et permettent le contrôle des orientations. Ces « réformes non réformistes » ou « anticapitalistes » sont précisément des « réformes de structure » par le biais desquelles « les travailleurs conquièrent *des pouvoirs* ou affirment *une puissance*[1] ». C'est pourquoi :

> La lutte pour des pouvoirs partiels autonomes et *leur exercice* doivent donner à vivre aux masses le socialisme comme une réalité *déjà* à l'œuvre, travaillant le capitalisme du dedans et exigeant de s'épanouir librement. Au lieu d'opposer de façon dichotomique le présent à l'avenir comme le Mal au Bien, l'impuissance présente au pouvoir futur, il s'agit de rendre l'avenir présent et le pouvoir déjà sensible à travers des actions reflétant aux travailleurs leur force positive[2].

Un début d'audience politique et syndicale

De la sorte, Gorz apporte sa pierre au débat politique qui s'instaure au cours de cette période au PSU, parti dont il se sent proche. Des responsables de section à Paris ou en province (tels Philippe Ivernel, ou Alain Badiou avec qui il restera longtemps en contact par-delà les chemins divergents) ne manquent pas de l'inviter à des réunions pour l'interroger sur la « stratégie ouvrière ». Grâce aussi aux discussions intellectuellement stimulantes qu'il a avec la plupart des dirigeants du parti qu'il connaît sur un plan personnel, il concourt à forger l'idée d'un « réformisme révolutionnaire ». Cette idée est reprise par d'autres intellectuels de sensibilité PSU, comme le journaliste

1 *Ibid.*, p. 12-13.
2 *Ibid.*, p. 16.

et sociologue Serge Mallet, qui recense abondamment *Stratégie ouvrière et néocapitalisme*[1], ou le philosophe et sociologue de la littérature Lucien Goldmann, qui cite fréquemment l'œuvre de Gorz.

En dépassant le syndicalisme traditionnel « de la feuille de paye », les analyses de Gorz rencontrent, par ailleurs, un premier écho au sein de la CFDT qui, rappelons-nous, à sa naissance, a voulu faire de Gorz son porte-voix. Vers 1960, à l'époque encore de la CFTC, Gorz noue des relations régulières, voire amicales, avec plusieurs dirigeants tels que Michel Rolant, Frédo Krumnow, Jean Auger et Gilbert Declercq. Ce dernier l'invite à animer deux séminaires de formation de la CFTC nantaise. Gorz est alors frappé qu'en France « "l'humanisme socialiste" trouve parfois des porte-parole plus combatifs dans certains syndicats d'origine chrétienne (CFTC) que dans d'autres, d'origine communiste[2] ». Aussi n'est-il guère étonnant que son nom émaille les rapports lus dans les congrès cédétistes, par exemple celui du secrétaire général Eugène Descamps en 1964 ou celui du secrétaire général des Métaux Jean Maire en 1965. Un compagnonnage commence.

---

1 Serge MALLET, « Un réformisme révolutionnaire », *France Observateur*, 21 mai 1964.

2 André GORZ, « Force et faiblesse du marxisme d'aujourd'hui », s.d. (GRZ, 8.26).

7

L'automation et la nouvelle classe ouvrière

Avant d'être un pacte social qui fait « avaler » aux ouvriers la rationalisation du travail, le fordisme *est* le procès même de rationalisation qui se met en place dans la grande industrie des pays capitalistes avancés. La parcellisation de tâches cadencées instituée par le taylorisme sert de cadre à l'introduction de la production en grande série et des lignes de montage, propres au fordisme, auxquelles s'ajoutent, dans certains secteurs, l'automatisation des machines et/ou la multiplication des bureaux d'études. La nature et le rapport au travail s'en trouvent modifiés. L'« ouvrier en blouse blanche » – ingénieur ou technicien chargé de la conception, de l'encadrement ou de la surveillance – devient une figure emblématique de l'usine moderne.

Il est difficile de généraliser de telles transformations structurelles, qui demeurent partielles et inégales[1], mais celles-ci soulèvent des questions d'ordre sociologique et politique qui concernent au premier chef le mouvement ouvrier. S'il est vrai que le prolétariat est à la fois « une situation sociale et une expérience vécue », selon la belle formule d'un prolifique et déjà influent sociologue français du nom d'Alain Touraine[2], il s'agit de savoir ce que devient la conscience ouvrière dans les conditions spécifiques de ce néocapitalisme.

---

1 Jean-Daniel Reynaud, « La nouvelle classe ouvrière. La technologie et l'histoire », *Revue française de science politique*, vol. 22, n° 3, 1972, p. 529-542.

2 Alain Touraine, « Situation du mouvement ouvrier », *Arguments*, n° 12-13, janvier-mars 1959, repris dans *Arguments 4*, UGE, Paris, 1978, p. 230.

Le néocapitalisme à l'usine

Le débat, qui sous une autre forme a aussi lieu en Italie – nous l'avons entrevu – et dans le monde anglo-saxon – nous le verrons –, mobilise en France sociologues et syndicalistes[1]. Dans ce pays, il prend une ampleur exceptionnelle et connaît une grande popularité auprès des militants, à tel point qu'il arrive parfois que les acteurs sociaux eux-mêmes conduisent et justifient leur lutte à la lumière des thèses politiques tirées de cette controverse. Inauguré par un numéro d'*Arguments* intitulé *Qu'est-ce que la classe ouvrière française ?* (n° 12-13, 1959) et bien présent dans le volumineux *Traité de sociologie du travail* (1962) dirigé par Georges Friedmann et Pierre Naville, ce débat se poursuit intensément pendant une dizaine d'années, jusqu'à ce que les nouvelles figures sociales issues de l'explosion de 68 accaparent à leur tour l'attention des sociologues et des futurologues ouvriers, qui y voient soit un démenti soit une confirmation de l'existence de cette nouvelle classe ouvrière.

Trois positions antagoniques se dessinent.

1. Celle qu'incarne Touraine qui s'exprime dans *Arguments*, dans le *Traité*, puis dans des ouvrages denses, *Sociologie de l'action* (1965) et *La Conscience ouvrière* (1966). Sans proposer de chronologie historique, Touraine modélise trois phases successives qui caractériseraient l'évolution du système de production industriel : une phase A, où l'ouvrier professionnel maîtrise son métier et aspire à prendre en main la production (système professionnel) ; une phase B, où le taylorisme et le fordisme suppriment l'autonomie professionnelle et font prévaloir la technique sur l'exécution (système technique) ; et une phase C, qui intègre la

1 Voir Gérard Adam, « Où en est le débat sur la "nouvelle classe ouvrière" ? État des travaux », *Revue française de science politique*, vol. 18, n° 5, 1968, p. 1003-1023 ; Gerd-Rainer Horn, « The changing nature of the European working class. The rise and fall of "the new working class" (France, Italy, Spain, Czechoslovakia) », *in* Carole Fink, Philipp Gassert et Detlef Junker (dir.), *1968. The World Transformed*, Cambridge University Press, Cambridge, 1998, p. 351-371.

précédente, où l'automation[1] met la technique au service de la gestion en favorisant ainsi un esprit d'entreprise, voire de participation qui remplace l'ancienne conscience ouvrière et pousse au réformisme politique (système programmé).

2. Celle, défensive, du PCF et de la CGT qui survole les évolutions en cours. En n'accordant aucune importance à l'existence d'une « aristocratie ouvrière » que les théoriciens de la « nouvelle classe ouvrière » monteraient en épingle, elle affirme la tangibilité d'une classe ouvrière compacte qui, loin de s'étioler et de renflouer les classes moyennes, verrait s'aggraver sa situation matérielle. En plaidant pour le caractère révolutionnaire invariable de la classe ouvrière, les membres du groupe Socialisme ou barbarie Daniel Mothé et Castoriadis, très hostiles à la sociologie du travail « pontifiante » à la Touraine, participent de cette prise de distance.

3. Enfin une position qui reprend le séquençage de Touraine, mais pour en tirer des conclusions politiques différentes et favorables à l'autogestion. Avec des nuances, elle est exprimée par Mallet qui publie *La Nouvelle Classe ouvrière* (1963), Pierre Belleville, de la CFTC, qui donne un titre similaire à son ouvrage (1963), André Barjonet, pas encore membre du PSU (contrairement aux précédents) mais en délicatesse avec sa propre centrale CGT, et Gorz qui, après avoir piloté le fameux numéro des *Temps modernes* (1962), entre de plain-pied dans le débat en 1964 avec *Stratégie ouvrière et néocapitalisme*. Arrêtons-nous sur les analyses de Mallet et Gorz, les plus caractéristiques et les plus percutantes de cette troisième position[2].

---

1 L'anglicisme « automation », qui se répand à l'époque, réfère au fonctionnement automatisé d'un ensemble productif.

2 Dick Howard, « New situation, new strategy : Serge Mallet and André Gorz », *in* Dick Howard et Karl Klare (dir.), *The Unknown Dimension. European Marxism since Lenin*, Basic Books, New York, 1972, p. 388-413.

Penser l'autogestion

Serge Mallet et l'autogestion

À défaut d'être empiriquement vérifiable pour l'ensemble des entreprises, la thèse de Serge Mallet présente l'avantage de la simplicité qui explique la popularité dont elle bénéficie au cours des années 1960. Là où Touraine établit une succession typologique, Mallet voit une évolution historique linéaire qui aboutit à l'automation et à une plus grande compétence de la main-d'œuvre dans des secteurs qu'il qualifie de pointe. Il en infère que les travailleurs qualifiés, de moins en moins amenés à effectuer des tâches parcellaires, acquièrent une « vision synthétique du travail polyvalent[1] » qui prépare au syndicalisme d'entreprise et à l'autogestion – d'où l'analogie de la phase en cours avec la phase A qu'ont représentée, sur un plan politique, les aspirations des syndicalistes révolutionnaires au *self-government*[2].

> En effet, réitère Mallet en 1969, plus se développe l'importance des secteurs de recherche, de création et de surveillance, plus le travail humain se concentre dans la préparation et l'organisation de la production, plus s'accroît le sens de l'initiative et des responsabilités, en un mot, plus l'ouvrier moderne reconquiert *au niveau collectif* l'autonomie professionnelle qu'il avait perdue dans la phase de mécanisation du travail, plus les tendances aux revendications gestionnaires se développent. Les conditions modernes de la production offrent aujourd'hui les possibilités objectives du développement de l'autogestion généralisée de la production et de l'économie par ceux qui en portent le poids[3].

---

1 Serge MALLET, *La Nouvelle Classe ouvrière* (1963), Seuil, Paris, 1969 (2e éd.), p. 85.

2 Pour une introduction au syndicalisme révolutionnaire par un historien qui fut par ailleurs un responsable cédétiste, voir Jacques JULLIARD, *Autonomie ouvrière. Études sur le syndicalisme d'action directe*, Seuil/Gallimard, Paris, 1988, et le numéro de *Mil neuf cent* qu'il introduit : *Le Syndicalisme révolutionnaire*, n° 24, 2006.

3 Serge MALLET, « Mai-juin 68 : première grève pour la gestion », *in La Nouvelle Classe ouvrière*, *op. cit.*, p. 41.

André Gorz et la praxis créatrice

Dans *Stratégie ouvrière et néocapitalisme*, Gorz part d'un principe qui lui vient du marxisme, à savoir que la capacité ouvrière dépend de l'organisation du travail et de la composition de classe qui en dérive. Cette question, sur laquelle il fonde sa stratégie de lutte anticapitaliste, va occuper son esprit militant pendant près de dix ans. Outre que, dans cet ouvrage, il la développe spécialement[1] dans une contribution au titre exigeant : « Aspects de la contradiction entre rapports de production capitalistes et force de travail socialement nécessaire », qu'il présente à un colloque sur « Les tendances du capitalisme européen », organisé en juin 1965 par l'Institut Gramsci de Rome (ce texte, qui comprend une analyse de la formation intellectuelle de la main-d'œuvre, autrement dit de la condition étudiante, jouira d'une certaine audience puisqu'il sera traduit en italien, en anglais et en allemand).

Dans son livre, Gorz prend appui sur Mallet et Belleville pour définir les contours de la nouvelle classe ouvrière. Il pense lui aussi que ce sont les travailleurs les plus qualifiés qui manifestent un « besoin d'activité autonome, de création, de communication[2] ». Mais les techniciens s'ennuient dans des fonctions où ils ne font que surveiller le bon fonctionnement de la production automatisée devant des « cadrans ». On les a voulus hautement qualifiés, mais ignorants de ce qui déborde leur fonction et sans possibilité de se réaliser dans un travail dont ils ne maîtrisent pas le sens ultime.

Ce qui est nouveau toutefois, c'est de voir affleurer le refus de cette amputation de leur créativité. La nature spécifique et nouvelle de la force de travail, propre à un système de production où l'automation est destinée à se généraliser, explique ce changement d'attitude. Car cette force de travail, de moins en moins porteuse de l'énergie physique qui la rendait « inter-

1 Voir André Gorz, *Le Socialisme difficile, op. cit.*, p. 62-67.
2 *Idem, Stratégie ouvrière et néocapitalisme, op. cit.*, p. 100.

changeable », et donc de plus en plus chargée d'intelligence, tend désormais à échapper aux « évaluations quantitatives[1] » – on sent poindre ici l'influence des *Grundrisse* de Marx, texte prophétique des potentialités que recèle le machinisme poussé au bout de sa logique et que Gorz cite pour la première fois dans cet ouvrage pour légitimer l'autogestion[2]. Le travailleur a l'impression d'être le possesseur de cette capacité de travail

---

1 *Ibid.*, p. 105.

2 *Ibid.*, p. 120-121. Citons quelques passages des *Grundrisse* traduits par Gorz lui-même, tirés du fragment « Machinisme, science et loisir créateur » que Gorz citera tout au long de son œuvre en le commentant au gré des évolutions de sa pensée : « Dans la mesure où la grande industrie se développe, la création de richesse réelle dépend moins du temps et de la quantité de travail mis en œuvre que de la puissance des instruments [...] dont la *powerful effectiveness* elle-même est sans rapport avec le temps de travail direct qu'ils ont coûté. Elle dépend plutôt du niveau atteint par la science et des progrès de la technologie, ou de l'application de la science à la production. [...] La richesse réelle se manifeste plutôt dans l'énorme disproportion entre le temps passé au travail et son produit, de même que dans la disproportion qualitative entre le travail, réduit à une pure abstraction, et la puissance du processus de production qu'il surveille. Au lieu que le travail paraisse entièrement inclus dans le processus de production, c'est plutôt l'homme, maintenant, qui se conduit en surveillant et régulateur du processus de production lui-même. [...] Dès lors, ce qui apparaît comme le pilier central de la production et de la richesse, ce n'est ni le travail immédiat qu'accomplit l'homme lui-même ni la durée de son travail, mais *l'appropriation de sa propre force productive* en général, sa compréhension de la nature et sa domination sur elle en tant qu'il agit comme membre de la société – c'est, en un mot, *le développement de l'individu social* [...]. Dès que le travail sous sa forme immédiate a cessé d'être la grande source de la richesse, le temps de travail cesse et doit cesser d'être la mesure de la richesse, et la valeur d'échange la mesure de la valeur d'usage. Le surtravail de la masse a cessé d'être la condition pour le développement de la richesse générale, de même que le non-travail de quelques-uns a cessé d'être la condition pour le développement de la puissance intellectuelle [...]. Le libre développement des individualités et [...] la réduction à un minimum du travail nécessaire de la société [deviennent le but de la production], à quoi correspond alors le développement artistique, scientifique, etc., des individus, grâce aux loisirs et aux moyens créés pour eux. [...] Ce n'est plus alors la durée de travail, mais le temps libre qui est la mesure de la richesse. » (Karl Marx, *Grundrisse der Kritik der politischen Ökonomie*, Dietz Verlag, Berlin, 1953, p. 592-594 et p. 596. Voir *idem*, « Principes d'une critique de l'économie politique » [trad. par Maximilien Rubel], *in Œuvres. Économie II*, Gallimard, coll. « Bibliothèque de la Pléiade », Paris, 1968, p. 305-306 et p. 308.)

parce qu'il l'a acquise par sa propre formation et parce qu'il est le mieux placé pour en connaître le mode d'emploi : « Il est à la fois la force de travail et celui-là même qui la commande, bref il est une *praxis-sujet* ». Aussi tend-il à « se saisir comme praxis créatrice portant en elle-même sa finalité souveraine[1] ». Au-delà de l'exigence immédiate du contrôle ouvrier, l'autogestion devient la perspective qui permettra cette maîtrise.

Car la contradiction que vit le travailleur à l'ère du capitalisme avancé est bien celle qui porte sur la finalité du travail, qui pour lui est de « produire à travers sa prise sur la matière des richesses ayant une valeur pour les hommes », alors que pour le capital elle est de générer de la plus-value en produisant « n'importe quoi ». Le problème qui se pose à lui est donc « celui du genre et du contenu de la vie à produire[2] ». Ce qui amène à contester le commandement capitaliste dans toute son étendue, c'est-à-dire non seulement pour son emprise au stade de la production mais en tant que pourvoyeur de consommations et de loisirs orientés.

Consommateurs sur mesure et besoins sociaux

La contestation de l'auteur se veut aussi globale que radicale, car sous sa plume c'est tout un « modèle de civilisation » aux fins inhumaines et irrationnelles qui mérite de passer sous le joug de la critique ouvrière. Pour donner à voir que ces fins sont systématiquement inversées, Gorz s'appuie sur Marx, mais trouve aussi confirmation dans les travaux de l'économiste démocrate nord-américain John K. Galbraith qui, dans un essai au titre éponyme d'une époque, *L'Ère de l'opulence* (1958/1961), avait démonté l'inversion du rapport de dépendance entre entreprise et consommateur. Gorz écrit dans *Stratégie ouvrière et néocapitalisme* :

> Au lieu que la production soit mise au service de la société, c'est la société qui est mise au service de la production capita-

---

1 André Gorz, *Stratégie ouvrière et néocapitalisme*, *op. cit.*, p. 106 et p. 109.
2 *Ibid.*, p. 55 et p. 96.

> liste : celle-ci s'ingénie à offrir aux *individus* des moyens toujours nouveaux pour s'évader de cette réalité insupportable ; et la mise en œuvre sur une grande échelle *de ces moyens d'évasion individuelle* (automobilisme, maisons individuelles, camping, loisirs passifs) recrée aussitôt un nouveau *processus social* anarchique, des pénuries, des contre-finalités et des aliénations nouvelles[1].

Le néocapitalisme se donne donc pour tâche « de façonner les sujets pour les objets à écouler, d'ajuster non plus l'offre à la demande, mais la demande à l'offre[2] ». Avec pour effet d'entretenir un sentiment permanent d'insatisfaction, voire de pauvreté, relatif à une offre sans cesse renouvelée.

Au regard de l'humanisme foncier qu'il a affiché dans sa *Morale de l'histoire*, on comprend que Gorz place à nouveau sa critique sous le signe des *besoins humains*. La critique du capitalisme doit se faire au nom de « la subordination de la production aux besoins, tant pour ce qui est produit que pour la manière de le produire ». Il en va d'ailleurs de même pour l'idée de « socialisme ». Si, politiquement, le socialisme est le pouvoir de classe des travailleurs et, économiquement, la socialisation des moyens de production, il n'aura de sens que s'il est aussi « un nouveau type de relation des hommes entre eux, un nouvel ordre des priorités, un nouveau modèle de vie et de culture[3] », autrement dit s'il favorise l'épanouissement de « besoins qualitatifs ».

Gorz s'efforce de donner une liste concrète de ces besoins. Aux besoins individuels de consommation suscités par l'offre capitaliste, qui atomisent et isolent l'individu dans sa vie quotidienne, viennent s'opposer des « besoins collectifs » ou sociaux qui portent sur une vaste gamme de services et d'équipements collectifs dans les domaines du transport, du logement, de l'urbanisme, de la santé, de l'éducation et de la culture, qui, selon Gorz, échappent tous à la loi du marché et qui, pour cette raison,

1 *Ibid.*, p. 65.
2 *Ibid.*, p. 68.
3 *Ibid.*, p. 17.

représentent un facteur important de restriction de la logique et du champ d'action du capitalisme.

Un premier retentissement international

C'est parce que *Stratégie ouvrière...* se donne pour objet un néocapitalisme parvenu au stade évolué où il assoit sa domination tant par le travail que par la consommation qu'il rencontre une audience dans les pays européens les plus développés, qui s'empressent de le traduire : la Suède (en 1965), le Danemark et l'Allemagne de l'Ouest (en 1967). À l'exclusion de cette dernière pour l'instant, ces pays et d'autres semblables sollicitent l'auteur pour des allocutions : en 1966, Gorz tient en Suède une importante série de conférences publiées par l'hebdomadaire d'extrême gauche *Tidsignal* (reprises dans *Le Socialisme difficile*) ; en 1967, il accepte de converser avec des étudiants norvégiens à Oslo, tandis que des sociaux-démocrates lui proposent de prolonger son voyage à Uppsala, en Suède ; la même année encore, il est invité à un séminaire à Malmö, alors que déjà il a parlé de son ouvrage à l'université de Southampton, en Angleterre, et qu'il s'est rendu à Copenhague pour le présenter. Ajoutons que, toujours en 1967, invité tantôt par les socialistes suisses tantôt par ses anciens amis engagés (Cherpillod), il donne à Lausanne deux conférences sur les questions ouvrières ; on dit qu'il est autant lu que Lefebvre et Mandel dans les milieux de la jeunesse vaudoise en voie de radicalisation[1], tandis que la Télévision suisse lui envoie le reporter Jean-Pierre Goretta pour l'interviewer à chaud sur les événements de mai 1968.

Passé 68 et fort de l'aura que procure au Français l'événement qu'il a vécu aux premières loges, radio et télévision allemandes le sollicitent à leur tour ; entre 1969 et 1972, les articles de Gorz

1 Les recensions denses de ses deux ouvrages aident localement à la diffusion de sa pensée : Maurice Maschino, « La morale de l'histoire », *Gazette littéraire*, supplément de la *Gazette de Lausanne*, 10 octobre 1959 (l'auteur est par ailleurs collaborateur des *Temps modernes*) ; Charles-Henri Favrod, « Une étude magistrale d'André Gorz », *Gazette littéraire*, 29 août 1964.

repris dans des revues ou des ouvrages collectifs allemands se multiplient ; à noter, enfin, qu'en Allemagne *Stratégie ouvrière et néocapitalisme* est très lu chez les Jeunes socialistes (JUSOS)[1] et que la gauche de la social-démocratie (SPD) se bat contre la politique des « petits pas » de Willy Brandt en brandissant précisément les thèses de Gorz sur les « réformes de structure » qui ouvriraient une brèche en faveur d'une « économie collective décentralisée[2] ».

En Italie, en revanche, l'essai n'est pas traduit, sans doute parce que ses thèmes y sont galvaudés. Si on l'invite, comme à Gênes et à Milan en 1967, c'est pour parler du Vietnam... Quant à sa théorie des besoins, restée méconnue, elle n'a aucune incidence sur la subjectivité hédoniste du mouvement autonome de 1977. Aussi laisse-t-elle la place à la théorie analogue des « besoins radicaux » de l'école de Budapest (Ágnes Heller, *La Théorie des besoins chez Marx* – original en italien 1974/1978) que popularisent le phénoménologue marxiste Pier Aldo Rovatti et sa revue *Aut aut*. Une occasion concrètement perdue pour Gorz puisque c'est en vain que ce même Rovatti avait envisagé la traduction de ses écrits pour la collection de poche militante qu'il dirige alors chez l'éditeur Feltrinelli, « Opuscoli marxisti » (hébergeant plusieurs titres d'Antonio Negri)[3].

Dans l'Espagne franquiste, enfin, les écrits de Gorz, systématiquement censurés, circulent sous le manteau dans les librairies et exercent un ascendant sur le Frente de liberación popular, proche du PSU et du PSIUP[4]. Traduit par Jordi Solé Tura, communiste exilé en France, *Stratégie ouvrière et néocapitalisme* est néanmoins publié en catalan en 1967. Et l'hebdomadaire

1 Selon Gorz (dans sa lettre citée à Jacques Robin), qui était en relation avec leur dirigeant Eberhard Schmidt.

2 Manuel Lucbert, « L'aile gauche du parti en quête d'une "nouvelle société" », *Le Monde*, 15 mai 1970.

3 Voir la lettre du traducteur pressenti, Marco Macciò, à André Gorz du 26 février 1974 (GRZ).

4 Julio Antonio García Alcalá, *Un modelo en la oposición al franquismo. Las organizaciones Frente (FLP-EOC-ESWA)* (thèse), Universidad Complutense, Madrid, 1997, tome I, p. 51-52, p. 365-366 et p. 394.

madrilène antifranquiste *Triunfo* traduit, entre 1966 et 1980, une quarantaine d'articles de Michel Bosquet. La transition de l'après-franquisme terminée, les propositions gorziennes de revenu garanti et de réduction du temps de travail attirent l'attention du principal quotidien démocratique, *El País*, qui sollicite le penseur français à deux reprises (1983, 1985).

En 1967, Gorz publie un autre ouvrage, *Le Socialisme difficile*, qui rencontre rapidement un écho international au vu des traductions qui paraissent dès 1968 (en suédois, néerlandais, brésilien, italien) et en 1969 (en japonais).

Nous verrons plus loin que la pensée de Gorz a aussi ses entrées dans les milieux marxistes de l'Amérique du Nord et du Sud.

Loisirs et intégration de la classe ouvrière

Au cours des années 1960, en Amérique du Nord et en Europe, l'attrait de nouveaux modes de consommer le temps ainsi que l'élévation du niveau de vie qui les permettent invitent les sociologues à la réflexion. Les uns théorisent la gestation d'une société de loisirs, d'autres, la formation d'une ample classe moyenne incluant les ouvriers, avec pour couronnement, dans les deux cas, l'axiome de l'annihilation de toute velléité de changement social. Gorz s'élève contre ces deux façons de voir.

Aliénation du temps libre

Si, de 1946 à 1968, le temps de travail n'a pas diminué en France (il est encore de 46,2 heures hebdomadaires en 1968), les dépenses consacrées au temps de loisir et aux vacances y ont au contraire crû très fortement (à l'été 1969, plus de la moitié des Français ont passé au moins 25 nuits en dehors du domicile pour pur agrément). Voilà qui autorise des observateurs français à brandir pour leur compte, avec plus ou moins d'optimisme, la promesse américaine d'une « civilisation du loisir ». Pour le sociologue Joffre Dumazedier, dans V*ers une civilisation du loisir ?*

(1962), et pour l'économiste Jean Fourastié, dans *Des loisirs : pour quoi faire ?* (1970), l'emploi du temps libre soustrait aux obligations sociales et domestiques – c'est la définition du loisir – n'est rien de moins qu'un trait consubstantiel à la condition humaine moderne. Pour Gorz, il témoigne surtout de l'aliénation du travailleur-consommateur.

Le capitalisme, note-t-il, qui impose à la société « le besoin de consommer ce que le capital a besoin de faire produire pour maximiser son profit », s'applique à « transformer dès le stade productif le travailleur en consommateur, c'est-à-dire en un homme dont la réalité ne serait pas le travail, mais la consommation passive, dont la "vraie" vie ne serait pas ce qu'il fait au sein de l'entreprise et de la communauté locale, mais ce qui lui permet de s'en évader[1] ». Dès lors, l'individu qui se replie sur sa vie privée saturée de consommations, ressentie comme la seule sphère de sa souveraineté, ne révèle « pas d'abord, ni surtout, une attitude du *citoyen* face à la société, mais une attitude du *travailleur* qui, privé d'initiative, de responsabilité, d'épanouissement personnel dans son travail, tend à chercher des compensations dans le non-travail[2] ».

Les choses seraient différentes « si le développement des forces productives permettait de considérer l'activité du temps libre comme l'activité sociale principale et le travail directement productif comme l'activité accessoire (accessoire tant par sa faible durée que par rapport à la puissance des processus automatiques) ». Mais les relations sociales continuant d'être soumises à la centralité du travail, les activités du temps libre – bricolage, distractions diverses – isolent l'individu et lui interdisent des activités sociales effectives : « Marx avait en vue tout autre chose que la multiplication des loisirs en tant que temps socialement vide quand il envisageait le "libre développement des facultés humaines" comme un plein développement de l'individu

---

1 André Gorz, « Avant-propos », *Données et problèmes de la lutte ouvrière, loc. cit.*, p. 395.

2 *Idem, Le Socialisme difficile, op. cit.*, p. 132.

social. » Et Gorz de conclure qu'« il ne pourra donc y avoir de culture prolétarienne que lorsque sera abattue la barrière qui sépare l'univers du travail de l'univers du temps libre[1] ».

Cette circonspection à l'égard de loisirs qui ne font que prolonger l'aliénation du travailleur en dehors du travail n'est ni inédite ni originale. Elle rejoint les recherches désenchantées du sociologue communiste Georges Friedmann qui, dès 1960, dénonce « le pourrissement du temps libéré » dans l'une des *Sept études sur l'homme et la technique* (1966). Elle suscite aussi l'intérêt du mensuel du Parti communiste *Démocratie nouvelle*, animé par Paul Noirot (expulsé du parti en 1969), qui publie quelques pages de *Stratégie ouvrière et néocapitalisme* – tout en se désolidarisant des autres thèses du livre – et fait participer l'auteur à une enquête sur le sujet[2].

Critique d'Herbert Marcuse

Dans le monde anglo-saxon, le débat sur la « nouvelle classe ouvrière » s'est transformé en débat sur l'*affluent society* (« société d'opulence »). L'accent a moins porté sur les possibles conséquences participatives ou autogestionnaires de l'automation que sur celles découlant de la plus grande aisance des ouvriers et qui les fait rapprocher de la *middle class*. En publiant *L'Homme unidimensionnel* (1964/1968), Herbert Marcuse suit cette tradition. Le regard de ce philosophe issu de l'école de Francfort, vivant aux États-Unis depuis 1934, est sans concession. D'après lui, la volonté contestataire des masses dans la « société industrielle avancée » ne s'estompe pas seulement à cause du confort matériel et de l'assurance de son accroissement, mais aussi à cause de la manipulation des besoins, qui réduit l'individu au rôle de consommateur demandeur de travail, fût-il abrutissant,

---

1 *Ibid.*, p. 132-133, p. 134 et p. 135.

2 Voir *idem*, « Civilisation opulente et massification », *Démocratie nouvelle*, n° 9, septembre 1964, p. 75-76, et l'enquête « Loisirs et sociétés industrielles », *Démocratie nouvelle*, n° 5, mai 1966, p. 84-85, p. 89 et p. 90-91.

et à cause de l'uniformité idéologique entretenue par les médias ; de sorte que, au bout du compte, l'exploitation est acceptée, l'aliénation, imperceptible et la critique, absorbée.

Marcuse, déjà auteur de l'essai freudo-marxiste *Eros et civilisation* (1955/1963), passé inaperçu en France, n'est pas inconnu de tous les universitaires français. *Arguments*, en 1960-1961, et Axelos, directeur de la collection homonyme aux éditions de Minuit, l'ont publié. Goldmann, dont le « structuralisme génétique » est sûrement plus proche de sa méthode que de celle des structuralistes, l'a invité à Paris en 1958-1959, puis en décembre 1961-janvier 1962 pour des conférences à l'École pratique des hautes études où il avance l'idée du « capitalisme d'organisation ». Marcuse fréquente aussi un ami personnel, l'universitaire Paul Vignaux qui, à la CFTC, pousse à la laïcisation[1].

Quant à Gorz, il note dans son agenda de 1962 une soirée avec Marcuse le 22 mars[2] – qui, si elle a eu lieu, n'est pas restée gravée dans sa mémoire[3]. Des dernières analyses de Marcuse, il connaît précisément l'aperçu qu'en a donné en France la revue *Médiations* (n° 5, été 1962). Dans *Stratégie ouvrière et néocapitalisme*, il regrette dans une note de n'avoir pu tenir compte de son essai « remarquable » que dans les dernières pages de son propre livre. Mais il s'empresse de le recenser pour le magazine progressiste new-yorkais *The Nation*. Tout en saluant l'exposé corrosif de Marcuse sur les formes de répression suave qui régissent les sociétés technologiquement avancées, il se demande, à la lumière des luttes du mouvement ouvrier en France et en Italie, si l'auteur n'exagère pas l'étendue et l'efficace de cette emprise. Son scepticisme investit la

1 Communication à l'auteur de Jacques Julliard du 10 février 2014.

2 Feuillet volant (GRZ 1.15).

3 Il affirmera plus tard ne pas avoir connu personnellement Herbert Marcuse à cette époque : « André Gorz : "Il avait raison sur toute la ligne" » (entretien avec Jean-Marcel Bouguereau), *Libération*, 31 juillet 1979. Une lettre en anglais d'Herbert Marcuse à André Gorz du 2 décembre 1962 (GRZ) – se terminant par : « Avec mes meilleurs vœux à vous deux » – laisse supposer que Marcuse connaît le couple et qu'ils se sont donc rencontrés.

thèse cardinale de Marcuse, selon laquelle il est vain de chercher parmi les classes ouvrières occidentales les forces capables de libération[1]. Cette thèse, qui fait la part belle aux minorités déshéritées (Marcuse pense aux Noirs américains), et bientôt aux mouvements de libération du tiers monde et aux étudiants en révolte, ressemble à celle que défendait Sartre en 1961, dans sa préface aux *Damnés de la terre* de Frantz Fanon, qui comptait sur le soulèvement des colonisés. Elle rappelle aussi les réflexions désappointées de Gorz, autour de 1960, sur l'intégration et l'auto-oppression de l'individu « occidental » qu'auraient sauvé les marginaux ou la jeunesse des pays neufs (*voir p.* 101 *et p.* 104).

Mais depuis que le mouvement ouvrier a repris des couleurs en Europe, et spécialement en Italie, Gorz a ravalé son pessimisme. Ce n'est pas faute de soupeser les arguments de Marcuse. En réagissant à l'envoi de l'« avant-propos » du numéro spécial des *Temps modernes* sur les questions de « la lutte ouvrière », celui-ci lui écrit personnellement le 2 décembre 1962 que son accord sur le « fait de l'aliénation » est total, mais qu'une question reste à ses yeux sans réponse :

> Comment, concrètement, l'aliénation peut devenir la force motrice dans la lutte pour le pouvoir, le « motif » de la révolution ? Au vu des conditions aux États-Unis, le niveau (relativement, mais quand même) élevé et toujours croissant des consommations est si oppressant *et* satisfaisant qu'il fait de l'aliénation ainsi que de la possibilité de son abolition une idée *abstraite*. [...] la *conscience* de l'aliénation (sans laquelle il n'y a pas d'aliénation) est bloquée dans son développement. Le « facteur subjectif » est étouffé. Autrement dit : en devenant totale et totalitaire, l'aliénation perd (absorbe ?) son contraire. [...] Si tout le monde refuse, qui et où est le sujet qui refuse[2] ?

Gorz campe sur ses positions. Dans sa recension, il argue que le cas étatsunien, sur lequel Marcuse porte exclusivement

---

1 André Gorz, « Call for intellectual subversion », *The Nation*, 25 mai 1964, p. 536.
2 Lettre citée d'Herbert Marcuse à André Gorz.

son regard, est à part (pour des raisons historiques et culturelles qui émoussent dans ce pays la conscience de classe) et que, contrairement à ce que pense celui-ci, il n'est pas contagieux pour tout l'Occident. Gorz reste en outre convaincu que les formes prises par l'aliénation, qui n'est jamais complète, peuvent présenter, dans la configuration spécifique du mouvement ouvrier européen, un potentiel révolutionnaire plus grand que la misère ou l'oppression coloniale. Ce faisant, il rejoint d'autres censeurs des thèses de Marcuse, comme Lefebvre, Mallet et même Goldmann qui, à l'été 1964, débattent avec l'auteur de *L'Homme unidimensionnel* sur l'île dalmate de Korčula, dans le cadre d'un symposium international sur les perspectives du socialisme.

Lors d'un cycle de conférences organisé par la faculté de sciences politiques et sociales de l'université de Mexico, en février 1966, autour de la problématique de son dernier ouvrage, Marcuse revient abondamment sur le différend qui l'oppose à Gorz, qu'il appelle « mon ami[1] ». Les deux points qui font problème, et que nous connaissons déjà, portent sur la question de l'aliénation et du caractère spécifique des États-Unis. Le philosophe en discute devant un parterre de conférenciers invités, réunis ensuite autour d'une table ronde, composé d'Erich Fromm, Irving L. Horowitz, Karel Kosik, Mallet et de Gorz lui-même. Comme l'atteste le texte de l'une de ses propres conférences, étoffé *a posteriori*[2], Gorz n'a pas été convaincu par la démonstration de Marcuse. Mais leur affinité intellectuelle se révèle plus grande que leurs divergences. Celles-ci passeront au second plan avec 68, sans pour autant disparaître : en 1972, dans un échange de lettres, Gorz s'agrippera encore à des arguments spécieux. Il s'imaginera une « différence historique et culturelle » qui les sépare, Marcuse appartenant selon lui à une tradition

1 Herbert Marcuse, « Libertad y agresión en la sociedad tecnológica », *in* Erich Fromm, Irving L. Horowitz, Herbert Marcuse *et alii*, *La Sociedad industrial contemporánea*, Siglo Veintiuno, Mexico, 1968, p. 60-89.

2 Voir André Gorz, *Le Socialisme difficile*, *op. cit.*, p. 15-20.

anglo-saxonne et allemande méfiante vis-à-vis des masses, lui à une tradition latine anarchiste portée contre les patrons[1] !

Toujours est-il que de cette rencontre mexicaine entre les deux théoriciens de l'aliénation – qui, avec leur compagne Inge et Dorine, partagent de bons moments dans les rues de Mexico en se photographiant – naît une amitié qui durera jusqu'à la mort du philosophe en 1979.

1 Voir la lettre en anglais d'André Gorz à Herbert Marcuse du 17 décembre 1972 (HM : fonds Herbert Marcuse de la bibliothèque de l'université de Francfort-sur-le-Main).

8

Le socialisme difficile

Le Nouvel Observateur, qui succède à *France Observateur* le 19 novembre 1964, est le résultat d'une longue négociation entre, d'un côté, l'industriel Claude Perdriel, qui le finance et en devient le directeur-gérant, son ami Jean Daniel, propulsé rédacteur en chef, et, de l'autre, Gilles Martinet qui, acculé par le passif financier de l'ancien titre, accepte de céder la direction, y compris politique[1].

L'austérité rédactionnelle et le militantisme à peine voilé en faveur du PSU de la précédente formule s'estompent au profit d'un style plus abordable et d'un engagement non partisan, mais pas moins à gauche. Plus lu parmi les professions intellectuelles de la fonction publique que par les cadres du privé, le magazine se veut en tout point le contraire de *L'Express*. Son antiatlantisme est sans faille, et sincère son espoir de voir évoluer le Parti communiste, indispensable partenaire pour une accession de la gauche au pouvoir. L'hebdomadaire se place sous le patronage de Mendès France et de Sartre – interviewé sur quatre pages dans le numéro un. Mais l'hétérogénéité politique des rédacteurs, qui ne recoupe pas au demeurant leur diverse origine professionnelle, engendre des tiraillements au sein de l'équipe, que l'autorité rassembleuse de Jean Daniel met quelque temps à atténuer.

1 Louis Pinto, *L'Intelligence en action : Le Nouvel Observateur*, *op. cit.* ; Jacqueline Remy, *Le Nouvel Observateur. 50 ans de passions*, Pygmalion, Paris, 2014.

Les débuts au *Nouvel Observateur*

Trois sensibilités se côtoient aux débuts de l'entreprise[1]. Premièrement, la tendance PSU, avec Gilles Martinet et Serge Mallet qui font néanmoins figure d'idéologues sous surveillance. Deuxièmement, celle de centre gauche incarnée par François Furet et Claude Krief, celui-ci soutenant le programme de Gaston Defferre contre l'avis des autres journalistes, dont Michel Bosquet qui monte au créneau en défendant l'alliance avec les communistes[2]. Troisièmement, celle « tiers-mondiste » et proche des *Temps modernes* d'Olivier Todd, Jacques-Laurent Bost (d'ailleurs membre des *Temps modernes*), Serge Lafaurie, K.S. Karol, aussitôt enrichie par l'arrivée d'Albert-Paul Lentin ; elle est chapeautée par Michel Bosquet – « le plus érudit », « le plus secret » de tous et dont « la solitude jalouse », révélera Jean Daniel, « nous inquiétait et nous en imposait à la fois[3] ». Bosquet est le seul de ce dernier cercle à appartenir au comité de direction. Ce dernier, qui va longtemps rester inchangé, est restreint ; il est complété par Perdriel, Jean Daniel et les anciens de *France Observateur*, Martinet, Hector de Galard et Philippe Viannay. Par la suite, Jean Daniel – qui a véritablement la main sur l'orientation du titre – n'aura plus que la « tendance » Bosquet avec laquelle composer.

Au journal, Bosquet se charge sans surprise de la rubrique économique et sociale qu'il traite à un niveau aussi bien national que mondial. Avant 1968, il pointe constamment du doigt le chômage, qui est réduit mais que cache le prétendu plein-emploi en France. En remarquant qu'il ne cesse de croître (360 000 personnes « disponibles à la recherche d'emploi » en 1968 contre 113 000 en 1961), il finit par s'apercevoir que l'exode rural et la poussée démographique ne sont pas les seuls responsables. La croissance

1 Roland Cayrol, « Nouvel *Express* et *Nouvel Observateur* », *Revue française de science politique*, vol. 16, n° 3, 1966, p. 493-520.

2 Michel Bosquet et Claude Krief, « Que faire avec la "fédération" », *Le Nouvel Observateur*, 10 juin 1965.

3 Jean Daniel, « Partir avec elle », *Le Nouvel Observateur*, 27 septembre 2007.

économique des années 1960 a ceci de spécifique et d'absolument nouveau qu'elle repose sur une augmentation de la productivité qui fait diminuer les besoins de main-d'œuvre[1] – les investissements favorisant l'automation. Il est ainsi le premier à mettre au jour le phénomène de la « croissance sans emploi », bien avant les économistes qui attendront la conjoncture des années 1990 pour parler de la troublante *jobless growth.*

Au *Nouvel Observateur,* le pouvoir et la liberté de journaliste de Bosquet se sont indéniablement accrus. On lui reconnaît dans la rédaction une compétence politico-économique spécifique et une vision intellectuelle des choses que l'on sait assise sur de solides bases philosophiques. Le regard qu'il porte sur son métier s'en trouve-t-il modifié ? Et comment l'intellectuel écrivant qu'est l'hybride Bosquet-Gorz se perçoit-il ?

L'intellectuel impliqué

Dans une lettre de 1967 où il répond à une étudiante qui lui demande à quel cercle militant il se sent appartenir, Gorz revient sur son action de journaliste en notant qu'« il existe des journaux militants : des militants intellectuels y écrivent des analyses qu'ils estiment justes ». *Le Nouvel Observateur* n'est cependant pas ce type de publication :

> Je ne suis pas venu au journalisme par militantisme, mais pour gagner ma vie d'une façon qui m'informe et m'aide à réfléchir et m'oblige à apprendre constamment. C'est à force de travailler comme journaliste que je suis devenu un peu militant. Mais en tant que Bosquet, je n'ai jamais écrit dans des journaux militants. [...] Vous ne pouvez donc pas dire que je sois intégré dans une communauté ou dans un groupe quelconque[2].

C'est effectivement ce qu'il a toujours refusé de faire. Il se dit « allergique » à l'adhésion à un parti, fût-il le PSU dont il est

---

1 Voir, par exemple, Michel Bosquet, « Les chômeurs de la relance », *Le Nouvel Observateur,* 17 août 1966.

2 Lettre d'André Gorz à une étudiante (non identifiée) du 17 mars 1967 (GRZ).

proche et qu'il influence[1]. Certes, de temps à autre, il fréquente les rassemblements de la CFDT, gagnée progressivement à l'idée d'autogestion, paie régulièrement sa cotisation syndicale dans les années 1960 et 1970, et est même invité à intervenir au Conseil fédéral du 3 septembre 1969 par son président Michel Rolant. Ce qui l'autorise sans doute à déclarer dans un entretien destiné à l'étranger qu'il a été un « intellectuel organique » de la CFDT[2]. Dans les années 1980, il sera autant, sinon plus, un intellectuel influent auprès des syndicats allemands. Mais cela ne traduit pas un militantisme actif. Quoiqu'il admire et apprend beaucoup de penseurs « organiques » – c'est sa définition – tels les syndicalistes italiens Foa ou Trentin, il considère toujours que le rôle de l'intellectuel n'est pas de s'impliquer directement dans l'orientation ou l'organisation du mouvement ouvrier. Dans une note très politique du *Traître*, supprimée ultérieurement, il explique que s'en prendre à l'« action de la classe révolutionnaire » pour l'infléchir serait mal venu de la part d'un philosophe, notamment parce que la critique surplombante « prend fatalement l'aspect d'une critique de classe affaiblissant la cohésion, la discipline, la *politique* du parti révolutionnaire » et parce que, extérieure, elle est inefficace, négative. Et si, à l'inverse, le philosophe entre au Parti communiste ?

> Il éprouvera aussitôt et l'inopportunité politique de sa critique et sa nécessité, mais ne sera pas nécessairement mieux placé pour la rendre efficace, car : 1° en tant que membre du PC, il se sera engagé à la discipline et 2° en tant que philosophe bourgeois, il sera l'objet d'une compréhensible suspicion, qu'il ne pourra dissiper qu'en donnant des gages de discipline plus grands que d'autres [...]. Sa situation, en dehors ou au sein du PC, reste donc malheureuse et manifeste le fait objectif qu'il n'y a pas

---

1 Entretien avec Mitchell Cohen du 18 juin 1980, cité dans Mitchell COHEN, *The Wager of Lucien Goldmann. Tragedy, Dialectics, and a Hidden God*, Princeton University Press, Princeton, 1994, p. 258.

2 André GORZ, « Oficios del saber y del trabajo » (entretien avec Michel Zlotowski), *loc. cit.*

> place, dans la société divisée en classes, pour une philosophie à la fois bonne et efficace[1].

Dans une lettre antérieure à son ami Walter Riffel, où il discute son propre cas, il précise :

> Puis[que] donc l'ordre bourgeois (et pis que cela) est solidement établi, et que je suis membre de la classe dominante, il faut faire autre chose que se faire transfuge – c.à.d. en l'occurrence bohème, anarchiste ou épave. On ne mènera pas la lutte prolétarienne, qui n'a d'ailleurs pas besoin de nous. Mais on peut mener une autre lutte là où on est, à condition d'accepter d'y être et en conséquence de s'en sentir responsable plutôt que coupable[2].

Aussi estime-t-il qu'il y a des politiciens et d'« obscurs bourgeois qui se maintiennent dans des ministères ou [des] administrations, ou des statisticiens, [des] journalistes (dont je ne suis pas encore) » qui « font du travail meilleur, plus honnête et plus efficace que ceux qui s'inscrivent au PC ou vont se crever par amour de l'ascèse[3] ». En 1967, confirmant qu'il n'a l'intention d'adhérer ni au PSU ni à quelque autre parti que ce soit, il ajoute : « Dans le contexte actuel français et européen, un intellectuel marxiste a une plus grande liberté de faire de la recherche, d'exercer une influence, et de maintenir des relations amicales avec les différents types de dirigeants socialistes et syndicaux dans le pays et à l'étranger s'il n'a pas de parti[4]. »

C'est finalement dans la lettre contemporaine à l'étudiante que Gorz expose pleinement et posément sa propre situation d'intellectuel impliqué et le sens de son engagement :

> Vous savez (c'est une chose que des psychanalystes ont bien comprise), on ne se change jamais, l'« authenticité » (qui n'est pas un concept) ne consiste jamais à devenir un « homme universel », mais à apprendre à accepter et à tirer parti des limites, des

1 *Idem*, *Le Traître*, éd. de 1958, *op. cit.*, p. 258 n.-259 n.
2 Lettre de Gérard Horst à Walter Riffel, s.d. [1953 ?] (GRZ).
3 *Ibid.*
4 André GORZ, « State of mind », *The New York Review of Books*, 14 septembre 1967.

> possibilités et des impossibilités que vous constitue votre histoire singulière. La mienne, comme vous le savez, exclut toute forme d'intégration dans des communautés constituées et comporte comme possibilité d'une part le recul critique par rapport à la réalité environnante, et d'autre part une ouverture à des réalités et à des expériences étrangères qui peut être plus grande que chez ceux qui sont directement engagés dans la réalité immédiate. Ce que je veux donc faire, c'est de mettre cette capacité critique à la disposition de ceux qui agissent à l'intérieur de groupes ou de communautés constituées, afin qu'ils se servent d'éléments de réflexion ou d'analyse pour se donner une perspective plus vaste. [...] Mon engagement reste donc intellectuel et n'a d'efficacité et de portée que par la médiation de ceux qui agissent, cherchent à agir et peuvent se servir pour leur action d'un travail intellectuel. Je ne suis point un militant[1].

Par cet engagement de la plume, qui est moins un retrait du monde qu'une prise de distance pour libérer le regard critique, Gorz voisine avec nombre de ses pairs, tout aussi révoltés, les Blanchot, Mascolo, Leiris, impliqués à leur mesure dans 68. Cette attitude n'exclut nullement, elle présuppose au contraire que « la mission des intellectuels – comme Gorz l'affirmera toujours –, c'est de contester[2] ». C'est précisément autour de ce principe que Sartre organise son célèbre *Plaidoyer pour les intellectuels* (1972) qu'il prononce au Japon en 1965 et qui exprime on ne peut mieux l'esprit engagé de cette génération de clercs qui officient dans les années 1960.

La construction du socialisme dans le monde

Le réalisme socialiste

Dans le chapitre éponyme du *Socialisme difficile*, Gorz rappelle que Marx concevait le communisme comme l'abolition

1 Lettre citée d'André Gorz à une étudiante.

2 Entretien radiophonique, *À voix nue. Grands entretiens d'hier et d'aujourd'hui*, France Culture, diffusion 4-8 mars 1991, publié en CD dans *André Gorz. Vers la société libérée* (commentaire de Michel Contat), INA/Textuel, Paris/Bry-sur-Marne, 2009.

du travail imposé par la pénurie. Or, constate-t-il, cette perspective est, dans les années 1960, encore plus éloignée qu'elle ne paraissait à Marx cent dix ans plus tôt : le fait est que, pour des raisons historiques, la construction du socialisme a été engagée dans les pays au plus faible développement économique. Le socialisme se présente alors comme une méthode d'accumulation, voire de « rattrapage » de l'Occident (selon le vœu de Khrouchtchev), dont l'efficacité réside dans la direction planifiée et étatique de l'économie. Il s'ensuit que la démocratie populaire est empêchée de fonctionner. Et pour peu que l'exploitation soit abolie, l'aliénation reste entière. Dans un tel système centralisé et bureaucratisé, les besoins des individus n'ont aucun moyen de s'exprimer. Ils sont supplantés par des objectifs qui, décidés d'en haut, visent à couvrir les besoins structurels de l'économie et les besoins vitaux de la population, mais sont incapables d'incorporer un critère *socialiste* de consommation fondé sur le non-nécessaire. C'est pour cette raison que, en essayant de répondre aux attentes supposées des consommateurs, l'offre des biens de consommation en Union soviétique décalque sans imagination l'offre des pays capitalistes. Le cas le plus flagrant, et navrant aux yeux de Gorz, étant la promotion de l'automobile individuelle[1].

Pour Gorz, la politique verticale des régimes de l'Europe centrale participe d'une « nécessité » objective liée au « socialisme de la rareté » qui les caractérise[2]. Après avoir visité la Tchécoslovaquie en 1963 où il a rencontré l'économiste Ota Šik qu'il invite à s'exprimer dans *Les Temps modernes*, puis pris en compte ses propositions réformatrices qui annoncent le printemps de Prague, il affine son diagnostic. Il détaille un ensemble de défauts fatalement *immanents* aux exigences de ce type de développement dirigé et qu'il faut *dialectiquement* corriger : *primo* la négligence de la qualité et la stérilisation de la recherche créative dues à la planification, fondée sur des normes

1 Michel Bosquet, *Critique du capitalisme quotidien*, *op. cit.*, p. 43-45 ; André Gorz, *Le Socialisme difficile*, *op. cit.*, p. 116-128.

2 *Ibid.*, p. 119-120.

comptables ; *secundo* le manque de concertation démocratique ; *tertio* la dépolitisation qui s'ensuit et qui laisse champ libre au désir de consommations individuelles ; et *quarto* l'imbrication du Parti dans l'État, qui l'empêche de relayer les aspirations populaires qui pourraient mûrir collectivement dans les assemblées de base[1]. Après l'écrasement du printemps de Prague à l'été 1968, Gorz poursuivra le dialogue avec la gauche tchèque (en particulier avec Petr Pithart), en publiant dans *Les Temps modernes* ses analyses, et pétitionnera à plusieurs reprises contre la répression en cours.

L'autogestion yougoslave

Les problèmes se posent-ils différemment dans la Yougoslavie de l'autogestion ? Gorz n'a cessé de s'interroger sur l'« hérésie » yougoslave. En 1948, lors de la condamnation de Tito par l'URSS, il reprend implicitement les arguments des Soviétiques en voyant dans le report de la collectivisation un « risque idéologique » et en défendant l'idée que la centralisation, sous certaines conditions, « permet une organisation économique et un niveau de vie largement supérieurs à ceux réalisables en économie libre[2] ».

La mise en place de l'autogestion, à partir de 1950, alliée à une planification souple, amorce une expérience originale que vient couronner en 1957 le premier congrès yougoslave de l'autogestion. La gauche européenne non stalinienne suit de près l'expérience. En 1958, *Les Temps modernes* publient en volume le *Programme de la Ligue des communistes de Yougoslavie*. La CFTC, puis la CFDT s'y intéressent de près. Quant à Gorz, il se documente, pour *L'Express*, auprès du Centre d'information yougoslave à Paris. Il y rencontre un informateur, bientôt premier secrétaire de l'ambassade, qui va devenir un ami et son entremetteur auprès d'intellectuels d'Europe centrale (Branko

1 *Ibid.*, p. 123-131 et p. 137-138.
2 Gérard Horst, « Y a-t-il un communisme yougoslave ? », *Servir*, 5 août 1948.

dans *Lettre à D.*[1]). En 1959, au retour d'un voyage estival d'un mois en Yougoslavie, il est ravi de n'avoir pas trouvé trace des « forfanteries » qu'il avait vues en RDA et se plaît à constater que la planification décentralisée « respecte la diversité, l'art de vivre et le sens du beau » :

> Cette pratique de l'autogestion des communes et des entreprises est la plus grande originalité de l'expérience yougoslave. Elle a fait disparaître, avec les organes centralisés, l'arbitraire bureaucratique et les entreprises non rentables. Elle a réduit le Plan à n'être qu'un cadre régulateur, orientant par crédits sélectifs et stimulants fiscaux les initiatives venant d'en bas[2].

Mais l'engouement ingénu de Gorz fait long feu au cours des années 1960. À mesure que croissent les dysfonctionnements d'un système auxquels la réforme de 1965 tente de remédier par l'introduction de la concurrence entre entreprises, sa candeur fait place à l'analyse critique de l'autogestion à la yougoslave.

Dans le pays, un groupe d'universitaires marxistes (dont le sociologue Rudi Supek et le philosophe Gajo Petrović) partage les mêmes interrogations et finit par constituer une dissidence à la ligne officielle de la Ligue des communistes à travers la revue théorique de Zagreb *Praxis* – qui, sous la plume de Supek, avait déjà recensé *Stratégie ouvrière et néocapitalisme*. En lien avec le monde intellectuel extérieur grâce à son édition plurilingue, la revue organise chaque été un séminaire international à Korčula. En 1967, elle y invite Gorz pour discuter d'autogestion. En vain. Mais elle obtient qu'il entre dans ce gotha du marxisme international qu'est son comité de soutien. En 1972 est traduit en serbo-croate *Le Socialisme difficile*, dont le titre renvoie aussi au cas yougoslave.

Ce livre contient les doutes que Gorz a exprimés en 1966 et 1967. Si l'autogestion garde toutes ses promesses pour l'avenir, à ses yeux, elle « n'est pas une panacée[3] ». À un stade de développement où l'accumulation demeure un impératif,

---

1 André Gorz, *Lettre à D.*, *op. cit.*, p. 41.
2 Michel Bosquet, « Est-Ouest. La tentative yougoslave », *L'Express*, 20 août 1959.
3 André Gorz, *Le Socialisme difficile*, *op. cit.*, p. 137.

l'« autogestion économique » revient à faire prendre en charge par les collectifs ouvriers des politiques productivistes qui entrent en contradiction avec l'« autogestion technique » qui, elle, a pour but « de transformer la condition ouvrière, d'abolir la dégradation, la mutilation, la robotisation du travailleur et du travail qu'entraînent les techniques de production d'origine américaine[1] ». C'est ensuite au niveau de l'articulation de l'autogestion avec la planification que le bât blesse. Car le choix des priorités ne peut être laissé aux unités de production, toujours tentées par l'égoïsme d'entreprise, si l'on veut garantir que « le développement se fera dans le sens d'un modèle de civilisation et d'un modèle de vie socialistes[2] ». Cet antagonisme fait partie des dilemmes que vit nécessairement une société en transition socialiste. Il faut donc l'accepter. Mais cela implique une refonte des rôles institutionnels : au Parti, *séparé de l'administration*, doit revenir la tâche, démocratiquement discutée, d'aiguiller les grands choix d'avenir que traduit la planification ; au syndicat, *séparé de la gestion*, la tâche de défendre les aspirations et les besoins *hic et nunc* des travailleurs[3].

L'internationalisme cubain

Suivant l'actualité internationale pour *L'Express*, Bosquet rend compte de la guérilla castriste (février 1958), de sa victoire au « fort relent d'anti-américanisme » (janvier 1959), du « cancer intolérable » que représente Cuba pour les États-Unis qui menacent de renverser Castro comme ils ont renversé Arbenz au Guatémala (octobre 1960) et, pour *Les Temps modernes* sous le nom de Gorz, du fiasco de la baie des Cochons (mai 1961).

Sartre rend visite à Fidel Castro en 1960 et en revient comblé, Karol assiste l'année suivante aux festivités du 1er Mai à La Havane

---

1 Entretien d'André Gorz avec Ilija Bojović dans *Socijalizam*, juin 1967, repris dans Ilija Bojović, *1968. Archéologie d'une pensée, op. cit.*, p. 119.

2 *Ibid.*, p. 121.

3 André Gorz, *Le Socialisme difficile, op. cit.*, p. 142-153.

et se mue en laudateur de la révolution. Cette révolution, « pragmatique, débrouillarde » (Wright Mills) et à l'« héroïsme romantique » (Sartre), fascine dès les débuts les intellectuels progressistes d'Amérique et d'Europe. Ce qui séduit par la suite est moins la mise en place du système socialiste, rivé à l'Union soviétique, que l'aura internationaliste dont se pare le régime à travers l'activisme diplomatique de l'un de ses ministres, Ernesto Guevara, initiateur avec Mehdi Ben Barka de la Tricontinentale. Après le mystérieux départ de l'Argentin, en 1965, pour un combat livré quelque part dans le monde, les autorités cubaines affermissent leur réseau de solidarité en organisant de grandes messes internationales sur leur île assiégée par le blocus étatsunien. En Occident, tout intellectuel révolutionnaire aspire alors à une invitation officielle à se rendre dans les Caraïbes de la « révolution en marche ».

Lorsque Gorz, accompagné de Dorine, débarque à Cuba les derniers jours de 1967, cela fait cinq mois qu'ont eu lieu le Salon de Mai[1] et la Conférence latino-américaine de solidarité qui a accueilli un demi-millier de participants. Une cinquantaine d'artistes, d'écrivains et d'intellectuels français, tels Marguerite Duras, Michel Leiris, Dionys Mascolo, Maurice Nadeau ou encore Jorge Semprún, avaient fait le voyage. De ce premier rassemblement monstre, les confrères de Bosquet au *Nouvel Observateur*, Karol et Lentin, lui font le récit et lui ramènent des photos.

Cette fois-ci, promu entre autres par Leiris, c'est le tour du Congrès culturel qui réunit à La Havane des intellectuels du monde entier appelés à se positionner vis-à-vis du tiers monde. Parmi les 400-600 invités (selon les sources), dont certains ont déjà fait le déplacement en juillet, figurent, en provenance de France, Pierre Naville, Kostas Axelos, Gisèle Halimi, Christiane Rochefort, le peintre chilien Sebastián Matta et le couple Karol-Rossanda. Le congrès, qui dure une semaine, s'ouvre le 4 janvier 1968. Le 9, c'est au tour de Gorz d'intervenir. En prenant contact avec les Cubains en octobre 1967, il a déjà confié « n'[avoir]

---

1 Exposition annuelle de peinture parisienne qui, cette année-là, se déplace à Cuba sous l'égide de Wilfredo Lam.

cessé d'admirer de loin » la révolution cubaine[1]. Quoiqu'il ait vérifié qu'il était facile de discuter avec Fidel, quelles que soient les circonstances, il est intimidé en montant à la tribune. Son intelligence est comme paralysée. Il sait que les intellectuels ont pour vocation de commettre des signes, alors que les « révolutionnaires », parfois sous les traits de l'« intellectuel organique » comme Castro, agissent. Et c'est de cela qu'il va parler en exposant le rôle qui revient aux diffuseurs de culture qu'il ne conçoit que comme porteurs de « valeurs universelles ». « Un intellectuel européen ne peut s'adresser à ce Congrès qu'avec modestie. » Ainsi commence son exposé, qu'il intitule savamment « Culture de classe, culture nationale et universalité », mais qu'il traite à la hache.

> Cette universalité, une culture ne l'acquiert que lorsqu'elle se confond avec les armes intellectuelles et morales que se forge une classe luttant pour son émancipation totale. [...] La seule chose à laquelle nous puissions prétendre, c'est à être des agents de la subversion de nos cultures et de nos sociétés [...]. La seule partie de la culture qui est vivante et qui mérite de survivre c'est celle qui pousse les peuples opprimés à se rebeller contre les oppresseurs [...]. Où qu'elle se produise, et pourvu qu'elle soit radicale et totale, la révolution n'engendre pas seulement une culture nationale authentique, elle restitue aussi à la culture nationale son rayonnement et sa portée universels. C'est pourquoi il est vrai – comme l'illustrent magnifiquement l'internationalisme des révolutionnaires cubains et l'exemple d'Ernesto Che Guevara – que les révolutionnaires n'ont pas de patrie[2].

Au début de l'année 1968, la revue cubaine *La Casa de las Américas* rend hommage à Guevara, assassiné en Bolivie le 9 octobre 1967. Gorz est sollicité et y envoie un texte, comme le font aussi, de France, Jorge Semprún, Claude Julien et Anne

1 Lettre d'André Gorz à Manuel Galich, sous-directeur de *La Casa de las Américas*, du 10 octobre 1967 (GRZ).

2 Congreso cultural de La Habana, *Reunion de intelectuales de todo el mundo sobre problemas de Asia, Africa y America latina*, Instituto del Libro, La Havane, 1968. Le manuscrit en français est conservé : GRZ 9.22.

Philipe. La plupart des contributions frappent tant par leur lyrisme que par la pauvreté de leur contenu. Celle de Gorz, qui a le privilège et la responsabilité d'ouvrir le numéro, n'y déroge guère en usant d'un ton pathétique que renforce la répétition cadencée de la formule introduite par le tutoiement de l'absent : « Je t'écris d'un continent lointain, camarade... »

L'exercice de l'hommage a sans doute ses contraintes de style[1], mais, en l'occurrence, rhétorique et vacuité formelle rendent compte de la difficulté à appréhender la personnalité et l'itinéraire volatils du Che. Par sa disparition géographique, bien avant sa disparition physique, le Che devient insaisissable et fait l'objet de toutes les supputations : il est déjà un mythe[2]. Ce mythe a aussi un corps, qu'une photo déjà célèbre (prise en 1960 aux funérailles d'un camarade) s'emploie à magnifier, celui d'un homme dans la trentaine, au regard inspiré et à la longue chevelure. Le rapprochement avec l'icône christique est trop évident pour que Gorz n'y aille pas aussi de son couplet :

> Moi, qui ne suis pas chrétien, je te dis que tes assassins s'adonnent aux mêmes illusions que les Romains, il y a quelque mille neuf cent trente années, quand ils exécutèrent aux côtés de deux bandits un agitateur juif qui n'avait avec lui que douze hommes : ses idées n'en ont pas moins fini par triompher de l'empire qui, alors, dominait le monde[3].

Dans son élégie, Gorz exprime de bout en bout la souffrance du survivant ; il est singulier qu'il le fasse en convoquant d'emblée ce qui l'émeut le plus, l'aliénation au travail :

---

1 Voir, *a contrario*, le style sobre de l'article d'investigation sur la mort de Guevara par le même auteur : Michel Bosquet, « L'assassin de "Che" Guevara », *Le Nouvel Observateur*, 1er novembre 1967.

2 Au *Nouvel Observateur*, c'est Albert-Paul Lentin, qui a été proche de Ben Barka, qui l'entretient par ses articles enflammés (voir le dernier, « La victoire de Guevara », 18 octobre 1967).

3 André Gorz, « Al camarada Che Guevara », *Casa de las Américas*, n° 46, janvier-février 1968, p. 11, repris et retraduit dans Christophe Fourel (dir.), *André Gorz. Un penseur pour le XXIe siècle, op. cit.*, p. 248 (l'original en français, que nous suivons, est conservé : GRZ 8.24). Le parallèle avec le Christ existe aussi dans l'article susmentionné du *Nouvel Observateur*.

> Je t'écris d'un continent lointain, camarade, où les hommes ne sont pas heureux. Nous y souffrons de travailler sans savoir pour qui ni pour quoi ; nous y souffrons de produire des choses qui ne se mesurent qu'en termes d'argent ou de confort. Nous y souffrons d'être occupés huit à neuf heures par jour en échange d'un salaire qui ne compensera jamais, si élevé soit-il, la monotonie de nos occupations privées de sens[1].

De retour à Paris, que retient Gorz de la révolution à Cuba ? Premièrement, que tout semble possible. Là-bas, le rationnement, l'improvisation et le désordre économiques sont transcendés par un idéalisme à tous crins qui prétend balayer les incitations matérielles. À un groupe d'Européens, au milieu duquel Gorz est tout ouïe, Castro assène : « Chez vous, on allèche les travailleurs avec de l'argent [...]. Nous pensons [...] qu'il y a des choses beaucoup plus déterminantes dans leur vie que leurs besoins matériels : les besoins, moraux et spirituels, de dignité, de culture, de fraternité, de justice. » Deuxièmement, que la productivité n'est pas tout. Car la libération des travailleurs, c'est aussi ne pas les contraindre au travail « en les rationnant par l'argent[2] ».

Membre du comité directeur de la – quasi fantomatique – Association internationale des amis de la révolution cubaine qui se crée au lendemain du congrès de La Havane, avec Leiris pour président, Gorz fait publier dans *Les Temps modernes* de février « L'appel de La Havane » qu'ont voté les congressistes. Le trotskiste Mandel est bien seul à lui signifier sa préoccupation de l'évolution politique sur l'île[3]. En mars, Gorz coordonne un numéro sur Cuba qui inclut des extraits du discours de Castro au Congrès culturel. Fin septembre, il ne figure pas parmi les huit membres de ladite association (Antelme, Blanchot, Duras, Mascolo et d'autres figures mineures) qui prennent l'initiative d'une lettre ouverte à Castro, que publie *Le Nouvel Observateur*,

---

1 *Ibid.*, p. 10, repris p. 247 (nous suivons l'original en français).

2 Michel BOSQUET, « Fidel Castro est-il fou ? », *Le Nouvel Observateur*, 28 février 1968.

3 Lettre d'Ernest Mandel à André Gorz du 29 février 1968 (GRZ).

pour protester contre l'approbation cubaine de l'invasion soviétique de la Tchécoslovaquie.

Bientôt, le principe de réalité va toutefois s'imposer à Gorz et à la plupart des autres thuriféraires. Avec Sartre, Beauvoir, Leiris, Nadeau, Semprún, Rossanda *e tutti quanti* (mais Karol et Lentin manquent à l'appel), Gorz rompt en 1971 avec le régime castriste en dénonçant l'iniquité du procès monté contre le poète Heberto Padilla (« nous voudrions, conclut l'appel, que la révolution cubaine revienne à ce qui, à un moment, nous la fit considérer comme un modèle au sein du socialisme[1] »). Il est prêt à reconnaître qu'à Cuba il était inscrit dès l'origine que, « dans le régime de la rareté, du blocus, de la terreur extérieure, mettons d'une forme de mouvement populaire qui n'a jamais pu s'auto-organiser et qui était organisé d'en haut, par le chef charismatique en particulier, tout cela finirait par retomber sur la gueule des dirigeants de la révolution cubaine et qu'ils allaient au-devant de difficultés épouvantables[2] ».

Les luttes armées du tiers monde

Par-delà l'internationalisme cubain jurant par la Tricontinentale, que pense Gorz, au juste, des combats que mènent les peuples périphériques contre l'« impérialisme *yankee* » ? Nous savons déjà qu'il est persuadé – et le restera irrévocablement – que les masses occidentales sont les pièces maîtresses du combat anticapitaliste. En ce sens, il n'est pas tiers-mondiste. C'est pourquoi, en se penchant sur la querelle sino-soviétique, alors à son acmé, il se dit plus attaché au principe de la coexistence pacifique, prôné par les Soviétiques, qu'aux gesticulations guerrières et tiers-mondistes des Chinois

1 « La lettre des intellectuels à M. Fidel Castro » (soixante signatures), *Le Monde*, 22 mai 1971.

2 André Gorz, dialoguant avec Sartre en 1972, dans le film *Sartre par lui-même* (Michel Contat et Alexandre Astruc, *Sartre*, Gallimard, Paris, 1977, p. 118-119).

fondées, de surcroît, sur la prévision erronée d'un effondrement du capitalisme dans un proche avenir[1].

Dans l'une des trois conférences qu'il donne à Mexico, en février 1966, intitulée « Le colonialisme au-dedans et au-dehors », il articule ce point de vue en excluant de faire passer une ligne de partage entre nations impérialistes et nations opprimées, attendu qu'à l'intérieur de chaque nation il existe aussi une frontière qui discrimine les populations dominées. La solidarité et la convergence internationalistes passent plutôt par les luttes des peuples sous-développés et développés contre le capitalisme qui impose au monde un même modèle de développement monopolistique, notamment fondé sur la subordination de l'agriculture à l'industrie – et d'invoquer, sur ce dernier point, les contre-thèses de René Dumont, Frantz Fanon et Mao Zedong[2].

Ce n'est pas en inconnu que Gorz prononce à Mexico cette allocution – recueillie dans la publication mexicaine comprenant l'essentiel du cycle de conférences[3]. Sa *Morale de l'histoire* y est traduite depuis 1964 et étudiée à la faculté de sociologie et d'économie de l'université. Mais au Mexique, où sont aussi traduits les structuralistes Louis Althusser, Maurice Godelier et d'autres penseurs français, Gorz n'est pas un cas à part. Tous les milieux progressistes d'Amérique latine sont d'ailleurs très attentifs à la production théorique des marxistes francophones. Dans les années 1960, par exemple, on traduit, en Argentine, Lefebvre, Mandel, Vincent, au Brésil, Lefebvre, Goldmann, Jean-François Lyotard, et, en 1968, *Stratégie ouvrière et néocapitalisme* et *Le Socialisme difficile* (au Mexique, *Réforme et révolution* en 1969) ; les considérations de Gorz sur mai 1968 s'étalent dans la revue

---

1 André Gorz, *Le Socialisme difficile, op. cit.*, p. 175-194. Parution d'origine : « Introduction », *Le Débat sino-soviétique* : *Les Temps modernes*, n° 204, mai 1963, p. 1923-1942.

2 André Gorz, *Le Socialisme difficile, op. cit.*, p. 155-174.

3 Erich Fromm, Irving L. Horowitz, Herbert Marcuse *et alii*, *La Sociedad industrial contemporánea, op. cit.*, p. 168-188. Cette publication, au même titre que *Le Socialisme difficile*, contient aussi, sous la même forme étoffée, les deux autres conférences mexicaines de Gorz auxquelles nous avons fait allusion dans les chapitres précédents.

argentine *Pasado y presente* et ses articles sont publiés la même année dans le périodique de l'opposition brésilienne *Revista civilização brasileira*. Aussi comprend-on que cette conférence, qui bouscule les certitudes des tiers-mondistes, ne passe pas inaperçue parmi les intellectuels de la gauche sud-américaine, qui lui reprochent son imperméabilité à la « question nationale[1] ».

Mais Gorz n'est pas figé dans ses idées. Sa rencontre avec des révolutionnaires brésiliens et l'apparition d'actions armées en Amérique latine vont modifier quelque peu sa façon de voir. Y concourt aussi l'exemple de la résistance anti-impérialiste du Vietcong – le 26 novembre 1966, il participe aux « Six heures pour le Vietnam » à la Mutualité, point de départ du Comité Vietnam national (CVN), et, tout comme Marcuse, s'engage dans des débats publics. C'est précisément à Mexico qu'il prend langue avec des partisans en exil de la théologie de la libération, dont le célèbre leader des Ligues paysannes du Nord-Est brésilien Francisco Julião, qui, tout catholiques qu'ils sont, lui font comprendre que, contre la dictature, la violence est un droit[2]. En 1969 et 1970, il popularise les enjeux de la guérilla brésilienne d'inspiration guévariste en obtenant pour *Les Temps modernes* des articles issus des trois mouvements actifs[3], puis en en parlant complaisamment dans *Le Nouvel Observateur*[4].

Il reconnaît désormais au tiers monde, à travers la Chine, le Vietnam, et les avant-gardes armées qui essaient de mobiliser les paysans pauvres, plus oppressés par la dépendance impérialiste

---

1 Voir Carlos P. Mastrorilli et Fernando Alvarez, *Marcuse Sartre Nizan Gorz y el Tercer Mundo*, Carlos Pérez Editor, Buenos Aires, 1969, p. 44-55.

2 Michel Bosquet, *Critique du capitalisme quotidien*, *op. cit.*, p. 233-241. Parution d'origine : « La plus grande poudrière d'Amérique latine », *Le Nouvel Observateur*, 9 mars 1966.

3 La VRP (Avant-garde populaire révolutionnaire) de João Quartim de Moraes et Jamil, l'ALN (Action de libération nationale) et le MR8 (Mouvement révolutionnaire 8 octobre). Voir les numéros de mai, novembre 1969 et novembre 1970.

4 Michel Bosquet, *Critique du capitalisme quotidien*, *op. cit.*, p. 242-247. Parution d'origine : « 1970. L'année des otages », *Le Nouvel Observateur*, 28 décembre 1970.

que par des rapports d'exploitation directs, un rôle premier dans la déstabilisation de l'empire, quoique impropre à transformer de l'intérieur les rapports de travail en vue du communisme[1]. C'est en ce sens que Gorz seconde le tiers-mondisme qui imprègne l'époque. *In fine*, on peut dire qu'il adhère à une espèce de guévarisme (oui à la guérilla et à la violence), mâtiné tactiquement de « ligne chinoise » (oui au soutien à la paysannerie de la Périphérie) et tempéré stratégiquement d'ouvriérisme (oui aux luttes ouvrières du Centre). Ce gauchisme, que l'on peut aisément rapprocher en France des positions néotrotskistes de la Jeunesse communiste révolutionnaire (JCR), participe pleinement de l'euphorie révolutionnaire qui se répand dans le monde en 1968.

---

1 André GORZ, « Introduzione », *in I Protagonisti della Storia universale*, vol. 14 : *Il Mondo contemporaneo. La pace e la rivoluzione*, CEI, Milan, 1971, p. XI-XXX.

9

L'effervescence 68

André Gorz a quarante-cinq ans en 1968. À l'écart de l'Université, il participe à Paris, comme tout le monde, à la prise de parole festive qui submerge la rue en mai, mais n'est ni sur les barricades ni dans les assemblées ni ne tracte aux abords des usines. Les termes et les limites de son engagement, tels qu'il les a définis par le passé, vont s'appliquer à sa façon de vivre 68. C'est dire qu'à son niveau, consciemment assumé, son *implication intellectuelle* est totale. La pétition, à l'écho médiatique non négligeable, fait partie de la panoplie des instruments d'intervention choisis. Au plus fort du mouvement, Gorz signe une déclaration solennelle de personnalités exhortant les étudiants à opposer et maintenir « une puissance de refus » grosse d'avenir, que *Le Monde* fait paraître le 9 mai sous l'autorité de Sartre et Lefebvre, mais qui trahit tout autant l'esprit, voire la plume des Blanchot, Gorz et autres Mascolo.

> Il est scandaleux de ne pas reconnaître dans ce mouvement ce qui s'y cherche et ce qui y est en jeu : la volonté d'échapper, par tous moyens, à un ordre aliéné, mais si fortement structuré et intégré que la simple contestation risque toujours d'être mise à son service[1].

1 Robert ANTELME *et alii* (trente-cinq signatures), « Il est capital que le mouvement des étudiants oppose et maintienne une puissance de refus déclarent MM. Jean-Paul Sartre, Henri Lefebvre et un groupe d'écrivains et de philosophes », *Le Monde*, 10 mai 1968. La première version est rédigée par Blanchot.

Comment ne pas entrevoir également, dans ce balancement de la formule, l'esprit de Marcuse[1] ? Plus tard, Gorz figurera tout logiquement parmi les cent quatre-vingts écrivains et artistes pétitionnaires qui s'incrimineront des actes pour lesquels les organisations gauchistes, impliquées dans le mouvement, seront dissoutes par le ministère de l'Intérieur le 12 juin[2].

À Nanterre et au *Nouvel Obs*

C'est à l'université de Nanterre, créée à la hâte pour pallier le sureffectif étudiant, que les choses ont commencé. Des journalistes du *Nouvel Observateur,* en particulier le jeune René Backmann qui sympathise avec les étudiants, n'ont cessé de s'y rendre. Cependant, le jeudi 25 avril, en fin d'après-midi, Gorz y vient non pas en investigateur complice, mais en débatteur. Un cercle d'études politiques (créé par la JCR, investi par le Mouvement du 22 mars, groupe contestataire né à Nanterre) l'a invité à discuter de « la fonction sociale de l'Université », thème qu'il a maintes fois abordé dans les pages du *Nouvel Observateur.* Deux journalistes du *Monde,* camouflés dans l'amphithéâtre rebaptisé « Che Guevara », en font la chronique[3]. Cet instantané témoigne à merveille du bouillonnement psycho-intellectuel que fut 68.

D'emblée, un trublion d'un comité étudiant (trotsko-lambertiste) menace de faire subir à l'autre invité, le mathématicien et universitaire « sélectionniste[4] » Laurent Schwartz, « qui ne fait pas partie de la classe ouvrière », le même sort que celui

---

1 Herbert Marcuse approuve d'ailleurs cette déclaration et s'y réfère dans un entretien avec Michel Bosquet : « "Les étudiants se révoltent contre un mode de vie" », *Le Nouvel Observateur,* 20 mai 1968.

2 « De nombreuses personnalités se solidarisent avec les responsables des mouvements dissous », *Le Monde,* 26 juin 1968.

3 Publiée lorsque le mouvement de contestation gagne la rue et devient un sujet d'actualité : Frédéric Gaussen et Guy Herzlich, « L'explosion de colère des étudiants a surpris tous les observateurs », *Le Monde,* 7 mai 1968.

4 C'est-à-dire favorable aux nouvelles mesures de sélection à l'entrée en faculté décidées par le gouvernement.

réservé une demi-heure plus tôt à l'apparatchik communiste Pierre Juquin, expulsé par des prochinois d'un meeting de ses acolytes étudiants qu'ils sont parvenus à interrompre. Comme un diable de sa boîte, chevelure rousse déployée, élastique et jovial, Daniel Cohn-Bendit, forte tête du Mouvement du 22 mars, sort de la mêlée qui s'est créée à la tribune pour hurler, hors micro : « Laurent Schwartz doit pouvoir s'exprimer. Qu'il parle, et après nous tâcherons, en discutant, de l'enfoncer politiquement. Si à ce moment-là nous estimons que c'est un salaud, nous le lui dirons. »

Seuls face à la masse, Schwartz – déjà fondateur du PSU et du CVN – et Gorz font-ils figure de maîtres ou d'accusés ? Sont-ils des professeurs ouverts au dialogue, des tribuns politiques ou simplement des adultes livrés à la vindicte de la jeunesse prête à les déchirer à pleines dents ? L'ambiguïté plane. Les orateurs sont bombardés de questions politiques. Ils hésitent. Ils ne semblent pas avoir de réponses « scientifiques » toutes prêtes. On ne leur laisse guère le temps de réagir. Une voix dans la salle tranche, avec l'ironie féroce d'un procureur : « Laissez-les réfléchir. Vous voyez bien que M. Schwartz pense. Attendons qu'il ait fini. Ça va peut-être être intéressant. » La salle ne fait pas pour autant bloc face aux intervenants : les divisions de chapelle sont trop nombreuses. L'invective et l'insulte sont rapidement contrebalancées. Lorsqu'un « chinois » ou un « anar » se déchaîne, la salle, soudain excédée, le fait taire.

Gorz, avec sa voix frêle et étouffée que secourt le micro, passe la rampe : à aucun moment, d'après le compte rendu, il n'est inquiété dans ses réponses. Il est vrai qu'il a été invité parce qu'il s'était opposé au malthusianisme universitaire de Schwartz dans *Le Nouvel Observateur*[1], très lu par les étudiants, et que ses analyses on ne peut plus radicales de l'Université abondent dans le sens voulu par le mouvement – nous y reviendrons.

---

1 Voir Michel BOSQUET, « Réponse à Laurent Schwartz », *Le Nouvel Observateur*, 8 novembre 1967.

Les choses sont un peu différentes au *Nouvel Observateur*, qui se range du côté des émeutiers et des grévistes en 1968. Avec « cet étrange sourire qui coupe en deux son long visage d'inquisiteur[1] », Bosquet est sur la réserve. Il n'a pas les coudées franches. La répartition équilibrée des responsabilités au comité de direction, dont il fait partie, permet de parler de collégialité du journal sous la houlette de Jean Daniel. Il a aussi pour coutume de s'exprimer longuement dans les réunions de rédaction. Mais il sait, par exemple, que sa « réponse » à Schwartz a été une concession que lui a faite la majorité des rédacteurs. Vis-à-vis de Jean Daniel, il garde à chaque instant ses distances. Il ne revêt jamais les habits du Gorz philosophe (Daniel a néanmoins de l'intuition : « Quelque chose me dit qu'il comptera dans l'histoire des idées et que certaines pages de lui feront référence », note-t-il en 1979[2]). Il ne s'épanche pas plus sur ses états d'âme qui renvoient aux fêlures de l'être-dans-le-monde, soit, en la circonstance, à l'effacement de la subjectivité qu'implique le journalisme, fût-il d'opinion[3]. Rappelons-nous incidemment qu'il a retranché de son essai sur « Le vieillissement » les pages afférentes à la pratique du journalisme, qu'il laissera inédites.

Son meilleur ami au magazine, celui qui le connaît depuis leur étroite collaboration à *L'Express*, Serge Lafaurie, le dépeindra toujours comme « assez énigmatique[4] ». Jean Daniel, quant à lui, admet son impuissance à le comprendre : « Je le vois tous les jours depuis vingt ans, écrit-il encore en 1979, j'ai eu avec lui mille occasions d'échanges intimes, et si peu que je m'éloigne de lui, son visage me paraît impénétrable. » En mai 1968, aux yeux du directeur de la rédaction, il « rend plus asiatique encore son visage de conspirateur trotskiste » *(sic)* à mesure qu'il perçoit l'accélération de l'Histoire dans les événements en cours. Mais

---

1 Olivier Todd, *Un fils rebelle, op. cit.*, p. 114.

2 Jean Daniel, *L'Ère des ruptures*, Grasset, Paris, 1979, p. 50.

3 Voir à ce sujet Willy Gianinazzi, « Michel Bosquet ou le journalisme comme compromis », *in* Christophe Fourel (dir.), *André Gorz, en personne, op. cit.*, p. 81-86.

4 Serge Lafaurie, « Hommage à André Gorz », *loc. cit.*

voilà, sa situation au *Nouvel Observateur* n'est pas sans ambiguïté : « Il appartient à la "direction" et en tout cas à ce que les autres considèrent comme le "sommet" : il n'est pas à l'aise[1]. »

Car la contestation gronde aussi dans les couloirs du magazine, rue Royale. *Le Nouvel Observateur* est bien représenté dans les sulfureuses assemblées du Comité de journalistes contre la répression à la Sorbonne. Le 25 mai[2], après une nouvelle nuit de barricades vécues sur le terrain par les uns et les autres, tous les rédacteurs, hors direction, se retrouvent de bon matin au journal avec un but précis en tête : le pouvoir doit revenir à la base, le comité de direction doit être paritaire et le directeur, élu. Lentin, inconditionnel du Che, et Todd, gauchiste le temps d'une saison, prennent la tête de la sécession, épaulés par Backmann, Claude Angeli et Jean Moreau, responsable CGT, tandis que Mallet se tient en embuscade. Veut-on imposer une version maison du fameux contrôle ouvrier ? Voit-on l'autogestion en perspective ?

Bosquet doit choisir sur quel pied danser, au risque de se retrouver en porte-à-faux. Sa décision est vite prise : le matin même, il fait savoir qu'il met son mandat à la disposition de l'assemblée des rédacteurs (il démissionnera définitivement du conseil d'administration). Une gestion paritaire des *rédacteurs* est en effet une solution politique possible (une Société des rédacteurs, détentrice de 10 % du capital, verra finalement le jour en 1970, présidée par Backmann). Elle introduirait de la démocratie parmi ceux qui rédigent le magazine et contribuent à sa ligne politique. Cette solution ne consiste pas à attribuer les pouvoirs à l'assemblée générale des salariés, qui se réunit effectivement l'après-midi dans un brouhaha de surenchères. Car la presse est un cas particulier : elle n'a d'âme que par son pluralisme, qui doit être sauvegardé sous peine de produire une marchandise quelconque. Le droit de regard des salariés

1 Toutes les citations proviennent de Jean Daniel, *L'Ère des ruptures*, *op. cit.*, p. 50.

2 Et non pas le 11 mai, comme on le lit dans telle source historiographique. Notre datation, que nous croyons certaine, est contextuelle.

non seulement sur les conditions, mais sur les *fins* du travail – préconisé dans *Stratégie ouvrière et néocapitalisme* – poserait en effet le problème politique du respect de la liberté d'orientation des titres de presse, condition de leur pluralisme. Sartre, le « sage maison » que Jean Daniel rencontre le surlendemain, fait pourtant pression en ce sens. Bosquet, qui comprend que ses propres thèses ne peuvent s'appliquer dans un tel cas de figure, se trouve obligé de plaider auprès de Sartre la cause du directeur contesté[1]. Celui-ci ayant refusé de se jeter dans l'aventure, le débat en reste là.

Il ne sera pas relancé en 1973 par le nouveau journal mao-sartrien de Serge July, *Libération*, qui introduit la cogestion entre direction et salariés, puisque tout le monde s'accorde sur une même ligne politique. C'est en revanche sur la lancée de la Révolution des œillets au Portugal que la question reviendra sur le tapis, en 1975, le contrôle ouvrier ayant été imposé par ses salariés au journal socialiste de Lisbonne *República*. Elle sera débattue en France par la CFDT, autogestionnaire, et par la Ligue communiste révolutionnaire (LCR[2]), trotskiste, qui sauront morigéner cette immixtion, par-delà leurs propres pétitions de principe.

Bosquet ne suit pas les journalistes les plus à gauche du *Nouvel Observateur* qui finissent par quitter le navire soit, comme Karol, pour collaborer au nouveau journal de l'extrême gauche italienne, *Il Manifesto* (il y fera cependant retour plus tard), soit, comme Mallet, Lentin et Angeli, pour participer, sous la direction de l'ex-communiste Paul Noirot, à la fondation en 1970 de *Politique hebdo*. Il demeure, en quelque sorte, le dépositaire de la bonne conscience du magazine. Aussi apparaît-il à Jean-Luc Godard, réalisateur engagé de *La Chinoise* (1967), qui lui envoie un mot d'humeur après l'avoir écouté débattre à la télévision,

1 Jean Daniel, *L'Ère des ruptures*, *op. cit.*, p. 56-58 ; *idem*, « Je me souviens », *Le Monde*, 27 septembre 2007.

2 La LCR succède en 1974 à la Ligue communiste qui elle-même avait succédé à la JCR en 1969.

comme incarnant l'« honnêteté de l'*Obs* malhonnête[1] ». Si Bosquet semble s'accommoder de son travail-emploi de journaliste, c'est qu'il s'accomplit ailleurs, son double ayant la main aux *Temps modernes* – nous y viendrons.

Marcuse à Paris

En avril 1968, Herbert Marcuse écrit à son ami André Gorz : « Je prévois être à Paris du 7 au 11 mai environ, où je suis censé participer au Colloque de l'UNESCO sur Marx. J'espère être en mesure de réduire ma participation au strict minimum et de te voir – ou pars-tu à nouveau à la campagne[2] ? » Gorz ne partira pas en week-end, comme il en a l'habitude ; et Marcuse ne se doute pas qu'il débarquera en France au beau milieu de la contestation étudiante dont il sera tenu pour un mentor comme il l'a été l'année précédente, de manière plus avérée, pour les étudiants allemands qui scandaient dans les manifestations les trois M : « Marx, Mao, Marcuse ».

En France, en tout cas, on se dépêche de découvrir *L'Homme unidimensionnel* sorti des presses le 28 avril, qui se vend chaque semaine à mille exemplaires. Au *Nouvel Observateur,* Mallet est chargé de présenter exhaustivement la carrière et la pensée du professeur âgé de soixante-dix ans. Sous le titre « L'idole des étudiants rebelles », le théoricien de l'autogestion lui reproche toutefois son pessimisme et croit bon de s'appuyer sur les critiques que Gorz lui avait adressées naguère[3], pour conclure que c'est le système de Marcuse qui est « unidimensionnel » puisqu'il ne compte que sur « ceux qui sont en dehors du processus productif[4] ». Pour son numéro spécial daté du 20 mai, *Le Nouvel Observateur* distribue les tâches : il mobilise Sartre chez lui pour interviewer, avec Bosquet en preneur de notes, le leader étudiant Cohn-Bendit sous un titre qui deviendra emblé-

1 Lettre de Jean-Luc Godard à André Gorz du 13 juin 1972 (GRZ).
2 Lettre en anglais d'Herbert Marcuse à André Gorz du 17 avril 1968 (GRZ).
3 Voir André GORZ, *Stratégie ouvrière et néocapitalisme, op. cit.*, p. 18.
4 Serge MALLET, « L'idole des étudiants rebelles : Herbert Marcuse », *Le Nouvel Observateur,* 8 mai 1968.

matique, « L'imagination au pouvoir », et Bosquet pour donner la parole à Marcuse qui souligne que les étudiants se révoltent contre un mode de vie aliénant. L'accord de Marcuse et de Bosquet/ Gorz sur la valeur exemplaire et entraînante du « grand refus » étudiant est alors complet et l'estime que les deux penseurs ont l'un pour l'autre, grandissante. Dans un entretien paru dans la presse italienne en mars, Marcuse n'avait d'ailleurs pas hésité à élever Gorz, associé à Lelio Basso, au rang de seul représentant européen du « marxisme authentique[1] » !

Détruire l'université

Gorz et *Les Temps modernes* s'intéressent très tôt à la question étudiante. En 1964 et 1965, la revue abrite nombre d'articles de contestation de l'institution universitaire et de son fonctionnement écrits par des dirigeants du syndicalisme et du mutuellisme étudiants (Marc Kravetz, Antoine Griset, Jean-Pierre Milbergue, etc.)[2].

Si Gorz est ouvertement influencé par les analyses critiques issues des organisations étudiantes françaises (UNEF [Union nationale des étudiants de France], MNEF [Mutuelle nationale des étudiants de France]) et allemande (SDS [Union des étudiants socialistes allemands]), il contribue aussi, par ses deux derniers essais – *Stratégie ouvrière et néocapitalisme* et *Le Socialisme difficile* –, par ses articles et par ceux qu'il obtient d'Italie pour *Les Temps modernes*, à forger théoriquement la « ligne italienne » dans les organisations estudiantines de l'Hexagone : précisément au sein de l'Union des étudiants communistes (UEC), avant que lesdits « Italiens » qui s'en réclament – en fait des krouchtchéviens – ne soient écartés en 1965, et, plus particulièrement, dans le principal syndicat étudiant (UNEF) *via* ladite gauche syndicale, puis

1 Ugo Stille, « Marcuse, il teorico della protesta » (entretien), *Corriere della Sera*, 5 mars 1968.

2 *Le Nouvel Observateur* fait de même en décembre 1966 avec un supplément UNEF, *Contre l'université de classe*.

à travers les étudiants PSU (ESU [Étudiants socialistes unifiés]) qui, en 1967, relaient cette dernière à la direction.

Cette « ligne » se définit par l'antistalinisme, et par la mise à nu de la connexion entre les besoins « qualitatifs » du nouveau travailleur intellectuel et les aspirations affines des étudiants. C'est par l'impact sur ces milieux de la jeunesse politisée que Gorz et la revue de Sartre, diffusée entre dix mille et quinze mille exemplaires, jouent un rôle palpable dans la fermentation idéologique qui annonce 68. Le retentissement des écrits de Gorz auprès des organisations étudiantes américaine et allemande n'est pas négligeable non plus[1].

Kravetz, leader syndical des facultés de lettres parisiennes (FGEL [Fédération des groupes d'études de lettres]) et secrétaire général de l'UNEF, est très pénétré des analyses gorziennes du néocapitalisme. À son tour, Gorz s'inspire de ses écrits pour décrypter, dès 1964, la contradiction et l'impasse dans laquelle se trouve l'université : celle-ci accueille de plus en plus d'étudiants (+ 232 % de 1961 à 1967), mais leur livre un enseignement magistral inadapté qui hésite entre humanités désincarnées et notions susceptibles de préparer à la vie active, mais parcellaires et isolées de leur contexte social. Le désir de savoir se heurte à un enseignement subi qui empêche le « travail autonome d'assimilation et de recherche » des étudiants. Et Gorz de prédire :

> C'est au niveau de l'enseignement que le capitalisme industriel va provoquer les révoltes qu'il cherche à éviter dans ses usines[2].

---

1 Voir respectivement Andrea Levy, *Reframing Socialism from the Fifties to the Fin-de-siècle. The Intellectual Odyssey of André Gorz* (thèse), Concordia University, Montréal, 1998, p. 115 et p. 201 n. 18 ; Claus Leggewie, « A laboratory of postindustrial society », *in* Carole Fink, Philipp Gassert et Detlef Junker (dir.), *1968. The World Transformed*, *op. cit.*, p. 290. Les dirigeants des étudiants américains Greg Calvert et Carl Davidson se réfèrent explicitement au texte « Étudiants et ouvriers » (*Le Socialisme difficile*, p. 47-67), paru à l'origine dans la *Revue internationale du socialisme* (bilingue, Rome), n° 10, août 1965 (il s'agit de la contribution au colloque de l'Institut Gramsci de juin 1965) ; la revue de la SDS a publié une version réduite de ce texte : « Studium und Facharbeit heute », *Neue Kritik*, n° 35, avril 1966, p. 19-23.

2 André Gorz, *Stratégie ouvrière et néocapitalisme*, *op. cit.*, p. 101.

Si, par ailleurs, l'économie réclame de plus en plus la formation d'une main-d'œuvre qualifiée, il serait dans la nature des choses que le coût de celle-ci soit socialisé dans son intégralité. D'où la revendication étudiante de l'UNEF et de la SDS d'une *allocation étudiante pour tous*, qui assurerait aux étudiants indistinctement une *autonomie* vis-à-vis des familles et vis-à-vis des conditions de l'État boursier. Et ce non seulement sur le plan matériel, mais aussi et surtout en termes de choix des études et de détermination de leur critère d'utilité[1].

Car là est bien la question fondamentale pour qui, de fait, aborde la pédagogie non pas du point de vue égalitaire de la démocratie républicaine, mais du point de vue socratique de l'anarchisme. Dans le premier cas, méritocratique, les études pour tous ne sont qu'une égalité des chances face à la sélection à l'embauche ; dans le second, acratique, la possibilité pour tous de se cultiver pour soi *via* la maïeutique mise à jour par des pédagogues autogestionnaires comme Georges Lapassade – figure de proue de l'université expérimentale de Vincennes créée à la rentrée 1968. Dans deux articles des *Temps modernes* publiés l'un en 1968, et l'autre en 1970 sous le titre outrageux « Détruire l'Université », Gorz pose clairement l'alternative : s'il s'agit de défendre le droit imprescriptible aux études, est-ce en vue de débouchés professionnels pourtant impossibles pour tous ou, à l'encontre de ce registre de la « culture utile », pour promouvoir des études désintéressées ayant une valeur intrinsèque et qui ont pour ressort une « culture rebelle » ouverte sur la vie que l'université, par définition, ne peut dispenser[2] ? La réponse de Gorz coulant de source, Sartre opine, qui avait déclaré au *Nouvel Observateur* que l'enseignement est fait « pour former des hommes contestants[3] ».

---

1 *Idem*, *Le Socialisme difficile*, *op. cit.*, p. 51-55.

2 *Idem*, « Limites et potentialités du mouvement de mai », *Les Temps modernes*, n° 266-267, août-septembre 1968, p. 260-261 ; *Idem*, « Détruire l'Université », *Les Temps modernes*, n° 285, avril 1970, p. 1553-1558.

3 Jean-Paul Sartre, « Les bastilles de Raymond Aron », *Le Nouvel Observateur*, 19 juin 1968.

Une réaction originale émane de ce magazine sous la plume de Jacques Julliard. Historien, celui-ci avait comparé, en 1968, les pratiques de Mai avec les méthodes d'action directe du syndicalisme révolutionnaire. Déjà responsable du SGEN (Syndicat général de l'enseignement national) affilié à la CFDT et éditeur au Seuil du dernier ouvrage de Gorz, il est depuis peu collaborateur du *Nouvel Observateur* coopté à l'instigation de Bosquet. Dans sa prise de position, diplomatiquement reléguée dans une tribune, il s'oppose à Gorz en arguant que même dans une optique révolutionnaire il convient de sauver l'université pour le rôle qu'elle assume dans « le développement et la diffusion de la connaissance » ; mais il préconise la suppression de la « condition enseignante » pour que chaque professeur acquière un autre savoir au contact d'une activité moins à l'écart de la société[1].

Marcuse est, quant à lui, autrement réservé. À la question de Bosquet : le système ne se donne-t-il pas les intellectuels dont lui seul peut avoir besoin ?, il répond que de toute façon l'université ne doit pas être détruite, mais radicalement réformée pour que la révolte puisse continuer de s'armer de la critique intellectuelle[2] ; « "Détruire l'université", pour Marcuse, était un mot d'ordre stupide », lâchera l'intéressé des années après[3].

Déjà embarrassés par la publication d'autres articles – celui de Kravetz en 1964 et un autre, dressé contre la doxa psychanalytique, en 1969 –, Pingaud et Pontalis sont révulsés par le dernier texte iconoclaste de Gorz, que Sartre cautionne puisqu'il est placé au fronton du numéro : ils démissionnent de la revue et désavouent ainsi le gauchisme qui s'y exprime, dont ils ne supportent pas l'irrévérence anti-institutionnelle. Aux *Temps modernes*, qui deviennent plus que jamais une revue de non-universitaires, les credo ouvriériste et maoïste vont désormais tenir le haut du pavé et pouvoir s'affronter.

---

1 Jacques Julliard, « Sauver l'Université », *Le Nouvel Observateur*, 4 mai 1970.

2 Herbert Marcuse, « Socialisme ou barbarie » (15 juin 1972, propos recueillis par Jean Daniel et Michel Bosquet), *Le Nouvel Observateur*, 8 janvier 1973.

3 Michel Bosquet, « Herbert Marcuse, professeur de liberté », *Le Nouvel Observateur*, 6 août 1979.

Le gauchiste

68 et ses leçons politiques

En France, et dans le monde, les événements de l'année 1968 sont un point d'orgue. Ils ne sont pas tout « 68 », qui doit être considéré comme un bloc d'idéologies et de pratiques aussi politiques que socioculturelles s'étendant sur un laps de temps plus long que, par référence au cas Gorz, nous comprenons entre 1966 et 1972. C'est en appréhendant cette période qu'il est possible de tirer au clair le sens historique de 68 et de comprendre ce qui se fane et ce qui éclôt à ce moment-là[1].

Ce faisant, il nous apparaît que la pensée de Gorz a ceci de spécifique qu'elle incarne parfaitement l'esprit de 68, non pas en ce que celui-ci aurait été une rupture à tous points de vue, mais en ce qu'il a nourri une ambivalence, une duplicité du neuf et du vieux qui participe d'un cocktail sociopolitique grisant mélangeant sans façon... la « pilule » et le « Che ». Il est frappant de voir, avec le recul, que la nouveauté des motions antiautoritaires, existentielles, spontanéistes présentes dans l'effervescence sociale qui s'attaque alors à la société de consommation ait été contrebalancée par un processus minoritaire de politisation plus ancien, qui aboutit concomitamment au pullulement de groupes hyperpolitiques posant les questions d'organisation et de pouvoir – avec violence à la clé. Pour les tenants du premier camp « tout est politique », pour les seconds prévaut le « tout-politique ».

Cette dualité sera passée sous silence, à partir des années 1980, par les interprètes désenchantés ou rangés de 68 (Cohn-Bendit, Bernard Kouchner, Serge July, etc.), à l'instar du Touraine rétracté[2]. Ceux-ci feront l'impasse sur l'essence *politique* ambiva-

---

1 Parmi l'inépuisable bibliographie, voir Isabelle Sommier, « Les gauchismes », *in* Dominique Damamme, Boris Gobille, Frédérique Matonti et Bernard Pudal (dir.), *Mai-juin 68*, Éd. de l'Atelier, Ivry-sur-Seine, 2008, p. 295-305.

2 Voir Alain Touraine, *in* « Itinéraires intellectuels des années 1970 » (colloque, 6 avril 1995), *Revue française d'histoire des idées politiques*, n° 2, 1995, p. 394. Nous synthétiserons son analyse originelle de Mai 68 dans le chapitre suivant.

lente de l'événement célébré pour n'en retenir que la dimension *culturelle*, comme s'il ne s'était pas agi d'une insoumission générale contre l'ordre établi[1]. Il est vrai que, sur le long terme, l'apport culturel (libération des mœurs, déhiérarchisation, etc.) a fini par primer sur des attitudes politiques emportées par le « reflux » de la contestation, par le retour au « privé » et enfin par les « années fric » du mitterrandisme. Mais il faut avoir à l'esprit que, sur le moment, cette dualité a été proprement *politique* : avec elle, est revenue en force la *vexata questio* qui a traversé sous des formes diverses toute l'histoire du mouvement ouvrier, celle du rapport problématique entre société civile et politique, spontanéisme et organisation, mouvement et parti. Elle a opposé tour à tour Bakounine à Marx, Bernstein à Kautsky, Sorel à Jaurès ou encore Luxemburg à Lénine (ce dernier avatar est souvent convoqué dans le débat 68).

Dans un captivant reportage de la Télévision suisse sur les événements en cours, admirablement filmé par Alain Tanner, Michel Bosquet explique que les étudiants ont mis en pratique « une stratégie guévariste » selon laquelle il ne faut pas « compter sur les partis constitués » qui sont « des appareils conservateurs par leur histoire même », mais au contraire « sur des minorités agissantes » qui produisent une explosion contestatrice et contagieuse. « Les étudiants n'étaient pas organisés, c'était au départ une addition de groupuscules [...] qui ne s'entendaient pas », puis est arrivé Cohn-Bendit, « animal politique de génie » qui a prôné l'unité par l'action : « C'est l'action elle-même qui a été le principal moyen de la mobilisation de la masse des étudiants[2]. »

Au lendemain de la retombée de mai 1968 et face à la déroute électorale en juin des partis de gauche, incapables d'offrir une issue politique au mouvement, les protagonistes s'interrogent sur les leçons à en tirer. Si Cohn-Bendit ou Lefort ne voient pas le

---

1 Kristin Ross, *Mai 68 et ses vies ultérieures*, Complexe/*Le Monde diplomatique*, Bruxelles/Paris, 2005.

2 Jean-Pierre Goretta, « Mai 68 à Paris », *Continents sans visa*, 6 juin 1968, RTS, <www.rts.ch/archives>.

problème puisque, pour eux, la prise du pouvoir est une fausse question, les livres écrits à chaud par la mouvance trotskiste[1] ou maoïste[2] pleurent au contraire l'occasion perdue.

L'optique de Gorz n'échappe pas à ce dernier registre politique, mais la question qu'il pose est moins celle du pouvoir que celle, en amont, des modalités d'organisation des masses. Il est sur la même ligne que les intellectuels, membres du PSU ou non (Heurgon, Vincent, Jacques Sauvageot, Emmanuel Terray, Maurice Najman, Jean-Paul Deléage, etc.), avec lesquels il fonde en 1970 un éphémère Centre d'études et d'initiative révolutionnaire qui publie la revue au titre léniniste *Que faire*. Dans *Les Temps modernes*, Gorz invite Barjonet (qui a rompu avec la CGT), Vincent, Mandel et les communistes italiens en disgrâce Rossanda et Magri à donner leur interprétation, cependant qu'il s'exprime lui-même sur le sujet dans des éditoriaux et de longs articles. Il est clair pour lui que le mouvement de mai-juin, pour puissant qu'il ait été, a montré les limites de la spontanéité en même temps qu'il a liquidé le modèle léniniste du parti centralisé et d'avant-garde. Il en dresse le constat dans ses articles[3] et, en 1969, dans *Réforme et révolution*[4] (réédition préfacée de l'essentiel de *Stratégie ouvrière et néocapitalisme*, comportant en sus le chapitre éponyme du nouvel ouvrage, tiré et remanié de son *Socialisme difficile*).

Deux ans avant 1968, il avait déjà posé la question du parti. Les partis sociaux-démocrates et staliniens s'investissant à perte dans les institutions politiques, il avait proposé, avec Basso, de miser sur un nouveau modèle : un parti de masse réceptif à la démocratie directe issue des expériences locales de type coopératif ou autogestionnaire et porteur, par son insertion dans le tissu social, d'une pédagogie qui aide à poser les problèmes en

---

1 Daniel Bensaïd et Henri Weber, *Mai 68 : une répétition générale*, Maspero, Paris, 1968.

2 André Glucksmann, *Stratégie de la révolution*, Christian Bourgois, Paris, 1968.

3 André Gorz, « Limites et potentialités du mouvement de mai », *loc. cit.*, p. 231-264 ; *idem*, « Ni trade-unionistes, ni bolcheviks », *Italie : Les Temps modernes*, n° 279, octobre 1969, p. 385-394.

4 *Idem*, *Réforme et révolution*, *op. cit.*, p. 9-56 et p. 246-248.

termes de dépassement du système[1]. Ce parti, comme il le dit désormais, aurait aussi pour fonction d'élaborer les orientations, de synthétiser en un projet global les requêtes venant de la base et de préparer une stratégie de pouvoir[2]. Et non pas, comme sont en passe de le faire les trotskistes de la Ligue communiste (ex-JCR), de s'ériger en une prétentieuse avant-garde qui indiquerait la voie au mouvement[3]. Ce souci d'organiser la poussée ouvrière, en des termes explicitement luxemburgistes, s'explique. Car, en France, le mouvement social, avec ses neuf millions de grévistes, n'a pas su développer l'autonomie d'action qui lui aurait permis d'échapper à la récupération par les appareils de la CGT et du PCF, ceux-ci ayant freiné et canalisé l'élan pour enfin l'ensabler dans les accords de Grenelle et leurs augmentations de salaire bientôt rongées par l'inflation.

Le cas de l'Italie est différent. Il faut s'y arrêter car Gorz se réfère plus que jamais à l'expérience de l'extrême gauche italienne, à laquelle il ménage une large place dans la revue de Sartre et dans sa propre réflexion.

Encore l'horizon italien :
Il Manifesto et Lotta continua

« Du printemps 1968 au printemps 1970 s'est déroulé en Italie le mouvement de luttes ouvrières le plus massif, le plus long et, à bien des égards, le plus radical qu'ait connu le monde capitaliste en dehors des périodes de crise aiguë. Le "refus du travail", préconisé dès 1968 par des "groupuscules", est devenu une réalité[4]. » Ce mouvement s'est caractérisé, d'une part, par le haut niveau de lutte, facilité par la masse révoltée de jeunes ouvriers méridionaux, immigrés « de l'intérieur » ; d'autre part, par les modes opératoires utilisés qui ont consisté à développer,

1 *Idem*, *Le Socialisme difficile*, *op. cit.*, p. 42-44 et p. 96.
2 *Idem*, *Réforme et révolution*, *op. cit.*, p. 43-56.
3 André Gorz, « Quattro domande ad André Gorz », *Giovane critica*, n° 20, printemps 1969, p. 50-56.
4 *Idem*, « Présentation », *Italie : Les Temps modernes*, *op. cit.*, p. 332.

passant outre les appareils syndicaux, des conseils de délégués d'usine qui ont engendré des avant-gardes militantes internes.

La gauche communiste, avec Luigi Pintor, Rossana Rossanda, puis Lucio Magri, perçoit vite l'anachronisme de la stratégie du PCI. Dès juin 1969 sort le premier numéro d'un mensuel qui se veut le manifeste d'un cours nouveau : *Il Manifesto*. Fin août, Sartre discute à Rome avec les dissidents sur le thème attendu « Masses, spontanéité, parti »[1]. Exclu du PCI en novembre pour fractionnisme, ce groupe de réflexion – qui se mue en parti en 1972 – prône le dépassement du léninisme par une lecture de Luxemburg axée sur la non-imposition au mouvement d'une conscience extérieure. Il affiche en exemple la relation supposée entre masses et parti en vigueur dans la Chine de la « révolution culturelle ».

Entre 1968 et 1971, Gorz accueille dans *Les Temps modernes* nombre de textes des gens du Manifesto et présente ses « Thèses » dans *Le Nouvel Observateur*[2]. Quant au *Manifesto*, il sollicite Gorz pour une collaboration stable[3] et traduit sa bordée contre l'université. Gorz héberge aussi dans la revue de Sartre des articles de la sinologue et maoïste Edoarda Masi. Il noue des relations avec d'autres maoïstes italiens, notamment avec Giampiero Mughini, directeur de l'ex-revue de cinéma *Giovane critica* à laquelle il donne un entretien en 1969. À celui-ci, il demande de monter un numéro (août-septembre 1970) sur les groupes de l'extrême gauche italienne. Influencé par Mughini, qui rejoint Il Manifesto, Gorz estime d'abord que, parmi ces groupes, Potere operaio et Lotta continua ne présentent pas de traits stratégiques intéressants[4]. Mais, à partir de 1971, son intérêt pour le second s'accroît à mesure que celui-ci se structure politiquement grâce à son immersion dans les luttes. Gorz avoue à Sartre s'être trompé à ce propos[5].

---

1 Jean-Paul Sartre-Il Manifesto, « Masses, spontanéité, parti », *Les Temps modernes*, n° 282, janvier 1970, p. 1043-1063 (repris du *Manifesto*, n° 4, septembre 1969).

2 Michel Bosquet, *Critique du capitalisme quotidien*, *op. cit.*, p. 311-320.

3 Lettre de Rossana Rossanda à André Gorz du 10 octobre 1970 (GRZ).

4 André Gorz, « Présentation », *loc. cit.*, p. 333 n.

5 Lettre d'André Gorz à Jean-Paul Sartre d'août [1971] (GRZ).

Lotta continua appartient à un courant nouveau du marxisme italien qui se dessine dans les années 1960 et dont il convient de tracer la genèse. Le philosophe Galvano Della Volpe en est la référence théorique lointaine – tout en niant être « della-volpiste », Gorz le cite en 1967[1]. Ses écrits majeurs sont réunis dans sa *Logique comme science historique* (1969/1977) qui est, par son antihumanisme et par sa prétention à la scientificité du marxisme, le pendant italien du *Pour Marx* d'Althusser. Mais à la différence de celui-ci, Della Volpe relit *Le Capital* sans évacuer ni le sujet ni l'histoire (ce qui permettra à son seul grand connaisseur français, Jean-Marie Vincent, de dresser ses batteries contre le structuralisme de la rue d'Ulm[2]) : le moteur de la lutte des classes ne tient pas, selon lui, à l'opposition *structurale* capital/travail, mais à celle *vivante* capital/ouvriers.

En 1961, un élève de Della Volpe, le socialiste dissident Raniero Panzieri, apôtre du contrôle ouvrier, fonde *Quaderni rossi*. Il a l'intention de mener des enquêtes auprès des ouvriers pour recueillir leur « point de vue » spécifique. C'est au sein de cette revue que le véritable fondateur de ce courant, le communiste frondeur Mario Tronti, sous le charme des écrits de Lefort dans *Socialisme ou barbarie*, approfondit l'analyse de Panzieri sur l'*asservissement* mais aussi sur l'*insoumission* des ouvriers à la prétendue rationalité technique du capital. Son originalité – quoiqu'elle fasse écho à l'idée de séparation chez Sorel[3] – consiste à postuler, non sans outrance apodictique, l'autonomie

---

1 Paul Noirot, Jean-Marie Vincent, Manuel Ballestero et André Gorz, « Sujet, structures, science et action politique. Discussion », *Démocratie nouvelle*, n° 4, avril 1967, p. 58.

2 Voir Jean-Marie Vincent, « Le théoricisme et sa rectification », *in* Collectif, *Contre Althusser*, UGE, Paris, 1974, p. 215-259.

3 Voir George Ciccariello-Maher, « Detached irony toward the rest : Working-class one-sidedness from Sorel to Tronti », *The Commoner*, n° 11, printemps 2006, p. 54-73, <commoner.org.uk>. Ce courant, qui s'en est toujours défendu, a souvent été taxé de « sorélisme » (voir, par exemple, Raffaele Sbardella, « Anche Toni Negri è uno di quelli che vengono da lontano, da Sorel », *Quotidiano dei lavoratori*, 19-20 février 1978). Dans les années 1980, il est arrivé que Negri, en exil à Paris, assiste à tel débat de la Société d'études soréliennes.

de la classe ouvrière à l'égard du commandement du capital et sa constitution en un sujet politique intrinsèquement rétif à la collaboration de classe (*Ouvriers et capital*, 1966/1977). Dès 1963, il rompt avec Panzieri pour former une nouvelle revue, *Classe operaia*. Il emmène dans son sillage d'autres intellectuels tel Alberto Asor Rosa, auxquels s'associent les philosophes Massimo Cacciari et Antonio Negri.

Cette nouvelle publication doit être regardée comme le « lieu » de naissance de ce que l'on nommera l'« opéraïsme » (*operaismo* = ouvriérisme), un barbarisme usité, afin de le distinguer de l'ouvriérisme générique dont il a été question jusqu'ici. Le pari, mis au point par Tronti en 1966, d'être au cœur de la classe ouvrière en pratiquant l'entrisme au PCI vole en éclats dans le chambardement de 1968 qui pousse Negri vers de nouvelles agrégations. Celles-ci donnent naissance aux pôles géographiquement dispersés d'un mouvement d'étudiants et d'ouvriers nommé, par imitation du groupe français issu de Socialisme ou barbarie, Potere operaio (PO).

À l'école des luttes ouvrières de la FIAT de Turin, le groupe de Pise se départ toutefois de l'option ultraopéraïste, indifférente au tiers-mondisme et tendanciellement militariste des négristes (qui, face à la répression, quémandent à Gorz un geste de solidarité[1]) pour constituer en 1969 Lotta continua (LC). La théorisation de l'autonomie ouvrière se dote de mots d'ordre précis : catégorie ouvrière unique, salaire garanti (thèmes partagés avec PO), transport gratuit et logement pour tous (d'où le slogan « Prenons la ville ! »). LC devient le groupe extraparlementaire le plus important de la gauche italienne. Gorz est attiré, comme il l'écrit à Sartre, par sa pratique sociale, qui n'a pas d'équivalent dans le groupe intellectuel du Manifesto[2], et, comme il l'écrit à Rossanda, par son refus de poser *a priori* la question du pouvoir[3].

1 Lettre de Giairo Daghini à André Gorz du 4 décembre 1969 (GRZ), dans laquelle ce responsable de PO lui annonce l'envoi de deux émissaires à Paris [lui-même et Sergio Bologna] pour obtenir son soutien.

2 Lettre citée d'André Gorz à Jean-Paul Sartre.

3 Lettre d'André Gorz à Rossana Rossanda de juin 1973, à laquelle celle-ci se réfère dans sa réponse du 10 août 1973 (GRZ).

À la mi-1971, Gorz prend contact avec Gianni Sofri de Lotta continua, qui est professeur à l'université de Bologne : à défaut de se rendre dans la Ville rouge en juillet au congrès monstre de LC (six mille participants), il obtient des écrits du groupe qu'il traduit pour le numéro d'octobre des *Temps modernes*. Entre 1971 et 1973, Gorz et Sofri échangent plusieurs lettres et se rencontrent. En novembre 1973, le premier publie dans *Lotta continua* un article sur le caractère de classe de la science[1] en même temps qu'il reçoit du frère cadet de Gianni, Adriano Sofri, leader de LC, un projet de sommaire pour un numéro des *Temps modernes* dont il lui a confié la préparation. Avec la collaboration de l'autre leader de LC, Guido Viale (futur penseur écologiste), ce numéro sortira en juin 1974 sous le titre *Lotta continua : la leçon italienne*.

Le maoïsme et Les Temps modernes

Gorz est entré en contact avec LC par l'intermédiaire de Tiennot Grumbach, maoïste français avec qui il sympathise en se rendant à plusieurs reprises dans sa communauté militante de Mantes-la-Jolie. Il apprécie chez lui la quête de la vie et du bonheur – *horresco referens* des althussériens – ainsi que la conscience du dilemme inhérent au rapport entre le militant et l'ouvrier domestiqué par les idées dominantes : « En étant "immergés" dans les masses, écrit Grumbach dans un mémoire en forme de bilan de son expérience militante, nous nous voulons les agents de la subversion de cette idéologie dominante dans la vie des gens eux-mêmes. Autrement dit, nous ne sommes jamais "comme" les gens, ou alors c'est que nous nous trompons ou que nous les trompons[2]. » Grumbach qui, de son côté, écoute Gorz comme on écoute un maître, mène à ce moment-là un

---

1 André Gorz, « Sul carattere di classe della scienza et dei lavoratori scientifici », *Lotta continua*, 10 et 11 novembre 1973.

2 Tiennot Grumbach, « En cherchant l'unité de la politique et de la vie », *Les Temps modernes*, n° 307, février 1972, p. 1215-1216.

travail d'agitation aux portes de l'usine Renault de Flins – c'est en tant que journaliste guettant les nouvelles formes de contestation ouvrière que Gorz l'y avait croisé plusieurs fois. Il met à profit l'expérience accumulée lors de plusieurs virées à Turin auprès des activistes de LC.

Neveu de Mendès France, Tiennot Grumbach a un passé de militant bien rempli : il a été pendant trois ans « pied-rouge » en Algérie, y a connu Guevara, puis, revenu en France en 1965, est devenu avec Robert Linhart un dirigeant de l'Union des jeunesses communistes marxistes-léninistes (UJC[ml]), groupe maoïste, avant de s'établir comme lui, à la rentrée 1968 et pendant quelques mois, dans une usine Citroën à Paris. Il est également à l'origine, avec l'ex-« Italien » Roland Castro, de Vive la révolution (VLR), le groupe maoïste français le moins dogmatique entre tous, qui veut « changer la vie[1] » en s'inspirant davantage de la contre-culture californienne que des Gardes rouges chinois. S'y rallient aussi des féministes, comme Françoise d'Eaubonne, qui impulsent le Mouvement de libération des femmes (MLF) et Guy Hocquenghem qui, avec d'Eaubonne, crée le Front homosexuel d'action révolutionnaire (FHAR).

Comme la Gauche prolétarienne (GP), l'autre groupe « mao-spontex[2] », VLR pratique la violence par des opérations coups de poing. Contrairement à celle-là, qui accapare Sartre, ce groupe, très réceptif à Lotta continua par les mots d'ordre et par les articles repris dans son périodique, a toutes les faveurs de Gorz pendant sa brève existence (1969-1971). À la feuille du même nom que publie VLR, succède en septembre 1970 le bimensuel *Tout !*, sous-titré avec un slogan entendu à la FIAT de Turin, *Ce que nous voulons : tout*, qui frappe par l'aspect *underground* (VLR a son creuset aux Beaux-Arts) et par l'accent mis sur la libération des mœurs (remise en cause de la famille, droit des

1 Selon une formule empruntée à Arthur Rimbaud, qu'il emploie bien avant que le Parti socialiste la récupère en la plaçant en exergue de son programme de 1972.

2 Au sein du maoïsme français, les spontanéistes, dits « mao-spontex », s'opposaient aux staliniens, dits « ml ».

mineurs au désir, revendications féministes et homosexuelles du corps). Comme de *La Cause du peuple* de la GP, Sartre en est le directeur putatif en guise de paratonnerre contre les poursuites. Vitrine de VLR, les éditions Gît-le-Cœur rééditent, dans un registre marxiste hétérodoxe, deux classiques du gauchisme soixante-huitard, *Le Droit à la paresse* de Paul Lafargue et *La Lutte sexuelle des jeunes* du communiste et psychanalyste allemand Wilhelm Reich.

Non sans hardiesse ni justesse, certains rapprochent ce maoïsme *sui generis* de l'anarchisme et du situationnisme[1] ; plus tard, ce maoïsme sera gommé par Gorz qui préférera parler des « adversaires libertaires » de la GP[2]. Quoi qu'il en soit, c'est bien cette mouvance qui, en se dissolvant, va servir d'incubateur aux mouvements sociaux les plus innovateurs des années 1970 avec lesquels Gorz sera en phase.

L'admirateur de VLR a en outre des accointances avec une autre sensibilité maoïste, elle aussi tournée vers l'Italie gauchiste. Incarnée par Heurgon et Alain Lipietz, celle-ci forme un courant au PSU puis, après son expulsion par Michel Rocard en 1972, la Gauche ouvrière et paysanne (GOP). Beaucoup de militants de ce courant, très impliqué dans la lutte du Larzac, intégreront Les Verts dans les années 1980. C'est Heurgon qui a présenté Lipietz à Gorz[3]. Althussérien, économiste proche de la théorie de la régulation, puis écologiste, Lipietz peinera par la suite à faire siennes les thèses économiques de Gorz, mais ne manquera jamais de les discuter dans ses écrits.

Durant ces années, Gorz s'investit beaucoup dans *Les Temps modernes*, dont il est devenu une pièce maîtresse, alors que Sartre n'y écrit plus. En 1969, il impose la collaboration assidue du très jeune professeur de lycée François George (*alias* Daniel Verrès),

---

1 Jean Moreau, « La nouvelle extrême-gauche », *Le Nouvel Observateur*, 26 octobre 1970. L'auteur, documentaliste au magazine et ami de Gorz, était alors proche de la GP.

2 André Gorz, « La vie, la nature, la technique », *loc. cit.*, p. 29.

3 Pour un témoignage sur les rapports de Lipietz avec Gorz, voir Alain Lipietz, « André Gorz et notre jeunesse », *Multitudes*, n° 31, 2008, p. 163-169.

dont il est un peu le mentor – mais, n'y ayant eu recours lui-même que par nécessité, il désapprouve sa manie d'utiliser des pseudonymes. Joyeusement irrespectueux de toute autorité intellectuelle (au grand dam de Pontalis), décochant avec véhémence[1] ses flèches antistaliniennes à partir d'un spontanéisme à la Cohn-Bendit, ce philosophe en herbe sait aussi traiter de sérieuses questions marxistes ; avec cet ami, comme avec le sartrien Michel Contat qu'il commence à fréquenter en l'introduisant pour un temps dans les coulisses de la revue, Gorz discutera souvent et assidûment de questions philosophiques.

À ce propos, nous nous permettons une digression pour rappeler « la confiance unique que Sartre faisait à de très jeunes gens, parfaitement ou presque inconnus[2] ». Si son immense célébrité empêche toutefois Sartre d'entretenir des rapports d'égal à égal avec des personnes jeunes ou sans éducation, Gorz, extérieur à l'université, ne peut avoir ce complexe[3]. Mieux : il aime cultiver des relations avec de jeunes étudiants ou des personnes étrangères au monde universitaire. En effet, il reste à l'affût de possibles résonances entre son vécu existentiel et celui de son interlocuteur, et considère que les conventions académiques peuvent au contraire y faire écran.

Aussi parcourt-on avec émotion la correspondance de Gorz avec son ami suisse Walter Riffel, simple traducteur chez Renault à Genève, avec tous les étudiants qu'il questionne d'emblée sur leur parcours de vie, appréciant par-dessus tout, le cas échéant, leur origine modeste (Josué Pereira da Silva, Françoise Gollain), avec tel complice, infiltré au cœur du lobby électronucléaire, se qualifiant de « traître » à la société (Louis Puiseux), tel obscur

---

1 Et sectarisme : à peine débarqué aux *Temps modernes*, il propose à Gorz de boycotter dans la revue tout « révisionniste » ayant collaboré à une publication contrôlée par le PCF (lettre de François George à André Gorz, s.d. – GRZ) – sait-il que cette mesure viserait aussi son interlocuteur ?

2 Claude Lanzmann, *Le Lièvre de Patagonie. Mémoires*, Gallimard, Paris, 2009, p. 214-215.

3 André Gorz, « Les adieux d'André Gorz au prolétariat » (entretien avec Michel Contat et François George), *Le Monde*, 12 octobre 1980.

admirateur en symbiose avec le pathos des *Fondements pour une morale*, publiés en 1977, avec les brillants étudiants qu'il aide sur le plan émotionnel (Finn Bowring), voire qu'il encourage à faire leur propre analyse existentielle (Erich Hörl), ou avec Jean-Marie Vincent, l'homme tourmenté, au moment de leurs retrouvailles au tournant du siècle. Gorz a toujours essayé de surmonter ses difficultés relationnelles, qui remontaient à l'enfance et qui torturaient le jeune homme en Suisse, et de faire émerger en lui l'affectivité, gage d'authenticité. S'assumer en tant que sujet sensible a été pour lui un problème constant, le problème de sa vie, qu'il tenta de ne jamais refouler. Sans devancer la narration, on devine qu'André Gorz, l'existentialiste, sera un chaud partisan de Félix Guattari, l'écosophe. Mais revenons aux *Temps modernes*.

À partir de 1968, et pendant deux-trois ans, Gorz joue, sous l'œil approbateur de Sartre, le rôle d'aiguillon politique de la revue – de plus en plus tournée vers la politique (et l'ethnologie anarchisante avec Pierre Clastres et Marshall Sahlins). C'est l'époque où *Les Temps modernes*, à le croire, sont « même lus et, partiellement, polycopiés par des comités d'entreprise ou des sections syndicales[1] ». C'est aussi l'époque où Gorz devient l'un des théoriciens sociaux les plus écoutés en France, des courants gauchistes à la CFDT, aux côtés de Marcuse, Mandel, Guattari, Gilles Deleuze ou, sur un plan différent, Michel Foucault[2].

À la fin de l'été 1971, Gorz coordonne un important numéro des *Temps modernes* incluant un dossier sur l'agitation de VLR chez Renault à Flins et un autre sur *L'usine et l'école*. Mais cette année-là une redistribution des cartes s'amorce parmi la pléthore d'auteurs de la revue. Le directeur s'étant engagé aux côtés de la GP, les contributeurs mêlés à ce groupe se multiplient. Alain Geismar, que Sartre a approché en mai 1968, sert d'intermédiaire. André Glucksmann, qui avait déjà collaboré à la revue en 1967 avec un article contre Althusser (précédé en 1966 dans

1 Lettre d'André Gorz à Jacques Robin des 12-14 septembre 1997 (GRZ).
2 Jacques Julliard, « Les passions d'André Gorz », *Le Nouvel Observateur*, 27 septembre 2007. L'auteur ne mentionne pas Deleuze.

ce registre par celui, brillantissime, de l'hégéliano-marxiste et luxemburgiste Robert Paris), est particulièrement présent. En mai 1972, un numéro entier est coordonné par les animateurs de *La Cause du peuple* sur le thème de la fascisation de l'État français : y prennent part Alain Geismar, Jean-Pierre Le Dantec, Jean-Pierre Barou et, avec pas moins de trois textes, Glucksmann.

Par le passé, Gorz a été injurié par les situationnistes, ce qui est de bonne guerre, attaqué par les althussériens de la rue d'Ulm, ce qui va de soi, et même fustigé par les étudiants du PSU lui reprochant son supposé spontanéisme[1] ; maintenant, c'est Glucksmann qui en fait sa tête de Turc en même temps qu'il s'en prend à la CFDT, mais pas n'importe où : dans ce numéro spécial des *Temps modernes*, où il reprend un article de sa propre plume paru sous pseudonyme dans *La Cause du peuple*[2]. Antisyndicaliste à tous crins, il démonte l'idée qu'a défendue Bosquet dans *Le Nouvel Observateur*[3] selon laquelle la CFDT a pour double rôle d'assurer la continuité organisationnelle en période de reflux et de s'autodissoudre dans l'autogestion en phase révolutionnaire. Gorz parvient toutefois à imposer une conclusion de l'article plus constructive qu'il rédige de sa propre main, suscitant la colère de Glucksmann qui menace de saisir Sartre du litige[4]. Cet incident ne l'empêchera pas, par la suite, de louer l'antistalinisme invétéré de Glucksmann.

Mais, d'une manière générale, Gorz a beau grincer des dents, en rédaction, il ne peut que partager avec Pouillon l'amer constat de la nouvelle répartition du pouvoir. Bien sûr, la secrétaire de la rédaction lui adresse directement tout courrier ayant pour

---

1 « À travers les revues », *Problèmes du socialisme* (brochure interne des étudiants du PSU), janvier 1970, à propos d'André GORZ, « Ni trade-unionistes, ni bolcheviks », *loc. cit.*

2 Philippe OLIVIER [André GLUCKSMANN], « Syndicats, comité de lutte, comités de chaîne », *Les Temps modernes*, n° 310 *bis*, [mai] 1972, p. 34-56 (publication d'origine : Philippe O., *La Cause du peuple. J'accuse*, février 1972).

3 Michel BOSQUET, *Critique du capitalisme quotidien*, *op. cit.*, p. 210-216. Publication d'origine : « La vraie conquête... », *Le Nouvel Observateur*, 24 janvier 1972.

4 GRZ 44.2.

objet une proposition d'article ou une demande d'autorisation de traduction concernant la partie politique. Vu de l'étranger, on a même quelquefois l'impression qu'il est le seul maître d'œuvre : « Gorz est un esprit de premier ordre, et *sa* revue compte pour beaucoup dans les milieux européens », explique un Américain à un contributeur néophyte[1]. Il a certes carte blanche pour discuter avec tel ou tel auteur de la pertinence d'un argument – ainsi avec le maoïste althussérien Jacques Rancière à propos du concept de fétichisme, que celui-ci entend comme positive mise à l'écart du sujet dans l'analyse[2]. Pareillement, Sartre ne s'oppose pas à ce qu'il fasse publier des auteurs qu'il affectionne tels Kravetz, à nouveau, Grumbach, Antonio Lettieri, syndicaliste d'extrême gauche de la CGIL (que Gorz connaît au moins depuis 1963), le zélateur de la contre-culture américaine Herbert Gintis, ou encore, en sociologue du travail, le physicien Dominique Pignon.

Toujours est-il que Gorz doit composer. Les rapports avec le directeur, auquel il soumet ses projets rédactionnels comme par le passé, sont parfois tendus. Contrairement à Sartre, par exemple, il répugne à participer à la campagne de soutien aux prisonniers politiques de RFA que mène en première ligne Claude Bourdet[3]. Il n'a jamais pris Sartre pour son père spirituel, ni eu de véritable intimité avec lui[4]. Mais rien ne compromet leur complicité intellectuelle. Aussi, à cette époque, Gorz épilogue-t-il avec l'auteur du *Flaubert* sur les problèmes littéraires que soulève l'écriture de cette œuvre. Il faut dire, avec Gorz lui-même, que

---

1 Lettre en anglais de Irving L. Horowitz à John Saxe-Fernandez du 19 avril 1973 (Horowitz Archive, PennState University Libraries, digital collections). C'est nous qui soulignons.

2 Voir la réponse accommodante de Jacques Rancière à André Gorz du 6 octobre 1973 (GRZ), en vue de la publication dans la revue (novembre 1973) d'une nouvelle présentation de *Lire Le Capital*, écartée de la réédition.

3 Claude Bourdet écrit en vain à André Gorz le 24 janvier 1977 (GRZ) pour l'inviter à signer un appel contre la limitation des libertés en RFA.

4 Sur les rapports personnels entre Gorz et Sartre, voir Michel Contat, « André Gorz, "Morel" et Sartre », *in* Christophe Fourel (dir.), *André Gorz, en personne*, *op. cit.*, p. 29-38.

Sartre le « considérait comme l'une des rares personnes capables de comprendre ses travaux de l'intérieur, pour ainsi dire[1] ».

Pour Gorz, la situation se dégrade encore à partir de 1973 lorsque Sartre, ayant perdu la vue, s'adjoint un nouveau secrétaire, le maoïste de la GP Benny Lévy (*alias* Pierre Victor). L'emprise de ce jeune homme sur Sartre déteint sur l'orientation de la revue, en dépit de la surveillance de Beauvoir. Le numéro de Lotta continua de 1974, dont la préparation traîne pendant sept mois à cause des dissensions rédactionnelles, est le dernier que Gorz organise. Contesté dans ses choix, non pas par Sartre qui ne vient plus guère aux réunions mais par la rédaction, Gorz en tire les conséquences : il ne quitte pas la revue, mais se place délibérément en retrait. Le mini-dossier sur l'« escroquerie nucléaire » qu'il parvient à monter en janvier 1977 est son chant du cygne. En mars, Victor entre officiellement au comité de direction en compagnie d'autres anciens maoïstes, Pierre Rigoulot et Pierre Goldman : c'en est terminé de l'influence de Gorz aux *Temps modernes*.

---

1 André GORZ, « La vie, la nature, la technique », *loc. cit.*, p. 29.

Troisième partie

La libération de la vie en période d'allergie au travail

Années 1970 : croissance zéro et écologie

« Qui prête moins d'attention à ses désirs qu'à son travail ne devrait pas s'étonner qu'ils travaillent contre lui[1]. »
« Nous pourrions vivre mieux en produisant moins[2]. »

1 Raoul VANEIGEM, *Nous qui désirons sans fin*, *op. cit.*, p. 164.
2 André GORZ (dir.), *Critique de la division du travail*, Seuil, Paris, 1973, p. 98.

10

Critique de la technique et de la science

Au lendemain de 68, Gorz est de plus en plus sollicité à l'étranger. Il voyage beaucoup en Amérique du Nord et en Europe, ce qui lui permet de rencontrer la fine fleur de l'intelligentsia marxiste contemporaine et, parfois dans ce même milieu, les représentants de la contre-culture américaine qui lui font découvrir de nouvelles questions. Sur le plan de l'excitation intellectuelle, son retour d'Amérique vaut bien le remue-ménage de Mai 68. Gorz n'est pas un cas isolé : d'autres intellectuels, qui vont se retrouver dans les rangs de l'écologie et de l'anticonsumérisme (non pas par hasard), vivent de la même manière formatrice et mémorable leur séjour californien ou canadien d'après-1968 ; ils se nomment Edgar Morin, Serge Moscovici, Alexandre Grothendieck, Pierre Samuel, Jean Baudrillard, etc.

Retour d'Amérique

Concernant Gorz, le vent d'Ouest est cependant contrebalancé par sa propre brise. De 1969 à 1971, il se rend chaque année sur la côte est des États-Unis, où une double réputation le précède : celle d'un théoricien avisé des transformations en cours dans la classe ouvrière et celle d'un penseur à la pointe de la *radical critique* (c'est dans ce sens anglo-saxon que nous emploierons toujours le mot « radical »). Son ouvrage majeur a été traduit à Boston en 1967 chez Beacon Press – l'éditeur militant qui a publié Marcuse – sous le titre *Strategy for Labor : A Radical Proposal.* Il est enrichi d'une préface inédite de l'auteur. Comme un autre article de Gorz[1], cet essai a inspiré les leaders du mouvement étudiant américain Greg Calvert et Carl Davidson qui, à la tête des Students for a Democratic Society (les SDS), ont essayé d'appliquer au monde étudiant les concepts de contrôle ouvrier et de « réformes non réformistes », comme on préfère dire pudiquement et couramment aux États-Unis[2]. Bob Gottlieb et David Gilbert, autres dirigeants des SDS, ont même noué des contacts personnels avec Gorz[3].

Mais les efforts les plus sérieux pour appliquer ses idées au contexte américain sont le fait de jeunes économistes radicaux à Harvard (réunis dans l'Union for Radical Political Economics [URPE] créée en 1968), notamment Herbert Gintis qui exalte les potentialités de la nouvelle classe ouvrière[4]. Leur bulletin, tout comme son équivalent tenu par les étudiants radicaux de l'université Tufts, est inauguré par un article de Gorz sur le contrôle ouvrier[5]. À cette époque, l'aura de Gorz dans la gauche américaine dépasse l'estime dont il bénéficie dans les mêmes milieux en France, qui est déjà considérable. Ne donnons qu'un exemple de l'importance qu'on lui accorde. Veut-on présenter aux États-Unis un aperçu de la pensée philosophique de la nouvelle gauche ? En s'adressant aux Européens, le Français est tout naturellement convoqué avec Sartre et l'incontournable Mandel[6]. Plus tard,

---

1 *Idem*, « Étudiants et ouvriers », *in Le Socialisme difficile*, *op. cit.*, p. 47-67. Voir *supra*, note 1, p. 161.

2 Le succès de ce concept aux États-Unis ne s'est jamais démenti. Explicitement inspiré de Gorz, il est toujours revendiqué par l'économiste Arthur MacEwan, par le sociologue et publiciste Peter Dreier, par la philosophe Nancy Fraser ou encore par l'ex-SDS et libertaire Michael Albert (devenu l'éditeur de Gorz).

3 Entretien de l'auteur avec Dick Howard, membre des SDS à l'époque, le 23 mai 2014.

4 Herbert Gintis, « The new working class and revolutionary youth », *Socialist Revolution*, n° 3, mai 1970, p. 13-43.

5 Voir respectivement *Upstar* (Cambridge), n° 1, janvier 1971 ; *Collective Effort* (Medford près de Boston), n° 1, septembre-octobre 1971. L'article « Workers' control » était paru à l'origine dans *Socialist Revolution* (San Francisco), n° 6, novembre-décembre 1970.

6 Voir André Gorz, « Capitalist relations of production and the socially necessary labor force » (1965), *in* Arthur Lothstein (dir.), *All We Are Saying : The Philo-*

Gintis, devenu il est vrai son ami, verra en lui « le plus grand des penseurs sociaux français[1] » contemporains.

En novembre et décembre 1969, Gorz passe une vingtaine de jours à New York (il y était déjà passé en février 1966, lors de son voyage à Mexico, mesurant combien il détestait le consumérisme des Américains). Le 29 novembre, comme le proclame l'annonce, il est censé tenir la vedette avec Mandel à Town Hall en discutant de stratégie révolutionnaire dans les pays développés, invité par la Socialist Scholars' Conference – un forum de la *New Left* – et par la Fondation pour la paix Bertrand-Russell. La tribune est complétée par Goldmann, Paul Sweezy (poids lourd du marxisme anglo-saxon) et James O'Connor (futur théoricien de l'écosocialisme). Alors que Mandel est absent, privé de visa, Gorz, enrhumé, fait lire son discours devant les mille cinq cents « gauchistes » accourus[2]. En outre, pendant ce séjour, il débat en public avec Marcuse sur le thème controversé de la « société technologique[3] ».

En 1970, pendant près de deux mois, d'octobre à novembre, il est l'hôte du Cambridge Institute fondé par des radicaux à l'université Harvard où il tient deux conférences, l'une sur le conservatisme des appareils syndicaux, l'autre sur le contrôle ouvrier[4]. En fin de séjour, il fait une halte à Toronto, où il

---

sophy of the New Left, Putnam, New York, 1970, p. 155-171 ; *idem*, « The way forward » (repris de la *New Left Review*, 1968), *ibid.*, p. 320-342.

1 Herbert GINTIS, en couverture d'André GORZ, *Ecology as Politics*, Pluto Press, Londres, 1983.

2 *Idem*, « The working class and revolution in the West », *Liberation* (New York), n° 4, septembre 1971, p. 31-37.

3 Voir la transcription du débat, Vassar (New York), décembre 1969, *in* GRZ 9.24.

4 Voir le compte rendu de la première conférence devant un auditoire de deux cents personnes : David LANDAU, « French socialist blasts unionism », *The Harvard Crimson*, 13 novembre 1970. Le texte de la seconde conférence, donnée le 20 novembre 1970 (publié dans trois revues américaines – voir *supra*, note 5 p. 182), est repris dans l'anthologie phare de l'URPE : André GORZ, « Workers' control : Some European experiences », *in* Richard C. EDWARDS, Michael REICH et Thomas E. WEISSKOPF (dir.), *The Capitalist System : A Radical Analysis of American Society*, Prentice-Hall, Englewood Cliffs (NJ), 1972, p. 479-491.

figure parmi les orateurs du forum qu'y organise Praxis, un petit institut de recherches sur le changement social, animé par Gerry Hunnius, qui s'applique à relier contrôle ouvrier et démocratie participative[1].

En novembre 1971, il revient dans le nord-est des États-Unis pour un forum géant organisé à Buffalo sous le patronage de la revue philosophique *Telos*, qu'a créée en 1968 le phénoménologue italo-américain Paul Piccone, et qui a pour thème l'organisation (révolutionnaire). Devant des centaines de personnes radicalisées, Gorz, qui dirige un atelier, s'affiche à nouveau avec Marcuse ; il y revoit Gianni Sofri et y croise Guido Viale, autre militant de LC, ou encore l'attaché de presse de l'IG Metall Rainer Zoll qui, en 1967, a traduit en allemand sa *Stratégie ouvrière*, et devient son ami. De plus en plus encline au marxisme et au francfortisme, *Telos* reprendra souvent par la suite des articles de Gorz.

Aux États-Unis, Gorz est charmé par l'intérêt que ses interlocuteurs (les économistes Gintis, Samuel Bowles, Arthur MacEwan, Michael Reich et Stephen Marglin, le sociologue Stanley Aronowitz, des ingénieurs, des médecins) portent aux idées neuves. Il est bouche bée devant ce qu'il voit[2] : une sorte de contre-société composée d'anciens cadres s'adonnant à l'expérimentation sociale ou à la culture biologique, de hippies vivant en communauté, de jeunes ouvriers chevelus qui font alterner travail et périodes d'oisiveté ou de voyage, d'homosexuels revendicatifs, de féministes traquant la « phallocratie » dans les groupes radicaux (comme le font en France celles de VLR, notamment Françoise d'Eaubonne à qui l'on doit le terme), de militants des Black Panthers ne jurant que par le *Lumpenproletariat*, etc. Une société parallèle qui n'attend rien du pouvoir

1 Les actes reprennent le texte sus-cité de Gorz sur le contrôle ouvrier. Voir Gerry Hunnius (dir.), *Participatory Democracy for Canada. Workers' Control and Community Control*, Black Rose Books, Montréal, 1971.

2 Michel Bosquet, *Critique du capitalisme quotidien*, *op. cit.*, p. 321-339. Publication d'origine : « La subversion par le bonheur », *Le Nouvel Observateur*, 21 décembre 1970.

politique, qui entreprend sans attendre de vivre autrement et limite le travail aux besoins. Tout ce beau monde a moins en tête de faire la révolution (hormis les Black Panthers d'Angela Davis qui la veulent violente) que de vivre comme si elle était déjà faite, constate-t-il avec admiration.

Dans un pays où les autorités se piquent de mener la guerre à la pauvreté[1], quelqu'un lui parle de l'idée – autrement affinée que chez les opéraïstes italiens – de garantir « un revenu de subsistance à tout citoyen, au lieu de lier le revenu à un *job* » – il s'agit à l'évidence de Gintis, auteur d'une thèse, soutenue en 1969 à Harvard, sur *Alienation and Power : Towards a Radical Welfare Economics*. On évoque aussi devant Gorz le concept de « prolétariat postindustriel » – en France, Touraine disserte déjà sur *La Société postindustrielle* (1969) – et il rencontre un passionné de refonte des techniques de production – certainement Marglin, professeur à Harvard, avec qui il discute beaucoup et reste en relation.

Gorz revient « comblé et perplexe[2] » de son séjour à Cambridge, dont il dira qu'il l'« a aidé à comprendre que les formes et les objectifs classiques de la lutte des classes ne peuvent changer la société, que la lutte syndicale devait se déplacer sur de nouveaux terrains[3] ». Dans des textes produits ultérieurement à l'occasion de rencontres en Europe, il mûrit ce qu'il a ressenti outre-Atlantique. Cela prend la forme particulière d'une critique de la technique et de la science, et de leurs imbrications – soit de la technoscience, comme on dira plus tard.

En Europe, Gorz est à nouveau réclamé par les médias et sollicité pour des débats ou des colloques. Il accepte de parler sur l'aliénation au Cercle d'éducation populaire de Liège en février 1969. La même année, il est convié à une émission radiophonique de la Norddeutscher Rundfunk de Hambourg. Entre le 7 et le

1 Romain Huret, *La Fin de la pauvreté ? Les experts sociaux en guerre contre la pauvreté aux États-Unis (1945-1974)*, Éd. de l'EHESS, Paris, 2008.

2 Michel Bosquet, *Critique du capitalisme quotidien*, *op. cit.*, p. 336 n.

3 André Gorz, *Lettre à D.*, *op. cit.*, p. 62-63.

9 septembre 1970, il honore l'invitation du libraire zurichois Theo Pinkus à se joindre à une table ronde sur la nouvelle gauche avec Mandel, Marcuse et le jeune francfortien Oskar Negt. Mandel étant *persona non grata* en Suisse, le débat est déplacé dans la ville limitrophe de Constance. Dans l'ombre des deux vedettes, Gorz et Negt eurent du mal à placer un mot, se rappellera ce dernier. Immédiatement après, Gorz et Mandel prennent part, sur invitation de l'économiste marxiste Wim Boerboom, à un congrès sur « Le capitalisme dans les années soixante-dix » qui se déroule du 10 au 13 septembre à l'université catholique de Tilburg, en Hollande[1]. Au programme : Gintis – que Gorz rencontre pour la première fois –, Jacques Valier, Maurice Dobb (autre poids lourd du marxisme anglo-saxon), etc. Au-delà des Pays-Bas, les actes de ce colloque mémorable paraîtront en Allemagne et en Italie. En 1971, Gorz participe encore à une émission télévisée de la première chaîne allemande.

Mais les occasions de produire des textes importants, dont nous allons développer les thèses, sont : premièrement, une conférence donnée en anglais à la faculté de philosophie de l'université d'Heidelberg en avril 1971, à l'invitation du jeune philosophe suisse Peter Bieri, qui porte sur la division du travail et qui va constituer la base d'un article fondamental, intitulé « Technique, techniciens et lutte des classes », publié dans *Les Temps modernes* la même année[2] ; deuxièmement, les journées internationales sur « La qualité de la vie » organisées par le syndicat de la métallurgie IG Metall à Oberhausen en avril 1972 (mille deux cents participants) : au cours d'un atelier, Gorz présente un texte en français intitulé « Contradictions

---

1 Voir *idem*, « On the relevance of revolutionary strategy in the capitalist metropoles » (titre de la communication), *in* Elmar ALTVATER *et alii*, *Het Kapitalisme in de jaren '70*, Van Gennep, Amsterdam, 1971.

2 *Idem*, « Technische Intelligenz und kapitalistische Arbeitsteilung » (trad. de l'anglais), *Politikon* (Göttingen), n° 37, juin-juillet 1971 (original publié dans *Telos*, n° 12, été 1972) ; *idem*, « Technique, techniciens et lutte des classes », *Les Temps modernes*, n° 301-302, août-septembre 1971, p. 141-180, repris dans André GORZ (dir.), *Critique de la division du travail*, Seuil, Paris, 1973, p. 249-295.

nouvelles et nouveaux thèmes de lutte »[1] ; et, troisièmement, le congrès du syndicat des travailleurs scientifiques néerlandais (BWA) qui se tient à Amsterdam en janvier 1973, où Gorz décortique sans ménagement la nature de classe de la science et des travailleurs intellectuels eux-mêmes[2].

L'intérêt pour ces sujets amène Gorz à coordonner, à l'automne 1973, un ouvrage intitulé *Critique de la division du travail.* Ce livre intègre des contributions qu'il a fait paraître dans *Les Temps modernes* (de Dominique Pignon, du Manifesto, d'Antonio Lettieri, de lui-même, etc.), ainsi qu'un texte inédit de Marglin sur l'usage capitaliste des techniques (« À quoi servent les patrons ? »[3]). Soumis par l'auteur à Gorz pour commentaire en 1971, ce dernier texte n'est rien de moins que l'origine de cette nouvelle étape de la réflexion théorique gorzienne.

Critique de la division du travail

En préfaçant en 1969 la réédition de leur livre standard, respectivement *La Nouvelle Classe ouvrière* et *Stratégie ouvrière et néocapitalisme,* Mallet estime que 68 a corroboré les thèses autogestionnaires sur la nouvelle classe ouvrière, tandis que Gorz, très réservé sur ce point, ne détecte plus de spécificités mobilisatrices chez les techniciens. Ce n'est pas que leurs descriptions du mouvement gréviste, qui s'est puissamment mis en branle en Europe et même aux États-Unis depuis la seconde moitié des années 1960, divergent sur le fond, mais ils en tirent des conclusions différentes.

---

1 André GORZ/Michel BOSQUET, *Écologie et politique*, Seuil, Paris, 1978, p. 148-167. Publication d'origine : « Die Zukunft der Gewerkschaften. Neue Widersprüche und neue Inhalte gewerkschaftlicher Kämpfe » (décembre 1971), *in* COLLECTIF, *Aufgabe Zukunft. Qualität des Lebens (11-14.4.1972)*, Europäische Verlagsanstalt, Francfort-sur-le-Main, 1974, t. IX, p. 94-116.

2 André GORZ, « Caractères de classe de la science et des travailleurs scientifiques », *Les Temps modernes*, n° 330, janvier 1974, p. 1159-1177 (déjà, plus succinctement, dans *Lotta continua*, 10 et 11 novembre 1973).

3 Voir Bruno TINEL, *« À quoi servent les patrons ? » Marglin et les radicaux américains*, ENS Éditions, Lyon, 2004.

Refus du travail et despotisme d'usine : les nouvelles leçons de 68

Pour peu que la mobilisation ait touché à l'intérieur d'une même usine toutes les catégories de travailleurs, du technicien à l'ouvrier spécialisé, la révolte a pris une tournure radicale, c'est-à-dire fondée sur des exigences d'ordre « qualitatif », bien souvent sous l'impulsion de jeunes travailleurs instruits insérés à tous les échelons de la production. Mais, à la différence de Mallet, Gorz se focalise sur le fait qu'en France et en Italie il s'est moins agi d'une revendication en termes de maîtrise que d'une *insubordination*. Celle-ci a investi « la parcellisation des tâches, la hiérarchie, les cadences, les chefs, le salaire au rendement », alors qu'aux États-Unis elle s'est exprimée semblablement par « le coulage des temps, le sabotage des pièces[1] » ; sans compter, dans tous les pays, les taux extrêmement élevés tant du *turnover* annuel (25 % chez Ford à Detroit ; 35 % chez Volvo en Suède ; 100 % dans les fonderies de FIAT en Italie) que de l'absentéisme journalier (12 % dans les industries de main-d'œuvre en France ; 15 % dans l'automobile aux États-Unis ; 25 % chez FIAT)[2]. D'où cette appréciation de taille qui émerge dans l'analyse de Gorz : avant d'aspirer au contrôle des façons de produire ou à la prise en main de la production par le truchement de l'autogestion, comme le pense Mallet, c'est *la désaffection vis-à-vis du travail* que manifeste spontanément et sans médiation syndicale cette génération de jeunes travailleurs.

Rétrospectivement, Gorz remarquera que pour lui « l'année 1968, évidemment, est un tournant, lorsque la résistance contre l'exploitation du travail a viré au refus radical et inconditionnel du travail, au refus d'avoir à fonctionner en tant que "travailleur" dans une économie dans laquelle le procès de travail ne pouvait pas être réapproprié par les travailleurs[3] ». De

1 André Gorz, « Préface », *in idem* (dir.), *Critique de la division du travail*, *op. cit.*, p. 10.

2 Jean Rousselet, *L'Allergie au travail*, Seuil, Paris, 1978 (2e éd.) [1974], p. 41-42.

3 Lettre en anglais d'André Gorz à Josué Pereira da Silva du 29 janvier 2006 (GRZ).

manière inattendue mais significative, 68 s'est aussi répercuté sur Marcuse qui recentrera ses espoirs de libération sur les ouvriers, spécialement les jeunes, qui « refusent le travail, le sabotent et ne s'identifient en rien à leur *job*[1] ». Le patriarche de l'opéraïsme Mario Tronti en tirera le même enseignement en estimant que 68 a permis de lire « le travail » chez Marx comme « un grand malheur[2] ». Quant à Cohn-Bendit, influencé par Castoriadis et Gorz avec qui il débattra respectivement en 1980[3] et 1983[4], il attribuera au Mai français et aux luttes qui se sont succédé en Italie la résurgence du concept d'autonomie prolétarienne, déjà au fondement de l'anarcho-syndicalisme[5].

De cet état social diffus, un ensemble d'aspirations politiques et existentielles vont se libérer en France dans les années 1970. On a parlé à ce propos de « galaxie auto » en faisant référence à toutes les formes disparates d'auto-organisation qui s'y expérimentent[6]. Les points communs étant un souci existentiel, celui de l'*autonomie* – que Gorz théorisera sans relâche par la suite –, un ancrage dans le social exprimé par l'*antiétatisme*, un refus civilisationnel, celui du *productivisme*, et enfin une revendication de fond pérenne, la *réduction du temps de travail*.

Quoiqu'il mette du temps à apparaître clairement à la conscience des acteurs qui ne le perçoivent presque jamais comme antagonique, à l'intérieur même de cette galaxie, un clivage se dessine dès le départ. (Il est important parce qu'il annonce la distinction de deux futurs courants politiques

---

1 Herbert Marcuse, « Socialisme ou barbarie », *loc. cit.* Cette évolution de Marcuse est confirmée par Boris Frankel, *The Post-industrial Utopians*, University of Wisconsin, Madison, 1987, p. 209-210.

2 Mario Tronti, *Nous opéraïstes. Le « roman de formation » des années soixante en Italie*, Éd. de l'Éclat/Éd. d'en bas, Paris/Lausanne, 2013 [2009], p. 73.

3 Cornelius Castoriadis et Daniel Cohn-Bendit, *De l'écologie à l'autonomie*, Seuil, Paris, 1981.

4 *Abschied vom Proletariat ? Eine Diskussion mit und über André Gorz. Protokoll einer Arbeitstagung vom 30.5-3.6.1983*, DGB-Jugend, Düsseldorf, 1984 (2e éd.).

5 *Ibid.*, p. 42.

6 Pierre Rosanvallon, « Formation et désintégration de la galaxie "auto" », *in* Paul Dumouchel et Jean-Pierre Dupuy (dir.), *L'Auto-organisation. De la physique au politique* (colloque de Cerisy, 10-17 juin 1981), Seuil, Paris, 1983, p. 456-465.

parents et pourtant divergents, la « deuxième gauche » – inclinant au libéralisme – et l'écologie politique – plus libertaire et alternative[1].) Ce clivage est peu visible au début ; il faut surtout le comprendre comme une césure entre deux archétypes.

D'une part, une constellation incarne le *choix autogestionnaire* de la CFDT, avalisé par le congrès de 1970, conforté en 1973 par l'expérience des ouvriers de l'usine Lip de Besançon – et systématisé dans le petit ouvrage du rédacteur de *CFDT Aujourd'hui* Pierre Rosanvallon, *L'Âge de l'autogestion* (1976). À cette première mouvance appartient aussi Michel Rocard, qui en 1974 quitte le PSU pour fonder son courant au Parti socialiste. L'horizon est la *condition ouvrière* et la perspective est celle de se libérer *dans* le travail.

D'autre part, une autre constellation, ayant pour signe une « allergie au travail[2] » diffuse, présente au sein de la jeunesse, et dans les usines[3], annonce la *critique de l'industrialisme* sur fond parfois de « retour » à la nature – et qu'expriment la célèbre bande dessinée participative de Gébé *L'An 01* (1972), parue à l'origine dans *Politique hebdo*, et le non moins célèbre *Travailler deux heures par jour* (1977) du collectif Adret. Par sa défense du cadre de vie, la CFDT elle-même n'est pas totalement étrangère à cette orientation. L'horizon est cette fois-ci la *qualité de la vie* et la perspective, celle de se libérer *du* travail. Ce second tropisme restera à jamais un angle mort pour Mallet (qui disparaît prématurément en 1973), Martinet, Mandel, Mothé (qui, cédétiste, se dit pourtant écologiste), Naville (qui avait pourtant lu Marx avec les lunettes du gendre) et pour toute la gauche ou l'extrême gauche classiques[4].

---

1 Sur cet agrégat typologique libéral-libertaire, voir Jacques JULLIARD, *Les Gauches françaises. Histoire, politique et imaginaire, 1762-2012*, Flammarion, Paris, 2012, p. 692-695.

2 Jean ROUSSELET, *L'Allergie au travail, op. cit.* L'auteur est psychologue, alors consultant auprès d'institutions pour les problèmes des jeunes. Voir aussi l'anthologie de textes d'Alexis CHASSAGNE et Gaston MONTRACHER, *La Fin du travail*, Stock, Paris, 1978.

3 Voir le livre emblématique : Yves LE MANACH, *Bye bye turbin. Suivi de Salauds ! on les connaît vos usines, vos partis et vos syndicats*, Champ libre, Paris, 1973.

4 Le témoignage le plus abouti de cet aveuglement : Daniel MOTHÉ, *L'Utopie du temps libre*, Esprit, Paris, 1997.

Cette seconde configuration cache aussi un autre type de refus que celui du travail. Les historiens le taisent, il se faufile pourtant dans le vécu et le discours des soixante-huitards : c'est le *refus de l'intégration sociale* ou le refus d'« arriver ». Comme le dit Cohn-Bendit à chaud, les étudiants expriment « le refus de devenir les futurs cadres de la société qui exploitent la classe ouvrière ». Parmi les étudiants de Nanterre, observent des journalistes, « l'idée qu'ils seront inéluctablement "absorbés" par le système [...] est insupportable à beaucoup. "Même les plus radicaux d'entre nous ne pourront échapper à l'absorption, à l'ascension dans l'échelle sociale", affirmait l'un d'entre eux[1]. » Il n'y a que Gorz pour avoir couché sur le papier, précocement, cet ordre des choses qui intime au jeune révolté d'entrer dans l'engrenage travail-consommation – que l'on se remette en mémoire sa sombre méditation sur les fatalités sociales du « Vieillissement » : elle donne de la chair au cri rebelle et persifleur des manifestants de 68 : « métro, boulot, dodo ! »

Anticipons enfin que, pendant cette décennie et même la suivante, Gorz se situera dans un entre-deux, par rapport à ces pôles, attentif à la fois au nécessaire renouveau du syndicalisme et à l'essor des « nouveaux mouvements sociaux ».

La répulsion pour toute forme d'autoritarisme et d'esprit hiérarchique, qui est le moteur même du mouvement étudiant de Mai 68, a pour pendant, à l'usine, la mise en cause des formes de domination qui y sévissent. C'est pourquoi nombre de commentateurs placent 68 non pas à l'enseigne de la contestation du pouvoir politique en place, mais à celle de la contestation, plus éclatée mais plus globale, de ce que Touraine nomme les « appareils d'intégration, de manipulation et d'agression[2] » régissant un ordre social défini par Marcuse comme

1 Frédéric Gaussen et Guy Herzlich, « L'explosion de colère des étudiants a surpris tous les observateurs », *loc. cit.*

2 Alain Touraine, *Le Mouvement de mai ou le communisme utopique*, Seuil, Paris, 1968, p. 14.

« surrépressif ». Touraine soutient ainsi qu'en 1968 « la lutte n'a pas été menée d'abord contre le capitalisme, mais d'abord contre la technocratie[1] ». De même, Castoriadis a la tâche facile en réactivant ses anciens schémas d'analyse conseillistes, qui s'imprègnent maintenant des thèses de l'autogestion, pour souligner la spécificité antihiérarchique et antibureaucratique du mouvement de Mai[2]. Pour Gorz, enfin, la forme de domination à l'usine qui « s'est retrouvée, dans le monde entier, au centre des luttes de classe », c'est précisément la « division capitaliste du travail[3] ».

En touchant à la division du travail, Gorz touche à la quintessence du capitalisme. Le père de la sociologie Émile Durkheim (*De la division du travail social,* 1893), le sociologue « moderniste » Georges Friedmann (*Le Travail en miettes,* 2e éd. 1964) et, avant eux, même Adam Smith, le fondateur de l'économie politique, ont abordé le sujet, non sans préoccupation. Il est frappant que le jeune Lukács, coqueluche théorique du « marxisme occidental » des années 1970, ait été jusqu'à en faire une cause majeure de l'aliénation ouvrière[4].

Mais Gorz préfère puiser à la source du marxisme et relire les poignantes descriptions du *Capital* (I, chap. 12-13) pour se convaincre qu'il n'est pas d'aliénation dans le travail plus fondamentale que celle de la subdivision des tâches. Et cela s'explique, car celle-ci contribue à la bonne marche de la fabrique capitaliste qui a pour condition, relève encore Marx (après Fourier), la discipline et le conditionnement militaires. Comme le démontre Marglin dans son texte magistral sur les manufactures au XVIIIe siècle[5], l'accroissement de la division du

---

1 *Ibid.*, p. 15.
2 Edgar MORIN, Claude LEFORT et Jean-Marc COUDRAY [Cornelius CASTORIADIS], *Mai 1968 : la brèche. Premières réflexions sur les événements*, Fayard, Paris, 1968.
3 André GORZ, « Préface », *loc. cit.*, p. 10.
4 Georg LUKÁCS, *Histoire et conscience de classe. Essais de dialectique marxiste*, Minuit, Paris, 1960 [1923], p. 115.
5 Stephen MARGLIN, « Origines et fonctions de la parcellisation des tâches. À quoi servent les patrons ? » *in* André GORZ (dir.), *Critique de la division du travail, op. cit.*, p. 41-89.

travail jusqu'à sa parcellisation n'a pas avant tout pour but d'obtenir la meilleure productivité, mais de soustraire à l'ouvrier toute compréhension du procès de travail afin de le mieux contrôler et asservir à sa besogne. L'objectif est moins technique que disciplinaire, l'exploitation optimale ne présupposant pas nécessairement l'asservissement maximal :

> La technologie capitaliste et la division capitaliste du travail, explique Gorz, ne se sont donc pas développées en raison de leur efficacité productive prise *en elle-même*, mais en raison de leur efficacité dans le contexte du travail aliéné et forcé, c'est-à-dire d'un travail assujetti à un but qui lui est étranger. Les techniques capitalistes [ont] pour fonction *politique* [...] de perpétuer la dépendance des ouvriers, leur subordination, leur séparation d'avec les moyens et le processus de production. La fonction de la hiérarchie d'usine est, en dernière analyse, de soustraire les conditions et les modalités de la mise en œuvre des machines au contrôle ouvrier, en faisant de la fonction de contrôle une fonction séparée. De cette manière seulement les moyens et le processus de production peuvent être érigés en puissance étrangère, autonomisée, exigeant des ouvriers leur soumission[1].

Quant à l'automation, grâce à laquelle Mallet et Gorz lui-même entrevoyaient naguère le début d'un recul du travail aliéné, elle « est entièrement conforme à ce processus dans ses effets : accompagnant une mécanisation qui déqualifie et parcellise les tâches de production, elle déqualifie et parcellise les tâches de contrôle elles-mêmes[2] ». Gorz est alors en passe de se rendre compte – comme il l'écrira plus tard – qu'il est illusoire de compter sur une évolution technique capable d'« éliminer progressivement le travail non qualifié et répétitif au profit d'un travail de plus en plus intellectualisé, techniquement avancé, et

1 André Gorz, « Le despotisme d'usine et ses lendemains », *ibid.*, p. 95-96. Publication d'origine : Michel Bosquet, « The "prison factory" », *New Left Review*, n° 73, mai-juin 1972, p. 23-34 (repris dans *Les Temps modernes*, n° 314-315, septembre-octobre 1972, p. 428-437).

2 *Ibid.*, p. 96.

donc potentiellement favorable à l'épanouissement des capacités d'autonomie » car « le choix des techniques, donc le sens dans lequel elles évoluent, est toujours motivé par le souci d'assurer au capital le maximum de pouvoir et de contrôle sur le travail vivant. Ce souci de pouvoir est au moins aussi déterminant que le souci de productivité[1] ».

La sortie du fordisme a commencé

Il n'est donc plus question pour Gorz d'en appeler au fragment des *Grundrisse* sur l'automatisation des machines pour préfigurer l'avènement de l'autogestion – il rejoint ainsi la prudence avec laquelle Marcuse décrivait les virtualités libératrices qu'aurait impliquées l'interprétation de ces pages[2]. Dès lors, c'est plutôt dans le camp adverse du patronat que subsistent des adeptes enflammés de l'automation.

Le devancier de ceux-ci est américain et se nomme Peter Drucker. Dès les années 1950, ce consultant en technique managériale, à l'origine du concept d'« esprit d'entreprise » (ancêtre de celui de « culture d'entreprise »), enseignait dans sa *Pratique de la direction des entreprises* (1954/1958) que l'automation devait permettre le développement de la personnalité et que l'entreprise devait ainsi exiger de chaque collaborateur un dévouement illimité à sa communauté de travail. Et c'est bien cette stratégie managériale qui, au début des années 1970 et à l'échelle de l'Occident industrialisé, incarne la réponse du capital au *blues* des ouvriers et à l'inappétence de la jeunesse pour l'appât fordiste de la redistribution des fruits de la croissance. « Il a suffi pour cela », comme Gorz l'indiquera, que le capital « reprenne à son compte les valeurs de l'utopie » ouvrière fondée sur la maîtrise d'un métier et le plein épanouissement du travail-

1 « Entretien avec André Gorz », *in* Françoise GOLLAIN, *Une critique du travail. Entre écologie et socialisme*, La Découverte, Paris, 2000, p. 222-223.

2 Voir Herbert MARCUSE, *L'Homme unidimensionnel. Essai sur l'idéologie de la société industrielle avancée*, Minuit, coll. « Points », Paris, 1968 [1964], p. 67-68.

leur[1]. La régulation fordiste s'étant grippée, il s'agit désormais de réduire la résistance ouvrière et d'assurer la mise au travail d'une main-d'œuvre jeune et instruite par la multiplication et l'enrichissement des tâches (les notions sont américaines : *job enlargement, job enrichment*) ainsi que par l'implication personnelle censée en découler.

De cette contre-offensive capitaliste, que des sociologues identifieront plus tard comme les prodromes du « nouvel esprit du capitalisme[2] », la *Critique de la division du travail* se fait promptement l'écho, sous la plume de Gorz et celle conjointe de Pignon et Jean Querzola, pour dénoncer le caractère illusoire du progrès de la condition travailleuse qu'elle annonce.

Usages bourgeois de la science

La science et la technique, inextricablement liées, fournissent au capitalisme un modèle de rationalité qui, rejetant dans la subjectivité les choix extérieurs à lui-même, légitime le système. L'esprit critique qui alimente l'effervescence contestataire des années autour de 1968 investit le capitalisme précisément dans ce qu'il a de plus fonctionnel et objectivant, la science et la technique.

Aux États-Unis, le mouvement de 68 est ouvertement interprété comme une révolte contre la technocratie[3]. Parmi les universitaires et les étudiants, le mythe de la neutralité de la science est alors puissamment remis en cause. Fondé sur le positivisme du père de la sociologie des sciences Robert Merton, il a commencé à se lézarder dès le début des années 1960 avec les travaux d'épistémologie de Thomas Kuhn sur *La Structure des révolutions scientifiques* (1962/1972) qui montrent que la science

---

1 André Gorz, *Métamorphoses du travail, quête de sens. Critique de la raison économique*, Galilée, Paris, 1988, p. 90.

2 Luc Boltanski et Ève Chiapello, *Le Nouvel Esprit du capitalisme*, Gallimard, Paris, 1999.

3 Theodore Roszak, *Vers une contre-culture. Réflexions sur la société technocratique et l'opposition de la jeunesse*, Stock, Paris, 1970 [1969].

est objective dans ce qu'elle trouve, mais non pas dans ce qu'elle cherche. À la fin de la décennie, l'Américain Lewis Mumford – qui, dans les années 1930, avait déjà versé dans la critique technologique – publie deux volumes sur *Le Mythe de la machine* (1967, 1970/1973).

En Allemagne, Jürgen Habermas n'est pas en reste. S'inspirant, tout en la dépassant, de la thèse de Marcuse selon laquelle, dans la société industrielle contemporaine, la technologie sert à instrumentaliser l'homme, ce repreneur de flambeau de l'école de Francfort conçoit *La Technique et la science comme « idéologie »* (1968/1973).

En France, comme le suggèrent les dates de traduction de ces trois études exemplaires, cette critique met du temps à se propager. Mais, portée par l'exemple nord-américain, elle s'installe dès 1970 à travers un groupe militant de mathématiciens animé par Grothendieck et Samuel, Survivre et vivre. Toutefois, l'audience du bimestriel homonyme ne dépasse guère les milieux épris de contre-culture écologiste[1]. Suit en 1975 la revue *Impasciences* du physicien Jean-Marc Lévy-Leblond, qui dénonce le scientisme et l'idéologie de l'expertise.

Quant aux réflexions autochtones et anciennes du théologien bordelais Jacques Ellul sur l'asservissement à la technique aussi bien des systèmes de l'Est que de l'Ouest (*La Technique ou l'Enjeu du siècle*, 1954), elles restent confidentielles, comme les remarques semblables et contemporaines de Martin Heidegger (« La question de la technique », *in Essais et conférences*, 1954/1958), et pour les mêmes raisons. Les unes et les autres arrivent trop tôt, dans le climat technophile de la relance économique des années 1950, et pâtissent souvent de préjugés à gauche à cause, respectivement, de leur hétérodoxie marxiste teintée de christianisme ou de leur relent réactionnaire – Kostas Axelos et Pierre Fougeyrollas d'*Arguments*, ou Jean-Marie Vincent plus tard, faisant figure d'exceptions par leur lecture attentive d'Heidegger.

---

1 Céline Pessis (dir.), *Survivre et vivre. Critique de la science, naissance de l'écologie*, L'Échappée, Montreuil, 2014.

Aussi faudra-t-il attendre longtemps pour que Gorz affecte de connaître et d'apprécier des penseurs de cet ordre, qui lui sont culturellement étrangers : Hannah Arendt (fin des années 1970), Simone Weil (années 1980, à l'invitation de son ami philosophe Robert Chenavier), Ellul (années 1980), Heidegger (dont il relit en 1985 la conférence sus-citée, à nouveau incité par Chenavier, mais sans profit puisqu'il juge ce texte abstrus et sans contexte[1]) et Günther Anders (fin des années 1990) ; mais vainement pour Ernst Jünger et son édifiant *Le Travailleur* (1931/1989).

La lecture de la *Critique de la raison dialectique* de Sartre en 1960 sensibilise Gorz au thème de l'emprise du « pratico-inerte » exercée par les structures, les appareils et autre « Machinerie ». On le perçoit dans son récit sur « Le vieillissement ». Mais si l'on admet, en se fiant à sa mémoire, que « [s]on intérêt pour la technocritique doit beaucoup » à cette lecture[2], c'est seulement en raison de la prédisposition grâce à laquelle Gorz sera plus tard réceptif à certains auteurs traitant de ce thème ; car, dans ses écrits des années 1960, il ne s'y arrête guère. Tout au plus, au détour d'un reportage dans l'usine tchèque de chaussures Bata aux effroyables conditions de travail, se montre-t-il navré de la réponse qu'il obtient d'un responsable :

> Je crois tendre une perche en demandant :
> — Voyez-vous une différence entre l'évolution technique dans le monde capitaliste et dans le monde socialiste ?
> — Quoi, *technique ?* demande-t-il, étonné. Non, je n'en vois aucune. Nous étudions les techniques du monde entier[3].

C'est en regard du sombre constat de Marcuse, celui d'une soumission totale de l'homme contemporain à la technologie, qu'on mesure à quel point Gorz est alors en retrait dans l'importance qu'il accorde au phénomène. Il juge l'alerte de Marcuse excessivement pessimiste tantôt en raison de la possible contestation sociale de ce qu'il analyse comme la *superfétation* de la

1 Voir la lettre d'André Gorz à Robert Chenavier du 15 avril 1985 (GRZ).
2 André Gorz, *Écologica, op. cit.*, p. 15.
3 Michel Bosquet, « Reportage. L'exemple tchèque », *L'Express*, 9 janvier 1964.

domination technique à l'Ouest, tantôt en raison du possible dépassement de ce qu'il décrit comme la *nécessité transitoire* de la domination technique à l'Est[1].

Son esprit critique s'affûte plus tard, après 1968 et encore davantage suite à ses séjours aux États-Unis – où il rediscute de ce thème avec Marcuse et où, surtout, il fait au même moment la connaissance de Marglin. Gorz s'abreuve aussi à d'autres sources. Rétrospectivement, il mentionnera par-dessus tout l'apport d'Ivan Illich[2].Il s'intéresse également aux travaux d'histoire des sciences des savants de gauche britanniques Hilary et Steven Rose[3] – il contribuera ensuite à leur recueil *L'Idéologie de/dans la science* (1976/1977[4]).

Il s'aperçoit que, dans le système capitaliste, la science, qui conçoit la technique, est le domaine réservé des spécialistes et des professionnels, et que le monopole social des compétences qu'elle assure s'explique par le fait qu'« elle a été principalement orientée, dès le départ, vers l'invention de machines qui devaient dominer les ouvriers, non les libérer[5] » – d'où, d'ailleurs, la position ambiguë des cadres techniciens vis-à-vis des ouvriers. C'est pourquoi :

> Il n'y a jamais eu de science « indépendante » et « pure » : notre société dénie l'étiquette de science et de scientifique aux connais-

---

1 André Gorz, « *L'uomo unidimensionale* di Marcuse », *Critica marxista*, n° 2, 1965, p. 231-241 (version amplifiée, sur ce point précisément, de la recension parue dans *The Nation*).

2 Lettre d'André Gorz à Josué Pereira da Silva d'août 1993, mentionnée par da Silva dans son *André Gorz. Trabalho e política*, *op. cit.*, p. 144.

3 Auteurs de *Science and Society* (1969), ils sont cités pour leur article « The radicalisation of science » (*Socialist Register*, 1972, p. 105-132) dans André Gorz, « Caractères de classe de la science et des travailleurs scientifiques », *loc. cit.*, p. 1177.

4 André Gorz, « On the class character of science and scientist », *in* Hilary Rose et Steven Rose (dir.), *The Political Economy of Science. Ideology of/in the Natural Sciences*, MacMillan, Londres, 1976, p. 59-71 ; la traduction en français de ce volume n'inclut pas le texte de Gorz, déjà paru dans *Les Temps modernes* sous le titre « Caractères de classe de la science et des travailleurs scientifiques » (*loc. cit.*, p. 1159-1177).

5 *Ibid.*, p. 1169.

> sances, capacités et qualifications qui, non intégrées dans les rapports de production capitalistes, sont sans valeur et sans utilité pour le capitalisme et, pour cette raison, ne font pas l'objet d'un enseignement formel dans le cadre du système institutionnel de formation[1].

Et pourtant, souligne Gorz, « les connaissances acquises de façon autonome » peuvent être tout aussi opérantes, comme le montrent les expériences en cours dans la Chine populaire où les savoirs traditionnels sont valorisés et où l'on essaie de dépasser le cloisonnement entre experts et non-experts. Peut-on donc concevoir d'autres savoirs – « vernaculaires » et fécondés par l'expérience populaire – et d'autres technologies – maîtrisables et à échelle humaine – pour réduire la division sociale du travail et amorcer la réappropriation par la population des moyens de produire la vie ? C'est dans la pensée rafraîchissante d'Ivan Illich que Gorz trouve quelques réponses[2].

1 *Ibid.*, p. 1167.
2 Voir André Gorz, « Préface », *loc. cit.*, p. 19-20.

11

Changer la vie, avec Ivan Illich

En novembre 1969, André Gorz repère et publie dans *Les Temps modernes* un singulier discours prononcé devant les étudiants de l'université catholique de Porto Rico. Il présente son auteur comme un « prêtre d'origine autrichienne », « curé dans un quartier portoricain de New York », devenu « vice-président » de cette université (de 1956 à 1960). Le discours est une harangue contre l'institution scolaire en général qui, depuis deux siècles, s'emploie à modeler les mentalités sans produire pour autant aucune éducation[1].

Une pensée admirable et irritante

Gorz est aguiché par ce texte signé Ivan Illich : il fait évidemment écho à ses propres assauts contre l'université qui inhibe la créativité et l'autonomie individuelles. En juin 1970, il publie à nouveau une allocution de ce pédagogue anticonformiste. Celui-ci est à la tête du centre de formation mexicain de Cuernavaca (CIF [Centro intercultural de formación], puis CIDOC [Centro intercultural de documentación]) qui, depuis 1961, initie à la culture latino-américaine des candidats missionnaires et prône, dans une optique tiers-mondiste de plus en plus hostile aux visées impérialistes de la coopération étatsunienne – l'Alliance pour le progrès –, la déprise des idéologies indus-

1 Ivan Illich, « L'école, cette vache sacrée », *Les Temps modernes*, n° 280, novembre 1969, p. 673-683, repris dans *Libérer l'avenir* (autre traduction), Seuil, Paris, 1971, p. 120-132.

trialistes du développement : « Nous avons besoin, dit Illich, d'un programme de rechange, d'une "alternative" à la fois au développement et à la révolution purement politique : d'une révolution institutionnelle ou culturelle, visant à transformer la réalité publique et personnelle[1]. » Gorz garde néanmoins son sens critique puisqu'à l'automne 1972 il reprend dans la revue un article de son ami Gintis – lequel, économiste, est aussi un spécialiste des sciences de l'éducation et du comportement – qui taille en pièces l'essai d'Illich *Une société sans école* (1971/1971) dont la remise en cause n'irait pas jusqu'aux racines du mal, à savoir le système capitaliste lui-même[2].

L'importation en France de la pensée d'Illich, qui a ceci de remarquable qu'elle ne souffre pas de délai, passe principalement par d'autres canaux, tous proches du catholicisme. La revue *Esprit*, dirigée par Jean-Marie Domenach, l'un de ses plus dévoués médiateurs, diffuse abondamment les textes d'Illich depuis 1967 et lui consacre même des dossiers en mars 1972 et à l'été 1973, avant que les éditions du Cerf ne publient en 1976 l'essai ambivalent de l'autogestionnaire Patrick Viveret, *Attention Illich*. Grâce à l'effort conjoint des éditions du Seuil, Illich obtient rapidement en France une notoriété et un succès de librairie comparables à ceux de Marcuse[3].

Le Nouvel Observateur est plus lent à faire le lit du prélat subversif. Et Bosquet n'en est pas un inconditionnel. On apprend ainsi que l'entretien qu'il obtient d'Illich – qui vient à la rédaction pour la sortie en français d'*Une société sans école* – reste sous le boisseau, l'interviewer n'en étant pas satisfait[4]. Une barrière culturelle semble séparer les deux hommes. Alors que l'anticapi-

---

1 *Idem*, « Révolution culturelle, école et développement », *Les Temps modernes*, n° 297, juin 1970, p. 2074-2083 (citation, p. 2076), repris, comme conclusion, dans *Libérer l'avenir*, *ibid.*, p. 172-187 (p. 176-177).

2 Herbert Gintis, « Critique de l'illichisme », *Les Temps modernes*, n° 314-315, septembre-octobre 1972, p. 525-557.

3 Alexeï Tabet, *La Pensée d'Ivan Illich en France. Essai d'histoire intellectuelle* (mémoire), université de Paris-I, Paris, 2012.

4 Entretien par écrit d'André Gorz avec Andrea Levy du 7 janvier 1998, *in* Andrea Levy, *Reframing Socialism from the Fifties to the Fin-de-siècle*, *op. cit.*, p. 259.

talisme des économistes radicaux de Harvard ressortit au même arrière-fond théorique que le marxisme du Français, la démarche d'Illich, toute différente, a de quoi laisser perplexe par son angle d'attaque qui vise les institutions (école, médecine, réseau de transports, etc.) plutôt que le système politico-économique qui les régit. Les deux penseurs restent cependant en contact et s'échangent leurs textes. Réagissant à l'article « Inverser les institutions » que lui envoie Illich (publié par *Esprit* en mars 1972) et susceptible de figurer dans la *Critique de la division du travail*, Gorz rédige un brouillon de lettre que, semble-t-il, il n'enverra jamais. Ses réserves y sont exprimées franchement. Gorz se révèle comme « l'un des plus fervents – mais non moins irrités – de [ses] admirateurs ». Il manifeste son « agacement » pour certains traits de la pensée d'Illich et, plus grave, pour son « indifférence à l'égard de la base matérielle et de la réalité politique » qui lui interdit toute perspective d'action. « Je suis d'accord, résume-t-il, avec vos buts et en désaccord avec votre idéologie et votre méthode – ou absence de méthode[1]. »

C'est pendant son mois de vacances de l'été 1972 que Bosquet traduit pour *Le Nouvel Observateur* le premier des textes illichiens qui vont véritablement le marquer : *Retooling Society* (« Réoutiller la société »). Jean Daniel lui en a fourni un exemplaire ronéotypé, qui est en fait une première version de l'essai qui sera connu en français sous le titre *La Convivialité* (1973/1973). Résumé et adapté, ce texte est publié dans le numéro du 11 septembre[2]. Quoiqu'il y ait eu échange de correspondances entre le directeur de la rédaction et l'auteur, l'édition est sauvage et déclenche la réaction de l'intéressé : dans sa lettre à Jean Daniel, avec copie à « André Gorz », Illich déplore que le texte paru « ne présente pas l'ensemble des idées du document original d'une façon défendable face à la critique » et demande la publication de cette déclaration[3].

---

1 Original raturé d'un brouillon de lettre d'André Gorz à Ivan Illich, s.d. (SEUIL).
2 Ivan Illich, « Pour retrouver la vie », *Le Nouvel Observateur*, 11 septembre 1972.
3 Lettre en français d'Ivan Illich à Jean Daniel du 25 septembre 1972 (GRZ).

Pour l'en dissuader, Jean Daniel charge le traducteur de lui répondre. Désolé de la situation et s'en excusant au nom du magazine, « André Gorz (Michel Bosquet) » – ainsi signe-t-il – confie : « J'ai fréquenté votre texte trois semaines durant et je m'en suis vraiment délecté. J'ai senti combien (à quelques différences près, d'ordre historique) vos idées rejoignaient les miennes. Elles devraient toucher beaucoup de monde ici. » Il lui assure que *Retooling Society* est, à son avis, « le plus complet – et subversif – de [ses] écrits, celui qui creuse le plus l'origine de l'aliénation (ou ce que nous appelons ainsi) ». Son résumé, explique-t-il, n'a fait que supprimer « les notions complètement étrangères au public français » qui lui auraient donné un air de « curiosité exotique[1] ». En justifiant ainsi son travail de filtrage et de médiation qui va bien au-delà de la simple traduction, Gorz-Bosquet dévoile à nos yeux que le souhait de rendre compréhensible aux lecteurs la pensée déroutante d'Illich est aussi un effort personnel pour assimiler, à l'aune de catégories qui lui sont familières, une direction de pensée qui sort des sentiers battus de la critique marxiste, mais qui lui paraît, à l'égal des lecteurs dont il se fait l'écho, « fondamentale » et comme une « révélation ».

Limiter l'hétéronomie, imaginer l'autonomie

Le chemin de l'écologie

Il ne fait pas de doute qu'Illich a beaucoup compté pour Gorz[2] et qu'à partir des années 1970 celui-ci s'est pénétré des catégories illichiennes qui, plus d'une fois, ravivaient et amplifiaient ses propres schémas d'analyse. « Nous avons eu une relation privilégiée et très forte », se souvient le Français.

---

1 Lettre en anglais d'André Gorz (Michel Bosquet) à Ivan Illich du 3 octobre 1972 (GRZ).

2 Jean-Pierre Dupuy, « Gorz et Illich », *in* Alain Caillé et Christophe Fourel (dir.), *Sortir du capitalisme. Le scénario Gorz*, Le Bord de l'eau, Lormont, 2013, p. 99-103.

« J'ai appris beaucoup de lui, mais je ne pouvais pas ou ne voulais pas le suivre sur toute la ligne[1]. » Gorz n'est pas prêt à substituer Illich à Marx. En revanche, s'il ne brade pas la critique marxienne du capitalisme en ce qu'elle va au cœur des mécanismes d'exploitation et d'oppression qui rabaissent les humains, il la féconde désormais à l'aide de la critique illichienne d'un système technocratique industriel qui ravage autant la vie que l'environnement propice à celle-ci.

Ce qui, dans la pensée de Gorz, fait converger Marx et Illich est donc la technocritique. Et c'est la technocritique, telle que la développe Illich à partir du potentiel créateur des individus seuls ou réunis, qui amène Gorz à l'écologie. Observons d'entrée de jeu que le *marxisme* de Gorz et le *christianisme* d'Illich les incitent à comprendre d'une même manière l'écologie, qui reste pour eux une démarche *anthropocentrique* loin de toute sacralisation de la nature : l'écologie est conçue non pas comme une tentative pour retrouver l'équilibre perdu entre la nature et les humains, mais comme l'épanouissement des humains dans un milieu fini, arraché aux prédations infinies de la technique. Pour Illich comme pour Gorz vaut la sentence : « L'écologie est un humanisme[2]. »

La convergence des deux penseurs sur la question primordiale des ravages de l'hypertrophie technologique se traduit par une influence mutuelle. À l'envoi de la *Critique de la division du travail*, Illich répond en 1974 : « Tu sais que j'aime bien l'article final ["Technique, techniciens et lutte des classes"] parce que nous avons eu l'occasion d'en discuter quand il a paru dans [*Les*] *Temps modernes* [en 1971]. Je m'en suis servi en formulant, dans *La Convivialité*, les affirmations sur l'impact des outils[3]. » Quoique l'introduction de l'ouvrage que lui envoie Gorz se termine par une longue citation sur les outils tirée de *La Convi-*

---

1 Entretien cité de Gorz avec Andrea Levy, *loc. cit.*, p. 260.

2 Françoise GOLLAIN, *Une critique du travail. Entre écologie et socialisme*, La Découverte, Paris, 2000, p. 47.

3 Lettre en français d'Ivan Illich à André Gorz du 5 avril 1974 (GRZ).

vialité, introduisant ainsi une mise en abyme de la paternité des arguments invoqués, Gorz reconnaîtra avoir été inspiré par un texte plus tardif d'Illich, intitulé « Pour une critique radicale du système industriel », paru dans *Technologie und Politik*, revue illichienne de Hambourg fondée par Freimut Duve qui comptait Gorz parmi ses conseillers et collaborateurs[1].

Dans son petit essai de 1977, *Écologie et liberté* (refondu l'année suivante dans *Écologie et politique*), qui est comme son manifeste écologiste, Gorz *alias* Bosquet rappelle, dans la lignée de Marx, que « la technique n'est pas neutre » : « Elle est la matrice des rapports de pouvoir, des rapports sociaux de production et de la division hiérarchique des tâches. » Et de souligner littéralement, dans la veine d'Illich :

> Des choix de société n'ont cessé de nous être imposés par le biais de choix techniques. [...] Sans la lutte pour des technologies différentes, la lutte pour une société différente est vaine. [...] L'inversion des outils est une condition fondamentale au changement de société[2].

Partant du présupposé que l'*homo faber* est en relation avec la société par la médiation des *outils* – qu'il faut entendre au sens large des moyens de production ainsi que des équipements ou institutions réglant l'espace public –, Illich s'inquiète de ce que ces outils aient commencé à asservir les individus au lieu de les servir à partir du moment où leur taille a dépassé un certain seuil. Le progrès se retourne ainsi contre lui-même. Illich appelle cette inversion des fins la « contreproductivité » ; ses proches collaborateurs Jean-Pierre Dupuy et Jean Robert, sur lesquels Gorz s'appuie aussi, y dénoncent là *La Trahison de l'opulence* (1976).

La théorisation a quelque chose de familier pour Gorz qui l'a rencontrée dans l'œuvre de Sartre sous la forme de la contrefina-

---

1 Ivan Illich, « Ansatz zu einer radikalen Kritik am Industriesystem », *Technologie und Politik*, n° 1, 1975, p. 3-11. Voir la lettre d'André Gorz à Andreas Exner du 5 juillet 2007, *in* « Über den Horizont unserer Handlungen », *loc. cit.*, p. 13.

2 André Gorz/Michel Bosquet, *Écologie et politique*, *op. cit.*, p. 26 et p. 26-27.

lité sécrétée par le pratico-inerte. C'est à la lumière des critères discriminants d'*autonomie* et d'*hétéronomie* de l'individu que le phénomène prend tout son sens. Gorz, qui a déjà fait usage de ces catégories référées aux besoins (*voir p.* 94), est particulièrement réceptif à cet argument. Pour Illich, il s'agit de deux manières très différentes de produire des valeurs d'usage. Dans un cas, les individus satisfont leurs besoins par le recours à un savoir qui provient de pratiques collectives maîtrisées – Gorz y voit le principe de l'« autogestion », appliqué à de petites unités économiques ; dans l'autre, par le recours à un savoir réifié uniquement possédé par des professionnels, des technocrates et des institutions spécialisées – Gorz nomme cela l'« hétérogestion ». Cela ne veut pas dire que l'hétéronomie propre à cette seconde option, qui affecte aussi bien l'industrie que les services, est condamnable en soi. Elle est légitime tant qu'elle dote en retour les individus d'une plus grande autonomie dans leur vie courante. Mais l'hétéronomie ne doit pas dépasser certaines limites, sinon la « synergie positive » qu'elle entretient avec l'autonomie s'épuise et les résultats s'inversent.

Prenant à témoin ce qui s'est passé dans les sociétés du tiers monde soumises au rouleau compresseur des « politiques de développement », Illich assure que l'école institutionnalisée distille un savoir standardisé donnant lieu à des diplômes qui hiérarchisent la population tout en dévalorisant et en empêchant l'éducation pratique et non normative de tous ; que la médecine professionnalisée désinvestit l'individu de ses connaissances et capacités curatives (recul de l'herboristerie populaire) ; que la modernisation des transports motorisés supplante des modes de déplacement plus archaïques mais capillaires et accessibles à tous (le paysan et son cochon ne peuvent plus se déplacer comme avant). Autant de logiques inhérentes au « capitalisme de croissance » que Gorz s'applique lui aussi à déconstruire tour à tour.

Pour Illich et pour Gorz qui, dans son recueil *Écologie et politique*, marche ouvertement dans ses pas, l'antidote serait que les individus reconquièrent l'autonomie à travers la mise en place d'*outils conviviaux*. Ces outils, dont l'éventuelle complexité technique n'est pas en soi un obstacle à leur maniement (la téléphonie, par exemple), se reconnaissent à leur échelle humaine : ils préservent le sens de leur finalité, car ils sont maîtrisés par les personnes qui en font un usage qui accroît leur liberté. Il y a donc deux familles de technologie, l'une qui inhibe l'autonomie, l'autre qui peut la servir :

> Il existe des technologies-verrou qui interdisent un usage convivial, et des technologies-carrefour (par exemple, les télécommunications, les ordinateurs, les cellules photovoltaïques) qui peuvent être utilisées de manière conviviale aussi bien qu'à des fins de domination. Il n'y a donc de déterminisme technologique que négatif : certaines technologies – celles qui exigent la subdivision des tâches, la centralisation et la concentration du pouvoir de décision ; celles qui font obstacle à l'appropriation des moyens de travail, du travail lui-même – sont inévitablement des agencements de domination, des obstacles à l'émancipation. Mais il n'y a pas, à l'inverse, de déterminisme technologique positif : pas de technologie bonne en soi qui impose l'émancipation, la libération de ses usages[1].

La réappropriation de certains outils technologiques qui favorise l'autonomie rend possible aussi une nouvelle organisation économique de la société. Gorz brise alors quelques lances en faveur d'une dualisation des secteurs. On pourrait, d'une part, faire produire l'indispensable à la grande industrie, planifiée, avec un temps de travail nécessaire limité à vingt heures hebdomadaires[2], ce qui permettrait, d'autre part, l'essor d'un secteur non marchand, local et relativement autarcique, où les choix de production seraient fonction de besoins de consommation préalablement déterminés[3]. Ces idées feraient-elles poindre l'utopie bucolique d'un « nouveau Monte Verità[4] » (la célèbre

1 André Gorz, « La vie, la nature, la technique », *loc. cit.*, p. 52.
2 André Gorz/Michel Bosquet, *Écologie et politique*, *op. cit.*, p. 15 et p. 103.
3 Dominique Simonnet, « La société dualiste de Michel Bosquet » (entretien), *Le Sauvage*, n° 49, 1er janvier 1978, p. 20-21.
4 Fritz Raddatz, « Im Nebel eines neuen Monte Verità. André Gorz über das Ende der Arbeitsgesellschaft und die Zukunft der Linken », *Die Zeit*, 22 novembre 1991.

communauté anarcho-écologiste du Tessin) ? Ce n'est pas la visée de Gorz :

> Il n'est pas question de retourner à l'artisanat, à l'économie villageoise et au Moyen Âge, mais de subordonner les techniques industrielles à l'extension continuelle des autonomies individuelles et communautaires au lieu de subordonner ces autonomies à l'extension continuelle des techniques industrielles[1].

Dans ce cadre, l'autogestion serait autant une gestion en commun que la maîtrise par chacun de l'ensemble des rapports entretenus avec les autres. Avec ce genre de considérations, qu'il partage avec Illich, Gorz vient grossir les rangs d'un courant de pensée alternatif qui s'affirme en ces années 1970. Décentralisateur et localiste, ce courant s'attaque au monolithisme des pouvoirs en prônant, avec l'écoanarchiste américain Murray Bookchin (qui juge toutefois le fond marxiste de Gorz comme un corps étranger à la véritable écologie[2]), une société autogérée de petites communautés ou, avec l'économiste hétérodoxe britannique Fritz Schumacher, une maîtrise du nécessaire par la multiplication de petites unités productives. *Small is beautiful !*

Revenant quinze ans plus tard sur ces questions, à la faveur d'un numéro de revue dédié à l'écologie, Gorz reliera l'émergence de la contestation écologiste aux États-Unis et en Europe, pendant cette décennie, avec les problématiques illichiennes qui n'auront jamais cessé d'être les siennes : « contre des mégatechnologies en faveur desquelles les industries privées et/ou les administrations publiques dépossédaient les citoyens de leur milieu de vie », contre « ce qu'Habermas a appelé la "colonisation du monde vécu" », s'est développée la lutte pour préserver la culture du quotidien. Gorz explique :

> Par « culture du quotidien », j'entends l'ensemble des savoirs intuitifs, des savoir-faire vernaculaires (au sens qu'Ivan Illich

1 André Gorz/Michel Bosquet, *Écologie et politique, op. cit.*, p. 50.
2 Voir Murray Bookchin, « André Gorz, *Ecology as Politics* », *Telos*, n° 46, 21 décembre 1980, p. 177-190.

> donne à ce terme), des habitudes, des normes et des conduites allant de soi, grâce auxquels les individus peuvent interpréter, comprendre et assumer leur insertion dans le monde qui les entoure [...]. La résistance à cette destruction de se prendre en charge, autrement dit l'autonomie existentielle des individus et des groupes ou communautés, est à l'origine de composantes spécifiques du mouvement écologique : réseaux d'entraide de malades, mouvements en faveur de médecines alternatives, mouvement pour le droit à l'avortement, mouvement pour le droit de « mourir dans la dignité », mouvement de défense des langues, cultures et « pays », etc.[1].

Et de conclure sur la nature du combat écologiste : « La défense du *milieu de vie* au sens écologique et la reconstitution d'un *monde vécu* se conditionnent et se soutiennent l'une l'autre[2]. »

Quand la richesse rend pauvre

De l'avis d'Illich, l'emballement de l'hétéronomie s'insinue aussi dans un autre domaine, celui de la consommation. Cela arrive lorsque la synergie entre l'hétéronomie productive et les besoins « autonomes » qu'elle satisfait s'interrompt : l'hétéronomie atteint alors le seuil où les besoins ne sont plus que des besoins artificiellement créés et dont la multiplication effrénée, qui répond à cette seule logique hétéronome – la recherche du profit, précise Gorz –, a pour contre-effet d'induire l'insatisfaction vis-à-vis de la saturation des biens possédés et la frustration vis-à-vis de ceux sans cesse désirés. Illich parle à ce propos de la « modernisation de la pauvreté » puisque l'offre démesurée et continûment renouvelée des biens suscite le sentiment de la pauvreté relative à cette opulence ambiante.

Un paradoxe que *Stratégie ouvrière et néocapitalisme* avait déjà cerné. Maintenant, Gorz en instruit le procès. Étant posé

---

1 André Gorz, *Écologica*, *op. cit.*, p. 51, p. 47, p. 49 et p. 53. Publication d'origine : « L'écologie politique entre expertocratie et autolimitation », *L'Écologie, ce matérialisme historique* : *Actuel Marx*, n° 12, 2e semestre 1992, p. 15-29.

2 *Ibid.*, p. 68.

que l'état de pauvreté n'est jamais absolu mais relatif à un état de richesse et qu'il atteste de l'inégalité sociale d'une société, « la persistance de la pauvreté dans les pays riches doit être attribuée à un système social qui produit des pénuries en même temps que des richesses croissantes : la pauvreté est produite et reproduite à mesure que le niveau de consommation s'élève. [...] Recréant sans cesse la rareté pour recréer l'inégalité et la hiérarchie, la société engendre plus de besoins insatisfaits qu'elle n'en comble[1] ». Le mécanisme est ainsi démonté :

> Dès qu'un produit devient accessible à tous, l'inégalité est reproduite par l'offre d'un produit « meilleur » accessible aux privilégiés seulement. Le produit « meilleur » frappera d'obsolescence le produit accessible, le dévalorisera et déterminera la « pauvreté » de ceux qui n'ont accès qu'à ce dernier. La reproduction de l'inégalité de la pauvreté et du privilège – à des niveaux toujours plus élevés – est une condition nécessaire de la croissance indéfinie de la demande[2].

Sans le citer, Gorz rejoint Baudrillard pour qui « le système ne se soutient que de produire la richesse *et* la pauvreté, que de produire autant de dissatisfactions que de satisfactions[3] ». Si la pauvreté, en tant que manque, fait fonctionner le système qui l'utilise comme aiguillon à la consommation, elle dépend aussi de l'impossibilité – physique ou symbolique – de généraliser l'accès à des biens rares non extensibles ou qui n'ont de valeur que par leur rareté (maisons individuelles, tourisme d'élite, voyages en Concorde, produits de luxe, etc.). L'élimination de la pauvreté dans les pays industrialisés ne peut donc être obtenue par l'accroissement aveugle de la production, mais par l'accessibilité à tous d'un certain type de bien : celui dont la diffusion générale ne détruit pas la valeur d'usage par la contrefinalité des

1 André Gorz/Michel Bosquet, *Écologie et politique, op. cit.*, p. 37 et p. 14.
2 André Gorz, *Les Chemins du paradis. L'agonie du capital*, Galilée, Paris, 1983, p. 56.
3 Jean Baudrillard, *La Société de consommation. Ses mythes, ses structures*, Denoël, Paris, 1986 [1970], p. 70.

encombrements et des nuisances écologiques qu'elle pourrait induire. Ainsi se trouverait inhibée l'incitation obsessionnelle, frustrante et écologiquement dévastatrice à consommer toujours plus, de même que se trouverait rompue la captieuse équation entre « plus » et « mieux » :

> Mieux peut être obtenu avec moins, proclame l'auteur d'*Écologie et liberté*. On peut vivre mieux en travaillant et consommant moins, à condition de produire des choses plus durables qui n'engendrent ni nuisances ni raretés insurmontables dès lors que tous y accèdent. [...] Pourquoi n'obtiendrait-on pas une amélioration des conditions et du niveau de vie en tirant un meilleur parti des ressources disponibles ; en produisant autre chose, autrement ; en supprimant les gaspillages ; en veillant à ne point produire socialement des choses si dispendieuses que jamais elles ne seront accessibles à tous ; ni des choses si encombrantes et polluantes que leurs nuisances l'emporteront sur leurs avantages dès le moment où la majorité s'en servira[1] ?

Trente ans plus tard, les écologistes seront invariablement aux prises avec un capitalisme qui ne mue pas quant au fond et qui continue de reposer sur la croissance économique, encore une fois dénoncée comme inséparable des inégalités de richesse qu'elle cause et dont elle se nourrit[2].

Idéologie de la bagnole

Appartenant à une génération d'après guerre éprise de modernité, Gorz ne sera jamais de ces écologistes qui répudient l'automobile au profit de la petite reine. Ses tirades contre la « bagnole » ne sont pas technophobes, elles sont illichiennes : elles s'attaquent aux excès et aux contrefinalités. D'ailleurs, comme le dira Lanzmann, non sans malice, Gorz « adorait les voitures, qu'il exceptait de la décroissance[3] ». C'est son péché

---

1 André Gorz/Michel Bosquet, *Écologie et politique*, *op. cit.*, p. 52 et p. 19-20.

2 Voir Hervé Kempf, *Comment les riches détruisent la planète*, Seuil, Paris, 2007.

3 Claude Lanzmann, « Pour Gérard Horst, André Gorz, Michel Bosquet », *Les Temps modernes*, n° 645-646, septembre 2007, p. 2.

mignon ! Après dix années d'économie, il parvient à s'acheter une vieille Austin, puis une Renault Frégate « carrosserie spéciale » d'occasion qu'il conduit sur les routes des vacances et de ses reportages en province, grisé par la vitesse. C'est au volant de cette superbe berline blanche décapotable qu'il se présente dans le village breton de Landerneau un jour de l'automne 1962 pour interviewer le fondateur des magasins Leclerc ; le fils de celui-ci, dix ans – qui plus tard passera le temps de ses études à Paris « fourré » chez Gorz, devenu son second père spirituel et affectif – en est tout ébahi[1]. Par la suite, Gorz possédera une BMW, une VW Golf, une Chrysler, etc. Ce qui ne l'empêchera pas de « tenir la motorisation individuelle pour un choix politique exécrable qui dresse les individus les uns contre les autres[2] ».

L'auteur du *Traître* et de *La Morale de l'histoire* est précoce : il pressent la théorie sartienne de la « sérialité[3] » et devance Illich lorsqu'il affirme que l'usage généralisé de l'automobile finit par aller à l'encontre du but recherché initialement par le conducteur, celui de l'autonomie individuelle.

> La bagnole [...], incarnation de la négation de l'Ici, fait miroiter le Partout et Nulle part à la pointe de son capot, et procure à son propriétaire la plus illusoire des libertés : la libération *apparente* des contraintes et règles de la vie en commun[4].

> La circulation encombre les voies, des embouteillages bloquent les véhicules aux carrefours, et les automobilistes avancent finalement moins vite et avec une dépense d'énergie plus grande que les usagers des transports en commun[5].

Selon Gorz-Bosquet, qui connaît personnellement les embouteillages du dimanche soir, l'« automobilisme » exalte

1 Michel-Édouard Leclerc, « André Gorz : la mort d'un philosophe », 2 octobre 2007, <michel-edouard-leclerc.com>.
2 André Gorz, *Lettre à D.*, *op. cit.*, p. 60.
3 Développée dans la *Critique de la raison dialectique* (1960). Voir Françoise Gollain, *André Gorz, une philosophie de l'émancipation*, L'Harmattan, Paris, 2018, p. 71-72.
4 *Idem*, *Le Traître*, *op. cit.*, p. 366.
5 *Idem*, *La Morale de l'histoire*, *op. cit.*, p. 95.

le consumérisme et l'individualisme bourgeois. Les récriminations qu'il porte contre cette protubérance du capitalisme opulent percent dès ses articles dans *L'Express*[1] et vont être constantes dans son œuvre. Elles se joignent à d'autres du même type. Roland Barthes voit dans l'accès à l'automobile, cet « objet parfaitement magique », « le mouvement même de la promotion petite-bourgeoise » (*Mythologies*, 1957) ; le personnaliste Bernard Charbonneau s'inquiète de l'emprise physique et psychologique que subit l'homme devenu un *Hommauto* (1967) ; Illich démystifie les transports motorisés en se livrant (avec l'aide de Dupuy) aux vrais calculs de leur vitesse (*Énergie et équité*, 1973) ; l'écologiste Philippe Saint-Marc voit dans l'automobile le « cancer de notre civilisation » (*Faut-il fermer Renault ?* : *Le Sauvage*, n° 6, 1973) ; enfin, le tiers-mondiste et écologiste René Dumont résume et dénonce ses méfaits : gaspillage des ressources, pollution urbaine et hécatombe humaine (seize mille tués en France en 1971 !) (*L'Utopie ou la mort !*, 1973).

Pour Gorz, qui écrit en 1973 un article sur « L'idéologie sociale de la bagnole » qu'il aura soin de reprendre dans ses recueils ultérieurs[2], la question de l'automobile a trait à un choix aliénant de consommation individuelle et, sur un autre plan, à la viabilité problématique des transports, mais elle ne se réduit en aucun cas à ces deux thèmes : le problème est global et investit l'aménagement du territoire. Car la priorité donnée par les gouvernants à la motorisation a éloigné les travailleurs de leurs lieux de vie en les rendant dépendants de transports à jamais engorgés et insuffisants. Le paradoxe étant que le développement des transports, loin de diminuer leur congestion et le temps de leur usage, les augmente en rendant possible de plus

1 Voir, par exemple, Michel Bosquet, « Circulation. Le luxe des dimanches », *L'Express*, 26 octobre 1962.

2 *Écologie et politique* et *Écologica*. Publication d'origine : Michel Bosquet, « Mettez du socialisme dans votre moteur », *Le Sauvage*, n° 6, septembre-octobre 1973, p. 8-13. Le titre est un détournement du slogan publicitaire d'une compagnie pétrolière : « Mettez un tigre dans votre moteur ».

longs trajets « pendulaires ». Banlieues- ou villages-dortoirs en sont le produit. La solution ? Elle est de réunifier dans l'espace la vie des gens :

> Il faut qu'ils puissent ne pas se faire transporter du tout parce qu'ils se sentiront chez eux dans leur quartier, leur commune, leur ville à l'échelle humaine, et qu'ils prendront plaisir à aller à pied de leur travail à leur domicile – à pied ou, à la rigueur, à bicyclette. Aucun moyen de transport rapide et d'évasion ne compensera jamais le malheur d'habiter une ville inhabitable, de n'y être chez soi nulle part, d'y passer seulement pour travailler ou, au contraire, pour s'isoler et dormir[1].

Némésis médicale

Le séjour à Cuernavaca

À l'été 1973, de passage à Paris pour promouvoir *La Convivialité*, Illich invite Gérard et Dorine, en plus de Dupuy, à participer au séminaire sur la médecine prévu à Cuernavaca l'année suivante. Au CIDOC, il a pour coutume d'organiser des groupes de réflexion, qu'il n'anime pas forcément en personne, avec des chercheurs pour la plupart nord-américains et européens (y transiteront Paulo Freire, Helder Camara, Francisco Julião, Susan Sontag, Paul Goodman, Fromm, Marcuse, Robert – qui ne partira plus –, l'étudiant et futur sous-commandant Marcos, etc.), dans le but de collecter des matériaux, de les confronter et d'en débattre. En général, il prépare lui-même un document de départ, ronéotypé en interne, qui, après avoir fait l'objet de discussions et d'aménagements, se transforme en mouture éditable. *Némésis médicale* (1975/1975) est le résultat d'un an et demi de recherches en commun auxquelles Gorz prend part avec d'autres « de façon décisive » (*dixit* Illich) pendant son séjour d'un mois à l'été 1974.

Gorz suit en même temps un autre séminaire, animé par Étienne Verne et Heinrich Dauber, qui a pour thème la forma-

---

1 André Gorz, *Écologica*, *op. cit.*, p. 85.

tion permanente – et ses impasses institutionnelles. Il y présente une communication qui est pour lui l'occasion de mettre en œuvre les préceptes illichiens :

> Plus que d'institutions spécialisées, l'éducation permanente résultera du fait que les individus seront placés en permanence dans des situations éducatives : c'est-à-dire dans des situations où ils ont à déterminer eux-mêmes, individuellement et collectivement, leur façon de vivre et de travailler, leur environnement et la nature de leurs outils. La séparation entre travailler et apprendre devient alors impossible[1].

La médecine contreproductive et son vécu

Fort de son séjour studieux et convivial au Mexique, où il a aussi beaucoup lu en puisant dans la bibliothèque du centre, Bosquet dresse, pour *Le Nouvel Observateur* (21 et 28 octobre 1974), un réquisitoire sur les inconséquences et les méfaits de la médecine qui va faire grand bruit. Il se prévaut aussi d'un ouvrage de Dupuy et Serge Karsenty qui a mûri au fil des discussions avec Illich, *L'Invasion pharmaceutique* (1974). Dans ce long article « Quand la médecine rend malade[2] », Bosquet constate que les maladies les plus fréquentes, comme les affections cardiovasculaires, l'hypertension, l'hypercholestérolémie ou certains cancers, sont des maladies de civilisation qui relèvent d'une étiologie d'ordre social, économique et politique : elles sont intimement liées aux conditions de vie. Mais, en concentrant son effort sur la guérison des maux, la médecine individualise les cas et contribue à en masquer les causes collectives et structurelles. Tout est fait par rapport à la maladie dont le patient n'est que le support organique : le malade n'est pas considéré comme une personne baignant dans des relations sociales et un milieu de vie donnés, lesquels agissent pourtant sur sa condition. On

---

1 André Gorz, « Le programme caché de l'éducation permanente », *in* Heinrich Dauber et Étienne Verne, *L'École à perpétuité*, Seuil, Paris, 1977, p. 118.

2 André Gorz/Michel Bosquet, *Écologie et politique*, *op. cit.*, p. 172-208.

traite donc les effets sans voir les causes. Résultat, la médecine joue un rôle redoutable de normalisation sociale :

> La médecine remplit en fait une action de défense de l'état de choses existant : elle postule implicitement que la maladie est imputable à l'organisme malade et non à son milieu de vie et de travail, et elle met de ce fait hors de cause des modes de vie et de travail contre lesquels l'organisme se rebelle ou se défend par une sorte de grève symbolique. La plupart des maladies, en effet, signifient *aussi* un « je n'en peux plus » du malade, une incapacité à s'adapter ou à faire face plus longtemps à des circonstances qui entraînent une souffrance physique, nerveuse, psychique insoutenable à la longue pour cet individu – ou même pour *tout individu sain*[1].

Cette incapacité du geste médical à prendre en compte les caractéristiques sociales et environnementales des populations explique que les progrès de la médecine n'ont pas toujours été à l'origine de la diminution de certaines affections qui, par exemple dans le cas de la tuberculose, ont reculé sous l'effet d'autres facteurs, liés le plus souvent à une meilleure hygiène de vie. La médecine aspire pourtant à étendre la médicalisation à toute l'existence. Son aura la précède. Au même titre que la publicité marchande, elle répand dans la société l'idéologie du corps sain selon laquelle tout signe de faiblesse, de malaise, de vieillissement doit être traité ou prévenu. Le jeunisme sera l'un des volets persistants de cette mentalité induite. On réprouve le fait d'apprendre à vivre avec ses propres dérèglements.

Quant à la mort, en tant qu'aboutissement « accidentel » de la maladie ou de la vieillesse, elle est médicalement prise en charge, de sorte que le rapport du mourant et de son entourage à ce moment particulier de la vie est aseptisé et empêché. C'est plus en général l'« art de vivre », autrement dit la connaissance et la pratique des conduites hygiéniques au quotidien,

---

1 *Ibid.*, p. 218. Publication d'origine : Michel BOSQUET, « Une médecine de classe », *Lumière et vie*, n° 127, avril 1976, p. 31-43.

qui est remplacé par les interventions techniques de la science médicale : « Les ordonnateurs de ces interventions ont persuadé les gens que, pour vivre, survivre, guérir ou supporter leurs maux, ils ont besoin de s'entourer d'une sorte de bulle thérapeutique, chimisée, aseptisée, tranquillisée, stimulée, régulée, contrôlée en permanence[1]. » La médecine clinique accuse de surcroît une contrefinalité, source de surmortalité et de surhospitalisation, lorsqu'elle est confrontée aux pathologies nosocomiales, aux effets nocifs de tels vaccins ou aux résistances biologiques à des traitements généralisés.

Les articles de Bosquet dans *Le Nouvel Observateur* suscitent de très nombreuses réactions de lecteurs – médecins et « usagers » de la médecine. France Culture invite Bosquet et Karsenty à enregistrer, le 22 janvier 1975, une émission sur « Maladie et société ». Ces débats, qui rencontrent un certain écho médiatique, participent d'une prise de conscience du public quant au besoin de maîtriser la gestion de sa propre santé, qui est une façon de se réapproprier son corps – comme l'est le combat féministe contemporain pour le droit à l'avortement qui aboutit à la loi Veil de 1975.

Ces débats vont de pair avec l'avènement d'un mouvement de contestation de la médecine officielle et de son idéologie. Entre 1972 et 1976, les scientifiques Dupuy, Robert, Karsenty et Philippe d'Iribarne dirigent un Centre de recherche sur le bien-être (CEREBE-CNRS) qui pourfend, outre le consumérisme, l'obsession de la santé parfaite. En 1975 naissent le Syndicat de la médecine générale (SMG) et son organe *Pratiques ou Les cahiers de la médecine utopique*, qui veulent changer la relation au patient en l'impliquant dans la lutte contre les causes structurelles de la maladie et qui s'en prennent à la notion de profit en médecine[2]. En 1977, la revue militante *L'Impatient* explore

1 André Gorz/Michel Bosquet, *Écologie et politique*, *op. cit.*, p. 183.

2 Pour une actualisation de la problématique, voir *Marchandiser les soins nuit gravement à la santé* : *Revue du MAUSS*, n° 41, 2013. Pour la « Saga du SMG », voir *Pratiques*, n° 43, octobre 2008.

la voie des médicalisations douces et le retour aux soins par les plantes. En 1980, Bosquet publie enfin un gros dossier en forme de « Plaidoyer pour les médecines douces » dans *Le Nouvel Observateur* (7 avril). Par ailleurs, la critique du modèle dominant du « corps » – modèle souvent associé à l'idéologie sportive –, qui, dès 1966, était à l'honneur dans la revue *Partisans* grâce aux reichiens et marcusiens Boris Fraenkel et Jean-Marie Brohm (et à leur collaborateur Paul Virilio), refait surface sous la forme d'une revue : en 1975 paraît *Quel corps ?*, que son fondateur Brohm engage politiquement à l'extrême gauche.

L'année 1974 et les suivantes sont dramatiques pour Gérard et Dorine. L'intérêt du journaliste pour la « critique de la techno-médecine » vient à coïncider avec les préoccupations personnelles qu'il partage avec son épouse. Des contractures et des migraines inexpliquées gâchent la vie de Dorine, contrainte de passer ses nuits debout sur le balcon ou assise dans un fauteuil. Dorine apprend qu'elle souffre d'une arachnoïdite chronique et incurable provoquée par l'enkystement dans les fosses crâniennes et au niveau des cervicales d'un produit de contraste, injecté huit ans plus tôt lors d'une myélographie. Le radiologue s'était pourtant montré rassurant : « Vous allez éliminer ce produit dans les dix jours » !

Le combat contre la maladie durera le restant de ses jours. Elle explore des voies thérapeutiques en dehors de la médecine officielle, recourt à l'ostéopathie et à l'homéopathie, pratique le yoga et, conseillée par une connaissance anglaise, la relaxation mentale. Elle adhère en 2001 à la nouvelle association Aube sophrologie que Gorz soutient par un discours à l'assemblée générale l'année suivante. Gorz expliquera que pour parvenir à apprivoiser ses souffrances récurrentes, sa compagne avait choisi le seul moyen qui lui restait, celui de se réapproprier son corps et sa maladie :

> Tu n'avais plus rien à attendre de la médecine. Tu refusais de t'habituer à la prise d'antalgiques et d'en dépendre. Tu as

décidé de prendre toi-même en main ton corps, ta maladie, ta santé ; de prendre le pouvoir sur ta vie au lieu de laisser la technoscience médicale prendre le pouvoir sur ton rapport à ton corps, à toi-même. [...] Ta maladie nous ramenait sur le terrain de l'écologie et de la technocritique. [...] La technomédecine m'apparaissait comme une forme particulièrement agressive de ce que Foucault allait plus tard appeler le bio-pouvoir[1].

1 André GORZ, *Lettre à D., op. cit.*, p. 67-68.

12

Urgence écologique et décroissance

La contestation de 1968 a été dirigée contre les effets aliénants du bien-être matériel, tout en tenant pour acquis la poursuite de la croissance. Cet optimisme prend fin avec la décennie. Les premiers signes de l'essoufflement économique ne présagent rien de moins que le renversement du *trend* et l'ébranlement d'un modèle de développement séculaire marqué par l'industrialisation, l'urbanisation et l'accroissement démographique. On découvre les limites physiques à l'expansion et les dévastations que celle-ci induit. La pollution industrielle et la mise à sac du milieu naturel soulèvent une indignation croissante.

La remise en question de la modernité se teint de couleurs sombres. Le catastrophisme pointe du côté des contestataires écologistes – le périodique français *La Gueule ouverte* (1972) se donne pour sous-titre sardonique *Le journal qui annonce la fin du monde* – et la critique de la technologie s'affiche antiprogressiste – la CFDT publie un réquisitoire au titre sorélien, *Les Dégâts du progrès* (1977). Le regard se détourne de la pensée occidentale jusque-là triomphante. Les hippies américains, habités de mysticisme, trouvent en Henry Thoreau et le Mahatma Gandhi des exemples de résistance civique qui alimentent les mouvements écologistes et pacifistes, souvent réunis. Sur le plan philosophique, l'antiscientisme et l'antipositivisme de Husserl ainsi que la théorie critique de l'école de Francfort (notamment Adorno et ses acides *Minima moralia* – 1951/1980[1])

---

1 Disponible dans les années 1970 en allemand, en italien et en anglais, il n'y a qu'en France que cet essai reste longtemps ignoré, la première traduction datant de 1980.

sont une source d'inspiration renouvelée pour qui s'attaque au rationalisme chancelant du capitalisme. Nietzsche, l'intempestif, puis Sorel, l'incompris, sont redécouverts comme penseurs subversifs de gauche.

En introduisant un entretien avec Marcuse à la mi-1972, le journaliste Michel Bosquet saisit parfaitement ce retournement :

> On avait vécu, jusqu'à ces dernières années, avec une conscience de la marche de l'histoire plus optimiste [...] héritée du marxisme, qui faisait que l'on pouvait, avec une intervention de l'homme qui accélérerait ou qui freinerait, attendre avec optimisme l'arrivée de la société sans classes, et, au fond, du bonheur, et que tout d'un coup, toutes les lois de la science, du progrès, de la démographie remettent en cause totalement cet optimisme et l'inéluctabilité de la marche de l'histoire vers le progrès[1].

L'intervieweur fait le constat que la promesse prométhéenne, portée par les Lumières et par Marx, bute sur la soudaine révélation des contraintes et limites physiques qui menacent de faire écrouler, avec l'accumulation capitaliste, le procès matériel même de reproduction de la vie. Cette prise de conscience consacre son adhésion à l'optique écologiste. Mais avant d'examiner en quels termes singuliers s'opère cette conversion, il nous faut présenter la nouveauté théorique que constitue, dans les années 1970, la pensée écologiste – que d'aucuns, bientôt imités par notre protagoniste, qualifient de « science subversive[2] ».

Quelle nature ?

Les limites naturelles

Au début des années 1970, un livre d'importance séminale révolutionne, malgré sa diffusion souterraine, la

1 Entretien de Jean Daniel et Michel Bosquet avec Herbert Marcuse, 15 juin 1972, passage inédit (GRZ 10.3). L'entretien est publié dans *Le Nouvel Observateur* du 8 janvier 1973.

2 Paul Shepard et Daniel McKinley (dir.), *The Subversive Science. Essays toward an Ecology of Man*, Houghton Mifflin, Boston, 1969.

manière d'aborder la philosophie de la nature. Écrit par Nicholas Georgescu-Roegen, *The Entropy Law and the Economic Process* (1971) précède dans la même veine *Energy and Economic Myths* (1976). L'auteur de ces deux ouvrages est connu aujourd'hui pour être le père de la décroissance[1].

Économiste roumain formé à Harvard auprès de Joseph Schumpeter (lequel fulminait déjà contre ceux qui confondaient croissance et développement), il se distingue en particulier pour avoir appliqué aux processus économiques de prélèvement et de transformation des ressources le second principe de la thermodynamique, appelé loi d'entropie. Sur la base de ce principe physique, il établit que les ressources terrestres en énergie et en matériaux qui entrent dans le circuit économique subissent à la sortie une détérioration, voire une dissipation de leur état initial, qui se traduit par toujours plus de pollutions et de déchets ainsi que par la raréfaction et l'épuisement des stocks de départ. Les effets de ce phénomène s'aggravent avec le temps. « Par conséquent, avertit Georgescu-Roegen, l'un des principaux problèmes écologiques posés à l'humanité est celui des rapports entre la qualité de la vie d'une génération à l'autre et plus particulièrement celui de la répartition de la dot de l'humanité *entre toutes les générations*[2]. » Gorz, qui lit sans doute Georgescu-Roegen dans la revue britannique *The Ecologist*, est conquis par ce souci nouveau de l'équité intergénérationnelle[3].

Mais l'indifférence aux thèses de Georgescu-Roegen reste la norme en France, comme ailleurs. Un recueil de ses textes voit le jour à Lausanne en 1979 grâce à Jacques Grinevald qui l'intitule *Demain la décroissance* – néologisme utilisé pour la première fois par Gorz lors d'un débat le 13 juin 1972. Pourtant,

---

1 Jacques GRINEVALD, « Nicholas Georgescu-Roegen et le "message terrestre" de la décroissance », *Entropia*, n° 10, printemps 2011, p. 135-154.

2 Nicholas GEORGESCU-ROEGEN, « Energy and economic myths », *The Ecologist*, juin et août-septembre 1975, repris dans *La Décroissance. Entropie, écologie, économie* (présentation et traduction de Jacques Grinevald et Ivo Rens), Sang de la terre/Ellébore, Paris, 1995 [1979], p. 100.

3 Voir André GORZ/Michel BOSQUET, *Écologie et politique, op. cit.*, p. 240.

Grinevald ne parviendra jamais à faire éditer en français les ouvrages hétérodoxes de son maître. Un autre livre précurseur, qui s'inscrit dans le même courant de la bioéconomie, *L'Économique et le Vivant* (1979) du Bordelais René Passet, arrache à peine un brin de reconnaissance. Au contraire, un ouvrage de vulgarisation, réfractaire à la bioéconomie mais surfant sur la vague illichienne, obtient un bon écho, y compris aux oreilles de Michel Bosquet[1] : *L'Anti-économique* (1974) de Jacques Attali et Marc Guillaume, professeurs à Polytechnique, qui soutient que la croissance équivaut plus à une dégradation qu'à une amélioration de la vie. Si à droite Georgescu-Roegen reçoit au mieux des marques d'estime (de la part de l'économiste schumpétérien François Perroux), à gauche, la pensée écologiste centrée sur la dynamique bioéconomique apparaît comme un OVNI théorique dans un univers éventuellement fasciné par Illich, mais surtout subjugué par les idées reçues du marxisme[2]. De prime abord, la fracture entre une conception du monde biosphérique et une conception de l'humanité historico-sociale est abyssale.

Dans l'analyse du système capitaliste, les écologistes ne jaugent pas comme les marxistes les matières premières telle une variable comptable qui concourt au même titre que les machines et le travail engagé à la composition du capital, comme si les limites des ressources n'étaient que celles de leur coût économique. Au contraire, ils jaugent les ressources naturelles telle une entité physique finie que son utilisation productive détruit ou altère définitivement. De plus, les écologistes évaluent les dommages « externalisés » de la production qui affectent le milieu de vie et la planète entière (pollution, déchets, épuisement des sols, etc.) et demandent à ce qu'ils soient inclus dans les coûts. Dès 1972,

1 Voir *ibid.*, p. 61-71. Publication d'origine : « Réinventer l'avenir », *Le Nouvel Observateur*, 4 mars 1974.

2 Sur l'incompréhension historique de la thermodynamique par le marxisme, voir Joan Martínez Alier, « La confluence dans l'éco-socialisme », *in* Jacques Bidet et Jacques Texier (dir.), *L'idée du socialisme a-t-elle un avenir ?*, PUF, Paris, 1992, p. 181-193.

Gorz ou plutôt Michel Bosquet – c'est par le journalisme que le penseur découvre l'écologie – remarque :

> C'est que l'écologie, par les paramètres nouveaux qu'elle introduit dans le calcul économique, est, virtuellement, une discipline foncièrement anticapitaliste et subversive. Alors que le seul optimum que connaît la comptabilité capitaliste est l'accroissement du capital, le profit, l'écologie introduit des paramètres extrinsèques : le ménagement optimal des ressources naturelles, de l'environnement, des équilibres biologiques ; la recherche du maximum de durabilité, de valeur d'usage et non plus de valeur d'échange ; la satisfaction et l'épanouissement optimal des hommes dans leur travail et hors du travail, et non plus le rendement et la productivité maximale du travail du point de vue du capital[1].

La démarche des écologistes reflète un matérialisme naturaliste. Celle de Marx a aussi été de type matérialiste, mais, braquée contre Malthus, elle s'est cantonnée dans un économisme ignorant les limites naturelles à la création de richesse et à l'accumulation du capital[2]. Et pour cause. Marx n'a jamais rompu avec l'idéologie de la bourgeoisie, mise en forme par Adam Smith, selon laquelle l'ordre civil repose sur le droit des individus perçus principalement comme des producteurs, ce qui implique que l'économie est réputée indépendante tant vis-à-vis de la nature que des autres dimensions de la société[3]. De sorte que si Marx s'est appuyé sur Hegel pour blâmer la séparation (*Trennung*) et l'aliénation (*Entfremdung*) de l'homme, il n'a jamais appréhendé celles-ci autrement que comme un malheur propre au faire de l'homme, c'est-à-dire immanent à son activité écono-

---

1 Michel Bosquet, *Critique du capitalisme quotidien*, *op. cit.*, p. 298-299. Publication d'origine : « Écologie et révolution », *Le Nouvel Observateur*, 19 juin 1972.

2 Ted Benton, « Marxisme et limites naturelles. Critique et reconstruction écologiques », *L'écologie, ce matérialisme historique* : *Actuel Marx*, n° 12, 2e sem. 1992, p. 59-95 ; Jean-Marie Harribey, « Marxisme écologique ou écologie politique marxienne », *in* Jacques Bidet et Eustache Kouvélakis (dir.), *Dictionnaire Marx contemporain*, PUF, Paris, 2001, p. 183-200.

3 Dominique Bourg, *Les Scénarios de l'écologie*, Hachette, Paris, 1996, p. 14 et p. 17.

mique, dont le primat et la puissance restent incontestés par-delà le dévoiement des fins.

Cette limite critique se répercute dans la déconstruction du mode de production capitaliste contenue dans *Le Capital.* Marx y met en évidence que le procès de travail en général, au sens anthropologique, qui utilise la matière-énergie et produit des valeurs d'usage, n'est que la condition d'une autre espèce de procès qui le phagocyte. Il est le support d'un procès historiquement et socialement constitué, dont le but propre – qu'on le définisse de supramatérialiste ou, avec Marx, de « mystique » – est d'assurer, à travers la production de valeurs d'échange « fétiches » pleines « de subtilités métaphysiques et d'arguties théologiques » (*Le Capital,* I, 1, § 4), la reproduction élargie du capital qui, bien entendu, n'est lui aussi qu'abstraction, soit en l'espèce la cristallisation sociale du travail passé.

Cette attention privilégiée au procès circulaire du capital, qui évolue au-dessus de sa base matérielle, en vase clos et avec sa propre dialectique (*Le Capital,* II, introd.), a empêché Marx et ses disciples de s'apercevoir, comme le regrette Georgescu-Roegen, que « la nature elle aussi joue un rôle important dans le processus économique ainsi que dans la formation de la valeur économique[1] ». La critique de l'économie politique par la logique même de l'économie politique a permis à Marx de lever le voile sur les limites internes au développement du système (crises, baisse tendancielle du taux de profit), mais nullement sur celles qui dérivent de l'emprise qu'exerce l'économie sur l'écosystème. Non pas les vues marxistes – calquées à la fois sur la téléologie du capital visant sa reproduction et sur la perspective de la richesse assurant la base du communisme –, mais un autre point de vue – l'acceptation de la nature dans sa dimension physique finie et la prise en compte de son usure entropique – rend intelligible le saccage de la nature par l'activité des hommes. Bosquet écrit en 1976 :

1 Nicholas Georgescu-Roegen, « The entropy law and the economic problem », *The Ecologist,* juillet 1972, repris dans *La Décroissance, op. cit.,* p. 41.

> Ce que nous enseigne l'écologie, c'est que l'économie des productions humaines est englobée dans une économie des cycles naturels, régie par les principes de la thermodynamique. [...] Elle nous rappelle ainsi que toute production est aussi destruction. [...] Lorsque les effets utiles d'une destruction dépassent ses inconvénients (ses « désutilités ») et ses coûts, on peut parler de destruction productive. Mais, lorsque les désutilités et les coûts d'une production dépassent les effets utiles qu'on en retire, il faut parler de production destructive. Or, passé un certain point, les « progrès » de la croissance industrielle ont plus d'effets destructifs que d'effets utiles. [...] La destruction des « stocks naturels » (air, eau, ressources minérales, espace, forêt, faune océanique) n'est comptabilisée nulle part. Cela fait que nos industriels, avec la bénédiction de nos technocrates, commettent de plus en plus de destructions pour combattre les effets destructifs de leurs productions. Nous ne cessons d'augmenter les *inputs* pour combattre les effets négatifs de l'augmentation des *inputs*. La croissance du produit national s'accompagne d'une détérioration de la qualité de la vie[1].

Cette explication, qui met en avant le cercle vicieux de la « production destructive » palliée par encore plus de « production destructive », conduit son auteur à militer pour la « décroissance ». Bosquet explique dans *Écologie et liberté* :

> La science et la technologie ont fini par faire cette découverte capitale : toute l'activité productive vit des emprunts qu'elle fait aux ressources limitées de la planète et des échanges qu'elle organise à l'intérieur d'un système fragile d'équilibres multiples. Il ne s'agit point de diviniser la nature ni de « retourner » à elle, mais de prendre en compte ce fait : l'activité humaine trouve en la nature sa limite externe et à ignorer cette limite, on provoque des retours de bâton [...]. Le plus loin que l'économie politique soit allée [dans les remèdes] a été d'envisager la croissance zéro des consommations physiques. Un seul économiste, Nicholas Georgescu-Roegen, a eu le bon sens de constater que, même stabilisée, la consommation de ressources limitées finira inévita-

---

1 Michel BOSQUET, « Une production destructive », *Le Nouvel Observateur*, 11 octobre 1976.

> blement par les épuiser complètement, et que la question n'est donc point de ne pas consommer de plus en plus, mais de consommer de moins en moins : il n'y a pas d'autre moyen de ménager les stocks naturels pour les générations futures[1].

L'autolimitation

André Gorz approuve-t-il pour autant le principe écologiste selon lequel l'espèce humaine doit vivre en harmonie avec la nature ? La réponse ne saute pas aux yeux car il a toujours conçu le rapport de l'Humain à la Nature dans le cadre des humanismes sartrien et marxiste qui exaltent la puissance de l'agir humain[2]. Il n'abandonnera jamais ce cadre philosophique – alors qu'il connaît la critique écologiste qu'en a faite William Leiss dans *The Domination of Nature* (1972)[3].

C'est dire que son ralliement théorique à l'écologie se fait par une voie toute personnelle qui reste étrangère à la révolution copernicienne que Serge Moscovici, en véritable fourrier de l'écologie en France, fait subir au couple infernal Nature-Culture. Dans *La Société contre nature* (1972), cet anthropologue et sociologue français, d'ascendance roumaine comme Georgescu-Roegen, enquête sur les origines de l'espèce humaine pour contrer les conceptions modernes de la société selon lesquelles l'homme serait maître et possesseur de la nature, et que, par l'invention de la culture, il conquerrait de l'extérieur l'univers des choses. Avec pour conséquence pratique que l'humanité, oublieuse de la nature et de ses lois, menace aujourd'hui d'abattre les barrières écologiques qui s'imposent à elle pour empiéter sur le domaine des autres espèces et modifier le milieu jusqu'à le rendre impropre à la vie. Partageant avec Friedrich Engels, auteur de la *Dialectique de la nature*, la conviction que tout au contraire l'humanité est partie prenante de la nature, parce qu'elle la modèle autant

---

1 André GORZ/Michel BOSQUET, *Écologie et politique*, *op. cit.*, p. 18-19.
2 Françoise GOLLAIN, « André Gorz était-il un écologiste ? », *Écologie et politique*, n° 44, 2012, p. 1-15.
3 Voir André GORZ, *Métamorphoses du travail, quête de sens*, *op. cit.*, p. 112.

qu'elle est modelée par elle, Moscovici prône la réconciliation de l'humain avec sa nature « animale » et « sauvage » afin qu'il retrouve l'osmose régulatrice qui fut jadis la sienne au sein de la nature. D'où, en militant écologiste situé à gauche, sa défense de la subjectivité, de l'ethnicité et du régionalisme.

Gorz, quant à lui, sera toujours d'avis, comme il le note ponctuellement à la fin des années 1950, que l'action humaine est transformatrice de la nature et à l'œuvre dans des conditions purement humaines :

> Parce que le monde, jusqu'ici, a été pour l'homme le milieu de la *rareté*, parce que la Nature, loin de garantir l'assouvissement des besoins organiques de l'homme, doit être transformée sans cesse, l'homme est un être qui a à *produire sa vie* et dont la condition, loin d'être naturelle, est toujours celle, historique et sociale, dans laquelle s'exerce [...] cette production[1].

Son écologisme est aiguillé par des fins sociales, autrement dit guidé, comme il le rappellera à la fin de sa vie, par le « souci du milieu de vie *en tant* que déterminant de la qualité de la vie et de la qualité d'une civilisation[2] ».

Il est impressionnant que, d'un bout à l'autre de sa carrière d'écrivain, Gorz n'ait jamais changé d'un iota sa façon d'imaginer le monde et la lutte qu'y livre l'humain. Rapportée au plaidoyer naturaliste de Moscovici, l'optique gorzienne se révèle très traditionnelle. Elle est conforme à la vision « moderne » de Francis Bacon – qui veut amadouer la nature –, et le métabolisme entre l'humain et la nature qu'elle active ressemble beaucoup à celui qui émane des manuscrits du jeune Marx – le communisme y apparaissant comme la satisfaction des besoins par la maîtrise du monde sensible[3]. Il s'ensuit que les fondements philoso-

1 « Force et faiblesse du marxisme d'aujourd'hui », manuscrit, s.d. (GRZ 8.26).

2 André Gorz, « Où va l'écologie ? » (propos recueillis par Gilles Anquetil), *Le Nouvel Observateur*, 14 décembre 2006. C'est nous qui soulignons.

3 Sur Marx, voir Reiner Grundmann, *Marxism and Ecology*, Clarendon Press, Oxford, 1991, p. 91-106, et *idem*, « The ecological challenge to Marxism », *New Left Review*, n° 187, mai-juin 1991, p. 103-120.

phiques de l'écologisme de Gorz attestent, par leur similarité avec la philosophie de la nature de Marx (et d'Engels), que celle-ci ne s'oppose pas *a priori* à la pétition écologiste – on sait que la vulgate marxiste en a disposé autrement.

Examinons la démarche de Gorz. En 1967, celui-ci parle de la nature comme « de toute évidence hostile à la vie humaine et sur laquelle la vie a à être conquise par une entreprise constante et toujours menacée[1] ». Ce qui est fort semblable à l'idée qu'il s'en fait dans les *Fondements pour une morale* en 1946 : « C'est le monde en tant qu'il échappe à la prise de l'homme et se métamorphose indépendamment de notre action [...]. La Nature, en ce sens, est inhumaine, ou mieux, antihumaine dans l'exacte mesure où l'humain est antinaturel et conquis sur la Nature. » Et si, à l'opposé, on considère le monde dans « ses dimensions utilitaires et techniques », les humains apparaissent comme « en train de "tuer" la Nature en intervenant violemment dans son devenir[2] ». Le conflit et la domination règlent la relation entre la vie humaine et son milieu. Il y a pourtant lieu de mettre en garde contre une lutte sans merci pour asservir la nature, car la destruction de celle-ci aurait des conséquences dramatiques. En posant « le problème du rapport moral de la liberté à la nature », Gorz écrit en effet :

> Pour maîtriser la nature en soi-même, il faut que la liberté se rende maîtresse, par le travail et les techniques, de la Nature qui l'investit ; elle ne peut assigner sa place à sa propre nature que si elle s'est d'abord émancipée de la Nature par la culture, c'est-à-dire par une transformation du monde naturel, lequel n'est jamais propice à l'avance à l'épanouissement de la vie humaine et de ses fins. Ce n'est que par ce remaniement que la Nature pourra cesser d'être un dieu cruel, mais sans jamais devenir une alliée de l'homme ; le monde humain a été prélevé par la Nature et reste menacé d'être englouti par son inertie envahissante. L'homme s'est soumis la Nature et a inversé le

---

1 Entretien avec Ilija Bojović dans *Socijalizam*, juin 1967, repris dans Ilija Bojović, *1968. Archéologie d'une pensée*, *op. cit.*, p. 122.

2 André Gorz, *Fondements pour une morale*, *op. cit.*, p. 166 et p. 166-167.

> rapport d'asservissement qui le liait à elle, mais il doit prendre garde de la détruire et de déchaîner par cette destruction le chaos de la matière brute retournée à la stérilité et à la mort. [...] Le rapport de la liberté à la nature reste ainsi nécessairement un rapport dramatique[1].

En 1990, dans un dialogue avec le jeune philosophe autrichien Erich Hörl qui va jusqu'à lui reprocher un fond antiécologique, Gorz répond longuement sur l'harmonie homme-nature. En prélude, le problème reçoit une assise historique :

> La nature [...] est un système autorégulateur qui assure son équilibre et sa reproduction en laissant interagir d'innombrables sous-systèmes les uns avec et contre les autres, sans qu'aucun puisse jamais s'assurer une suprématie totale. L'humanité faisait partie de cet ordre naturel tant qu'elle se composait de chasseurs et de pêcheurs, pour qui l'idée de « travail » ne correspondait à aucune expérience réelle. Ce n'est pas parce qu'ils désiraient vivre en paix avec la nature qu'ils n'intervenaient pas dans ses cycles mais parce qu'ils ne disposaient pas des outils qui auraient permis de telles interventions. La domination de la nature a commencé dès que des peuples sont devenus sédentaires et ont développé des outils efficaces[2].

La suite de la réponse postule que l'humain « n'est pas génétiquement programmé à vivre en harmonie avec la nature » et que sa spécificité sur le reste du monde vivant est de pouvoir consciemment agir sur elle et notamment d'œuvrer à sa sauvegarde, qui est en même temps la sauvegarde de sa base de vie. C'est donc par une action délibérée que l'humanité préserve son milieu de vie. Il s'agit d'un choix inscrit dans une culture, qui s'exprime par l'*autolimitation des besoins* – choix qui découlait spontanément de l'organisation sociale dans les sociétés d'avant l'accumulation capitaliste et qu'il faut maintenant restaurer. Alors que Hans Jonas a déjà posé *Le Principe responsabilité* (1979/1990) qui incombe à l'humanité eu égard à la préservation des condi-

---

1 *Ibid.*, p. 552-553.
2 André Gorz, « La vie, la nature, la technique », *loc. cit.*, p. 41-42.

tions de vie présentes et futures, Gorz développe à sa façon la même problématique :

> La question qui se pose à l'humanité est – et était déjà dans l'Antiquité – celle de l'autolimitation culturelle de ses besoins et de ses projets qui seule lui évitera de détruire les bases naturelles de sa vie. Dans les sociétés précapitalistes cette autolimitation allait de soi. Elle était exigée par l'ordre social. La concurrence, la maximisation des profits et des rendements étaient prohibées par la loi jusqu'au début du XVIIIe siècle [...] Ces restrictions ont été supprimées par la révolution bourgeoise-capitaliste, en faveur de la « société de marché » qui, en réalité, est une non-société. Actuellement, il s'agit de restreindre à nouveau les droits de la raison économique en la subordonnant à des buts écologiques et sociaux, sans pour autant renoncer aux libertés, aux droits des personnes à l'autodétermination et à l'épanouissement[1].

On remarquera ici la force et la faiblesse de la démonstration gorzienne. Car, depuis que la crise écologique contemporaine a stimulé l'étude des sociétés précapitalistes dans une perspective écosociale, on sait que parfois l'autolimitation n'y est pas allée de soi, en particulier dans la gestion de la terre et du bois, et que seule la modeste pression démographique sur les ressources a permis de limiter l'impact humain sur l'écosystème – qui « explosera » véritablement à l'ère des énergies fossiles. Mais le cœur de l'argumentation de Gorz ne s'en trouve que renforcé : c'est bien par des choix de société que l'humanité négocie, bon an mal an, sa place dans l'écosystème. Reste la question des moyens – autoritaires ou démocratiques – de faire des choix et de les appliquer. Jonas, enclin au décisionnisme, et Gorz, à la fibre libertaire, divergent à ce sujet, ce dernier n'ayant jamais nourri la moindre sympathie pour un despotisme éclairé, d'où qu'il vienne[2].

---

1 *Ibid.*, p. 43.

2 Pour une critique de Gorz à partir du point de vue antihumaniste de Jonas, voir Bernard Perret, « Penser avec et contre André Gorz. Individualisme révolutionnaire *vs* éthique de la responsabilité », *in* Alain Caillé et Christophe Fourel (dir.), *Sortir du capitalisme, op. cit.*, p. 117-126.

« Bubbi » (Gerhart Hirsch), trois ans, en vacances à Grado (province de Gorizia), juin 1926 © Fonds André Gorz / IMEC.

Maria Starka, mère d'André Gorz © Fonds André Gorz / IMEC.

Erika, Maria Starka et Gerhart à Abbazzia (Istrie), 1932 © Fonds André Gorz / IMEC.

Robert Horst, père d'André Gorz © Fonds André Gorz/IMEC.

Gerhart Horst avec son père, en excursion
© Fonds André Gorz/IMEC.

Gérard Horst, rue des Saints-Pères, 1949 © Archives privées.

Jean-Paul Sartre et Simone de Beauvoir lors d'une tournée de conférences en Suisse, 1946 © Ringier.

Dorine, Gérard et sa sœur Erika Horst, vers 1951 © Fonds André Gorz/IMEC.

Michel Bosquet faisant visiter l'imprimerie de *L'Express* à un groupe de jeunes. Dorine, cheveux courts, est à ses côtés © Fonds André Gorz/IMEC.

Ivan Illich, à Cuernavaca (Mexique), lors du séjour d'André Gorz, 1974 © DR.

André Gorz photographie (de gauche à droite) Robert Fossaert, Bruno Trentin, Jean-Marie Vincent et Dorine, Italie, 1963 © Fonds André Gorz/IMEC.

Gérard et Dorine Horst à La Havane (Cuba), janvier 1968 © Fonds André Gorz / IMEC.

Réunion du comité de rédaction des *Temps modernes* avec (de gauche à droite) Jean Pouillon, Benny Lévy, Claire Etcherelli, François George, André Gorz, Simone de Beauvoir et Jean-Paul Sartre, 1978 © Janine Niepce / Roger-Viollet.

Caricature d'André Gorz parue en Italie, 1983 © DR.

André Gorz en 1978 © Fonds André Gorz/IMEC.

Five o'clock tea dans le jardin, Vosnon, 1985 © Cédric Philibert, Fonds André Gorz / IMEC.

Gérard et Dorine Horst, 1998
© Daniel Mordzinski, Fonds
André Gorz / IMEC.

Naissance de l'écologie politique

Mai 1968 n'est pas à l'origine de la mobilisation en faveur de l'environnement, mais l'esprit et les pratiques que véhicule le mouvement soixante-huitard ouvrent la voie à ce que l'on appellera *l'écologie politique*, une façon nouvelle de concevoir la défense de la nature et du cadre de vie. Dans le passé, la protection du milieu naturel, motivée par des raisons économiques, hygiéniques, esthétiques, puis de préservation des espèces, a été le fait de hauts fonctionnaires soucieux de réguler l'emprise des activités économiques, de scientifiques et de naturalistes lanceurs d'alerte ou d'associations protectrices de la nature[1].

Dans les années 1970, devancée par les États-Unis, l'Europe voit se multiplier les mouvements écologistes appréhendant les problèmes spécifiques dans leur dimension *systémique* et *politique* (« agir localement, penser globalement », scande-t-on), et revendiquant, à l'encontre des politiques technocratiques de l'État, des formes de décision publique respectueuses des populations. En France, l'écologisme prend forme pendant cette décennie à partir de plusieurs composantes militantes qui s'agrègent progressivement[2]. Au début, on trouve des associations hétéroclites défendant la nature ou le cadre de vie auxquelles se joignent des scientifiques en alarme. Coutumiers de l'engagement à la base qu'ils avaient pratiqué en 68, des anarchistes et des féministes (dont d'Eaubonne) se rallient ensuite à l'écologie, tandis que la décomposition du gauchisme après 1972 permet l'arrivée de maoïstes dépouillés des stratégies d'appareil groupusculaires.

Une association nouvelle va jouer un rôle politique important. Il s'agit des Amis de la Terre (AT) que crée en juillet 1970 Alain Hervé sur le modèle du groupe américain Friends of the Earth fondé par David Brower l'année précédente. Hervé vote PSU, mais n'est pas un soixante-huitard. Amoureux des mers et des

---

1 *L'Invention politique de l'environnement* : *Vingtième siècle*, n° 113, janvier-mars 2012.

2 Jean Jacob, *Histoire de l'écologie politique*, Albin Michel, Paris, 1999.

palmiers, son aventure à lui est d'avoir bourlingué sur son voilier pendant trois ans. Journaliste de profession, il conçoit au départ les AT comme une association ayant pour but de populariser les thèmes de l'écologie. La priorité qu'il accorde au problème de la surpopulation le rapproche de l'écologisme conservateur de l'Américain Paul Ehrlich, auteur alarmiste que les AT traduisent (*La Bombe P*, 1968/1971), et du Britannique Edward Goldsmith, fondateur de la revue *The Ecologist*. Il réunit autour de lui des amis navigateurs (dont Bernard Moitessier), et bon nombre d'anthropologues (dont Moscovici et Robert Jaulin – tandis que Claude Lévi-Strauss accepte de parrainer les AT) portés par leur discipline à mettre l'humain au centre de leur écologisme.

Lorsque Brower arrive à Paris le 21 novembre 1970, Hervé s'empresse d'arranger dans la chambre d'hôtel de cet environnementaliste radicalisé et antinucléaire une mini-conférence de presse à laquelle il convie Michel Bosquet ; celui-ci, assis par terre, prend des notes tout en restant impénétrable au regard guetteur d'Hervé[1]. En réalité, Bosquet a déjà l'âme du converti. Au courant des alertes qui ont cours aux États-Unis, il est persuadé que la régénération de la biosphère est mise en péril par l'intensification des pollutions en tous genres[2]. Il a déjà lancé son « J'accuse » contre une logique économique qui ne s'est jamais souciée d'inclure les coûts des destructions externes qu'elle engendre[3]. Avant même de développer sa conception positive et critique de l'écologie, Gorz, *alias* Bosquet, est un virulent protestataire écologiste ; aussi est-on en droit de voir en lui l'un des premiers artisans de l'écologie politique en France.

1 Alain Hervé, « La genèse des Amis de la Terre », *L'Écologiste*, n° 21, décembre-mars 2007, p. 14.

2 Michel Bosquet, « Pollution. Les asphyxiés de l'an 2000 », *Le Nouvel Observateur*, 12 janvier 1970.

3 *Idem*, *Critique du capitalisme quotidien*, *op. cit.*, p. 280-282. Publication d'origine : « "J'accuse" », *Le Nouvel Observateur*, 10 août 1970.

Le Sauvage

Hervé connaît les gens du *Nouvel Observateur*. Claude Perdriel l'a déjà embauché par le passé pour quelques articles dans un mensuel masculin du groupe et Philippe Viannay lui a procuré le local qui fait fonction de siège des AT. Le premier n'a rien d'un écologiste (il est même pronucléaire) et le second, amateur de mer bleue et de sable fin à l'esprit entreprenant (fondateur du club de voile des Glénans), est tout au plus un environnementaliste institutionnel (membre de la Commission des sites, puis du Conservatoire du littoral). Sachant que l'un et l'autre entrevoient dans l'écologie un filon éditorial possible – dit crûment : un créneau commercial[1] –, Hervé se prévaut de l'appui de son ami Goldsmith pour tâcher de convaincre le P-DG du groupe de lancer un périodique écologiste. Sa tentative étant infructueuse, il se résout à intégrer l'équipe du *Nouvel Observateur* en 1972[2].

C'est l'année de toutes les alertes, « celle de la prise de conscience écologique », comme dit alors Jean Daniel ; Edgar Morin, fraîchement éveillé à la conscience planétaire, y voit « l'an 1 de l'ère écologique ». À distance de quelques mois paraissent deux rapports d'experts très alarmants, que Gorz épluche en détail. Le premier, *A Blueprint for Survival*, dirigé par Goldsmith, est publié en Angleterre dans le numéro de janvier de *The Ecologist* ; la version française, *Changer ou disparaître* (1972), sort en volume aussitôt. Le second, *The Limits to Growth* (« Les limites de la croissance »), a été commandité par les patrons et financiers du Club de Rome. Traduit en français sous le titre *Halte à la croissance ?* (1972), il a un retentissement mondial (plusieurs millions d'exemplaires vendus). En simulant le développement planétaire pour les décennies à venir, ce rapport conclut à l'effondrement du système si rien n'est fait rapidement. Il apporte de l'eau au moulin de ceux qui plaident

---

1 Lire, entre les lignes, Philippe Viannay, *Du bon usage de la France*, Ramsay, Paris, 1988, p. 356-357.

2 Entretien de l'auteur avec Alain Hervé, 6 mars 2013.

pour l'application d'un remède urgent, la « croissance zéro » des pays riches. Le débat est lancé[1].

Début juin 1972, l'ONU convoque à Stockholm la première conférence mondiale sur l'environnement qui adopte le concept d'« écodéveloppement », forgé dans une optique planificatrice par Ignacy Sachs (celui, libéral, de « développement durable » en sera un avatar abâtardi). À cette occasion, encouragé par Viannay, Hervé prépare un numéro hors série du *Nouvel Observateur* intitulé *La Dernière Chance de la Terre*. Y collaborent Bosquet – qui dénonce les impasses de la croissance[2] – et deux soutiens actifs des AT, Morin et le naturaliste Théodore Monod. Signe des temps, 125 000 exemplaires sont écoulés. Entre-temps, Gorz-Bosquet presse son ami Marcuse de ne pas se faire récupérer en participant à un colloque sur les finalités de la croissance piloté par le ministre de l'Économie et des Finances Valéry Giscard d'Estaing[3]. Il le déroute vers un grand débat sur l'écologie que le magazine organise à Paris le 13 juin, à son initiative. 1 200 personnes y assistent ; 2 000 sont refoulées, faute de place. Une autre vedette est invitée en la personne du social-démocrate néerlandais Sicco Mansholt, iconoclaste président de la Commission européenne : suivant le rapport au Club de Rome, il s'en est déjà pris à la politique de croissance en soulevant un tollé à Bruxelles et en France. Au débat participent aussi Morin et bien sûr Bosquet[4] qui, tous deux, mettent en garde contre une récupération technocratique de l'impératif écologique (Morin y ajoutant le danger d'un marxisme exorcisant l'écologie)[5].

---

1 Élodie Vieille-Blanchard, *Les Limites à la croissance dans un monde global. Modélisations, prospectives, réfutations* (thèse), EHESS, Paris, 2011.

2 Michel Bosquet, *Critique du capitalisme quotidien, op. cit.*, p. 287-297.

3 Voir la lettre argumentée de Gorz à Marcuse, s.d., et la réponse de celui-ci du 3 avril 1972 (GRZ). À ces rencontres, qui se tiennent les 20-22 juin, participent Galbraith, Bertrand de Jouvenel, Raymond Aron, Sicco Mansholt, Peter Harper, Paul Delouvrier (d'EDF), Aurelio Peccei (du Club de Rome), etc. La défection de Marcuse est regrettée dans l'introduction aux actes (*Économie et société humaine*, Denoël, Paris, 1972, p. 10).

4 Michel Bosquet, *Critique du capitalisme quotidien, op. cit.*, p. 298-303.

5 Herbert Marcuse *et alii*, « Écologie et révolution », *Le Nouvel Observateur*, 19 juin 1972. Sont également présents à la tribune Goldsmith, Saint-Marc et le cédétiste Edmond Maire.

En avril 1973 sort le premier numéro du mensuel *Le Sauvage* comme supplément « écologie » du *Nouvel Observateur* (vendu séparément ensuite). Le titre est une belle trouvaille qui, sans le vouloir, fait écho à la fois au « sauvagisme » pré-écologiste des anarchistes 1900 (à la Émile Gravelle) et à l'archétype défendu par Moscovici. Il est aussi conforme au primitivisme qu'affectionne Goldsmith. Rassurés par le succès du hors-série de juin-juillet, Perdriel, le P-DG, et Viannay, l'administrateur, ont donc franchi le pas. Alain Hervé dirige la publication. Les AT disposent ainsi d'un organe officieux de grande diffusion – jusqu'à 40 000 exemplaires vendus –, où tous les sujets écologistes sont abordés. En titrant « L'utopie ou la mort », le numéro inaugural place très haut les ambitions de changement. Les numéros suivants abordent les thèmes de la crise de l'énergie, du nucléaire civil, de la saturation automobile, de l'habitat solaire et éolien, ou encore de la paresse. En y écrivant régulièrement des articles de fond, qu'en 1975 il reprendra pour la plupart dans son recueil *Écologie et politique*, Bosquet imprime au magazine une ligne politique radicale qui allie écologie et refonte sociale. D'autres signatures engagées s'y égrènent : celles de Moscovici, plaidant pour la bicyclette et l'ensauvagement de l'humain, de Monod, Morin, Jaulin, de l'écrivaine Christiane Rochefort, du journaliste Bertrand de Jouvenel (le premier ayant parlé, dès 1957, d'« écologie politique »), du médecin et éthologue Henri Laborit.

La politique autrement

Entre-temps, les Amis de la Terre ont mué dans le sens d'un activisme plus politique. L'arrivée du soixante-huitard Brice Lalonde est déterminante. Lalonde a « fait » mai 1968 en tant qu'étudiant ESU responsable de la FGEL-UNEF à la Sorbonne, où il a secondé Kravetz. Réfractaire au militantisme groupusculaire – il adhère au PSU de 1969 à 1976 –, il a cependant appris en ces semaines d'ébullition les ficelles de l'*agit prop*. C'est cette expérience pratique qu'il apporte aux AT lorsqu'il les rejoint en

1972. Hervé, qui lui ménage une place de correcteur au *Sauvage*, lui cède rapidement la direction de l'association.

Suite à la première candidature écologiste à une élection présidentielle, portée par l'agronome René Dumont en 1974, Lalonde prend le relais de celui dont il a été le chef de campagne en s'imposant en vedette médiatique des écologistes. Bosquet, qui ponctuellement fréquente la rédaction du *Sauvage* et se rend aux réunions des AT-Paris, nourrit bientôt des accointances avec lui. Selon les témoins, il en devient proche comme un père l'est avec son fils. En 1977, il lui dédie son plaidoyer *Écologie et liberté*. Avant que ce jeune loup de l'écologie (qui a toujours eu un problème d'ego) ne s'égare en cédant aux sirènes d'une carrière politicienne[1], Bosquet partage sa vision politique et stratégique, qui est aussi celle de Moscovici. L'écologie politique est certes un mouvement qui, pour Bosquet et Moscovici, se situe, par sa radicalité, respectivement à gauche ou à gauche de la gauche, alors que, pour Lalonde, il y a lieu de renvoyer dos à dos droite et gauche[2]. Mais tous les trois s'accordent pour considérer que la mutation civilisationnelle réclamée par les écologistes, fondée sur le refus du productivisme et du gigantisme, de la technocratie et de la fuite en avant électronucléaire, instaure un clivage d'avec la classe politique tout entière. Pour les AT, il ne s'agit pas pour autant de descendre dans l'arène politique en ajoutant un parti de plus à ceux existants. Car, comme dit Bosquet, l'écologie n'a rien en commun avec l'action politique telle que l'entendent les partis : elle est « incompatible avec les formes traditionnelles de la délégation de pouvoir et de l'organisation politique[3] ».

> Aussi, la tâche du mouvement écologiste est-elle d'ouvrir, en partant du niveau le plus bas que Moscovici appelait « existen-

---

1 Hervé KEMPF, « Brice Lalonde. Le dandy de l'écologie », *Le Monde*, 11 décembre 2007.

2 « Qu'est-ce que l'écologie politique ? » (débat), *Le Sauvage*, n° 43, juillet 1977, p. 14-19. Au débat, qui a lieu au siège des AT, participent aussi Touraine, Hervé et l'anthropologue Michel Izard.

3 Michel BOSQUET, « Ce que les écologistes pensent d'eux-mêmes », *Le Nouvel Observateur*, 22 mars 1977.

> tiel », de nouveaux espaces d'action et de liberté dans une sphère que la politique néglige (c'est pourquoi on l'appelle souvent « infra-politique ») et dans laquelle elle pourra renaître sous de nouvelles formes : la sphère de ce qui dépend directement des gens eux-mêmes et qu'ils peuvent réaliser – ou empêcher – par eux-mêmes, sans la médiation des appareils de pouvoir et des institutions[1].

La démarche de Lalonde est autogestionnaire, illichienne et libertaire[2]. La suivant de près, Bosquet perçoit le mouvement écologiste comme une nébuleuse politico-sociale qui « transcende les classes » en s'attaquant à des questions précises et concrètes d'organisation sociale ou de bien-vivre. Cette nébuleuse lui rappelle le *movement* américain, le Parti radical italien de Marco Pannella (qui attire d'anciens sympathisants de LC) ou même sa propre conception passée des réformes révolutionnaires.

> Tout cela ne débouche pas sur un projet de société ? C'est bien vrai. Mais cela donne un ensemble d'objectifs partiels qui sont autant de préalables d'une société libérée et détendue, d'une « existence pacifiée », comme dirait Marcuse : nouvelle politique de l'énergie, des transports, de l'équipement, de la santé, de l'espace, etc., chaque préalable devant être mis en œuvre localement par les intéressés eux-mêmes, grâce notamment à l'autogestion des unités de production et des communautés de base. Cette façon d'attaquer un problème global à travers des objectifs particuliers et partiels, mais mobilisateurs et désirables en eux-mêmes, ressemble étrangement à ce qu'on appelait, il y a quinze ans, « la stratégie des réformes de structure »[3].

Cette manière de voir sera longtemps celle des écologistes. La volonté des « verts » d'agir « autrement », d'échapper à la tradition politique ouvrière ou gauchiste ne sera pas entamée lorsque les différentes sensibilités s'organiseront pour enfin constituer,

---

1 « Qu'est-ce que l'écologie politique ? », *loc. cit.*, p. 18 (Michel Bosquet).

2 Voir Brice LALONDE, « Court traité imagé sur les écologies », *Le Sauvage*, n° 43, juillet 1977, p. 51-54.

3 Michel BOSQUET, « La nébuleuse écologique », *Le Nouvel Observateur*, 22 août 1977.

en 1984, le parti Les Verts[1]. Arc-boutés sur le principe d'autonomie « ni gauche ni droite », Les Verts dirigés par Antoine Waechter – un fondamentaliste auquel la plupart des lalondiens, émancipés de leur leader, se sont ralliés – n'envisageront pas une participation au pouvoir minoritaire et impuissante ; ils préféreront intervenir par des actions ou au moment des élections dans le but de populariser leurs idées et de les traduire en pression politique. En février 1987, Gorz soutiendra, avec la gauche des Verts et la signature de Dumont, Cohn-Bendit, Lipietz, Guattari, etc., l'appel pour un regroupement de la gauche alternative, autogestionnaire et écologiste intitulé « Pour un arc-en-ciel » – qui échouera l'année suivante avec la double candidature à l'élection présidentielle de Waechter et du rouge-vert Juquin. En 1989, un membre des Verts proposera à Gorz d'écrire un programme du parti[2] ; de son côté, celui-ci citera favorablement leurs plaquettes documentaires[3]. Seules la déliquescence des mouvements sociaux dans les années 1990 et une volonté de reclassement à gauche amèneront Les Verts, sous la houlette de Dominique Voynet, à se muer en un parti classique à vocation gestionnaire, qui fonde sa stratégie de pouvoir sur l'alliance avec un parti productiviste majoritaire. Ce qui n'empêchera pas des responsables écologistes, comme Daniel Cohn-Bendit, Dominique Voynet et Cécile Duflot, d'affirmer leur attachement aux thèses de Gorz[4].

---

1 Yves Frémion, *Histoire de la révolution écologiste*, Hoëbeke, Paris, 2007.

2 Lettre de Gérard Paing à André Gorz du 19 juillet 1989 (GRZ).

3 Voir André Gorz, *Écologica*, *op. cit.*, p. 66 n.

4 Voir Daniel Cohn-Bendit, « Freiheit und politische Ökologie. Ein Gespräch mit Daniel Cohn-Bendit über André Gorz », *Berliner Debatte Initial*, n° 4, 2013, p. 67-72 ; Dominique Voynet, « Postface », *in* Alain Caillé et Christophe Fourel (dir.), *Sortir du capitalisme. Le scénario Gorz*, *op. cit.*, p. 207-209 ; Éric Fottorino, « Duflot sur la planète Gorz », 24 septembre 2011, <lhemicycle.com/134-duflot-sur-la-planete-gorz>.

Leur écologie et la nôtre

Subjugué par les rapports *Changer ou disparaître*, *Halte à la croissance ?* et par la prise de position courageuse de Mansholt, Bosquet-Gorz se dit certain que la « civilisation industrielle » ne passera pas le cap du XXe siècle. Le pillage des ressources, la pollution du milieu naturel et la non-préservation des terres agricoles nécessaires pour parer à l'explosion démographique, qu'il faut de toute façon contenir, commandent de freiner les flux de productions et d'échanges. Au « monde capitaliste développé » il revient d'inverser la conduite économique dans la mesure où, « avec 16 % de la population du globe, le monde industrialisé dévore 80 % des ressources, limitées et irremplaçables, de la Terre[1] ». Partageant l'avis du biologiste et écologiste américain Barry Commoner, auteur de *L'Encerclement* (1971/1972), il apparaît clairement à Bosquet que c'est la logique même du développement capitaliste, arrivée à son paroxysme avec l'âge industriel, qui est coupable du désastre écologique qui pointe et que sa remise en cause suppose « la révision ou l'abandon d'un modèle de consommation fondé sur la stimulation artificielle des besoins, de l'obsolescence et [sur] le remplacement accéléré des produits[2] ». Il préconise en particulier des mesures contre le gaspillage et en faveur du recyclage.

Or, à ses yeux, la réduction de l'opulence matérielle qui se dégage en Occident comme une exigence a ceci de potentiellement vertueux qu'elle pourrait permettre une vie meilleure : « Nous pouvons vivre *mieux* tout en consommant et en travaillant *moins*, mais autrement[3]. » La baisse massive du temps de travail et un revenu minimum garanti indépendant du travail devraient accompagner cette réorientation :

---

1 Michel BOSQUET, *Critique du capitalisme quotidien*, *op. cit.*, p. 289. Publication d'origine : « Les démons de l'expansion », *La Dernière Chance de la Terre* : *Le Nouvel Observateur* (hors série), juin-juillet 1972.

2 André GORZ/Michel BOSQUET, *Écologie et politique*, *op. cit.*, p. 149.

3 *Ibid.*, p. 88.

> Car, avant tout, nous travaillerons beaucoup moins puisque les produits, beaucoup plus durables, seront fabriqués en quantités plus petites. La course au rendement, le travail abrutissant et affolant, les « cadences infernales » n'auront plus de raison d'être. La semaine de vingt heures deviendra possible et « l'épanouissement intellectuel et culturel » (Mansholt) de chacun pourra et même devra devenir prioritaire, puisque la production de biens superflus et à usure rapide sera bannie. [...] Sicco Mansholt, du reste, parle expressément du « minimum vital assuré à tous », et c'est logique : le droit à un revenu ne pourra plus être lié à l'occupation d'un emploi[1].

Faut-il voir dans cette citation un accès d'utopisme provoqué, en l'occurrence, par les vœux de Mansholt aussi stupéfiants qu'inactualisables à court terme ? Bosquet est conscient que la perspective qu'il trace est celle d'un « programme *communiste* » car, écrit-il au même endroit, « un capitalisme sans poursuite du profit maximal est une contradiction dans les termes » et « un capitalisme sans croissance, c'est une économie en crise, avec ses millions de chômeurs et ses faillites en chaîne[2] ». Voilà pourquoi, expliquera son ami Gintis en présentant *Écologie et politique*, son réalisme écologique, étayé sur des nécessités vitales, scientifiquement démontrables, « devient visionnaire et le visionnaire l'architecte rationnel du futur[3] ». Le dépassement du capitalisme reste en effet d'actualité à l'heure de la crise écologique.

Non pas que le système n'ait pas de ressources pour réagir. Mais, s'il est tout à fait capable d'intégrer les contraintes écologiques, c'est à son seul profit et pour maintenir, voire renforcer sa domination sur la nature et sur la société[4]. La prise en compte de ces contraintes bute sur une fatalité, mais offre au capitalisme deux solutions.

---

1 Michel Bosquet, *Critique du capitalisme quotidien*, *op. cit.*, p. 285. Publication d'origine : « Le petit livre rouge de Mansholt », *Le Nouvel Observateur*, 10 avril 1972.

2 *Ibid.*, p. 286.

3 Herbert Gintis, en couverture d'André Gorz, *Ecology as Politics*, *op. cit.*

4 André Gorz/Michel Bosquet, « Leur écologie et la nôtre », *in Écologie et politique*, *op. cit.*, p. 9-16. Publication d'origine : « Partage ou crève ! », *Le Sauvage*, n° 12, avril 1974, p. 10-12.

Elle a pour effet inévitable d'inhiber la croissance en pesant sur les coûts de production et sur le taux de profit, avec les conséquences sociales catastrophiques que l'on a dites – la crise énergétique qui bat son plein en 1974 entraîne ce genre de contrecoup. Des mesures autoritaires et antisociales en vue d'imposer l'austérité sont alors à craindre. Mais du côté des solutions – envisagées par le Club de Rome –, cette prise en compte de la crise donnera naissance à ce que plus tard on appellera le *capitalisme vert*, que Bosquet analyse comme la mainmise des groupes monopolistes sur les nouvelles activités de dépollution et de recyclage ; ce qui, prévoit-il, induira, dans une direction productiviste inchangée, une relance du cycle d'accumulation « fondé sur la capitalisation de la Nature elle-même, sur la subsomption par le capital de la totalité des facteurs et des conditions permettant la vie sur terre. La boucle sera alors bouclée ; la loi du profit aura envahi les dernières enclaves de la nature[1] ».

L'autre réponse « écologique » aux contraintes environnementales consistera à délocaliser dans les pays du tiers monde les industries nocives, tout en étendant dans les pays riches l'empire du capital, cette fois-ci à des domaines de la vie susceptibles de *productions immatérielles*, moins polluantes, comme la sexualité, la santé, la culture, les loisirs, l'information, avec tous les dangers de dérive liberticide que cette extension implique[2]. Ces dangers sont ceux d'une perte d'autonomie de l'individu noyé dans ce qui ne serait plus qu'une « société de marché ».

Quel péril nucléaire ?

Le plan de développement de l'électronucléaire, mis en œuvre principalement par les États-Unis puis par la France pendant les années 1970, est l'objet de décisions politiques et

1 Michel Bosquet, *Critique du capitalisme quotidien, op. cit.*, p. 301.
2 André Gorz/Michel Bosquet, *Écologie et politique, op. cit.*, p. 87-104. Publication d'origine : « Le grand complot écofasciste », *Le Sauvage*, n° 4-5, juillet-août 1973, p. 76-84. Voir aussi Michel Bosquet, « Le socialisme tout de suite », *Le Sauvage*, n° 10, février 1974, p. 19.

économiques qui ne sont pas démocratiquement débattues. Bosquet figure parmi les écologistes qui dénoncent ce choix stratégique qui vise à empêcher l'essor de sources énergétiques « alternatives » et propres, comme le solaire, la géothermie ou l'éolienne. Dès les années 1950, il connaît les potentialités que représente le soleil pour le chauffage, tandis qu'il s'enquiert des dangers des rayons ionisants[1].

Alors que depuis cinq ans les manifestations antinucléaires se multiplient en France, Gorz défile en 1975 contre un projet de centrale à Courceroy, près de Nogent-sur-Seine, situé à quatre-vingts kilomètres en amont de Paris. Il se lie d'amitié avec les opposants locaux, Claude Aucouturier, qu'il met en contact avec Lalonde et aide à rédiger des documents pour la presse et les élus de l'Assemblée nationale, et le potier Jean Tessier poursuivi pour ses dénonciations de l'« État EDF », au procès duquel il témoignera en 1982. Sous l'impulsion des AT, venus de Paris, une marche de 10 000 personnes est organisée le 26 juin 1977. À la Mutualité, Gorz intervient au meeting de soutien. Son implication est alors personnelle. En effet, Dorine et lui sont en train de faire bâtir à Nogent la maison écologique de leurs rêves. Achevée en 1981, ils en font leur maison de campagne pour les fins de semaine et l'habitent même quelque temps, mais le chantier de la centrale, débuté la même année sans grande résistance de la population locale, finit par les en chasser trois ans plus tard. Le couple déménage alors définitivement dans un autre village de l'Aube. L'échec de ce combat leur est d'autant plus amer que le maire de Courceroy et l'abbé, influents protestataires NIMBY (« pas dans mon jardin »), ont réussi à faire classer le château local et à déplacer ainsi l'emplacement de la centrale sous leur nez !

---

1 Voir *idem*, « Le XXe siècle découvre le soleil. Au premier congrès mondial de l'héliotechnique 1 000 savants de 35 pays ont parlé d'énergie solaire », *Gazette littéraire*, supplément de la *Gazette de Lausanne*, 26 novembre 1955 ; *idem*, « Nouvelles doses de tolérance et effets biologiques des radiations ionisantes », *Industries atomiques* (Genève), I, 6, mai 1957, p. 47-50 ; *idem*, « Du soleil dans la maison », *Le Nouvel Observateur*, 26 mars 1973, etc.

En matière d'électronucléaire, Bosquet accumule un grand nombre de connaissances techniques et politiques, qui alimentent ses articles dans *Le Nouvel Observateur*, *Le Sauvage* et dans un numéro à très grand succès de la revue de consommateurs *Que choisir ? La Gueule ouverte*, qui recense quasiment tous ses livres, l'interviewe en juillet 1977 à la veille de la grande mobilisation contre le projet de surgénérateur Superphenix de Creys-Malville. Il jouit de contacts personnels suivis avec des scientifiques et des syndicalistes tels que Michel Rolant, responsable CFDT pour les questions énergétiques, Bernard Laponche, secrétaire de la CFDT au Commissariat à l'énergie atomique, Dominique Pignon, physicien du CNRS qu'il publie dans *Les Temps modernes*, et Louis Puiseux, ancien économiste d'EDF, auteur chez Galilée de *La Babel nucléaire* (1977). Ce milieu d'experts, coordonné à la fin de 1975 par un Groupement des scientifiques pour l'information sur l'énergie nucléaire (GSIEN) qui publie avec l'aide des AT la *Gazette nucléaire*, pointe du doigt les problèmes techniques et économiques qui sont occultés et laissés irrésolus : la fiabilité des installations et donc l'évaluation des risques réels d'accident, l'effet sur la santé des radiations à petites doses, le stockage des déchets radioactifs, la dépendance du pays pour l'approvisionnement en uranium, le décompte complet des coûts de revient (et on ne parle pas encore de coût du démantèlement), etc.

Mais la question primordiale qui suscite l'opposition la plus véhémente des écologistes, comme d'une bonne partie de l'extrême gauche, est d'ordre *politique*. Touraine, qui depuis 1968 dénonce l'emprise technocratique, le souligne dans son enquête participante sur *La Prophétie antinucléaire* (1980). Bosquet, porte-voix médiatique de cette fronde, argue que les centrales nucléaires « imposent un certain type de société, irréversiblement, à l'exclusion de tout autre[1] ». Le déni de transparence démocratique s'y ajoute. Sur ce plan, la France et

---

1 André Gorz/Michel Bosquet, *Écologie et politique*, *op. cit.*, p. 114-128 (citation, p. 114). Publication d'origine : « De l'électronucléaire à l'électrofascisme », *Le Sauvage*, n° 20, avril 1975, p. 68-73.

l'Union soviétique se ressemblent : « L'État technocratique en France ou en URSS craint plus la peur des gens face au risque nucléaire que ce risque lui-même. Il entoure donc de secrets et de mensonges rassurants tout ce qui concerne l'atome[1]. » Nécessairement associée à des mesures de sécurité draconiennes, cette technologie exige en outre une centralisation extrême des pôles de production énergétiques, investis de « pouvoirs étendus de contrôle, de surveillance et de réglementation[2] ».

Tout le contraire de l'énergie solaire ou éolienne qui peut être produite localement et de manière autogérée[3]. Pour Bosquet et les antinucléaires, des AT à la LCR en passant par la CFDT, nous avons le choix entre une société centralisée, technocratisée, sous surveillance, celle de l'« hétérorégulation technofasciste », et une société favorisant la liberté par l'autogestion à la base, celle de l'« autorégulation conviviale[4] ».

Les nouveaux mouvements sociaux. Castoriadis, une rencontre manquée

Écologistes et antinucléaires ne sont pas les seuls à incarner la nouveauté de mouvements sociaux qui naissent sur des terrains laissés à découvert par les partis et les syndicats. Les mouvements féministe, antimilitariste, régionaliste et paysan (le mouvement *gay* est plus tardif) bousculent les pratiques politiques d'appareil et les barrières de classe au même titre que les écologistes – les autonomes italiens qui suivent Guattari y voient une « transversalité » des luttes. Sans oublier les immigrés, qui se battent pour leurs papiers, contre le racisme, pour des logements décents et auxquels Gorz prête toute son attention (au

---

1 André GORZ, « "Plus dangereux que Tchernobyl : La Hague" », *Le Nouvel Observateur*, 9 mai 1986.

2 André GORZ/Michel BOSQUET, *Écologie et politique*, *op. cit.*, p. 123.

3 Dominique ALLAN MICHAUD, *L'Avenir de la société alternative. Les idées 1968-1990...*, L'Harmattan, Paris, 1989.

4 Les expressions se trouvent dans André GORZ/Michel BOSQUET, *Écologie et politique*, *op. cit.*, p. 51-52.

printemps 1971, dans la maison de Matta à Tarquinia en Italie centrale, il participe à un séminaire militant sur les travailleurs immigrés dirigé par Bettelheim)[1].

En intervenant en 1977 à un forum-débat sur les expérimentations sociales, organisé par *Le Nouvel Observateur* et la revue autogestionnaire *Faire* avec la participation de cédétistes (Jacques Delors, Pierre Rosanvallon), de rocardiens (Michel Rocard, Alain Touraine, Patrick Viveret) et d'écologistes illichiens (Ivan Illich, Brice Lalonde, Freimut Duve), il se convainc que l'heure est au rejet de l'esprit de système, des idées de révolution politique et d'invocation de l'État[2]. Les sociétés ne se défont ni ne se refont d'en haut. De nouveaux espaces de liberté individuelle et collective ne sont possibles que grâce à l'abondance d'initiatives autonomes aux visées spécifiques et en butte aux logiques globales des partis : la politique, la vraie, n'est plus dans la politique[3]. « La seule manière de vraiment faire de la politique aujourd'hui, c'est, à la manière des mouvements écologistes, de s'occuper des *préalables* de toute activité politique vraie[4]. »

Au cours des années 1970, Gorz et Castoriadis convergent sur plusieurs points. Tous deux s'érigent en théoriciens de l'autonomie, secondent les nouveaux mouvements sociaux, soutiennent les revendications des mouvements de soldats, jouent les compagnons de route de la CFDT et, sur le plan philosophique, brocardent les fadaises du structuralisme et haïssent la soi-disant Nouvelle philosophie des Bernard-Henri Lévy et consorts (sur ce

---

1 Voir André Gorz, « Colloque de Tarquinia. Avant-propos », *Partisans*, n° 61, septembre-octobre 1971, p. 84-87 ; *idem*, « La bataille d'Ivry », *Les Temps modernes*, n° 284, mars 1970, p. 1388-1393 ; Michel Bosquet, « À quoi servent les immigrés ? », *Le Nouvel Observateur*, 16 avril 1973, etc.

2 *Idem*, « Les nouveaux mouvements sociaux. La stratégie de la guérilla », *Le Nouvel Observateur*, 12 septembre 1977.

3 André Gorz, « La politique n'est plus dans la politique », *Le Nouvel Observateur*, 8 mai 1978.

4 André Gorz et François Châtelet, « Et si la politique redécouvrait la morale… », *loc. cit.* Voir aussi l'entretien sur les *Grünen* allemands : André Gorz, « Wir können mehr machen mit weniger », *Konkret* (Hambourg), n° 16, 1980, p. 72.

dernier point, Gorz essaie de mobiliser Marcuse pour *Le Nouvel Observateur* à la fin de 1978[1], avant que Pierre Vidal-Naquet et Castoriadis n'y interviennent six mois plus tard).

Mais, à cause de l'altérité politique qui a longtemps séparé leurs itinéraires parallèles et qui motive la polémique oiseuse à laquelle ils se livrent dans *Le Nouvel Observateur* à propos du passé de Sartre (*voir p.* 85), les deux hommes, qui évoluent dans des cercles intellectuels différents, ne se fréquentent pas. Ils ne se donnent d'ailleurs nullement la peine de confronter leurs projets émancipateurs[2]. Voilà pourquoi Gorz sous-évalue, sans pour autant l'ignorer, l'apport génial de Castoriadis qui fonde la praxis et l'autonomie sociales sur *L'Institution imaginaire de la société* (1975). Il manque ainsi l'occasion de renforcer sa propre analyse des préalables à toute politique instituée en s'appuyant sur l'analyse castoriadienne, somme toute assez proche, des procès instituants.

Il préfère réserver son admiration à Touraine, « le prophète des nouveaux mouvements sociaux », qui, dans *La Voix et le Regard* (1978), proclame la fin de la centralité de la lutte ouvrière pour mieux décrire la société qui « se produit » par les conflits dont elle est l'enjeu[3] – aussi, ayant ses entrées aux éditions Galilée, Gorz y fait-il publier un recueil d'articles de Touraine sur la *Mort d'une gauche* (1979).

De cette problématique va naître le prochain livre de Gorz.

---

1 Voir la lettre en anglais d'André Gorz à Herbert Marcuse du 14 décembre 1978 (HM) et la réponse de celui-ci en anglais du 20 décembre 1978 (GRZ), dans laquelle il se désiste en argumentant que « pour les massacrer (comme ces gars-là le méritent), il faudrait que je lise leurs trucs », mais « ce serait plus que mon estomac pourrait supporter ».

2 Ce que fait au contraire Timothée DUVERGER, « Écologie et autogestion dans les années 1970. Discours croisés d'André Gorz et de Cornelius Castoriadis », *Écologie et politique*, n° 46, 2013, p. 139-148.

3 Michel BOSQUET, « Alain Touraine : la révolution culturelle que nous vivons », *Le Nouvel Observateur*, 8 janvier 1979, repris dans Christophe FOUREL (dir.), *André Gorz, en personne*, *op. cit.*, p. 100-118.

Quatrième partie

La libération du temps à l'ère de la société duale

Années 1980-1990 : toyotisme et précariat

« Le travail a toujours été une guerre menée contre soi-même[1]. »
« Il ne s'agit plus de conquérir du pouvoir comme travailleur, mais de conquérir le pouvoir de ne plus fonctionner comme travailleur[2]. »

1 Raoul VANEIGEM, *Nous qui désirons sans fin*, *op. cit.*, p. 123.
2 André GORZ, *Adieux au prolétariat. Au-delà du socialisme*, Seuil, coll. « Points », Paris, 1981 (2e éd.), p. 103.

13

Adieux au prolétariat

En 1980, André Gorz jette une pierre dans la mare du marxisme et de la gauche avec un essai en forme de brûlot. Titre et sous-titre condensent à eux seuls la provocation : *Adieux au prolétariat. Au-delà du socialisme*[1]. Le second se veut une allusion à la prophétie communiste des *Grundrisse*, alors que les « adieux », nullement sarcastiques, « sont à prendre avec humour[2] ». Une édition de poche augmentée sort un an après, en mai 1981. L'audience est considérable : quelque vingt mille exemplaires sont écoulés. En 1983, l'auteur réitère ses thèses de manière encore plus étayée dans ses *Chemins du paradis*, sous-titrés *L'agonie du capital*. Ces deux livres arrivent à un moment où la gauche française est en proie au désarroi de la désunion, puis aux prises avec les défis du pouvoir. S'ils n'ont pas de visée immédiatement politique, ils prétendent donner des perspectives nouvelles à la gauche.

Les *Adieux* marquent une rupture par rapport aux analyses et aux espoirs que Gorz avait exprimés dans *La Morale de l'histoire* et dans *Stratégie ouvrière et néocapitalisme*. Le mythe prométhéen du prolétariat révolutionnaire est abandonné. Il l'est par la voie d'un éreintement *ad hoc* du jeune Marx, qui aurait investi le Prolétariat de l'Esprit de Hegel en lui assignant une Mission historique. D'où une « religion marxiste du prolétariat » qui est

---

1 Ariovaldo Santos, « Gorz e o inquietante adeus ao proletariado », *in* Josué Pereira da Silva et Iram Jácome Rodrigues (dir.), *André Gorz e seus críticos*, Annablume, São Paulo, 2006, p. 127-139.

2 *Abschied vom Proletariat ?*, *op. cit.*, p. 80 (André Gorz).

décryptée et dénoncée à la suite du communiste critique de la RDA Rudolf Bahro, dont Gorz (tout comme Marcuse) loue l'ouvrage à succès *L'Alternative* (1977/1978)[1]. De la sorte, Gorz apporte sa pierre à la critique de l'« inconscient religieux du marxisme » qu'avait entreprise, en pionnière, Mathilde Niel dans sa *Psychanalyse du marxisme* (1967) et que poursuivra méthodiquement l'ex-guévariste Régis Debray, dans sa *Critique de la raison politique* (1987).

Mais, ce faisant, Gorz épouse un parti pris non déterministe qui était déjà celui de *La Morale de l'histoire* et qui, à l'époque, ne l'avait pas empêché de professer l'idée téléologique d'un socialisme consciemment voulu et porté par le prolétariat en lutte. Cette idée même est maintenant récusée. En revanche, loin de marquer un tournant, les *Adieux au prolétariat* prolongent et approfondissent la réflexion post-68 de l'auteur qui l'avait amené à se rallier au mouvement écologiste, à miser sur les nouveaux mouvements sociaux et à durcir sa « critique de la division du travail ». Les *Adieux* sont aussi, pour tout dire, la matrice de ses ouvrages ultérieurs.

Ce livre rebute l'extrême gauche (à commencer par les anciens soutiens de Gorz, Badiou et Lipietz) parce qu'il présente une image dévitalisée du prolétariat, mais aussi parce qu'il est une charge non seulement contre le marxisme dogmatique, mais contre Marx lui-même. Unilatérale dans sa façon de présenter Marx sous des habits hégéliens, cette attaque vise cependant sa philosophie de l'histoire, nullement sa critique du capital. Cette dernière demeure pour Gorz irremplaçable[2] : il n'aura de cesse de s'appuyer sur elle. Aussi admettra-t-il que sa « relation à Marx a été ambivalente depuis le début » :

> On peut trouver dans ses écrits – si on les prend à la lettre – une divinisation de l'Histoire et du Prolétariat, que le léninisme-stalinisme-maoïsme a érigé en dogme religieux. Et on trouve

---

1 Voir André Gorz, « Les protestants du marxisme », *Le Nouvel Observateur*, 7 mai 1979.

2 Voir *idem*, *Adieux au prolétariat*, *op. cit.*, p. 23 n.

également chez lui des traits libertaires et des analyses phénoménologiques éblouissantes dans lesquelles il emploie les concepts qu'il a dégagés comme instrument d'une critique quasiment existentialiste. Marx contient à la fois l'en deçà et l'au-delà du marxisme[1].

L'impossible appropriation du travail

Pendant la décennie qui s'achève, traversée par la crise qu'a déclenchée en Occident le choc pétrolier de 1973, le capitalisme a entrepris des restructurations qui ont profondément modifié le paysage économique et social. C'est sur la base de ces changements, identifiés comme structurels, que Gorz réoriente tout naturellement son projet émancipateur. Les évolutions lourdes qui le hantent sont, sur le plan technologique, la *généralisation de l'automation*, parfois sous forme de robotisation (chez Toyota), l'*apparition de l'informatique* et, sur le plan de l'organisation productive, l'*extension de la division du travail*. Ces trois phénomènes sont considérables par leurs conséquences sociales, au nombre desquelles Gorz compte la *déqualification du travail* et le *chômage durable*.

Alors qu'il avait déjà soulevé le problème dans ses écrits d'après-68[2], Gorz constate que le capitalisme contemporain n'a pas éliminé le travail non qualifié pour laisser la place à des travailleurs techniques capables d'une vue globale du procès de production et donc à même d'entreprendre l'autogestion. « C'est exactement le contraire qui s'est passé : l'automatisation, puis l'informatisation suppriment les métiers et les possibilités d'initiative », et déqualifient « ce qu'il reste d'ouvriers et d'employés[3] ». La macro-informatique et ses emplois bêtifiants de codificateurs et perforateurs en sont un triste exemple. Si l'on ajoute que le procès de production est de plus en plus

---

1 *Idem*, « La vie, la nature, la technique », *loc. cit.*, p. 25.
2 Voir André GORZ (dir.), *Critique de la division du travail*, *op. cit.*, p. 96. Voir *supra*, chapitre 10.
3 André GORZ, *Adieux au prolétariat*, *op. cit.*, p. 46.

haché par la division du travail, qui de technique et sociale à l'intérieur de l'entreprise s'est aussi territorialisée par le biais des filiales et de la sous-traitance, on comprend qu'il gagne en « opacité » et qu'il faille parler, après Marx, d'un système régi par un « capitaliste collectif » au pouvoir impersonnel et insaisissable.

Au départ, la subdivision des tâches, comme le rappelait Marglin, avait pour but principal la domination ; mais une fois instaurée, elle a entraîné la mécanisation, l'automation et, de façon irréversible, l'éclatement de la production en activités, au savoir spécialisé, qui ne valent que combinées[1]. Plus que jamais, le « contrôle ouvrier » sur la production s'avère impossible ; comme il est arrivé aux conseils italiens et aux ouvriers de Lip, il ne peut que déchoir en simple gestion de la force de travail. Il faut s'y résoudre : le pouvoir ouvrier périclite à mesure que le capitalisme se complexifie par l'incorporation du savoir dans les machines (automatiques et cybernétiques) et par la division du travail (micro- et macroéconomique).

Dans ces conditions, une autocritique s'impose : au bout du compte, admet Gorz, l'hypothèse d'un capitalisme arrivé au stade ultime, celui qui promeut la figure de l'ouvrier polyvalent maîtrisant l'ensemble de la production, n'a été qu'une illusion « anarcho-syndicaliste » nourrie par Marx dans les *Grundrisse* et, à sa suite, par les théoriciens de la nouvelle classe ouvrière aux côtés desquels il reconnaît s'être rangé au milieu des années 1960[2]. Les capacités de l'ouvrier demeurent bridées par un travail parcellisé, quelconque et routinier. Les implications de cette constatation sont énormes. Car si, dans un tel système complexe, « la classe qui, collectivement, développe et met en œuvre la totalité des forces productives, est incapable de s'approprier cette totalité[3] », si elle « est devenue structurellement incapable de se rendre maîtresse de la production et de

1 *Idem*, *Métamorphoses du travail, quête de sens*, *op. cit.*, p. 75-76.
2 *Idem*, *Adieux au prolétariat*, *op. cit.*, p. 45-46 et p. 109 n.
3 *Ibid.*, p. 47.

la société[1] », non seulement l'autogestion est impossible, mais *la classe ouvrière n'est plus le sujet de la transformation sociale* et il n'y a plus grand-chose à espérer de la lutte au sein du travail. Cela se confirme dans les comportements : les techniciens sont happés dans les stratégies managériales de l'investissement personnel et les OS ne se reconnaissent ni dans le travail « sans qualité » ni dans la classe ouvrière.

> L'inversion par rapport à l'idée marxienne du prolétariat est complète. Non seulement le nouveau prolétariat postindustriel ne trouve plus dans le travail social la source de son pouvoir possible : il y voit la réalité du pouvoir des appareils et de son propre non-pouvoir. Non seulement il n'est plus le sujet possible du travail social de production : il se pose comme sujet par le refus du travail social, par la négation d'un travail perçu comme négation[2].

Quel est donc ce nouveau sujet qui remplace subrepticement la figure évanescente du prolétariat ?

La non-classe des prolétaires postindustriels

Les mutations du travail susdécrites, conjuguées à la crise économique, ont pour stigmates la fin du plein-emploi, que Gorz juge irrémédiable, et l'explosion du nombre de chômeurs qui, en France, a quintuplé depuis 1974 (atteignant 1,6 million en 1981, soit 6,9 % des actifs[3]). Cette évolution s'inscrit dans le cadre plus global du déclin de l'industrie et des emplois industriels. Les effectifs ouvriers, qui en France ont atteint en 1974 leur record absolu, subissent une forte baisse, qui contraste avec la progression du tertiaire. Quoique contesté par une gauche qui veut se rassurer, le résultat est patent : la classe ouvrière se délite et avec elle son image.

---

1 « Les adieux d'André Gorz au prolétariat » (entretien avec Michel Contat et François George), *loc. cit.*
2 André Gorz, *Adieux au prolétariat, op. cit.*, p. 109.
3 Près de deux millions de chômeurs et 9 % selon le mode de calcul de l'époque.

Cette image a été idéalisée par le passé. Il apparaît maintenant que l'aura qui a entouré l'ouvrier en 1968 était façonnée par un idéal révolutionnaire, nullement par l'envie de rester ou de se faire ouvrier[1]. Le refus du travail, qui serpente dans la génération de 68, est en même temps un refus de la condition ouvrière ; il en va de même pour l'exode hors des villes d'alternatifs et d'écologistes. Le mouvement des établis en usine n'a donc été qu'un épiphénomène à contre-courant. Désormais, ce qui est tangible, c'est bien plutôt la disparition du sentiment d'appartenance à la « classe ouvrière » : elle touche l'« ensemble de ces surnuméraires de la production sociale[2] » que sont les chômeurs et les précaires en tous genres (ouvriers occasionnels, auxiliaires, vacataires, intérimaires, employés à temps partiel), pour qui le travail perd de son sens, n'apparaît plus comme la source de leur identité principale et « devient un expédient[3] ».

Cette multitude d'individus, fruit de la décomposition de la société industrielle fondée sur le travail et sur son idéalisation, ne peut plus être définie par sa position dans la production. Elle forme une « non-classe », sociologiquement hétéroclite, mais dont les membres ont en commun des aspirations à une meilleure vie qu'ils savent irréalisables par l'emploi et le revenu qu'il procure. À la question : « Préférez-vous une augmentation de salaire ou une augmentation du temps libre ? », 50 % des personnes interrogées en France (hormis les sans-opinion) répondent le « temps libre » en 1973, puis 57 % en 1977 et en 1983 (88 % des salariés allemands en 1979). La pratique du *job sharing* aux États-Unis et dans les pays scandinaves, soit la répartition du travail dans le couple pour disposer de temps libre accru, va dans ce sens. La « crise culturelle de la société de travail », déclenchée sur la lancée

1 Voir Jean-Pierre Le Goff, *Mai 68. L'héritage impossible*, La Découverte, Paris, 1998, chapitre 13.

2 André Gorz, *Adieux au prolétariat*, *op. cit.*, p. 104.

3 *Idem*, « "Le travail est devenu un expédient" » (entretien avec Philippe Gavi), *Libération*, 28 avril 1980.

de 68, vient coïncider avec sa crise réelle sur le plan économique et technique[1].

S'il y a donc abolition du travail en cours, comme l'état des usines et le ressenti des gens le suggèrent, l'enjeu politique majeur qui émerge, et qui va accaparer définitivement l'attention de Gorz, a trait à l'incidence pratique de cet effritement qui, alerte-t-il, peut être antisociale et oppressive ou socialement contrôlée et libératrice[2].

Pour l'heure, à un niveau théorique, un horizon d'attente nouveau surgit de la complexification de l'économie et de la réduction du « travail nécessaire ». La possibilité même du *socialisme*, au sens authentique de maîtrise du pouvoir par les travailleurs, devient une chimère ; son principe, « à chacun selon son travail », une iniquité (d'où le sous-titre des *Adieux* : *Au-delà du socialisme*). Ne reste à l'horizon que la visée du *communisme* qui, en son fondement, est abolition de la domination du travail. L'autonome Negri qui dissèque les *Grundrisse* (*Marx au-delà de Marx* – 1979/1979) et le communiste dissident Bahro (*L'Alternative*) sont invoqués par Gorz en ce sens[3], comme le sera plus tard le néomarxiste Moishe Postone qui revisite lui aussi le texte prophétique de Marx[4]. Par cette voie, les revenus seraient décrochés du travail, qui décline, et mis en rapport avec les besoins. Mais le mot « communisme » lui-même est emporté par le fleuve de discrédit qu'alimentent les expériences désastreuses des pays qui s'en sont réclamés. Il n'enchante plus personne ; c'est pourquoi Gorz évitera de l'inscrire au fronton de son programme – sans jamais le renier pour autant.

Chez les socialistes, qu'ils soient mitterrandiens (Max Gallo, Régis Debray) ou chevènementistes (Jean-Pierre Chevènement lui-même), et chez les communistes, fussent-ils eurocommunistes (Christine Buci-Glucksmann), tous adeptes des recettes étatistes

---

1 *Idem*, « Automation et crise de la société du travail », *Infordoc*, n° 404, février 1984, p. 17.
2 *Idem*, *Adieux au prolétariat*, *op. cit.*, p. 17.
3 Voir *ibid.*, p. 132.
4 Voir André Gorz, *Écologica*, *op. cit.*, p. 17.

et productivistes, les vues postindustrialistes des *Adieux au prolétariat* font scandale. Au PSU, elles provoquent en revanche des réactions contrastées. *Tribune socialiste* malmène l'ouvrage, avant que Denis Clerc ne rectifie le tir et n'invite même son auteur à l'université d'été du PSU à La Roche-sur-Yon, le 28 juillet 1980. À la CFDT, même son de cloche. Edmond Maire, artisan du repli réformiste du syndicat sur la négociation responsable (premier pas vers un « syndicalisme d'adaptation » au capitalisme explicitement revendiqué par Maire), fustige les analyses de Gorz sur l'incapacité du syndicalisme à refondre la société[1]. Cette prise de position reflète, par-delà les divergences internes du syndicat, un sentiment de rejet largement colporté à la base. D'autres figures cédétistes ne l'entendent pas de la même oreille : Julliard, coauteur avec Maire d'un ouvrage sur la CFDT en 1975, salue chez Gorz à la fois l'audace iconoclaste et le réalisme sociologique[2] ; le secrétaire national Michel Rolant, un ancien ouvrier agricole à l'âme marxiste qui depuis longtemps suit les idées de Gorz, l'introduit à une réunion de la commission exécutive du syndicat, alors qu'avec les autres anciens « crypto-gorziens » Declercq et Descamps il se trouve en minorité face à la ligne de Maire.

La gauche, le pouvoir et la place du politique

Les *Adieux au prolétariat* ne sont pas une élucubration isolée venue des marges de la réflexion sociale. Au même moment, Alain Touraine, qui affiche son rocardisme en chroniquant régulièrement dans le journal de Claude Perdriel *Le Matin*, publie *L'Après-socialisme* (1980), ouvrage tout aussi détonant, qui demande au Parti socialiste de ne pas briser l'allant de la société par le dirigisme de l'État. Dans la même veine hérétique, Jacques

---

1 Edmond Maire, « Le mouvement ouvrier face aux idéologies de crise », *Le Monde*, 21 et 22 août 1980.

2 Jacques Julliard, « L'utopie au purgatoire ? », *Le Nouvel Observateur*, 10 mars 1980.

Delors et ses amis encouragent à une *Révolution du temps choisi* (1980), avec la réduction volontaire du temps travaillé à la fois comme mesure antichômage et comme nouvel art de vivre.

Après l'arrivée au pouvoir de François Mitterrand en mai 1981, cette sensibilité rocardienne et cédétiste fournit des ministres (Michel Rocard, Jacques Delors, Jean Auroux), des conseillers (Jacques Attali) et investit les cabinets ministériels (Martine Aubry, etc.). Écologistes et antinucléaires ont aussi leur mot à dire avec la nomination à l'Agence française pour la maîtrise de l'énergie (AFME) des cédétistes Michel Rolant et Bernard Laponche. Le premier, qui voue à Gorz une admiration sans bornes et en devient un ami très proche, va l'inviter régulièrement à des tables rondes autour de sujets de société. En axant son action sur les économies d'énergie, l'AFME contrecarre la politique de l'offre d'EDF, avant que l'agence ne soit laminée dans ses moyens en 1985, lors du contre-choc pétrolier.

Contrairement à ceux qui ont accepté de courir les allées du pouvoir, Gorz – à l'égal de Touraine et Ellul – demeure circonspect pour ce qui est de la puissance et du rôle de la politique. Au lendemain de leur nomination, il rencontre deux ministres du gouvernement Mauroy[1] et comprend qu'il ne faut pas attendre grand-chose de la victoire de la gauche[2]. Moins d'un an après et avant que les socialistes n'entament leur virage libéral, il regrette la confiscation du débat politique par les « meilleures têtes » du Parti socialiste qui ont intégré le pouvoir sans voir qu'« il faudrait que les réformes keynésiennes, essentiellement quantitatives et lentes à produire leurs effets, soient accompagnées de réformes qualitatives, qui, sans délai, transforment la vie, les rapports sociaux, la perception de l'avenir en des domaines sensibles[3] ». Et de lister de simples dispositions, faciles à appliquer, comme la

1 Jacques Delors et Michel Rocard, les deux ministres que Gorz connaissait le mieux, ainsi que le ministre du Temps libre, André Henry, nous ont affirmé (en 2014) n'avoir aucun souvenir de cette rencontre.

2 André Gorz, *Lettre à D., op. cit.*, p. 72.

3 Michel Bosquet, « Le PS n'existe plus », *Le Nouvel Observateur*, 6 février 1982. Cet article est surtitré « Opinion ».

proposition delorienne de libre autodétermination de la durée du travail (mais avec une baisse de la rémunération, pour Delors)[1], la mise en place de normes de qualité des produits courants ou des mesures d'économie d'énergie pour le bâtiment.

Pour Gorz, « le politique est rarement la préoccupation première. Ce qui vient d'abord, c'est la question : quel est le potentiel de libération que contiennent les développements présents ? Comment l'ordre social dominant réprime-t-il cette libération que, en même temps, il rend possible[2] ? » Son désintérêt, voire sa suspicion vis-à-vis du politique sont anciens. Dans sa jeunesse, il lui est même arrivé de penser que « chaque parti tend démagogiquement au pouvoir[3] ». Il est surtout convaincu que la prise du pouvoir d'État est illusoire « tant que l'appareil de domination demeure intact » : l'État participe, au même titre que l'économie, de ces « machines », comme disent les Américains, qui confèrent « un pouvoir fonctionnel à ceux qui en occupent les postes, quelles que soient d'ailleurs leurs capacités et leur couleur politique » ; si, sur un plan économique, le pouvoir n'est que « système de rapports, c'est-à-dire structure » sans sujet, « il en va de même, tout naturellement, de l'appareil de domination politique : il doit garantir la domination sur la population sans permettre à personne de l'exercer en son nom et pour son compte propre. L'État sera cette machine de pouvoir qui se subordonne tous les citoyens et ne permet de pouvoir personnel à aucun[4] ».

Non pas qu'il faille abolir l'État, mais son emprise doit être circonscrite tout en reconnaissant qu'il est le garant du droit,

---

1 Sur les divergences entre Gorz et les deloriens qui prônent une réduction du temps de travail volontaire et individuelle, voir Jean-Baptiste DE FOUCAULD, « Gorz et le temps choisi, un débat inachevé », *in* Christophe FOUREL (dir.), *André Gorz, un penseur pour le XXIe siècle, op. cit.*, p. 147-162.

2 André GORZ, « La plus grande liberté possible » (débat avec Peter Glotz et Tilman Fichter), *Les Temps modernes*, n° 483, octobre 1986, p. 66.

3 Gérard HORST, « Opinions. Dessous de grève », *loc. cit.*

4 André GORZ, *Adieux au prolétariat, op. cit.*, p. 97, p. 97, p. 79 et p. 88.

c'est-à-dire des règles objectivées qui exonèrent la société de la dictature ou de la fusion communautaire. C'est à ce niveau que le politique recouvre une fonction utile qui est « de délimiter, d'orienter et de codifier les actions du pouvoir, de lui assigner ses moyens et ses buts, et de veiller à ce qu'il ne sorte pas du cadre de sa mission. La confusion entre le politique et le pouvoir (c'est-à-dire le droit de gérer l'État) signifie la mort du politique[1] ».

Gorz a longtemps cherché quelle était la place du politique. Dans cette quête, il a été influencé par Touraine, puis par le philosophe et politologue américain Dick Howard – qu'il a connu étudiant en France en 1966 et avec qui il correspond plusieurs décennies durant. Incarné par les instruments institutionnels du pouvoir, de la délibération et de la décision, « le politique, se convainc Gorz, est le lieu de la tension et de la médiation toujours conflictuelle entre l'élargissement de la sphère de l'autonomie, dont l'exigence monte du mouvement à travers la société civile, et les nécessités, gérées par l'État, qui résultent du fonctionnement de la société en tant que système matériel[2] ». Et de conclure dans un article de 1992 qu'il dédie à Howard après avoir lu son récent *Defining the Political* : « Toute démarche tendant à abolir la tension entre ces deux pôles est une négation du politique et de la modernité à la fois[3]. » L'essentiel est de « protéger les autonomies respectives de la société civile, de la société politique et de l'État » afin que puisse « exister une sphère où règnent l'autonomie des personnes et la liberté de leur association et coopération en vue de fins qui leur soient propres[4] ». À défaut, les individus, empêchés de se distinguer de la communauté, seraient obligés d'intérioriser l'ordre qu'elle impose pour que soient accomplies les tâches sociales nécessaires.

1 *Ibid.*, p. 174.
2 *Ibid.*, p. 173.
3 André Gorz, *Écologica, op. cit.*, p. 48.
4 *Idem, Adieux au prolétariat, op. cit.*, p. 98 et p. 165.

On le voit, Gorz ne plaide pas pour l'utopie saint-simonienne et marxienne qu'est la suppression du politique en vue de l'intelligibilité des relations entre les individus : le règne de la raison que cette suppression serait censée inaugurer signifierait, tout au contraire, l'inhibition de l'individu devenu « universel, dépouillé de ses intérêts, attachements et goûts particuliers[1] ».

La liberté, le pacifisme et l'Europe

Depuis les luttes anti-impérialistes qui ont essaimé dans les années 1960 aux quatre coins de la planète, Gorz n'a plus guère eu l'occasion de focaliser sa réflexion sur des événements politiques internationaux. Mais l'apparition en Europe, et spécialement en Allemagne de l'Ouest, à l'orée des années 1980, d'un puissant mouvement pour la paix va l'inciter à prendre position[2].

Très mêlé aux *Grünen*, qui prônent des modes de vie alternatifs au conformisme consumériste et productiviste de l'Ouest, le mouvement pacifiste s'insurge contre la surenchère militaire des deux blocs qui met en péril la sécurité des Allemands, pris entre deux feux[3]. C'est en particulier la volonté américaine d'installer des missiles sur le sol ouest-allemand pour contrebalancer la rénovation du stock de missiles en Union soviétique qui pousse dans la rue des centaines de milliers de manifestants. Gorz concède que le mouvement pacifiste traduit une révolte contre une mégamachine militaro-industrielle qui, *via* les États, impose son ordre technocratique (il se remémore que c'est Eisenhower qui, dans son discours visionnaire du 16 avril 1953, avait caractérisé, le premier, le danger du « complexe militaro-industriel »). Cette lutte est cependant dépolitisée parce qu'elle est menée contre la seule domination américaine. Elle

1 *Idem*, *Métamorphoses du travail*, *op. cit.*, p. 45.
2 Voir Michel Bosquet, « Plutôt rouge que mort », *Le Nouvel Observateur*, 21 novembre 1981.
3 Voir *Géopolitiques allemandes* : *Hérodote*, n° 28, janvier-mars 1983.

a pour pendant la « finlandisation » de l'Allemagne de l'Ouest qu'implique, à son avis, l'*Ostpolitik* consistant à ménager l'Union soviétique en vue d'amorcer la détente, conçue comme la condition d'une lointaine réunification du pays[1]. Dans un entretien accordé à l'hebdomadaire *Der Spiegel*, Gorz fait scandale en RFA en soutenant que ce comportement asymétrique, encore accentué par la tiède réaction des Allemands contre l'état de siège décrété en Pologne en décembre 1981, s'explique par le fait que « la référence culturelle à la liberté est absente de l'histoire allemande[2] ».

La réaction des Allemands est cinglante. Elle surprend Gorz parce qu'elle vient aussi de personnes avec qui il est en cheville, comme Rudolf Bahro, dont il a beaucoup admiré *L'Alternative*. Gorz avait été le seul Français membre du Comité international (piloté par Miliband et Anderson) qui, en janvier 1979, avait décerné à cet essai, pour lequel son auteur était alors emprisonné en RDA, le prix commémoratif Isaac-Deutscher. À sa libération, expatrié en RFA, Bahro s'était rendu à Londres le 3 mars 1980 pour recevoir sa distinction. Il est possible qu'à cette occasion il ait rencontré Gorz. En tout cas, c'est peu après, le 27 mars, qu'il avait invité de façon appuyée le « cher camarade Gorz » à la Conférence socialiste de Kassel de mai 1980[3], puis à la seconde de Marburg en février 1981[4]. Il tenait pour acquise leur affinité idéologique en matière d'écologie.

C'était sans compter avec les divergences suscitées par la tirade antipacifiste de Gorz. Bahro lui répond donc vertement dans le même *Spiegel* ; il pense entrevoir les racines des admonestations de Gorz dans un chauvinisme d'outre-Rhin aussi original que

---

1 André Gorz, « Quelle paix ? Quelle Europe ? », *Lettre internationale*, n° 7, septembre 1985, p. 11-16 (repris en allemand dans *Merkur. Deutsche Zeitschrift für europäisches Denken*, n° 446, avril 1986).

2 *Idem*, « "Respekt für ein solches Verhalten ?" » (entretien), *Der Spiegel*, n° 4, 25 janvier 1982.

3 Lettre de Rudolf Bahro à André Gorz du 27 mars 1980 (GRZ). Gorz a certainement décliné l'invitation.

4 Rudolf Bahro et André Gorz, *Ökonomie, Ökologie. Zweite sozialistische Konferenz* (13-15 février 1981), VSA-Verlag, Hambourg, 1981.

lamentable, puisque proféré par un « Français de papier[1] ». Et Gorz de répliquer dans *TAZ*, journal alternatif de Berlin-Ouest, où cependant il minimise les divergences[2]. Les deux écolo-marxistes ne se fâchent pas et Bahro, qui poursuit placidement sa correspondance avec Gorz, pourra encore s'exprimer sur ces questions dans *Le Nouvel Observateur*. Enfin, grâce à l'interview que lui ménage son ami le politologue Claus Leggewie (qu'il a connu étudiant à Paris en 1973), Gorz a l'opportunité de préciser encore ses positions en vue du Congrès de la paix qui se déroule à Francfort en juin 1982 et assure que ses arguments ne reposent sur « aucune identité nationale[3] ».

Gorz reprend ainsi contact avec la culture allemande et ses intellectuels, quoique, pour le moment, c'est aussi pour enfoncer le clou de sa germanophobie. Quant au tribut qu'il paie à l'idéologie antitotalitaire que cultivent en France Glucksmann, Castoriadis et Morin (épaulés au *Nouvel Observateur* par Julliard et aux *Temps modernes* par Pierre Rigoulot et André Granou), il ne prend pas la forme de la hantise aveuglante d'un prétendu péril militaire soviétique.

Fin de partie au *Nouvel Observateur* et aux *Temps modernes*

Lorsqu'en 1973 Michel Delorme crée les éditions Galilée, Gorz se voit confier la direction de la collection « R/C », mystérieux sigle signifiant « Révolution culturelle ». Gorz se plaira à y éditer, pendant une décennie, François George, le dellavolpien Lucio Colletti, Vincent, Marcuse, Puiseux, Guy

1 Rudolf Bahro, « Rapallo. Warum eigentlich nicht ? », *Der Spiegel*, n° 6, 8 février 1982.

2 André Gorz, « Was ist denn schon Freiheit ? Antwort an Rudolf Bahro », *Die Tageszeitung*, 1er mars 1982 (l'ensemble de la controverse est repris, en anglais, dans *Telos*, n° 51, printemps 1982).

3 *Idem*, « Friedensbewegung – keine europäische Solidarität ? » (entretien avec Claus Leggewie), *Zeitung zum frankfurter Friedenskongress 17.-20. Juni 1982* : *Links*, juin 1982 (éd. spéc.), p. 8-10.

Aznar, Touraine, etc. Entre 1973 et 1976, Dorine Horst gérera les droits étrangers des éditions. Gorz y publiera tous ses livres à venir. Cette autoédition explique sans doute qu'ils ne soient pas toujours secourus par un travail éditorial corrigeant ce qui décontenance plus d'un lecteur : la fantaisie désordonnée des matières dont rend compte presque chaque table.

Dans les années 1970, fort de la renommée de ses écrits au rayonnement souvent international, Gorz/Bosquet accroît son assise d'intellectuel au *Nouvel Observateur*. En 1973, il estime que quarante-neuf de ses articles ont une portée politique suffisante pour figurer dans le recueil *Critique du capitalisme quotidien* qui inaugure sa propre collection chez Galilée. Au magazine, l'utopisme illichien et écologiste, que sécrète immanquablement sa plume (et ses livres, régulièrement recensés par les George, Attali, Rosanvallon, Julliard), témoigne de l'autonomie professionnelle dont jouit le journaliste chevronné. Mais celle-ci inquiète et incommode l'employeur et le directeur qui vont s'attacher à la contenir. La dernière décennie de Bosquet au *Nouvel Observateur* est ainsi l'histoire de sa marginalisation progressive au sein d'un magazine qui se range (derrière le Parti socialiste) et se « boboïse » tout en se noyant dans la publicité.

À la fin de l'année 1973 (26 novembre, 10 et 24 décembre), Bosquet annonce précocement la crise économique et l'impasse de l'opulence, en martelant les solutions de la frugalité, du moindre travail et du temps libre créateur. Jean Daniel l'éloigne alors du service économique, au profit d'un nouvel arrivant non spécialiste mais plus conformiste (François-Henri de Virieu). Plus tard, Bosquet essuie un camouflet lorsque sa première prise de position à l'égard des médecines douces paraît, contre son gré, dans... le courrier des lecteurs. Son dossier sur le sujet (7 avril 1980) n'est pas plus apprécié puisqu'il est suivi la semaine suivante d'une réponse polémique du médecin attitré du magazine, Norbert Bensaïd (cousin de Daniel).

C'est à propos de la campagne qu'il mène depuis 1975 contre le nucléaire civil que la discorde se révèle la plus aiguë. Le refus de Jean Daniel de lui accorder un cahier spécial sur l'énergie l'oblige à s'adresser à *Que choisir ?*, qui le tire à 130 000 exemplaires (février 1978). Après l'émoi de l'accident de Three Mile Island, survenu le 28 mars 1979, l'opposition déclarée du directeur à sa campagne, qui va de pair avec la publication d'une lettre de lecteur sur son « attitude antinucléaire primitive » (29 octobre 1979), l'amène à suspendre ses articles au vitriol, qui paraissent alors dans *Le Sauvage*. Des mois après, il fait part à Jean Daniel de ses griefs :

> Tu m'as annoncé que tu t'étais fait ta propre religion en la matière, grâce à des lectures et des contacts. Ne trouves-tu pas qu'il aurait été amical et équitable de vérifier aussi par une conversation avec moi que les positions que tu me prêtes sont bien les miennes et les questions que tu te poses les seules qui puissent être posées[1] ?

Ce n'est pas faute de tenter de plier l'intransigeance du militant antinucléaire par une œuvre de persuasion, si bien que Perdriel le convie dans un restaurant en compagnie… de polytechniciens de la direction d'EDF[2]. Peine perdue.

L'arrivée au pouvoir de Mitterrand en 1981 accroît d'un cran la tension. Pour ne pas entraver son élection, Perdriel a déjà sabordé *Le Sauvage* qui s'apprêtait à soutenir la campagne de Lalonde. Désormais, les articles gênants de Bosquet qui s'en prennent au revirement pronucléaire du gouvernement socialiste, celui-ci ayant entériné l'extension de l'usine de retraitement de La Hague, ont pour surtitres « Opinion » (8 août 1981) et « Débat » (3 et 17 octobre 1981) ! Les distances que prend l'hebdomadaire avec son rédacteur encombrant servent aussi, assurément, à préserver les entrées publicitaires en provenance d'EDF. La conclusion de la lettre de récriminations que Bosquet adresse à son directeur en 1980 exprime la difficulté des relations personnelles et la contradiction de la position professionnelle dans lesquelles se démène le journaliste privé de sa marge d'indépendance :

1 Lettre d'André Gorz à Jean Daniel du 24 juillet 1980 (GRZ).
2 Entretien de l'auteur avec Alain Hervé, 6 mars 2013.

> Que tout est donc difficile, mon cher Jean. Tu voudrais que je te traite en ami seulement et en interlocuteur privilégié, non en détenteur du pouvoir de décision ; mais en même temps tu détiens seul ce pouvoir et t'en sers, même à mon égard, d'une façon qui n'est pas toujours amicale. Je ne te le reproche pas. Ta situation est contradictoire, la mienne aussi, et nous contribuons l'un et l'autre à nos malheurs respectifs. Mais nous restons liés par quelque chose qui est à la fois moins et plus qu'une amitié. Je t'embrasse affectueusement[1].

Le dernier article de Michel Bosquet porte la date du 11 décembre 1982. L'avant-dernier du 11 septembre. Des soucis familiaux ont espacé sa collaboration et précipité son départ. Mais à un abonné du *Nouvel Observateur* qui interroge le magazine sur les raisons pour lesquelles les articles de Bosquet ont disparu, l'intéressé, très « touché » par cette question que personne ne lui a encore adressée par écrit, répond :

> J'ai quitté le *Nouvel Obs* en décembre dernier pour prendre ma « préretraite », après m'être trouvé à peu près seul de mon avis (mais je ne vous apprends rien à ce sujet) sur un certain nombre de questions (politique de l'emploi, du temps, de l'énergie, industrielle, etc.) importantes, à mon avis, pour le succès ou l'échec d'un gouvernement de gauche[2].

Les dernières années de Gorz aux *Temps modernes* ne sont pas plus heureuses. Pour contrer l'arrivée au comité de direction, en mars 1977, de Pierre Victor, Gorz parvient le mois suivant à y faire coopter François George. En janvier 1980, il y fait entrer un autre rédacteur allié, Dominique Pignon. Depuis le début des années 1970, les articles marxistes d'économie se sont multipliés sous sa houlette (Mario Cogoy, Sweezy, Granou, Bowles-Gintis), mais son pouvoir reste limité à ce domaine. En 1978, il ne peut empêcher qu'un projet de numéro sur l'opéraïsme – qui,

1 Lettre citée à Jean Daniel.

2 Lettre de Gorz (dit Michel Bosquet) à Gilles Monod du 9 avril 1983 (archives privées). Gilles Monod, jeune écologiste et antinucléaire marqué par la lecture d'*Écologie et politique*, se désabonne suite à cette réponse.

l'année précédente, a connu son moment de gloire en Italie à travers les émeutes juvéniles des « Indiens métropolitains » et autres « autonomes[1] » –, proposé par Yann Moulier-Boutang, ne soit invalidé par le veto de Victor[2].

Après la mort de Sartre en 1980, Lanzmann prend la main, mais les conflits se multiplient au sein de la revue, qui perd en audience. Ainsi, en commentant les réactions contre l'attentat antisémite de la rue des Rosiers, Lanzmann assimile perfidement l'antisionisme à l'antisémitisme (octobre 1980), ce qui oblige Pignon, Rigoulot et Gorz à prendre leurs distances (décembre 1980). L'attitude face à la victoire de Mitterrand ne divise pas moins les rédacteurs (George s'en va dès avril 1981). Puis la répression de Solidarność en Pologne oppose Rigoulot et Pignon à la majorité de la rédaction, y compris Gorz, qui veut maintenir la référence idéale au socialisme (janvier 1982).

La guerre israélienne au Liban, à l'été 1982, exacerbe encore les dissensions. La défense d'Israël qu'entreprennent Beauvoir, Lanzmann et Pouillon – les plus sartriens de la revue – les sépare désormais des autres rédacteurs, Élisabeth de Fontenay, Pignon et Gorz. Ce dernier exprime toutefois un avis à part. En établissant que l'« humanisme juif », de « par le caractère éminemment dialectique de son rapport à l'universel, ne ressemble à aucun autre », il déplore sa négation par les dirigeants israéliens et par la « diaspora » qui les soutient[3]. Il sous-entend ainsi une conception philosophique du judaïsme qu'on ne lui connaissait pas, mais qui est en prise avec les dernières positions controversées de Sartre. Influencées par Lévy (Victor), celles-ci avaient été publiées dans *Le Nouvel Observateur*[4]

1 L'autonomie organisée (Autonomie ouvrière) se constitue en 1973 à la suite de la dissolution de PO.

2 Voir le témoignage de Yann Moulier-Boutang, « André Gorz, pour mémoire », *Multitudes*, n° 31, hiver 2007, p. 159-160.

3 André Gorz, « Sur deux fronts », *Les Temps modernes*, n° 435, octobre 1982, p. 646-650.

4 Jean-Paul Sartre et Benny Lévy, *L'Espoir maintenant. Les entretiens de 1980*, Verdier, Paris, 1991.

suscitant un certain embarras chez Jean Daniel, mais sans que Gorz fût interloqué.

Fontenay et Pignon quittent la revue en janvier 1983. Gorz, « devenu la *minority of one*[1] », les suit peu après, mais ne l'annonce officiellement qu'en octobre, en invoquant son éloignement de Paris. Il n'écrira plus que très rarement dans *Les Temps modernes*. Dans une lettre de mai à Alain Lipietz, qui collabore de temps en temps à la revue, il révèle les circonstances de sa démission :

> Il ne faut pas cautionner par sa présence une entreprise qu'on ne peut influencer. Or, depuis les deux dernières démissions, l'acceptation et le refus des textes, ainsi que le choix des thèmes, obéissent à des critères, d'ailleurs incohérents, que mes avis ne peuvent infléchir. C'est particulièrement le refus d'une analyse « tourainienne » du mouvement pour la paix [en Europe] (analyse que j'avais fait remanier après qu'elle fut acceptée une première fois, ce dont personne ne se souvenait plus) qui m'a décidé. Mais j'avais toujours affirmé que si Pignon partait, j'en ferais autant. Or il a été poussé à partir. Cela dit, je ne suis pas brouillé ni fâché avec mes vieux compagnons : je ne suis pas d'accord avec leur manière de faire (et de ne pas faire) une revue[2].

Gorz termine sa lettre en espérant qu'*Alternatives économiques* « prendra peut-être, d'une certaine manière, la relève ». Cette revue a été créée et dirigée dès la fin de 1980 par un collaborateur de Rolant à l'AFME, l'économiste Denis Clerc que nous connaissons déjà pour son empathie avec l'auteur des *Adieux*. Malgré son réalisme vis-à-vis des « contraintes », qui balance sa volonté de ne pas tout ramener à la logique économique, le magazine va se trouver en porte-à-faux avec le virage promarché qu'opère le gouvernement socialiste. Gorz, qui incite ses amis à lire cette publication, y donne régulièrement des entretiens entre 1982 et 1984. Mais il décline, en 1984, l'invitation du directeur à participer au comité de rédaction à cause de son

---

1 Lettre d'André Gorz à Robert Chenavier du 10 avril 1983 (GRZ).
2 Lettre d'André Gorz à Alain Lipietz du 20 mai 1983 (GRZ).

départ en province. Lors de leurs rencontres et par lettres, Gorz et Clerc engagent un dialogue franc qui, dès lors, fait émerger leurs différences de point de vue, notamment en matière de revenu social.

La retraite ou la vie à plein temps

À l'été 1983, Gérard et Dorine quittent leur logement parisien du 176, rue de Tolbiac et s'installent de manière permanente dans leur maison écologique, aux volumes trapézoïdaux, de Nogent-sur-Seine. En mars 1984, ils déménagent à nouveau pour une spacieuse maison de maître du XVIIIe siècle située dans le village de Vosnon, cent vingt habitants, à la lisière de la Champagne et de la Bourgogne. Alors qu'il ne manque pas de place, à l'automne, Gorz se débarrasse d'une partie de sa bibliothèque parisienne pour vendre l'appartement (que finalement il gardera longtemps avant de le céder à Michel Rolant pour sa fille, hôtesse de l'air), signe que ses « adieux au prolétariat » l'orientent vers d'autres problématiques.

Si Gorz s'est mis en congé du *Nouvel Observateur* à la fin de 1982 et a décidé de prendre sa retraite dès que possible, à soixante ans (il bénéficie de l'abaissement de l'âge légal décidé un an auparavant par le gouvernement Mauroy), c'est qu'il avait ses raisons. Dorine, déjà éprouvée par sa maladie chronique (qui se rappelait désormais à elle par un bruit constant du pouls résonnant entre la nuque et l'oreille), venait de subir une opération pour un cancer de l'endomètre au pronostic préoccupant. Aussi était-il temps pour lui de se demander quel était « l'inessentiel auquel je devrais renoncer pour me concentrer sur l'essentiel[1] », être aux côtés de sa compagne.

Mettant fin à l'amertume des dernières années, son départ du *Nouvel Observateur* ne lui est pas pénible : il abandonne le temps contraint et la camaraderie professionnelle pour reprendre son plein temps dans la vie. À un journaliste, il confiera : « J'ai

1 André Gorz, *Lettre à D.*, *op. cit.*, p. 72.

toujours rêvé de pouvoir faire ce que je veux. Et de ne plus devoir dépendre des contraintes économiques. J'ai rêvé de devenir un écrivain retraité[1]. » Il va disposer désormais du temps de réflexion nécessaire pour produire pas moins de six livres et quelque deux cents articles ou entretiens. Ce qui n'empêche pas par ailleurs ce fils d'industriel du bois, qui avait accompagné son père dans les forêts à éclaircir, de planter, dans le domaine d'un hectare qui entoure la maison, un bosquet (*Horst* en allemand) de deux cents arbres, dont il parle à un ami comme de l'œuvre de sa vie – un lacanien saurait épiloguer sur le cas de cet homme sans progéniture ; d'aménager un verger et un potager ; de produire son compost ; alors que Dorine soigne son jardin d'arbustes et de haies. À Françoise Gollain, intellectuelle française partie s'installer dans les collines du pays de Galles, c'est en connaissance de cause qu'il manifeste sa sympathie pour sa « vocation jardinière-maraîchère qui se combine si bien avec la rumination-méditation-réflexion[2] ». Étranger aux mondanités parisiennes qu'il a toujours fuies, le couple retrouve à la campagne l'intensité de la vie quotidienne à deux.

En mai 1983, la mère de Horst lui annonce qu'il dispose d'environ un million de schillings autrichiens en titres (soit 56 000 dollars de l'époque), en provenance sans doute de la succession de son père, et conclut à l'adresse de Gérard et Dorine : « Je pense que vous pouvez être satisfaits[3] ??!! » L'argent n'intéresse guère le couple, qui en a déjà assez et en donne beaucoup. Ce qui compte, c'est plutôt la réconciliation de Gérard avec sa mère, survenue quelques mois plus tôt. Le fils est parvenu à lui exprimer pleinement des sentiments d'affection qu'il avait été incapable d'avouer jusque-là. Une lettre adressée à cette dame de quatre-vingt-huit ans en avril 1983 commence par ces mots : « Encore une fois : je t'aime beaucoup, il en a

---

1 Cité par Jürg Altwegg, « Gegen Entfremdung. André Gorz zum siebzigsten Geburtstag » (entretien), *Frankfurter Allgemeine Zeitung*, 9 février 1993.

2 Lettre d'André Gorz à Françoise Gollain des 20-26 avril 2007 (GRZ).

3 Lettre en allemand de Maria Horst-Starka à Gérard Horst du 5 mai 1983 (GRZ).

toujours été ainsi. Tu as toujours été et tu seras toujours une bonne mère[1]. » Deux ans et demi plus tard, la mère lui offre le journal qui couvre les sept premières années de la vie de son enfant et dans lequel celui-ci découvre, à soixante-deux ans, l'amour infini dont il a été entouré.

De Paris à Vosnon, il faut compter une heure et demie d'autoroute et une demi-heure par de petites routes – et même davantage pour la décroissante Françoise Gollain qui, après le train, prend le car et enfourche son vélo pliant. Mais le couple n'est nullement isolé dans sa campagne auboise : il voit défiler amis, étudiants et journalistes.

> André Gorz et sa femme Dorine, décrit en 1999 un intervieweur de passage, nous reçoivent dans la bibliothèque du rez-de-chaussée d'une habitation meublée de façon spartiate : deux fauteuils sans style, une table ronde et quatre chaises droites, un téléviseur [en 1990 ils n'en possédaient pas], et puis des livres, des journaux et des revues. Les parois n'ont ni tableaux ni couleurs. Seule campe une photo en noir et blanc d'un paysage méditerranéen[2].

Aux journalistes, Gorz expose avec pédagogie sa vérité. Avec ses autres interlocuteurs, les discussions sont toujours sérieuses et intellectuelles, voire théoriques : il donne l'impression de leur faire passer un examen, sans une once d'arrogance cependant. Mais lorsque Dorine, armée de son humour *british* et d'une vitalité intérieure qui contrecarre sa maladie, s'approche et livre ses commentaires pince-sans-rire, la discussion se détend et s'évapore au contact de la quotidienneté de la vie. Entre Gérard et Dorine, c'est finalement devenu un jeu : lui dit avoir « besoin de théories pour structurer [s]a pensée » ; elle répond (par une phrase cérébrale qu'il lui prête) que « la théorie menace toujours de devenir un carcan qui interdit de percevoir la complexité

---

1 Lettre en allemand de Gérard Horst à Maria Horst-Starka du 25 avril 1983 (GRZ).

2 Michel Zlotowski, présentation de l'entretien « Oficios del saber y del trabajo », *loc. cit.*

mouvante du réel[1] ». Interrogée sur la lisibilité de l'œuvre gorzienne par l'épouse (Éliane Carr) du villageois anglais avec qui elle prend le thé, Dorine (qui, par le passé, ne s'était pourtant pas interdite de suivre les cours de Lévi-Strauss au collège de France) s'esclaffe : « On ne comprend pas grand-chose[2] ! »

Aux uns et aux autres, le couple offre un repas bio ou le *five o'clock tea*. Son végétarisme est d'ordre politique et donc non systématique, voire peu pratiqué. Il ne dédaigne pas, à l'occasion, une assiette carnée, comme dans ce restaurant turc de Londres où leur « plat préféré, c'est la souris de gigot[3] ». Un étudiant ayant fréquenté Gorz dans les années 1970 se rappelle néanmoins que, sous prétexte de manger végétarien, celui-ci lui avait fait découvrir les boulettes végétales et les semoules bio dans des restos écolos qu'il ne recommanderait à personne[4]. Très tôt conscients que la production de viande (rouge) a une forte empreinte écologique[5], Gérard et Dorine choisissent une « alimentation relativement riche en céréales complètes de culture biologique[6] ». Plutôt que de s'approvisionner à proximité, le couple préfère faire soixante-dix kilomètres aller-retour tous les vendredis pour acheter « bio » à Troyes – avec à la clé un « resto » et un tour chez le libraire qui met en vitrine ses œuvres. Son épicurisme ne se confond pas avec l'hédonisme de gens aisés : il n'y a rien d'étonnant dans l'étonnement que les compères Lanzmann et Pouillon éprouvent un jour lorsqu'ils voient nos deux jouisseurs de sobriété mettre dans un coin le caviar qu'ils leur ont apporté à Nogent[7].

Les visiteurs qui se rendent à Vosnon sont un peu moins nombreux que la cohorte d'amis et de connaissances extraor-

---

1 André Gorz, *Lettre à D.*, *op. cit.*, p. 44-45.
2 Entretien de l'auteur avec Éliane Carr, 10 novembre 2015.
3 Lettre d'André Gorz à Robert Chenavier du 9 septembre 1985 (GRZ).
4 Michel-Édouard Leclerc, « André Gorz : la mort d'un philosophe », *loc. cit.*
5 Voir André Gorz, *Les Chemins du paradis*, *op. cit.*, p. 176.
6 Esquisse de lettre d'André Gorz au médecin soignant de Dorine, s.d. (GRZ 7.35).
7 Épisode narré par Claude Lanzmann, « Pour Gérard Horst, André Gorz, Michel Bosquet », *loc. cit.*, p. 2.

dinaires qui, au cours des années précédentes, étaient passés dans leurs appartements parisiens successifs – Dorine recevait parfois plusieurs fois par semaine – : les Marcuse, Illich, Marglin, Touraine, Morin, Trentin, Vincent, Jotterand, Kravetz, Grumbach, Rolant, Laponche, Rosanvallon, Rossanda, Howard, Leggewie, Contat, George, Lévi-Strauss, mais aussi l'urbaniste Paul Virilio, la maoïste Maria Antonietta Macciocchi, l'antipsychiatre David Cooper, l'ancien conseilliste Paul Mattick, l'économiste Suzanne de Brunhoff, l'étudiant PSU Michel-Édouard Leclerc, le photographe William Klein et puis les écologistes de *La Gueule ouverte* et du *Sauvage*, des militants de l'extrême gauche italienne, des médecins et les femmes de Bobigny poursuivis pour des avortements, des salariés de Lip et leur directeur PSU Claude Neuschwander que Gorz croisait aussi aux débats de l'AFME, etc.

Les visites à Vosnon témoignent du renouvellement naturel des relations de Gorz et Dorine. Ainsi celles de Jacques Robin et Roger Sue du GRIT ou d'Alain Caillé et Ahmet Insel du MAUSS, dont il sera question plus loin. Elles sont plus intenses maintenant avec les pays limitrophes comme la Belgique et l'Allemagne : côté belge, citons Philippe Van Parijs, côté rhénan et sarrois, Martin Jander, Otto Kallscheuer, Claus Leggewie, Hans Leo Krämer et Hans Horch. Dans l'Aube viennent aussi, dans les années 1990, de jeunes chercheurs captivés par l'œuvre de Gorz. Ainsi, le Britannique Jeremy Tatman s'y rend en 1993 pour l'interroger ; en 1997, il en tirera un ouvrage en collaboration avec le professeur de sociologie Conrad Lodziak (*André Gorz : A Critical Introduction*).

Parmi les thésards ayant planché sur Gorz – dont Michael Mundhenk et Andrea Levy au Canada, et Joaquin Valdivielso en Espagne –, trois étudiants mettent à profit leurs visites à Vosnon qui débouchent sur des publications importantes. Le Brésilien da Silva remanie sa thèse, soutenue à New York en 1993, pour son *André Gorz. Trabalho e política* (2002). En privé, Gorz écrit à son sujet : « Professeur à l'université de Campinas. Adorable. Fils de paysan sans terre analphabète du Nord-Est, il a commencé comme mineur, a passé, tout en travaillant, son bac à trente-deux ans, a obtenu une bourse, a découvert *Adieux au prolétariat* en 1983 et n'en est pas encore revenu[1]. » L'Anglais Finn Bowring, auteur d'*André Gorz and the Sartrean Legacy* (2000), et la Franco-Galloise Françoise Gollain, auteure d'*Une critique du travail* (2000), sont l'un et l'autre de jeunes philosophes qui séduisent Gorz par leur souci, intimement chevillé au corps, d'allier la démarche philosophique à la quête d'existence.

Installé à la campagne, Gorz s'adonne, entre deux articles, à l'écriture de longues lettres, manuscrites ou dactylographiées, dans lesquelles il engage des débats érudits et passionnés avec des interlocuteurs lointains mais intellectuellement proches. Il en va ainsi de sa correspondance, parfois pluridécennale, avec François George, le philosophe et professeur de lycée savoyard Robert Chenavier, le politologue Dick Howard, son éditeur Otto Kallscheuer, sa disciple Françoise Gollain, le théoricien du logiciel libre Stefan Meretz, le journaliste engagé Franz Schandl ; sans parler de quelques échanges moins suivis mais très denses avec Edgar Morin, Denis Clerc, les sociologues Alain Caillé, Claus Offe et Michael Opielka, le prospectiviste Guy Aznar (le seul, avec Riffel, qui a droit à un « cher frère ») ou Jean-Marie Vincent.

Dans les années 1980, Gorz est constamment sollicité, que ce soit pour des émissions de télévision à l'étranger, pour des conférences ou pour des débats syndicaux et militants. Il est invité en Allemagne, en Belgique et en Suisse, où son audience est remarquable. On le réclame aussi en Finlande, au Danemark et en Italie. En France, il participe à des rencontres sous les patronages les plus divers qui vont du mouvement d'éducation populaire Culture et liberté – où il est opposé à Lipietz – au Club de réflexion des Amis de la Terre, du Mouvement pour une alternative non violente – où il débat avec Serge July – au Mouvement des cadres chrétiens, de la revue jésuite aux accointances cédétistes *Projet* au Cercle Condorcet de la Ligue de l'enseignement, l'un et l'autre présidés par Claude Julien qui, en tant

1 Lettre d'André Gorz à Françoise Gollain du 1er août 2001 (GRZ).

que directeur du *Monde diplomatique*, publie et publiera quelques articles importants de Gorz. Sollicité par Bernard Thoreau, il intervient aussi dans un cours de formation de la CFDT à Paris en 1988. Relevons enfin que Barry Jones, prophète de la réduction du travail devenu ministre de la Science d'Australie, le rencontre pour enregistrer une émission destinée à la radio nationale de son pays lors de son voyage à Paris en 1986.

Dans les années 1990, tout aussi demandé, Gorz accepte de moins en moins d'invitations en raison de son âge et de la santé de plus en plus fragile de sa compagne. Rien n'indique, par exemple, qu'il ait accepté la prestigieuse invitation qu'en 1991 il reçoit du gouvernement de Suède – pays où ses livres sont immédiatement traduits – pour un débat de quatre jours avec Günter Grass, Oskar Lafontaine, Amartya Sen, Attali, Touraine, etc. La même année, il décline une invitation à se rendre au Brésil d'Inácio Neutzling, de l'université jésuite du Rio Grande do Sul, tout en l'assurant de son admiration pour Helder Camara, l'archevêque rouge du Nordeste.

Mais, nous le verrons, Gorz ne sera pas moins au centre de débats de société fondamentaux concernant le travail.

14

L'autonomie et les dangers de la société duale

Tout comme *Le Traître, Écologie et liberté* paraît en Allemagne en 1980. Suivent *Adieux au prolétariat* et *Les Chemins du paradis* qui sont immédiatement traduits après leur parution en France. Leur retentissement est considérable, si bien qu'on peut affirmer que Gorz est l'un des intellectuels qui ont le plus contribué à convertir au « vert » les « rouges » d'outre-Rhin. Et ce au moins à l'égal de Rudolf Bahro – qui lui-même s'emploie d'ailleurs dès 1980 à lui offrir une tribune en RFA sur le thème de la crise écologique. Au début de l'été 1983, à l'initiative du directeur Hinrich Oetjen, l'école de formation des jeunes de la principale confédération syndicale allemande (DGB), proche du SPD, organise à Oberursel, près de Francfort, quatre journées de discussion autour des *Adieux* en présence de l'auteur et avec la participation des ex-SDS Tilman Fichter, Bernd Rabehl et de l'écologiste Cohn-Bendit, exilé à Francfort[1]. Une quarantaine de jeunes militants et permanents syndicaux y sont conviés. À la fin de l'année, Gorz apprend que *Wege ins Paradies* devient un best-seller et que le philosophe Jürgen Habermas en fait l'objet unique de son séminaire d'hiver à Francfort[2]. Hans Leo Krämer, professeur de sociologie à Sarrebruck, consacre lui aussi un séminaire aux

1 *Abschied vom Proletariat ? Eine Diskussion mit und über André Gorz. Protokoll einer Arbeitstagung vom 30.5-3.6.1983* (avec une introduction à la pensée de Gorz par Rainer Maischein et Martin Jander), DGB-Jugend, Düsseldorf, 1984 (2e éd.).

2 Lettre de Jean Ziegler à André Gorz du 14 décembre 1983 (GRZ).

écrits de Gorz et obtient, à l'été 1984, d'amener ses étudiants à Vosnon pour discuter avec le maître[1].

Les retrouvailles avec l'Allemagne

En prenant acte de l'intérêt que l'université et la gauche d'outre-Rhin portent à ses idées, Gorz se réconcilie avec une culture germanique qu'il avait longtemps repoussée et ignorée. Déjà en 1980, il avait accordé un entretien sur les Verts au mensuel engagé de Hambourg, *Konkret*. Sollicité par des universitaires ou des journalistes, il intensifie désormais ses relations intellectuelles avec l'Allemagne, l'Autriche et la Suisse alémanique[2].

À partir de 1983, il est à nouveau en contact avec le sociologue allemand Claus Offe, qu'il connaît depuis 1970, époque où cet ancien assistant d'Habermas fréquentait le campus d'Harvard, et qui, proche des Verts, aborde les thèmes chers à Gorz de la redistribution du travail et du déclin de sa normativité. Après avoir parlé à la Télévision suisse alémanique en avril 1984 aux côtés du socialiste Jean Ziegler, Gorz tient en novembre une conférence à la tribune du congrès du Parti socialiste suisse (PSS) à Saint-Gall sur le thème de la libération du temps[3]. L'invitation n'est pas surprenante au vu de la sensibilité écosocialiste du PSS. « Votre présence au congrès et les discussions et conversations entre camarades qui ont suivi – écrit à Gorz le secrétaire central

1 Communication de Hans Leo Krämer à l'auteur du 10 septembre 2014.

2 Écrits originaux et entretiens de Gorz paraissent dans les années 1980, non seulement dans *Konkret*, mais dans *Aesthetik und Kommunikation* (Berlin), *Sozialismus* (Hambourg), *Tagesanzeiger Magazin* (Zurich), *Der Spiegel* (Hambourg), *Die Tageszeitung* (Berlin), *Frankfurter Rundschau* (Francfort), *Links* (Offenbach), *Bilanz* (Zurich), *Oberösterreichisches Tagblatt* (Linz), *Gewerkschaftliche Monatshefte* (Cologne), *Basler Magazine* (Bâle), *Prokla* (Berlin), *Stadtrevue* (Cologne), *Rote Revue* (Berne), *Neue Gesellschaft. Frankfurter Hefte* (Bonn), *Ran* (Berlin), *Widerspruch* (Zurich) et *Die Zeit* (Hambourg).

3 André Gorz, « Socialisme : thèmes pour demain », *Les Temps modernes*, n° 471, octobre 1985, p. 431-445 (paru en allemand dans la revue du PSS *Rote Revue*, n° 2, février 1985, p. 2-7).

Rudolf Strahm qui se déclare explicitement "gorzien" – ont en quelque sorte renforcé l'option : "Gorz plutôt que Keynes". En ce sens, vous nous avez donné une impulsion importante pour la poursuite des travaux et pour les lectures des membres du parti[1]. » (En matière d'écosocialisme et précisément à propos du leitmotiv de 68, « changer la vie », notons que Gorz a joué précocement un rôle pour un autre parti social-démocrate : déjà en 1976, la social-démocratie autrichienne l'avait invité à participer, dans son organe théorique, au débat sur le programme du parti[2] puis, en 1978, à donner une conférence à Graz.)

En 1985, invité à Mayence par les étudiants de l'université, Gorz est navré de ne pouvoir se déplacer (à cause d'empêchements familiaux que nous savons récurrents) ; il s'agissait de débattre des perspectives d'une société émancipée avec un héritier de la Théorie critique francfortienne, le sociologue Oskar Negt, dont il aime beaucoup le livre-plaidoyer pour la RTT à 35 heures (*Lebendige Arbeit, enteignete Zeit*, 1984) ; en demandant aux organisateurs de transmettre à Negt sa lettre qui contient une longue discussion de l'ouvrage, il compte bien reprendre contact avec celui qu'il avait connu à Constance en 1970[3]. Quant aux intellectuels allemands proches des écologistes, ils le contactent en 1985 soit pour l'interviewer[4], soit pour lui demander des contributions à des ouvrages collectifs (sur l'État-providence, sur le revenu de base), comme le fait le jeune universitaire et conseiller parlementaire des *Grünen*, Michael Opielka[5], qui lui

---

1 Lettre en allemand de Rudolf H. Strahm à André Gorz du 5 décembre 1984 (GRZ). Voir aussi Rudolf H. Strahm, « "Gorz statt Keynes" », *Rote Revue*, n° 2, février 1985, p. 8-9.

2 André Gorz, « Fünf Gründe, das Leben anders zu gestalten », *Zukunft* (Vienne), n° 1, janvier 1977.

3 Lettre en allemand d'André Gorz à ASTA (l'association organisatrice) du 27 juillet 1985 (GRZ). L'auteur dit ignorer l'adresse de Negt avec qui il voulait déjà correspondre.

4 André Gorz, « Die Zukunft der Arbeit » (entretien avec Thomas Kluge et Thomas Jahn), *in* Winfried Hammann et Thomas Kluge (dir.), *In Zukunft. Berichte über den Wandel des Fortschritts*, Rowohlt, Hambourg, 1985, p. 213-239.

5 André Gorz, « Richtziele für eine Neugestaltung des Wohlfahrtsstaates », *in* Michael Opielka et Ilona Ostner (dir.), *Umbau des Sozialstaats*, Klartext Verlag,

soumet ses propres textes pour discussion et qui l'enrôle, avec l'*alter ego* de Gorz, le Suédois Gunnar Adler-Karlsson, dans son modeste et éphémère (1987-1991) Institut pour l'écologie sociale.

Ne l'a-t-il jamais vraiment abandonnée que Gorz se remet donc à la langue allemande qu'il dit, avec coquetterie, ne plus maîtriser parfaitement[1] – il est vrai qu'il continue de correspondre en anglais avec Claus Offe... C'est aussi par la lecture d'auteurs allemands qu'il rattrape le temps perdu. Dans les années 1980, il approfondit sa connaissance d'Hannah Arendt, revisite Husserl, découvre Max Weber, étudie l'école de Francfort et ses successeurs, avec Horkheimer-Adorno, Habermas, Axel Honneth et, nous l'avons vu, Oskar Negt. Il discute longuement de Husserl, Habermas et de la crise du sens dans ses lettres à Robert Chenavier, entre 1985 et 1988. Le fruit de ces investigations et méditations arrive à maturité dans un essai de grande importance qu'il prépare depuis 1985 et publie en 1988 sous un titre-valise qui démultiplie les angles d'attaque, *Métamorphoses du travail. Quête du sens. Critique de la raison économique*. En l'espace de deux ans, ce livre est traduit dans les trois langues qui sont depuis longtemps le meilleur vecteur international de la pensée gorzienne : l'allemand, l'anglais et le suédois.

L'intégration fonctionnelle

En insistant sur son caractère impersonnel, Gorz avait déjà montré dans les *Adieux* que « le pouvoir technocratique présent a[vait] une légitimité essentiellement *fonctionnelle*[2] ». Dans *Les Chemins du paradis*, il y voyait, avec Touraine, la « domination d'un système technique » dont les moyens devenaient sa propre fin et dont « les gérants étaient les servants,

Essen, 1986, p. 137-148 ; André GORZ, « Garantierte Grundversorgung aus rechter und linker Sicht », *in* Michael OPIELKA et Georg VOBRUBA (dir.), *Das garantierte Grundeinkommen. Entwicklung und Perspektiven einer Forderung*, Fischer Taschenbuch Verlag, Francfort-sur-le-Main, 1986, p. 53-62.

1 Lettre d'André Gorz à Hans Leo Krämer du 2 juin 1984 (archives privées).

2 André GORZ, *Adieux au prolétariat*, *op. cit.*, p. 79.

non les maîtres[1] ». Dans *Métamorphoses du travail,* il affine son analyse. À mesure qu'elle se complexifie, explique-t-il, l'organisation des fonctions est assurée par une formalisation des procédures qui assurent la stabilité rationnelle du système. Guidé cette fois-ci par Max Weber qui attribuait aux appareils économique et bureaucratique une rationalité selon les fins (*Zweckrationalität*) opposée à une rationalité selon les valeurs (*Wertrationalität*), il définit comme « fonctionnelle une conduite qui est rationnellement adaptée à un but, indépendant de toute intention de l'agent à poursuivre ce but dont, en pratique, il n'a même pas connaissance ». On reconnaîtra ici la « sphère de l'hétéronomie », conceptualisée depuis longtemps par l'auteur, soit les « rouages d'une grande machine » qui inclut « l'ensemble des activités spécialisées que les individus ont à accomplir comme des fonctions coordonnées de l'extérieur par une organisation préétablie[2] ». En des termes purement existentialistes que Gorz n'a jamais remisés, cela donne :

> Si l'être de l'individu dans sa réalité pratique s'épuise en ses déterminations sociales (qui sont aussi culturelles, etc.), alors l'individu est à tout moment ce que la société le fait être et a besoin qu'il soit. Le sujet des actions est la société ; et comme toute société moderne est, à la base, un grand système matériel comportant des exigences inertes de fonctionnement rappelant celles d'une grande machine, le sujet des actions est machine et le seul critère de moralité est la conformité des actions individuelles aux nécessités systémiques (en allemand : *Sachzwänge*) de l'ensemble social[3].

Étudiant l'œuvre majeure de Jürgen Habermas, *Théorie de l'agir communicationnel* (1981/1987), Gorz souligne la parenté saillante entre ce qu'il appelle l'« intégration fonctionnelle » des individus ou l'hétéronomie et ce qu'Habermas appelle l'« intégration systémique ». De quelque manière qu'on la nomme, cette sphère

---

1 *Idem, Les Chemins du paradis, op. cit.*, p. 86.
2 *Idem, Métamorphoses du travail, op. cit.*, p. 48 et p. 49.
3 Lettre d'André Gorz à Alain Lipietz du 20 mai 1983 (GRZ).

hétérorégulée de la mégamachine industrielle étatique tourne le dos à la sphère autorégulée de la société civile, dont la rationalité est « celle des individus poursuivant des fins qui, même si elles motivent des conduites fonctionnelles, sont irrationnelles par rapport aux finalités des organisations dans lesquelles ils travaillent ». Il s'ensuit que « cette scission du système social et ce divorce entre rationalités différentes engendrent l'éclatement de la vie des individus eux-mêmes ; vie professionnelle et vie privée sont dominées par des normes et des valeurs radicalement différentes, voire contradictoires ». Quant aux tentatives socialistes pour remplacer l'hétérorégulation spontanée du marché par l'hétérorégulation programmée du plan, elles n'ont rien changé. Le résultat a été le même : « La désintégration sociale, c'est-à-dire la démotivation des individus vis-à-vis de leur travail fonctionnalisé. » Car, à l'échelle des grands systèmes, « c'est ontologiquement que l'utopie marxienne de la coïncidence du travail fonctionnel et de l'activité personnelle est irréalisable ». La mégamachine a ses raisons intrinsèques et sa logique circulaire : en son sein, « technique de domination et impératifs de rationalisation sont inextricablement confondus, si bien qu'on peut indifféremment considérer l'organisation rationnelle comme le but de la domination ou, au contraire, la domination comme étant le but de l'organisation rationnelle[1] ».

Pour Gorz, il existe toutefois deux types d'hétérorégulation qu'Habermas ne distingue pas : d'un côté, des *régulateurs prescriptifs* qui contraignent les individus, sous peine de sanctions, à adopter les conduites fonctionnelles et, de l'autre, des *régulateurs incitatifs* qui amènent les individus à les accepter de plein gré. Aux premiers appartiennent les règlements, horaires, procédures, etc., aux seconds, la rémunération (mais aussi la sécurité, la reconnaissance sociale, etc.). Seul ce dernier type de régulateur produit une véritable intégration fonctionnelle de l'individu. En lui offrant des compensations qui le font exister en tant que

---

1 André Gorz, *Métamorphoses du travail, op. cit.*, p. 53, p. 53, p. 60, p. 60 et p. 61.

consommateur (et être socialisé), il le conduit en effet à accepter le travail comme un moyen évident de satisfaire ses besoins. Nous verrons que, dans l'histoire du capitalisme, ce résultat n'a pas été facile à atteindre, parce qu'il supposait que le travailleur préfère spontanément gagner plus plutôt que travailler moins, et qu'à l'époque de la crise du fordisme il n'est pas resté complètement acquis, parce que la « consommation de compensation » (comme dit Bahro) ne réconcilie jamais complètement le travailleur avec sa condition.

Toujours est-il que la conséquence a été l'atomisation sociale, c'est-à-dire l'isolement de l'individu dans son rôle de consommateur égotiste que la publicité exalte et entretient.

Le sujet de l'autonomie

Le regard du philosophe Gilles Lipovetsky sur l'hédonisme et le narcissisme contemporains ne contredit pas le constat gorzien lorsqu'il perçoit qu'à l'uniformisation des comportements, dénoncée en son temps par Marcuse, a succédé l'explosion des modes de consommation qui consacre, dans un néant de sens, l'affermissement de l'individualisme[1]. Mais, pour Gorz, l'individu est pourvu d'autres ressources qui précèdent ontologiquement son intégration ; il a toujours la possibilité d'échapper au renfermement individualiste, qui n'est pas la jouissance béate de la personne libre de ses choix mais la distillation subie de modes de comportement fonctionnels à la reproduction du capital. Et ce en créant des réseaux d'entraide, d'échange, d'autocréation, d'intérêts communs, etc., qui renouent des liens par-delà le cloisonnement de l'individu-consommateur.

C'est ce que montrent de leur côté Michel Maffesoli, sociologue français qui guette, à la façon des situationnistes, les réappropriations et les subvertissements des usages que les individus opèrent pour assurer leur puissance de vie, et Rainer Zoll, socio-

1 Gilles LIPOVETSKY, *L'Ère du vide. Essais sur l'individualisme contemporain*, Gallimard, Paris, 1983.

logue allemand apprécié en France par Gorz et Vincent, qui recense les nouvelles solidarités à l'œuvre dans le quotidien des jeunes[1]. Gorz en est convaincu, c'est à partir de l'*individu* que prend forme la résistance à l'individualisme. Le capitalisme a beau acheter sa propre stabilité politique auprès des individus qu'il asservit au travail en leur ménageant hors du travail une sphère privée où ils croient trouver leur souveraineté, « la sphère de souveraineté individuelle *n'est pas fondée sur de simples désirs de consommation* ni sur des activités de divertissement et de récréation seulement ».

> Elle est constituée plus profondément d'activités sans but économique ayant leur finalité en elles-mêmes : la communication, le don, la création et la jouissance esthétiques, la production et la reproduction de la vie, la tendresse, l'épanouissement des capacités corporelles, sensorielles et intellectuelles, la création de valeurs d'usage (objets ou services mutuels) sans valeur marchande et dont la production serait impossible faute de rentabilité[2].

L'ouverture à de multiples déploiements des modes d'être de l'individu, que l'on peut définir avec Gorz comme son « individualisation » ou « subjectivation », n'est assurément pas la fermeture sur soi qui caractérise l'individualisme. Cette distinction de méthode est désormais chose acquise par la sociologie des valeurs[3]. Quoi qu'on ait pu poser la question[4], il faut donc conclure à l'inexistence d'un « individualisme socialiste » dans la démarche

---

1 Michel Maffesoli, *Le Temps des tribus. Le déclin de l'individualisme dans les sociétés de masse*, Méridiens-Klincksieck, Paris, 1988 ; Rainer Zoll, *Nouvel individualisme et solidarité quotidienne. Essai sur les mutations socio-culturelles*, Kimé, Paris, 1992.

2 André Gorz, *Adieux au prolétariat, op. cit.*, p. 122.

3 « Parler d'individualisation ne doit pas être confondu avec l'individualisme. L'individualisation correspond à une culture du choix, chacun affirmant son autonomie, sa capacité d'orienter son action sans être contrôlé et contraint » (Pierre Bréchon, « L'individualisation progresse, mais pas l'individualisme », *Le Monde*, 25 avril 2009).

4 Adrian Little, *The Political Thought of André Gorz*, Routledge, New York, 1996, chapitre « Towards socialism individualist ? ».

gorzienne. Reste à comprendre le sens et la place que recouvre l'individu dans le dispositif émancipateur que Gorz s'attelle à mettre en œuvre contre et en substitution du prométhéisme prolétarien.

Retour du sujet individuel

C'est dans les années 1980, voire depuis 1975, que la question politique de l'individu se trouve posée avec le plus de fermeté, en raison même de la crise des grands systèmes d'interprétation et d'action totalisants, comme le marxisme. L'idée d'autonomie collective ou d'autonomie ouvrière s'effiloche au profit de l'idée d'*autonomie individuelle*, qui prend alors le relais[1].

C'est ainsi que, porté par un projet philosophique qui vise à refonder le sujet avec Freud en appui, Castoriadis, précisément en 1975, donne du sens à l'autonomie en tant que mode d'être de l'homme qui fonde la praxis sociale[2]. Touraine, toujours à l'affût de ce qui fait la société, perçoit derrière le reflux des mouvements sociaux, qui commence, *Le Retour de l'acteur*, c'est-à-dire du sujet. « Aujourd'hui, explique-t-il, nous sommes las des prophéties historiques, qui n'ont abouti qu'à des régimes autoritaires et à des interprétations doctrinaires ; d'où la nouvelle importance donnée à la notion de sujet, qui traduit la distance prise par les individus et les collectivités à l'égard des institutions, des pratiques et des idéologies[3]. »

Un remarquable colloque du Centre de recherche et de documentation sur Hegel et Marx, fondé par Jacques D'Hondt à l'université de Poitiers, est emblématique de ce recentrage, qui explore Marx sous l'angle de l'individu et de la liberté[4].

---

1 Voir Pascal Ory *in* Pascal Ory (dir.), *Nouvelle Histoire des idées politiques*, Hachette, Paris, 1989, p. 715 et p. 755.

2 Cornelius Castoriadis, *L'Institution imaginaire de la société*, Seuil, coll. « Points », Paris, 1975, p. 148-158.

3 Alain Touraine, *Le Retour de l'acteur. Essai de sociologie*, Fayard, Paris, 1984, p. 102.

4 Avec Bernard Bourgeois, Jacques D'Hondt, Lucien Sève, Jean-Yves Calvez et Jean-Claude Bourdin. Voir les actes : Guy Planty-Bonjour (dir.), *Droit et liberté selon Marx*, PUF, Paris, 1986.

Quant à Jean-Marie Vincent, qui a déjà délaissé son trotskisme en mettant à nu les apories du marxisme, il fait à la fin de la décennie une brève mais efficace mise au point sur la notion de liberté. Reliant indissolublement la liberté à l'individu, il la pose comme créatrice et productrice de la relation sans cesse réinventée des individus à leur société, alors que trop souvent les marxistes ont compté dépasser la fragmentation de la société bourgeoise par le recours au schème suranné et mythique de la communauté ; avec pour résultat que les ouvriers participant au mouvement socialiste ont cru pouvoir trouver leur identité à la fois dans la classe et dans le travail, celui-ci conçu comme production sociale et par suite comme fondement de la société[1].

En plaçant l'individu et son autonomie au centre de sa philosophie[2], André Gorz respire lui aussi l'air du temps. Mais son parti pris a ceci de singulier qu'il est ancien. Car son adhésion au marxisme n'a jamais signifié la mise au rebut du principe existentialiste qui place au cœur des stratagèmes de libération le sujet individuel[3]. Les *Adieux* représentent néanmoins une nouveauté en ce qu'ils éclaircissent précisément les limites qui débilitent le marxisme en ce domaine. L'ouvrage fait le procès du mouvement ouvrier qui a « généralement combattu le désir d'autonomie individuelle comme un résidu, chez l'ouvrier, de l'individualisme petit bourgeois ». Et si « l'autonomie n'est pas une valeur prolétarienne », c'est parce que l'illusion que le prolétaire peut s'en tirer tout seul sape la capacité des prolétaires à s'unir en une classe à même de chasser la classe bourgeoise.

> Les impératifs politiques de la lutte des classes ont ainsi empêché le mouvement ouvrier de s'interroger sur le bien-fondé éventuel

---

1 Jean-Marie Vincent, « Liberté et socialité », *Futur antérieur*, n° 2, été 1990, p. 22-37.

2 Finn Bowring, *André Gorz and the Sartrean Legacy. Arguments for a Person-Centred Social Theory*, MacMillan, Londres, 2000.

3 Françoise Gollain, « André Gorz, affects et philosophie », *in* Christophe Fourel (dir.), *André Gorz, en personne, op. cit.*, p. 63-74 ; Dick Howard, « La philosophie charnelle d'André Gorz », *Esprit*, n° 401, janvier 2014, p. 101-115.

> du désir d'autonomie en tant qu'exigence *spécifiquement existentielle*[1].

Le militant exemplaire refoule de la sorte « sa propre subjectivité pour devenir la pensée objective de la classe se pensant en lui : raideur, dogmatisme, matérialisme, langue de bois et passion autoritaire sont les qualités inhérentes à cette pensée qui se veut sans sujet ». Le prolétariat s'en trouve hypostasié. Il est dès lors comparable à d'autres catégories transcendantes de la machine économique dont il est partie prenante : autant le Capital dépossède l'ouvrier de son travail, autant le Prolétariat dépossède le prolétaire de sa subjectivité. Il y a là une symétrie fondée sur la commune « destruction des capacités d'autonomie des prolétaires[2] », en même temps qu'un présupposé identique : la fétichisation du travail qui produit la valeur ou la richesse, et par lequel la classe prolétarienne s'objective et se substantifie. Économique, la valeur-travail devient aussi éthique.

L'on accouche ainsi d'une « morale socialiste » qui enjoint de s'investir totalement dans son travail et de le confondre avec ses buts personnels. Il s'agit là d'une morale « symétrique de la morale bourgeoise de l'âge héroïque du capital [qui] identifie la moralité avec l'amour du travail tout en dépersonnalisant le travail par son industrialisation et sa socialisation mêmes : elle exige donc l'amour de la dépersonnalisation, c'est-à-dire le sacrifice de soi[3] ». Sur cette base, droite et gauche se confondent.

Il est clair que pour Gorz la défense du « libre épanouissement de l'individu », selon l'expression de Marx, passe par une critique de la centralité du travail que véhiculent aussi bien l'idéologie prolétarienne que l'idéologie bourgeoise. Toute son œuvre ultérieure approfondit cette critique.

---

1 André GORZ, *Adieux au prolétariat*, *op. cit.*, p. 55.
2 *Ibid.*, p. 56 et p. 58.
3 *Ibid.*, p. 20.

Monde vécu et sujet. Habermas versus *Touraine*

Contrairement aux postmodernes, qu'ils soient fonctionnalistes ou structuralistes, Habermas et Touraine comprennent la modernité comme un mouvement d'émancipation, note Gorz qui précise ainsi son intérêt pour ces deux auteurs. C'est à propos de leur manière de concevoir les résistances à la socialisation oppressante que jaillit la préférence de Gorz pour l'un d'eux[1]. Pour lui, cette problématique est essentielle pour appréhender nature et potentialités du nouveau sujet émergent. Il s'en empare dans les *Métamorphoses*[2] et y revient à l'occasion d'une étude qu'il publie dans un ouvrage collectif anglais dédié à l'œuvre de Touraine[3].

Pour Habermas, le lieu de la dissidence correspond au « monde vécu » (*Lebenswelt*), qui doit être soustrait aux appareils marchand et étatique qui l'ont colonisé. De l'avis de Gorz, cependant, l'appréciation de ce monde vécu fait problème car le concept demeure chez Habermas d'une « pauvreté abstraite ». Dans une longue lettre écrite en 1987 à Robert Chenavier, toujours prêt à lui prêter une oreille théorique, Gorz précise :

> Pour que le concept de monde vécu ait un potentiel critique vis-à-vis du système, il faut au moins, évidemment, qu'il soit le vécu du monde. Donc, impossible de partir de l'individu socialement constitué *et* hétérodéterminé. La question est : comment *un sujet* vit-il sa détermination fonctionnelle, notamment le travail assisté par ordinateur et autres métiers « avancés » dont on nous chante les vertus reprofessionnalisantes ? Mais pour se le demander, encore faut-il qu'existe un sujet et que celui-ci ne soit pas un produit du fonctionnement de la société et des appareils de socialisation. Or, pas de sujet autonome chez Habermas. Il faut donc, pour avoir une idée de ce qu'est le « monde vécu », remon-

1 Françoise Gollain, *Une critique du travail, op. cit.*, p. 69-76.
2 André Gorz, *Métamorphoses du travail, op. cit.*, p. 212-220.
3 *Idem, Misères du présent, richesse du possible*, Galilée, Paris, 1997, p. 199-226. Publication d'origine : « A sociology of the subject » (1994), *in* Jon Clark et Marco Diani (dir.), *Alain Touraine. Consensus and Controversy*, Falmer Press, Londres, 1996.

> ter à Husserl qui a inventé le concept, à Merleau qui l'a affiné, à Horkheimer-Adorno qui l'ont employé correctement car, tout comme Merleau-Ponty, ils étaient conscients, eux, que l'individu *a un corps*, que le vécu du monde passe par le corps, que le monde (le système des appareils industrialisés) fait violence au corps et que cette violence subie n'est supportée que si une violence répressive plus forte qu'elle canalise son refus violent vers des boucs émissaires et des fantasmes que l'industrie culturelle fournit obligeamment (et le racisme aussi)[1].

Le concept revêt donc chez Habermas une autre acception que celle que lui avait donnée Husserl à l'origine. L'expérience vécue qui donne sens à la vie est évacuée au profit d'un ensemble d'acquis intangibles auquel se réduit la notion de monde vécu. Gorz s'en explique de façon particulièrement incisive dans une lettre écrite cette fois-ci au sociologue Alain Caillé en 1992 :

> Le « monde vécu » désignait chez Husserl le monde *en tant* qu'il se dévoile à notre expérience intuitive et fournit « le sol de nos évidences ». Cette définition a subi chez Habermas une dérive sociologisante. Alors que Husserl comprenait le monde vécu comme le corrélat de l'expérience vécue – expérience [dont l'incomplétude] rend les évidences, les certitudes fragiles par principe et accessibles au doute –, le monde vécu devient chez Habermas l'ensemble des réalités familières dans lesquelles s'enracinent notre compréhension intuitive, nos habitudes, savoirs et savoir-faire, acquis et transmis par l'éducation, la tradition, les schèmes d'interprétation communs. Dans cette conception, le monde vécu tend à se confondre avec les conduites, conceptions, rapports et croyances qui, dans une société donnée, « vont de soi » et sont socialement conformes. Impossible, dans cette optique, de rien dire sur la qualité et le goût qu'a le vécu de ce monde vécu-là (par exemple sur la différence du vécu d'une société répressive, intégriste, et d'une société de libres citoyens). C'est son inaccessibilité à la critique à partir de son vécu même que je reprochais à Habermas. Par une dérive seconde, monde vécu en est venu à signifier, outre le monde accessible à une compréhension intuitive, l'espace

1 Lettre d'André Gorz à Robert Chenavier du 21 décembre 1987 (GRZ).

> social familier dans lequel on est « chez soi » et dans lequel on s'oriente, communique et s'entend avec les autres sur la base d'une complicité et de conduites *spontanées* : à peu près ce que les Allemands appellent *Heimat*[1].

Avec de tels présupposés, la réaction au système qui émane du monde vécu risque de faire fond sur la tradition, le misonéisme, et amène à se prévaloir d'appartenances identitaires et communautaires dont l'ambiguïté politique est connue – c'est à elles qu'Alain de Benoist, idéologue de la nouvelle droite, en appelle[2]. Mais pour Gorz, qui à ce propos invoque le successeur francfortien d'Habermas, Axel Honneth, il n'y a pas d'identité donnée du sujet[3]. « Une faille originelle empêche le sujet individuel de coïncider avec "l'identité" que lui confère son appartenance sociale. » Or, prévient-il, « c'est en raison de ce décalage originaire seulement qu'il *peut* y avoir un jugement moral autonome de la réalité sociale par l'individu, et un refus de se plier aux normes[4] ». « Pour moi, écrit-il plus tard à Vincent, la subjectivité (le sujet) n'est pas l'intériorisation-assomption de ces normes et de ces autocensures mais dans le décalage ressenti, vécu, souffert entre ce qu'on a à être pour fonctionner et ce que l'on ressent diffusément. Et la critique doit commencer par une herméneutique de cette non-identité avec soi[5]. »

Cette problématique gorzienne est abordée par Touraine dans sa contribution à des mélanges offerts à André Gorz pour son soixante-cinquième anniversaire[6]. Elle est endossée

---

1 Lettre d'André Gorz à Alain Caillé du 21 janvier 1992 (GRZ).

2 André Gorz, *Misères du présent, richesse du possible, op. cit.*, p. 185-197.

3 *Ibid.*, p. 207. Sur ce sujet et cette convergence que l'auteur fait remonter au couple philosophique Sartre-Adorno, voir Sílvio Camargo, « Experiência social e crítica em André Gorz e Axel Honneth », *Revista brasileira de ciências sociais*, n° 74, octobre 2010, p. 107-193.

4 André Gorz, *Métamorphoses du travail, op. cit.*, p. 215 et p. 105 n.

5 Lettre d'André Gorz à Jean-Marie Vincent du 7 août 2000, *in* André Gorz et Jean-Marie Vincent, « Correspondance » (édité par Willy Gianinazzi), *Variations*, n° 17, 2012, <variations.revues.org/348>.

6 Alain Touraine, « Die Verweigerung der Integration », *in* Hans Leo Krämer et Claus Leggewie (dir.), *Wege ins Reich der Freiheit*, Rotbuch Verlag, Berlin, 1989, p. 166-173.

par Touraine lui-même, puisque Gorz la repère dans sa *Critique de la modernité* (1992) qui oppose la « subjectivation » à la « socialisation » pour affirmer la primauté du sujet, « rebelle à la règle et à l'intégration[1] ». Gorz croit même que le sociologue s'est inspiré inconsciemment du *Traître* pour différencier le Soi-Autre et le Je-Sujet ; cette conviction est livrée dans une lettre de Gorz de septembre 1997 qui a aussi le mérite de répondre à la question de sa propre convergence avec un sociologue politiquement modéré. Il écrit à une connaissance qui l'interroge sur son parcours :

> J'ai retrouvé chez Touraine l'empreinte laissée par mes écrits, sans réaliser qu'elle venait de moi (et il est vraisemblable qu'il n'en est pas conscient lui-même). Le bonheur de trouver qu'il pense comme moi sur une question tout à fait fondamentale est la raison d'une affinité entre lui et moi qui dépasse nos divergences politiques. L'usage politique qu'il fait de ses instruments intellectuels (son réformisme social-démocrate) n'est pas le seul possible[2].

Depuis au moins leur analyse similaire des nouveaux mouvements sociaux, Touraine nourrit une estime indéfectible pour Gorz[3]. En 1993, il le présente ainsi :

> André Gorz est le plus vraiment marxiste des penseurs européens et aussi – faut-il dire : mais aussi ? – le plus imaginatif et le plus activement antidoctrinaire. Avec lui, le marxisme a la force libératrice qu'il avait chez... Marx, quand celui-ci critiquait le jacobinisme français ou la droite hégélienne. S'il ne croit plus au prolétariat ou à son avant-garde, s'il se méfie du recours à l'État pour résoudre les problèmes de la société, ce n'est pas pour se reposer dans un pragmatisme réformateur tiède, c'est pour retrouver la force de contestation qui animait autrefois le

---

1 Cité par André Gorz dans *Misères du présent, richesse du possible, op. cit.*, p. 219 et p. 217.

2 Lettre d'André Gorz à Jacques Robin des 12-14 septembre 1997 (GRZ).

3 Il est parmi les quelques dizaines de personnes qui assistent à l'inauguration publique de la promenade André-Gorz sur les berges de la Seine à Paris, le 21 septembre 2013.

> mouvement ouvrier et qui reste aujourd'hui presque sans emploi politique[1].

Réagissant à l'envoi du dernier livre de Gorz, *Misères du présent, richesse du possible*, Touraine lui exprime en octobre 1997 son accord avec sa « résistance à l'idée de *Lebenswelt* ». Il le remercie pour l'étude sur sa pensée qui « a bien expliqué à [lui]-même [s]a distance par rapport à Habermas ». Il pense partager avec lui l'idée qu'il faut maintenir un pied dans l'instrumentalité et un autre dans celui qu'il nomme les « identités ». Mais il situe sa divergence dans sa propre préférence pour l'élargissement du travail aux activités de développement durable plutôt qu'à travers des « micro-sociétés volontaires » dont il se méfie parce qu'elles « font peser très lourd sur l'individu le poids du groupe restreint[2] ».

La question de l'activité autodéterminée opposée au travail nécessaire est posée. Il est clair ici aussi que, depuis l'époque où Gorz s'est ouvert aux thématiques illichiennes, cette question ne cesse de le harceler : elle n'est rien de moins que l'idée maîtresse autour de laquelle se décline sa critique du travail.

La sphère de l'autonomie et son au-delà

Au cours des années 1980, un processus de dualisation de l'économie intervient dans les pays industrialisés de l'Occident. Il consacre l'avènement du postfordisme qu'on appelle aussi, pour ne pas sortir de la référence automobile, le toyotisme. Les grandes unités de production, affectées par la résistance ouvrière et par les fluctuations du marché, gagnent en souplesse en réduisant leur main-d'œuvre par le recours à la sous-traitance, modulable à tout moment et qui emploie des ouvriers non syndiqués et souvent surexploi-

1 Alain Touraine, « Le plus imaginatif des penseurs », encart *in* André Gorz, « Comment en finir avec le capitalisme » (entretien avec Maurice Najman), *Globe hebdo*, n° 12, 28 avril 1993, p. 36.

2 Lettre d'Alain Touraine à André Gorz du 15 octobre 1997 (GRZ).

tés. De plus, à côté de l'industrie et du tertiaire moderne (recherche, informatique, communication, biotechnologies) qui concentrent les emplois qualifiés, se développent des activités de service (distribution, restauration, surveillance, nettoiement, soins, etc.) qui embauchent un personnel peu qualifié et mal rétribué.

En France, cette dualisation est sanctionnée juridiquement par la légalisation des contrats à durée déterminée (1979) et illustrée par l'essor de l'intérim (légal depuis 1972) ou du temps partiel (de 9,2 % des actifs en 1982, il ne cessera de grimper jusqu'au record de 17,9 % en 1999). Elle prend donc une tournure sociale, que le démographe Emmanuel Todd nommera plus tard la « fracture sociale » : la population active se clive entre, d'un côté, des travailleurs protégés et stables, employés à plein temps, et, d'un autre côté, une masse de chômeurs ou de travailleurs précaires, à temps partiel, cantonnés dans de « petits boulots » et sans protection syndicale. Cette nouvelle réalité sociale est à l'origine du tumultueux mouvement autonome d'étudiants et de précaires qui secoue l'Italie en 1977. Quoique celui-ci soit lu par Asor Rosa avec la grille périmée du proto-opéraïsme et du PCI qu'est la centralité de la classe ouvrière traditionnelle, cet observateur est le premier à dénoncer la mise en place d'une économie duale qui divise les salariés en « garantis » et « non garantis » (*Le due società*, 1977).

André Gorz est tout aussi lucide, mais au lieu de tenir le précariat pour un phénomène périphérique de la restructuration capitaliste en cours, il souligne les potentialités de lutte que cache cette discrimination. Alors qu'il regrette la persistance de l'idéologie du travail parmi les salariés en situation privilégiée, il estime que les autres, formant une masse d'« indifférents au travail », sont un « sujet social *possible*[1] » pour une issue à gauche du capitalisme. À la fin de sa vie, Gorz reviendra avec précision sur les caractéristiques de ce nouveau prolétariat :

1 André GORZ, *Les Chemins du paradis*, *op. cit.*, p. 78 et p. 79.

> Les jeunes et les moins jeunes qui gèrent à leur façon la discontinuité du travail salarié surfant d'un *job* à l'autre, sans s'investir totalement dans la recherche d'un emploi stable, toutes ces personnes qui pratiquent un mode de vie plus libre, frugal, où l'argent et la marchandise ne sont pas les valeurs suprêmes ; toutes ces personnes font partie intégrante du prolétariat postindustriel, postfordiste.
>
> Ce sont elles qui alimentent les mouvements altermondialistes et anticapitalistes radicaux, les syndicats de chômeurs, les mouvements du logiciel libre. C'est par leur biais qu'une culture de l'insoumission, de la dérision, de l'imagination et de la parole libérée gagne du terrain[1].

Toujours est-il qu'en plaidant dans les *Adieux* « pour une société dualiste » – tel est le titre d'un chapitre –, ses propos ont parfois prêté à équivoque. L'expression a été sans doute malheureuse (« une grosse bêtise », dira plus tard Gorz[2]). Il est pourtant certain qu'en dessinant les contours de deux sphères, l'une dominée par l'hétéronomie, l'autre par l'autonomie, Gorz n'entend pas cautionner la présente économie à deux vitesses qui institue la ségrégation sociale, ni *a fortiori* la théorisation positive qu'en font certains technocrates (les hauts fonctionnaires Jean Amado et Christian Stoffaës, l'énarque Alain Minc) ou néolibéraux américains (Milton Friedman), contre lesquels il s'insurge. Pour lui, c'est toute l'économie fondée sur le salariat qui, par essence, baigne dans l'hétéronomie.

Hétéronomie et autonomie comme moments de vie

Dans les *Adieux*, Gorz définit l'hétéronomie comme l'ensemble des rapports de travail qui privent le travailleur du libre choix des fins intrinsèques pour lesquelles il œuvre (travailler pour vivre est une fin extrinsèque et non libre). Elle repose

---

1 *Idem*, « Vers la multiactivité » (entretien avec Vladimir Safatle, 2005), *in Le Fil rouge de l'écologie*, *op. cit.*, p. 96-97.

2 *Idem*, *Écologica*, *op. cit.*, p. 18.

sur la division du travail qu'exige la grande complexité technologique de la production moderne et qui empêche le travailleur d'avoir une vue globale du processus. À l'hétéronomie appartient aussi le travail que, *volens nolens*, il est nécessaire d'accomplir pour qu'une société fonctionne et se reproduise. C'est pour ces raisons que l'hétéronomie ne peut être totalement éliminée, mais seulement réduite. Même si, en dehors d'une minorité privilégiée de créatifs, elle ne sera jamais pour tous la source d'un travail épanouissant, il faut saluer ce qu'elle contient de positif car, grâce aux améliorations techniques qui apportent des progrès incessants de productivité, le temps dédié au travail socialement nécessaire devient de moins en moins important. L'hétéronomie travaille contre elle-même. Loin d'empêcher l'autonomie, elle la sert. Car, comme Gorz arguera dix ans plus tard, « nos efforts d'efficacité, de rationalisation économique, ont pour conséquence principale [...] de nous libérer du travail, de libérer notre temps, de nous libérer du règne de la rationalité économique elle-même[1] ».

Mais il n'en va ainsi que dans un schéma où le temps libéré n'est pas synonyme de temps partiel forcé ou de chômage, mais profite aux hommes. La satisfaction des besoins fondamentaux étant assurée par ailleurs, l'autonomie correspondrait alors aux activités où le désir, la fantaisie, le libre choix des fins peuvent s'épanouir et, en cas de but productif, à celles portant sur « l'autoproduction du facultatif, du gratuit, du superflu, bref du non-nécessaire qui donne à la vie sa saveur et sa valeur : aussi *inutile* qu'elle-même, il l'exalte comme la fin qui fonde toutes les fins[2] ». Comme Gorz l'explique mieux à Guy Aznar, spécialiste de prospective sociale (proche des AT et bientôt leur président), plutôt enclin de son côté à identifier l'autonomie avec le « travail impliqué » (mais le *management* moderne a aussi ce but !), « le facultatif est tout ce que vous pouvez faire ou ne

---

1 *Idem, Capitalisme, socialisme, écologie. Désorientations, orientations*, Galilée, Paris, 1991, p. 53.

2 *Idem, Les Chemins du paradis, op. cit.*, p. 117.

pas faire à votre guise sans que votre subsistance en dépende » ; « c'est du temps à vivre » que l'on ne compte pas[1].

Gorz résume « la mutation culturelle qui amorce le passage à la société postindustrielle » avec cette formule : « La "vraie vie" commence hors du travail[2]. » Le moment est donc propice pour qu'il s'arrête sur ces pages du livre III du *Capital*[3] où Marx précise que le règne de la liberté se trouve au-delà du travail en tant que celui-ci est tributaire de la nécessité et que l'abaissement du temps de travail en est donc une condition fondamentale[4]. La conjoncture est mûre également pour qu'il relève que le fameux fragment sur « Machinisme, science et loisir créateur » qui émaille les *Grundrisse* (*voir note 3, p.* 122) contient « l'idée que le travail social à but économique doit servir à l'élargissement de la sphère de l'autonomie individuelle – c'est-à-dire à l'extension des activités du temps libre[5] ».

Conformément à Marx, Gorz ne considère pas les sphères de l'hétéronomie et de l'autonomie comme imperméables. C'est de leur séparation que naît justement la ségrégation actuelle qui relègue une partie de la population dans le chômage, la précarité matérielle et la déchéance sociale. Dès les *Adieux*, Gorz en est conscient. Contre cette dualisation *spatiale* de la vie sociale, il conçoit, suivant l'inventif Aznar, auteur de *Non aux loisirs, non à la retraite* (1978) et de *Tous à mi-temps !* (1981), une dualisation *temporelle* qui traverserait les individus eux-mêmes, chacun appartenant à l'une et l'autre sphères, et pouvant s'épanouir précisément grâce à cette double appartenance[6]. Cet idéal de « pluriactivité », explique une philosophe

---

1 Lettre d'André Gorz à Guy Aznar du 21 avril 1983, en réponse à une lettre de celui-ci du 11 avril (GRZ).

2 André Gorz, *Adieux au prolétariat, op. cit.*, p. 123.

3 Karl Marx, *Le Capital*, livre III, *in Œuvres. Économie II*, Gallimard, Paris, 1968, p. 1486-1488.

4 André Gorz, *Adieux au prolétariat, op. cit.*, p. 142-143.

5 *Ibid.*, p. 123.

6 *Ibid.*, p. 145-146.

qui marche dans les pas de Gorz, « signifie que chacun ait accès, simultanément, aux activités politiques, productives, culturelles, ainsi que privées[1] ». Au lieu d'essayer d'enrayer le chômage par des tentatives illusoires de retour au plein-emploi, il s'agit de favoriser l'alternance entre les deux sphères par le seul moyen possible : une *réduction massive de la durée du travail,* celui-ci pouvant dès lors être partagé entre tous. C'est la condition pour que chaque individu ait le loisir d'allouer son temps comme bon lui semble tout en participant à la production du nécessaire.

Gorz explique que ce rééquilibrage du rapport entre temps de travail et temps disponible modifie et renverse le sens même de ces deux moments : « Le travail devient un moyen pour élargir la sphère du non-travail, il est l'occupation temporaire par laquelle les individus acquièrent la possibilité de poursuivre leurs activités principales[2]. »

> À mesure, en effet, que s'étendent les plages de temps disponible, le temps de non-travail peut cesser d'être *l'opposé* du temps de travail : il peut cesser d'être temps de repos, de détente, de récupération ; temps d'activités accessoires, complémentaires de la vie de travail ; paresse, qui n'est que l'envers de l'astreinte au travail forcé, hétérodéterminé ; divertissement qui est l'envers du travail anesthésiant et épuisant par sa monotonie. [...] Le lieu de travail et l'emploi peuvent alors cesser d'être les seuls espaces de socialisation et les seules sources d'identité sociale ; le domaine du hors-travail peut cesser d'être le domaine du privé et de la consommation. De nouveaux rapports de coopération, de communication, d'échange peuvent être tissés dans le temps disponible et ouvrir un nouvel espace sociétal et culturel, fait d'activités autonomes, aux fins librement choisies. [...] les activités autonomes peuvent devenir prépondérantes par rapport à la vie de travail, la sphère de la liberté par rapport à celle de la nécessité. Le temps de la vie n'a plus à être géré en fonction

---

1 Dominique MÉDA, « La fin de la valeur "travail" », *in* COLLECTIF, *Le Travail, quel avenir ?,* Gallimard, Paris, 1997, p. 239.

2 André GORZ, *Adieux au prolétariat, op. cit.,* p. 123.

> du temps de travail ; c'est le travail qui doit trouver sa place, subordonnée, dans un projet de vie[1].

De la sorte, le temps libre, enfin libéré, ne peut être l'envers du travail, comme il l'était à l'époque où Gorz refusait de s'associer aux adulateurs de la prétendue civilisation des loisirs. C'est lui qui assigne désormais sa place au travail.

Économie alternative et travail pour soi

Les *Adieux au prolétariat* et *Les Chemins du paradis* peuvent paraître excessivement rigides ou radicaux dans leur façon d'opposer normativement hétéronomie et autonomie. Si l'hétéronomie signifie la non-maîtrise des fins du travail, l'autonomie n'est pas seulement dans l'esprit de Gorz son contraire, elle est plus que cela parce qu'elle correspond au travail qui est lui-même *sa propre fin*. À proprement parler, elle est une autothélie : c'est sur cette base qu'Aristote, dans son *Éthique à Nicomaque*, distinguait le travail instrumental (*poiésis*) de l'agir citoyen (*praxis*). Qu'en est-il alors du travail qui ne correspond ni à l'une ni à l'autre définition parce qu'à la fois maîtrisé dans ses fins et nécessité par son utilité, qu'elle soit personnelle ou sociale ? Restreindre l'autonomie au *travail comme fin* en écartant le critère des *fins du travail* revient à la cantonner à des activités extra-économiques comme celles de l'artiste, du poète, du prêtre, du militant, du bénévole, etc. Mais qu'en est-il des activités qui sont à la fois d'ordre économique, c'est-à-dire socialement utiles, et sans but marchand ? C'est là toute la problématique de l'*économie alternative* qui pointe dans les années 1970[2] et qui, sous des formes autres et diverses, prendra par la suite le nom de tiers secteur, d'économie sociale et solidaire ou encore d'économie collaborative.

Il n'est pas sûr que Gorz en ait pris tout de suite la mesure.

---

1 *Idem*, *Métamorphoses du travail*, *op. cit.*, p. 118-119.

2 Dominique ALLAN MICHAUD, *L'Avenir de la société alternative*, *op. cit.*

En octobre 1984, il est contacté par Erik Van den Abbeele, animateur du Mouvement pour une alternative de base (MAB) qui a son siège en Belgique, pour qu'il participe à un ouvrage collectif sur le thème de l'économie alternative. Le MAB, né dix ans plus tôt, a son équivalent en France avec l'Agence de liaison pour le développement d'une économie alternative (ALDEA), créée par Patrice Sauvage en 1981, et avec le Réseau de l'économie alternative et solidaire (REAS), constitué par Aline et Jacques Archimbaud en 1985. Le MAB conçoit cette façon différente de produire comme un pôle d'une « économie duale » fondé sur l'autonomie, l'autogestion, l'autosuffisance et le local. Gorz répond en mettant en garde contre l'idée même d'une sphère alternative ou informelle de l'économie, car celle-ci n'est jamais que le domaine de la logique capitaliste ; ce n'est donc pas à une prétendue « économie » alternative, asservie par définition à ce qu'Aristote identifiait comme le travail de reproduction, mais aux « activités libres », placées par Aristote en dehors de l'*oikos* (économie domestique), que doit revenir la tâche de réduire autant que faire se peut la place de l'économie[1].

Ces mots laissent voir que Gorz craint que les activités non marchandes à prétention alternative ne retombent fatalement dans le giron de la logique économique et gestionnaire – plus tard, ce péril guettera notamment le commerce équitable et les ONG[2]. Il reconnaît cependant une place médiane à cette sphère. En pensant aux activités microsociales et locales de type coopératif, communautaire ou associatif, il en parle comme d'un « niveau-charnière entre le travail hétéronome, socialement nécessaire, et les activités autonomes, entièrement déterminées

---

1 André Gorz, « Voorbij de economie. Een kritiek op duaal-economische opvattingen » (entretien avec Erik Van den Abbeele), *in* Erik Van den Abbeele (dir.), *Ontmanteling van de groei. Leesboek over een andere economie*, Nijmegen, Markant, 1985, p. 89 et suiv. (manuscrit en français daté de décembre 1984 : GRZ, 10.13).

2 Pour un exposé de cette dérive, voir Dominique Dambert et Didier Adès, « Vive le "social business" ! », *Le Monde*, 12 janvier 2010.

par chacun » ; ce « niveau constitue ainsi le tissu social de la société civile[1] ». Dans les *Métamorphoses*, il ressasse ce point controversé en rapprochant implicitement cette sphère sans rationalité ni but économiques de ce qu'il nomme le « travail pour soi[2] », c'est-à-dire une activité personnelle (par exemple, le ménage, la cuisine, le bricolage) qui est nécessaire ou utile sans pour autant avoir le gain pour but. Car le travail pour soi – qu'en France on appelle plutôt le « travail à-côté[3] », mais qui correspond à l'*Eigenarbeit* des Allemands, sur lequel Claus Offe enquête[4] – peut muer en activité coopérative (crèches parentales, ateliers de bricolage, potagers urbains, etc.) dans l'enceinte d'une communauté de base : celle-ci devient alors « l'espace microsocial intermédiaire entre la sphère privée et la sphère macrosociale, publique » ; elle ouvre « la sphère privée sur un espace de souveraineté commune, soustrait aux rapports marchands, où les individus autodéterminent ensemble leurs besoins communs et les actions les plus appropriées pour les satisfaire[5] ».

La marchandisation des tâches domestiques, nouvelle servitude

En examinant la structure du marché du travail qui se dessine dans les années 1980 aux États-Unis – puis en France –, Gorz observe que, hormis des emplois de secrétaires, caissières, vendeuses, les emplois précaires et à faible rémunération nouvellement créés dans les services concernent des tâches jusque-là dévolues aux ménages, c'est-à-dire le travail

---

1 André GORZ, *Les Chemins du paradis*, *op. cit.*, p. 126.

2 *Idem*, *Métamorphoses du travail*, *op. cit.*, p. 191-200.

3 En y incluant les « petits boulots » non déclarés et les services gratuits. Voir Florence WEBER, *Le Travail à-côté. Une ethnographie des perceptions*, Éd. de l'EHESS, Paris, 2009 [1989].

4 Rolf G. HEINZE et Claus OFFE (dir.), *Formen der Eigenarbeit. Theorie, Empirie, Vorschläge*, Westdeutscher Verlag, Opladen, 1990.

5 André GORZ, *Métamorphoses du travail*, *op. cit.*, p. 199.

de reproduction qui en général incombe dans nos sociétés à la *femina domestica* (puériculture, éducation, récurage, cuisine, etc.)[1]. Pour lui, il ne s'agit pas de blâmer, comme le fait Illich dans *Le Genre vernaculaire* (1982/1983), la perte d'autonomie que subiraient ainsi les femmes, que l'ancien prêtre voudrait maintenir au foyer : Gorz s'en départ dans les *Métamorphoses*[2], outre qu'il en discute sérieusement dans sa correspondance avec son ami.

C'est à l'adresse des féministes que Gorz formule un autre type d'interrogation. À défaut de recevoir une compensation pour le travail de reproduction que les femmes fournissent dans la vie familiale – ce que revendiquent la féministe allemande Claudia von Werlhof et d'autres féministes assaillant Gorz[3] –, les femmes trouvent-elles leur compte dans l'actuelle socialisation du travail domestique qui les délivre d'un (sur)travail fourni jusque-là gratuitement ? Gorz donne son point de vue dans un entretien avec les féministes belges du GRIF (Groupe de recherche et d'information féministes), Françoise Collin et Marie-Victoire Louis. Il argue que la libération d'une partie des femmes de leurs tâches domestiques se fait au prix de l'exploitation renforcée d'autres femmes (et hommes), contraint(e)s à des sous-emplois, qui éprouvent ainsi à leurs dépens la segmentation de la société en une élite économique et une classe de serviteurs[4].

> L'émancipation des femmes ne s'obtiendra pas en les rendant pareilles aux hommes qui n'ont à vendre qu'une force de travail anonyme et sont rendus incapables de s'investir dans leur travail. Elle sera obtenue quand les femmes auront émancipé les hommes en leur apprenant qu'aucun salaire ne mérite qu'on fasse un

---

1 *Idem*, « Le modèle américain et l'avenir de la gauche », *Autogestions*, n° 19, 1985, p. 7-14.

2 *Idem*, *Métamorphoses du travail*, *op. cit.*, p. 201-205.

3 Voir La tapeuse, « Les nœuds gorziens ou là où il y a de la gêne il n'y a pas de plaisir », *Cash*, n° 5, avril 1987, p. 24-26.

4 « Questions à André Gorz », *Les Cahiers du Grif*, n° 30, printemps 1985, p. 25-34.

> travail auquel on répugne et que les valeurs extra-économiques priment sur les autres et sont seules porteuses de sens[1].

Plutôt donc que par l'accès au travail, qu'une réduction massive de la durée de ce dernier permettra de toute façon, c'est par la répartition dans le couple des tâches ménagères que les femmes, et donc les hommes, aménageront le temps permettant l'épanouissement existentiel de chacun.

Corrélativement, Gorz prend à revers l'idéologie de l'emploi pour l'emploi que véhicule la CFDT nouvelle manière, lorsqu'elle plaide pour la professionnalisation des services à la personne (comprenant aussi l'assistance aux malades, aux personnes en situation de handicap ou de dépendance), dans le but d'élargir les « gisements d'emplois ». Ayant accepté de préfacer un ouvrage du dirigeant national Pierre Héritier[2], avec lequel il est pourtant en désaccord, il lui écrit : « N'y a-t-il pas contradiction entre la volonté de libérer du temps » par la réduction de la durée du travail – revendication traditionnelle du syndicat – « et celle de salarialiser et professionnaliser des activités qui, si le temps ne manque pas, peuvent se développer sur une base de coopération bénévole, et, en partie, se confondre avec le temps de vivre ? » Et de préciser la divergence qui « porte sur l'extension que peut ou doit prendre le champ économique, sur les limites, passées lesquelles, il pervertit ou tue le sens d'activités qui n'est préservé que lorsqu'on les accomplit parce qu'on aime les accomplir[3] ».

Au lieu donc de se demander ce que « doit être une société dans laquelle le travail à plein temps de tous les citoyens n'est plus nécessaire, ni économiquement utile », et comment elle doit « s'y prendre pour que les gains de productivité, les économies de temps de travail profitent à tout le monde », on prend le problème à l'envers en se demandant « comment faire pour que, malgré les gains de productivité, l'économie consomme autant de travail que par le passé » et « à quels nouveaux domaines

---

1 Lettre d'André Gorz à Ivan Illich du 24 avril [1979] (GRZ).
2 Pierre Héritier, *Nouvelle croissance et emploi*, Syros, Paris, 1988.
3 Lettre d'André Gorz à Pierre Héritier du 20 août 1988 (GRZ).

d'activité [...] étendre les échanges marchands pour remplacer tant bien que mal les emplois supprimés par ailleurs dans l'industrie et les services industrialisés[1] ». Et cela parce que le modèle envisagé implicitement est celui d'une économie qui ne cesse d'englober de nouveaux champs d'activité pour assurer une « nouvelle croissance ».

---

1 André GORZ, *Capitalisme, socialisme, écologie*, *op. cit.*, p. 57.

15

Invention et fin du travail

En France – tout comme en Europe –, le chômage monte en flèche durant les années 1980 (de 5 % à 9 % de la population active) pour atteindre un niveau record au cours de la décennie suivante (10,9 % en 1997, soit 2,8 millions de chômeurs[1]). Le débat politique sur les remèdes en est avivé et les études sur la situation du travail en France et dans le monde se multiplient. C'est dans ce contexte bidécennal que des mises en doute de la place du travail dans la société voient le jour, non seulement de manière pratique chez des jeunes précaires et chômeurs qui expérimentent d'autres façons de concevoir la vie, mais aussi sur un plan théorique par des écrits sociologiques ou philosophiques. Ceux-ci sont une nouveauté absolue car ils rompent avec une tradition intellectuelle qui domine sans partage depuis le XVIIIe siècle[2].

En fondant l'économie politique sur le travail, en tant que source de richesse, Adam Smith a donné naissance à cette tradition qui voit la civilisation contemporaine comme une « société de travail ». Hegel s'est placé pleinement dans ses pas en appréhendant le travail comme la praxis par laquelle l'homme se réalise. Marx n'a pas contesté ce point de vue. Son matérialisme l'a même amené à juger le travail comme une condition *naturelle* de l'existence humaine. Sauf qu'à l'intérieur de ce camp des

---

1 12,6 % de la population active et 3,3 millions de chômeurs selon le mode de calcul de l'époque.

2 Daniel Mercure et Jan Spurk (dir.), *Le Travail dans l'histoire de la pensée occidentale*, Presses de l'université Laval, Québec, 2003.

Modernes qui glorifient le travail en général, Marx s'est distingué en montrant que dans la société bourgeoise le travail acquiert un caractère marchand et aliéné qui réifie la praxis humaine[1]. On en a déduit que c'est par la transformation du travail que celle-ci pourra être libérée. Dans ce sous-courant critique, qui reconnaît souvent sa dette envers l'anthropologie de Marx, on compte des auteurs de tous horizons : de Lukács à Arendt[2], de Fromm à Galbraith, de Friedmann à Lipietz, sans oublier des sociologues du travail emblématiques de ce point de vue comme Robert Castel et Oskar Negt.

Tournant le dos à cette doxa du faire, fût-elle apologétique ou anthropologique, une nouvelle démarche se dessine à partir des années 1980. Elle ne tente plus de sauver le travail. Elle est repérable à ses débuts chez des auteurs allemands, notamment à travers l'article du sociologue de la London School of Economics, ancien ministre libéral de Willy Brandt et ancien commissaire européen, Ralf Dahrendorf sur « La disparition de la société de travail[3] » et à travers l'analyse sociologique de Claus Offe sur l'évanescence du travail comme catégorie normative du comportement individuel[4]. En France, Gorz annonce dès 1983 dans *Les Chemins du paradis* l'« ère de l'abolition du travail » et de la « fin de la société de travail ». Il est suivi par Jean-Marie Vincent qui produit une saisissante *Critique du travail* (1987) dans laquelle

1 Manfred Bischoff, « L'humanité a-t-elle toujours "travaillé" ? », *Théologiques*, t. III, n° 2, 1995, p. 45-69.

2 Quoiqu'elle reproche à Marx de vouloir « abolir » le travail. Marx avait en effet écrit dans *L'Idéologie allemande* : « Il ne s'agit pas de libérer le travail, mais de le supprimer. »

3 Ralf Dahrendorf, « Im Entschwinden der Arbeitsgesellschaft », *Merkur*, n° 8, 1980, p. 749-760. Dans *Les Chemins du paradis* (p. 9), André Gorz se réfère à *idem*, « Die Arbeitsgesellschaft ist am Ende », *Die Zeit*, 26 novembre 1982.

4 Claus Offe, « Arbeit als soziologische Schlüsselkategorie ? », *in* Joachim Matthes (dir.), *Krise der Arbeitsgesellschaft ?*, Campus Verlag, Francfort-sur-le-Main/New York, 1983, p. 38-65. Cette communication, présentée au colloque de Bamberg le 17 octobre 1982, est traduite, grâce sans doute à l'intercession de Gorz, sous le titre « Le travail comme catégorie de la sociologie », dans *Les Temps modernes* (n° 466, 1985). Gorz, qui l'avait reçue d'Offe avant parution, s'y réfère dans les *Métamorphoses du travail* (p. 128).

il oppose à la manière d'Aristote *Le faire et l'agir* (sous-titre). En réinterprétant l'œuvre de Marx à l'aune d'Ernst Bloch et de Martin Heidegger, il conclut que la réanimation du sujet passe par son décentrement vis-à-vis du travail.

C'est au milieu de la décennie suivante, lorsque le chômage européen est au zénith, que des livres issus de la même mouvance hérétique vont connaître un grand succès. Celui de l'économiste américain Jeremy Rifkin, *La Fin du travail* (1995/1996), devient un best-seller international. Étudié et recensé par Gorz dès sa sortie en anglais, l'ouvrage soutient qu'en raison des gains de productivité il y aura à l'avenir de moins en moins de travail, ce qui permettra de dégager du temps pour développer l'économie sociale. En France, l'ouvrage philosophique de Dominique Méda *Le Travail* (1995), sous-titré *Une valeur en voie de disparition*, plaide pour la désacralisation du travail. Enfin, *L'Horreur économique* (1996) de Viviane Forrester relaie ces thèses auprès du grand public en s'en prenant aux stratagèmes opiniâtres destinés à donner pour impérissable le tabou du travail et pour remédiables les statistiques du chômage. Confidentiel, au contraire, mais déniché par Gorz avec le sentiment qu'on est au cœur du sujet, le limpide *Qu'il n'y a pas de problème de l'emploi* (1994), du droitier anticonformiste Renaud Camus, affirme que le seul problème porte sur les revenus et l'usage du temps.

De quoi le travail est-il le nom ?

« Le "travail" que le capitalisme en sa phase ultime abolit massivement est une construction sociale ; et c'est pour cela précisément qu'il peut être aboli[1]. » Si donc le travail n'a pas en soi un caractère anthropologique qui traverse le temps, s'il est modelé historiquement par les relations sociales, de quoi est-il alors le nom ? Gorz répond sans ambages : « La notion de travail est une invention de la modernité, plus exactement une

1 André Gorz, *Misères du présent, richesse du possible*, *op. cit.*, p. 13.

invention du capitalisme industriel[1]. » Le premier chapitre des *Métamorphoses* intitulé « L'invention du travail » illustre cette assertion en montrant que le travail n'a pas toujours eu la même signification, ni la même place, ni la même importance dans la société.

Ponos, poiésis *et* praxis

Des distinctions foncières séparent les activités d'antan et le travail moderne dont les adulateurs du capitalisme croient pouvoir vanter la permanence et le naturel. En s'inspirant librement des analyses développées par Hannah Arendt dans son célèbre ouvrage *La Condition de l'homme moderne* (1958/1961), dont il ne retient guère l'opposition transhistorique entre l'œuvre et le travail (il pense d'ailleurs qu'Arendt « n'a jamais rien compris à Marx[2] »), Gorz relève que le travail d'avant le capitalisme n'existe pas à proprement parler, dans la mesure où il n'a pas d'existence sociale.

Dans la Grèce antique, où l'on peut répartir les activités humaines en trois catégories étanches (*ponos, poiésis, praxis*), il est cantonné à la *sphère privée*. Pratiqué par les esclaves, il est corvée, par les femmes, besogne, dans tous les cas, associé au *ponos*, à la pénibilité – d'où le substantif « travail », dérivé de l'instrument de torture du haut Moyen Âge, le *tripalium*, destiné aux récalcitrants. La deuxième catégorie correspond à la *poiésis*, c'est-à-dire à l'activité « créatrice » des artisans qui ne « travaillent » pas mais *œuvrent* en mêlant l'utile au beau, ce qui est déjà une façon de s'élever au-dessus de la nécessité. *Ponos* et *poiésis* sont dévalorisés parce qu'ils désertent la seule sphère qui compte, la *sphère publique* où s'épanouit la *praxis*, c'est-à-dire où les hommes libres s'occupent des affaires de la Cité et ont le temps de s'adonner à la *skholè* (l'*otium* des Latins), soit à l'étude, au loisir et à la contemplation. En transposant les

1 *Idem*, *Capitalisme, socialisme, écologie*, *op. cit.*, p. 111.
2 Lettre d'André Gorz à Robert Chenavier du 9 octobre 1999 (GRZ).

catégories péripatéticiennes, là est le *faire* instrumental assujetti à la nécessité matérielle, ici l'*agir* autonome jouissant de la liberté. C'est pourquoi, dans cette société où priment la politique et la culture, « l'homme libre refuse de se soumettre à la nécessité ; il maîtrise son corps afin de ne pas être esclave de ses besoins[1] ». Platon, comme Marx plus tard, nourrit « l'idée que la liberté, c'est-à-dire le règne de l'humain, ne commence qu'"au-delà du règne de la nécessité" et que l'homme ne surgit comme sujet capable de conduite morale qu'à partir du moment où, cessant d'exprimer les besoins impérieux du corps et sa dépendance du milieu, ses actions relèvent de sa seule détermination souveraine[2] ». Se distinguant des sociétés de travail, la *polis* athénienne est le prototype occidental de la « société de culture » à laquelle Gorz aspire pour l'ensemble des humains[3].

Au Moyen Âge, le travail, réservé au peuple, s'enchâsse dans la vie matérielle et spirituelle dont les finalités lui dictent son rythme. On ne travaille que ce qu'il faut pour satisfaire des besoins établis et stables. Des limites à ne pas franchir lui sont assignées – que l'on pense aux interdits corporatifs en tout genre ou aux fêtes patronales et religieuses (on chôme jusqu'à un jour sur trois dans l'année).

Tout change aux XVIIIe et XIXe siècles avec l'essaimage des manufactures textiles. Gorz s'appuie cette fois sur l'ouvrage de Max Weber, *L'Éthique protestante et l'esprit du capitalisme* (1905/1964), pour faire voir que les entrepreneurs ont procédé à une *socialisation du travail* pour empêcher la maîtrise des moyens de production par les travailleurs et les soumettre à des critères de rentabilité économique inédits. On a obligé les ouvriers à travailler davantage en abaissant les salaires, en augmentant les cadences et en allongeant les horaires. Cette mise au travail s'est accompagnée de l'idéologie correspondante, propre au protestantisme – mais non pas inventée de toutes pièces : au Moyen Âge,

1 André Gorz, *Métamorphoses du travail*, *op. cit.*, p. 26.
2 *Ibid.*, p. 27.
3 André Gorz, *Misères du présent, richesse du possible*, *op. cit.*, p. 131.

le christianisme avait déjà commencé à réévaluer le travail sous l'influence de certaines règles monastiques. Voici le résultat :

> L'activité productive a été coupée de son sens, de ses motivations et de son objet pour devenir le simple moyen de gagner un salaire. Elle a cessé de faire partie de la vie pour devenir le moyen de gagner sa vie. Le temps de travail et le temps de vivre ont été disjoints ; le travail, ses outils, ses produits ont acquis une réalité séparée de celle du travailleur et ont relevé de décisions étrangères[1].

La rationalisation économique du travail a donc eu raison de l'« antique idée de liberté et d'autonomie existentielle[2] ». Cette révolution économique, qui institue la forme moderne du travail, présente finalement une ambivalence, dont Marx ne s'est affranchi que par des coups d'éclat dans ses écrits de la maturité :

> Le travail cesse, grâce à la rationalisation capitaliste, d'être activité privée et soumission aux nécessités naturelles ; mais dans le même moment où il est dépouillé de son caractère borné et servile pour devenir poïésis, affirmation de puissance universelle, il déshumanise ceux qui l'accomplissent[3].

L'impossible réconciliation de la vie et du travail

L'utopie du travail chez Marx consiste à vouloir réconcilier ce que le capitalisme industriel a séparé : la vie et le travail. Non pas par un retour à des communautés de vie fermées et traditionnelles, car le travail moderne, par sa généralité, autorise au contraire l'accès à l'universalité. Par la maîtrise et l'intelligibilité des processus productifs, les travailleurs réaliseraient l'unité de la Raison[4]. Depuis les *Adieux*, Gorz ne cesse de faire le constat que cette utopie communiste est irréalisable, maintenant que le capitalisme a atteint un stade de complexité

1 *Idem, Métamorphoses du travail, op. cit.*, p. 36.
2 *Ibid.*, p. 37.
3 *Ibid.*, p. 34.
4 *Ibid.*, p. 41-46.

irréversible[1]. Elle n'est pas non plus souhaitable, sur un plan politique, en raison de son caractère totalisant qui écrase la liberté individuelle : « Toutes les tentatives pour supprimer l'aliénation dans les sociétés complexes, en y recherchant l'unité du système et du monde vécu, des tâches fonctionnelles, hétéronomes et de l'activité personnelle, ont eu des résultats désastreux[2]. » D'ailleurs, Marx lui-même, qui a principalement choyé cette utopie dans ses écrits de jeunesse, a semblé s'en détourner dans *Le Capital* lorsqu'il a situé la liberté non pas en union avec le travail nécessaire, mais en dehors de celui-ci – Marcuse aussi l'avait remarqué pour mieux en appeler à l'utopie de Fourier et des surréalistes[3].

La rationalité économique

Le capitalisme se prévaut d'une logique qui a sa rationalité, mais qu'il a poussée à l'extrême, au détriment d'autres logiques qui lui préexistaient. Exclusive et expansionniste, la rationalité économique a fini par se muer en irrationalité capitaliste.

Son irrationalité capitaliste

L'invention du travail moderne consacre l'avènement de la rationalité capitaliste. Celle-ci s'est façonnée sur le mode du calcul comptable, à l'exclusion de toute autre considération non monétaire. Car le calcul sert à maximiser le rendement des facteurs de production et donc le profit qui est le seul but qu'a en tête le capitaliste. Comme Max Weber l'a entrevu, la rationalité capitaliste produit une première inversion : « Considérée du point de vue du bonheur personnel, elle exprime combien

1 Richard Sobel, « Travail, liberté et nécessité dans l'utopie communiste. André Gorz lecteur de Marx », *Actuel Marx*, n° 46, 2009, p. 163-176.

2 André Gorz, *Capitalisme, socialisme, écologie*, *op. cit.*, p. 36.

3 Voir Herbert Marcuse, *Vers la libération. Au-delà de l'homme unidimensionnel*, Denoël-Gonthier, Paris, 1969, p. 45-47.

irrationnelle est cette conduite où l'homme existe en fonction de son entreprise et non l'inverse[1]. » L'« esprit du capitalisme » a aussi cassé, puis inversé le rapport entre travail et besoin. « Le but du travail n'était plus la satisfaction des besoins éprouvés et l'effort n'était plus proportionné au niveau de satisfaction à atteindre[2]. » En maintenant les salaires à un bas niveau, la rationalité capitaliste empêchait les travailleurs d'arbitrer entre durée du travail et niveau de consommation. Par là même, elle exigeait d'eux un travail quotidien et à plein temps qui est devenu une norme[3]. Difficilement mais inéluctablement, cette norme a fini par s'imposer dans la vie des gens comme allant de soi – à la fin du Second Empire encore, les ouvriers dits « sublimes » célébraient la saint-lundi et les plus qualifiés d'entre eux limitaient le travail à trois jours et demi hebdomadaires[4] ; intermittence et *turnover* caractérisèrent ensuite les ouvriers syndicalistes révolutionnaires qui faisaient revivre le principe de l'« autolimitation selon la norme du suffisant[5] ».

La consommation elle-même s'est trouvée soumise à cet engrenage du « toujours plus » mû par la recherche du profit maximal. « La rentabilisation de quantités croissantes de capital » requérant que « les productions croissantes trouvent des acheteurs », il fallait que « la consommation continue de croître bien au-delà de ce qui était nécessaire à la couverture des besoins *ressentis* à un moment donné » : « La consommation allait devoir être mise au service de la production[6]. » Gorz l'avait déjà souligné dans *La Morale de l'histoire* et dans *Stratégie ouvrière et néocapitalisme*, il s'agit là encore d'une inversion de l'ordre des choses :

---

1 Cité par André Gorz dans *Métamorphoses du travail, op. cit.*, p. 32.

2 *Ibid.*, p. 143.

3 Christian Topalov, *Naissance du chômeur. 1880-1910*, Albin Michel, Paris, 1994.

4 Robert Beck, « Apogée et déclin de la Saint Lundi dans la France du XIXe siècle », *Revue d'histoire du XIXe siècle*, n° 29, 2004, p. 153-171 ; Denis Poulot, *Le Sublime ou le travailleur comme il est en 1870, et ce qu'il peut être*, Maspero, Paris, 1980 [1870].

5 André Gorz, *Écologica, op. cit.*, p. 63.

6 *Idem*, *Métamorphoses du travail, op. cit.*, p. 145.

> [La production] n'allait plus avoir pour fonction de satisfaire le plus efficacement possible des besoins existants ; ce sont les besoins, au contraire, qui, dans une mesure croissante, allaient avoir pour fonction de permettre l'expansion de la production. L'efficacité maximale *illimitée* dans la mise en valeur du capital exigeait ainsi le maximum *illimité* d'inefficacité dans la couverture des besoins, et le gaspillage dans la consommation[1].

Le capitalisme ne rompt donc pas tout rapport entre travail et besoin : l'axiome accepté comme une évidence demeure celui de « travailler pour gagner sa vie », non pas cependant en fonction d'un niveau choisi de besoin, mais en fonction d'un niveau toujours plus haut de besoin qu'il faut satisfaire par le travail à plein temps. De même que la production prime la consommation qui n'est là que pour la faire fonctionner, le travail prime les besoins qui, secourus par l'immanquable publicité, ne sont là que pour le rendre nécessaire. Ainsi en va-t-il de l'individu sous le capitalisme, aliéné et soumis une fois comme producteur, une seconde fois comme consommateur.

Extension de son domaine

Bâtie sur le principe du « toujours plus » – l'obsession de la « croissance » –, la rationalité capitaliste joue sur deux tableaux. Elle implique la recherche permanente d'une plus grande productivité, mais l'intensification de celle-ci, qui s'accompagne d'une plus grande production, n'est pas indéfinie à cause des résistances sociales et des limites du marché. C'est pourquoi elle tend aussi vers une extension de son application à des domaines nouveaux toujours plus étendus et nombreux[2]. Ainsi, la marchandisation ou le déguisement en emplois d'activités appartenant à la sphère de la vie privée, que Gorz dénonce – comme nous l'avons vu – à travers l'extension des services

1 *Ibid.*

2 Adeline Barbin, *André Gorz. Travail, économie et liberté*, CNDP, Futuroscope [Chasseneuil-du-Poitou], 2013, 1re partie : « L'extension du domaine de la rationalité économique ».

à la personne, n'ont pas de barrières : ils touchent aussi bien l'éducation et la santé que la maternité, comme le montre la pratique des mères porteuses[1]. Il en va de même des « biens communs » comme le génome des plantes, des animaux et de l'humain que l'on privatise[2].

Son noyau rationnel

La rationalité capitaliste, qui se décline sous des formes qui font marcher le monde sur la tête, contient la *rationalité économique* qu'elle a libérée complètement. Celle-ci est en quelque sorte son noyau vraiment rationnel : elle a pour objet d'optimiser les facteurs de production mis en œuvre, ce qui implique d'économiser le travail, la matière et le temps par unité produite. Elle s'accomplit pleinement lorsqu'elle est nécessitée par la concurrence du marché. Elle est la seule façon viable de concevoir l'économie. C'est à cette conclusion que Gorz aboutit dans son nouveau livre *Capitalisme, socialisme, écologie*. Publié en octobre 1991 et recueillant des textes écrits depuis 1988, il marque une inflexion de la pensée gorzienne vers plus de réformisme et de pragmatisme, qu'il nous faudra mieux cerner.

Interrogé en octobre 1988 par le politologue australien John Keane qui le presse de préciser sa manière de concevoir une société socialiste qui contrerait le libre jeu du marché, Gorz concède que les échanges de biens et le marché sont indispensables à une société complexe qui ne peut plus renoncer à la division technique et spatiale du travail[3] – il rejoint sur ce point le postmarxiste Jacques Bidet, auteur d'une *Théorie de la modernité* (1990). En remaniant cet entretien pour son livre, Gorz conclut qu'« il nous faut savoir distinguer entre le capitalisme et la logique du capital » : le premier « est un système social dans

1 André Gorz, *Métamorphoses du travail, op. cit.*, p. 186-190.

2 *Idem*, « Le savoir, la valeur, le capital » (entretien avec Thomas Schaffroth, 2003), *in Le Fil rouge de l'écologie, op. cit.*, p. 87.

3 *Idem*, « A land of Cockayne ? » (entretien), *New Statesman and Society*, 12 mai 1989, p. 25-31.

lequel les rapports commandés par la rationalité économique et visant à la valorisation du capital dominent la vie, les activités, l'échelle des valeurs et les buts des individus et de la société » ; la seconde « est la seule forme de rationalité économique pure » et la seule « façon économiquement rationnelle de conduire une entreprise[1] ».

L'écosocialisme

Le capitalisme serait-il le seul système économique possible ? Matérialisée par la chute du mur de Berlin le 9 novembre 1989, la ruine des régimes communistes à l'Est inciterait à répondre par l'affirmative. Elle a surtout pour conséquence paradoxale d'emporter avec elle toute tentative pour imaginer l'alternative en des termes authentiquement communistes. Au tournant des années 1980, Gorz va s'employer à redéfinir plutôt le socialisme, qu'il conçoit en osmose avec les postulats écologistes et donc comme un « écosocialisme ».

Redéfinir le socialisme

Si « l'économie ne connaîtra jamais une autre rationalité que celle capitaliste », comme il le laisse entendre à un journaliste[2], comment concevoir alors le socialisme ? La question semble se réduire à celle de « savoir dans quelle mesure les critères de la rationalité économique doivent être subordonnés à d'autres types de rationalité », c'est-à-dire « à des buts sociétaux démocratiquement élaborés ». Ce qu'il faut, c'est gagner sur la mégamachine « des espaces de plus en plus étendus où puisse librement s'épanouir une "logique de vie"[3] ».

Cette stratégie correspond à celle que Gorz découvre, en rédigeant les *Métamorphoses*, dans *La Grande Transformation*

---

1 *Idem*, *Capitalisme, socialisme, écologie*, *op. cit.*, p. 183.
2 Jürg Altwegg, « Gegen Entfremdung », *loc. cit.*
3 André Gorz, *Capitalisme, socialisme, écologie*, *op. cit.*, p. 153 et p. 37.

(1944/1983) de Karl Polanyi, qui définit « le socialisme comme subordination de l'économique à la société et des buts économiques à des buts sociétaux qui les englobent et leur assignent la place, subalterne, de moyens[1] ». Dans *Capitalisme, socialisme, écologie*, Gorz va plus loin. Il s'inspire des idées du philosophe et économiste est-allemand Rainer Land qui, productiviste, veut surtout démocratiser les décisions économiques – Land lui rend la pareille en consacrant aux *Métamorphoses* son séminaire de l'automne 1990 à l'université Humboldt de Berlin. Si donc, argumente le Français, l'émancipation n'est plus identifiable, comme dans l'utopie marxienne, à la suppression de l'autonomie relative des appareils étatiques, culturels, etc., si elle n'est plus l'unité retrouvée entre la vie et la fonctionnalité économique, et si l'abolition des rapports marchands n'est plus envisageable, alors il faut concevoir le socialisme très modestement comme une « orientation », une « modélisation » du développement de l'économie qui fait valoir sa propre rationalité extra-économique, mais qui préserve également « l'autonomie relative et la capacité d'évolution de l'économie[2] ».

Capitalisme, socialisme, écologie est un livre sous influence. Paru d'abord en allemand aux éditions Rotbuch de Berlin en 1991, il est voulu, jusque dans l'organisation de sa matière, et supervisé, tout au long de sa rédaction, par son éditeur Otto Kallscheuer. Celui-ci est aussi professeur de philosophie à l'université de Francfort. Il a déjà entretenu de riches échanges intellectuels avec l'auteur des *Métamorphoses* qu'il a traduit en même temps que Gorz les rédigeait. Dès 1986, il l'a alimenté des années durant d'écrits de Charles Taylor, de Karl-Otto Apel, d'Habermas, etc., qu'il estimait devoir l'intéresser.

Il souhaite intituler le nouveau livre de Gorz « Subversion et solidarité »[3], mais sa teneur ne se prête guère à ce titre moitié

1 *Idem*, *Métamorphoses du travail*, *op. cit.*, p. 164.
2 *Idem*, *Capitalisme, socialisme, écologie*, *op. cit.*, p. 33.
3 Projet de plan du livre, en annexe à la lettre d'Otto Kallscheuer à André Gorz du 18 juillet 1990 (GRZ).

frondeur. *Und jetzt wohin ?* comporte finalement un sous-titre, « De l'avenir de la gauche » (*Zur Zukunft der Linken*), qui indique mieux les buts de l'ouvrage : fournir des perspectives à la social-démocratie en Allemagne – mais aussi en Europe, comme le préconise la postface de Kallscheuer.

Réduire le temps de travail

Le mouvement ouvrier s'est donné pour but la maîtrise des moyens de production, mais il s'est toujours battu aussi pour soustraire au maximum les ouvriers au travail par la diminution des horaires. Dans les années 1970, la réduction du temps de travail (RTT) a été une revendication constante des syndicats (CFDT) et de la gauche – c'est pourquoi Mitterrand, dès son arrivée au pouvoir, a réduit de quarante à trente-neuf heures la durée du travail hebdomadaire.

Pour Gorz, la faisabilité et l'opportunité de cette réforme, qu'il conçoit à grande échelle, découlent de la diminution du volume global du travail nécessaire impliquée par les progrès constants de la productivité, accélérés encore par l'informatique qui supprime plus d'emplois qu'elle n'en crée. Cette réforme s'enracine dans l'histoire du capitalisme : en 1900, il fallait travailler 3 000 heures par an en France, en 1990 on en est à environ 1 800. Elle est aussi une mesure de justice, puisqu'elle est censée réduire la dualisation sociale et le chômage par une meilleure répartition du travail.

Mais la première raison qui pousse Gorz à militer pour la RTT n'est pas socioéconomique, elle répond à un principe à la fois existentiel et écologiste pétri par l'esprit de 68 : « Le seul moyen de vivre mieux, c'est [...] de travailler moins », tambourine-t-il dans *Le Sauvage* en 1973[1]. Cinq ans plus tard, c'est en se demandant « Ce qui nous manque pour être heureux » qu'il égrène,

---

1 André GORZ/Michel BOSQUET, *Écologie et politique*, *op. cit.*, p. 76. Publication d'origine : « Combien vaut un rayon de soleil ? », *Le Sauvage*, n° 2, mai-juin 1973, p. 7-9.

dans *Le Nouvel Observateur*, quelques points d'un programme de transformation sociale pour les deux décennies à venir, dont celui d'abaisser la semaine de travail à vingt heures[1]. Il plaide pour une réduction immédiate à trente-cinq, trente-deux, voire trente heures hebdomadaires[2].

Après l'avoir esquissée dans les *Métamorphoses*[3], Gorz se lance dans une étude de faisabilité technique de la RTT qui aborde la question délicate du maintien ou de la perte de salaire. La CFDT, Delors et ses amis du club Échanges et projets, et Les Verts aiguillonnés par Lipietz, sont tous enclins à accepter une baisse partielle du revenu. Aux yeux de Gorz, elle n'est guère nécessaire : si l'accroissement de la productivité et de la production perdure, il devrait être possible de maintenir le niveau de salaire. Mais puisque le plein salaire risque de peser sur les coûts et de freiner les embauches dans les secteurs utilisant une main-d'œuvre abondante et à faibles gains de productivité, il faut envisager, comme le préconise Aznar dans *Le travail c'est fini et c'est une bonne nouvelle* (1990), le versement d'un revenu binôme composé d'un « deuxième chèque » en complément du salaire rapporté aux heures de travail. Gorz propose d'alimenter ce « chèque » non pas par une taxe sur les robots qui inhiberait l'innovation, mais par une taxe sur la consommation[4].

À la fin de sa vie, Gorz regrettera cet échafaudage de la RTT partiellement indexé sur des hypothèses de croissance en remarquant qu'il était déjà dépassé au moment même de sa conception ; il refusera que des extraits tirés de *Capitalisme, socialisme,*

---

1 Michel Bosquet, « Ce qui nous manque pour être heureux », *Le Nouvel Observateur*, 11 septembre 1978.

2 Respectivement dans *Adieux au prolétariat* (p. 31) ; *Les Chemins du paradis* (p. 199) ; *Capitalisme, socialisme, écologie* (p. 151).

3 André Gorz, *Métamorphoses du travail*, *op. cit.*, p. 244-249.

4 *Idem*, *Capitalisme, socialisme, écologie*, *op. cit.*, p. 188-214. Publication d'origine : « Une politique pour réduire la durée du travail et résorber le chômage » (contribution à une formation de la CFDT), *Partage*, n° 54, octobre 1989 (repris, dans une version mise à jour, dans *Neue Gesellschaft. Frankfurter Hefte*, n° 11, novembre 1990, p. 986-993).

écologie (qu'il jugera, d'ailleurs, comme « ce que j'ai écrit de plus mauvais ») soient reproduits dans une revue[1].

Pour Gorz, la RTT sert à accroître l'autonomie des individus en restreignant l'espace régi par la rationalité économique. Le but est que le temps disponible qu'elle permet puisse, « au gré et selon la situation de chacun, servir aussi bien à faire ou à refaire des études, à changer de métier, à expérimenter d'autres styles de vie ou à mener une "deuxième vie" extra-professionnelle[2] ». Or, il n'est possible de donner libre carrière à des projets et à d'autres activités qui ne soient pas du loisir passif que si l'on a des plages de temps suffisamment longues et que la RTT ne se limite donc pas à une diminution du temps à l'échelle du quotidien. C'est dans cette optique que, depuis au moins son article du *Nouvel Observateur* de 1978 sur le bonheur, Gorz songe à une autre modalité de la RTT. Elle consiste à dégager du temps en fonction d'un volume de travail calculé sur la longue durée et que chacun pourrait répartir comme bon lui semble au cours de son existence, en échange d'un salaire à vie ; ce volume pourrait être de 20 000 heures de travail sur une vie (contre les 40 000 en cours) ou de 1 100 heures annuelles (contre les 1 600 en cours)[3].

L'idée d'un revenu social distribué sur la base de la richesse produite et non à partir du travail directement fourni est empruntée à la théorie distributiste que Jacques Duboin a conçue dans les années 1930 et que sa fille Marie-Louise s'emploie à divulguer et à développer dans la revue *La Grande Relève*. Gorz y voit l'expression élaborée d'un dépassement des rapports marchands[4]. Tout

---

1 Lettre d'André Gorz à Françoise Gollain, intermédiaire de la revue naissante *Entropia*, du 20 juillet 2006 (GRZ).

2 André GORZ, *Capitalisme, socialisme, écologie*, *op. cit.*, p. 152.

3 *Ibid.* ; André GORZ, *Les Chemins du paradis*, *op. cit.*, p. 87-90 ; *idem*, *Métamorphoses du travail*, *op. cit.*, p. 238-244. Les données contemporaines que donne Gorz comptabilisent le temps de travail de tous les salariés actifs, y compris ceux à temps partiel et les chômeurs. Si, plus correctement, on retranche les chômeurs, on obtient plus de 60 000 heures de travail pour une vie et 1 800 heures annuelles (1 537 en 2013).

4 *Idem*, *Les Chemins du paradis*, *op. cit.*, p. 92 n.

en reconnaissant ses défauts, dus à la croyance selon laquelle on pourrait modifier le système socioéconomique en réformant la monnaie, il la défend bec et ongles contre le scepticisme de Denis Clerc, car « les distributistes sont les héritiers d'un anarcho-fédéralisme proudhonien dans lequel l'État est réduit à la fonction minimum de *clearing house*, ce qui les rend quand même plus sympathiques que les étatistes[1] ».

L'autre idée de définir la durée du travail à l'échelle de la vie entière lui vient de l'économiste de la Confédération suédoise des syndicats Gösta Rehn, qui réfléchit depuis longtemps à la formule d'une retraite à la carte ; elle correspond également aux propositions originales d'un autre économiste suédois, Gunnar Adler-Karlsson, lui aussi en rapport épistolaire avec Gorz. C'est cette proposition d'un *revenu social à vie* permettant d'alterner périodes de travail et périodes dédiées aux projets de la vie que Gorz va creuser au cours des années 1990.

En conseiller du prince

La majorité des contributions de *Capitalisme, socialisme, écologie* témoignent, pour l'heure, du souci de Gorz d'influer positivement sur la politique de réformes en Allemagne et en France. Concernant le premier pays, il en va ainsi de son commentaire du programme du SPD qui, sous l'égide de Lafontaine, s'ouvre à l'écologie[2], de son article « Pour redéfinir le socialisme »[3], du projet cité de réduction du temps de travail, dont le préambule est écrit à quatre mains avec le syndicaliste allemand Martin Jander, fréquenté à Oberursel en 1983[4] – tous

1 Lettre d'André Gorz à Denis Clerc du 19 mai 1983 (GRZ).

2 André Gorz, *Capitalisme, socialisme, écologie*, *op. cit.*, p. 81-98. Publication d'origine : « Sozialismus, Ökologie und kultureller Umbruch », *Neue Gesellschaft. Frankfurter Hefte*, n° 8, août 1989, p. 732-738.

3 *Idem*, *Capitalisme, socialisme, écologie*, *op. cit.*, p. 99-110. Publication d'origine : « Eine neue Definition des Sozialismus », *Neue Gesellschaft. Frankfurter Hefte*, n° 6, juin 1990, p. 519-523.

4 *Idem*, *Capitalisme, socialisme, écologie*, *op. cit.*, p. 185-214.

textes parus dans l'organe du SPD *Neue Gesellschaft* –, et enfin de son article pour les soixante-dix ans de Willy Brandt publié dans les mélanges qui lui sont offerts[1].

Outre-Rhin, ses écrits sont pris au sérieux par la classe politique de gauche. L'intellectuel Peter Glotz, secrétaire du SPD, l'interviewe en 1986 (puis en 1997) et prend l'initiative d'héberger ses articles dans la revue du parti, qu'il dirige ; ses idées sur la libération du temps (*Manifeste pour une nouvelle gauche*, 1985/1987), que Gorz cite souvent, sont si voisines des siennes qu'on ne saurait dire qui influence qui. Quant à Lafontaine, leader de la gauche du SPD, il lui dédicace chaleureusement l'un de ses livres. Se trompant d'une année à cause des dissimulations usuelles de sa date de naissance (*voir note 2, p.* 82), ses amis Krämer et Leggewie lui offrent en 1989 des mélanges pour son soixante-cinquième anniversaire en mobilisant une cohorte d'auteurs allemands qui lui sont proches : Kallscheuer, Glotz, Zoll, Offe, Negt, Honneth, Hans Horch, Detlev Claussen, ainsi que l'intellectuel français Alain Touraine[2]. C'est aussi l'époque où les télévisions allemandes, des trois régions linguistiques suisses, autrichienne et belge le sollicitent.

Ses thèses ont aussi un écho dans les instances européennes, puisqu'il est invité à Strasbourg le 1er février 1990 aux Grands Débats du Conseil de l'Europe organisés, sous l'égide de Morin, Passet, Moscovici et Robin, par le directeur de la Culture, le sociologue espagnol José Vidal-Beneyto, et donne en mai un entretien à l'Observatoire européen de la protection sociale. Moins écoutées qu'en Allemagne, elles suscitent en France quelque intérêt dans les coulisses du pouvoir socialiste et alentour. Par le truchement du sociologue Guy Roustang, Gorz accepte ainsi de participer à une réunion du Plan en 1989. À cette même époque, l'ex-trotskiste Henri Weber organise, pour le président

---

1 *Ibid.*, p. 135-154. Publication d'origine : « Des zentralen Konfliktes alte und neue Akteure », *in* Helga Grebing *et alii* (dir.), *Sozialismus in Europa. Bilanz und Perspektiven. Festschrift für Willy Brandt*, Klartext Verlag, Essen, 1989, p. 67-76.

2 Hans Leo Krämer et Claus Leggewie (dir.), *Wege ins Reich der Freiheit*, *op. cit.*

de l'Assemblée nationale Laurent Fabius, qu'il conseille, une séance de *brainstorming* réunissant quelques consultants afin d'évaluer la possibilité pour le Parti socialiste de s'emparer de ses propositions de réduction massive du temps de travail, mais sans que la plupart des participants y voient de solutions[1]. Une revue rocardienne réservée aux étudiants l'interviewe[2]. Gorz est aussi interrogé, en 1990, par Jean-François Alessandrini, bientôt conseiller de Martine Aubry, sur la flexibilité, la RTT, le RMI (revenu minimum d'insertion, institué par Rocard en décembre 1988) pour une revue du ministère du Travail[3].

Mais Martine Aubry, nommée l'année suivante à la tête du ministère, n'est pas encore convaincue de l'utilité de la RTT en termes de redistribution de l'emploi. En ce début des années 1990, le chemin en la matière est encore long et les mobilisations sociales encore dans l'œuf. L'apparition de Gorz à la télévision sur le thème de « La fin du travail », dans l'émission *Océaniques* de FR3-La Sept, en octobre 1991, reste teintée d'utopie.

La rationalité écologique

Le capitalisme vert

L'essor de l'*ecobusiness* ne fait que confirmer aux yeux d'André Gorz que si les politiques écologistes, qualifiées bientôt de « développement durable » (l'expression naît en 1991), imposent à l'économie des contraintes et des réorientations, elles n'entament pas la tendance de fond du système à accroître la production et à poursuivre la destruction de la biosphère comme des espaces de liberté où sa rationalité n'agit

1 Jérôme VIDAL, « André Gorz sur la ligne de crête du présent », *Revue internationale des livres et des idées*, 9 juillet 2010.

2 André GORZ, « Vers une civilisation du temps libéré » (propos recueillis par Frédéric Audren), *Pantagruel*, n° 4, été 1992, p. 6-17.

3 *Idem*, *Capitalisme, socialisme, écologie*, *op. cit.*, p. 69-79. Publication d'origine : « "Une redistribution plus équitable du travail est nécessaire" » (entretien), *Partenaires*, n° 7, septembre 1990, p. 26-28.

pas encore. Le principe de maximisation au fondement du capitalisme, qui commande la *croissance* en tous domaines, est sauf. Dans ce contexte, l'expertocratie qui s'appuie sur l'écologie scientifique ne sert qu'à fournir les lubrifiants à la machine de production-destruction menacée par les grippages de la catastrophe écologique qu'elle prépare. Alors qu'il l'avait perçu dès 1954 (*voir note 1, p.* 65), Gorz aurait pu faire remarquer que le réchauffement climatique, avec sa nuée de sinistrés, ne peut déjà plus être arrêté.

L'écologie politique, c'est autre chose pour Gorz. Ayant en vue la réconciliation de l'humain avec un milieu que celui-ci a tout intérêt à préserver, elle exige que l'économie restreigne son emprise et sur la nature et sur les hommes. Elle implique sa « décroissance, au profit de l'expansion des activités qui ne sont pas régies par l'évaluation et la recherche du rendement et du gain[1] ».

La norme du suffisant et la bonne vie

Fort de sa conscience écologiste, Gorz est très tôt à même de reprocher à Lipietz l'impensé de son marxisme : « Comment, lui écrit-il en 1983, peut-on être socialiste ou communiste et incapable d'imaginer une économie qui ne repose pas sur la croissance indéfinie du PNB marchand[2] ? » Contre la logique productiviste, ou « croissanciste » comme on dira plus tard, ne peut-on ériger une autre logique centrée sur la vie et sur une autre vision de la production des richesses[3] ?

À l'impératif économique de rendement Gorz oppose dans *Capitalisme, socialisme, écologie* « la rationalité écologique » : « Elle consiste à satisfaire les besoins matériels au mieux, avec une quantité aussi faible que possible de biens à valeur d'usage et

1 André GORZ, *Capitalisme, socialisme, écologie*, *op. cit.*, p. 173.
2 Lettre d'André Gorz à Alain Lipietz du 18 août 1983 (GRZ).
3 Voir aussi Dominique MÉDA, *La Mystique de la croissance. Comment s'en libérer*, Flammarion, Paris, 2013.

durabilités élevées, donc avec un minimum de travail, de capital et de ressources naturelles[1]. » Elle répond à la norme comportementale du *suffisant*. Participant en 1992 à un numéro sur l'écologie d'*Actuel Marx*, la revue philosophique codirigée par Jacques Bidet, Gorz note que cette norme préexistait au capitalisme et que c'est contre elle que le capitalisme s'est battu pour imposer sa logique contraire du *toujours plus*[2]. À travers plusieurs formes de dépossession, le capitalisme manufacturier naissant a tout fait pour que la production puisse « s'émanciper de l'arbitrage des producteurs directs, c'est-à-dire devenir indépendante du rapport entre les besoins et les désirs qu'ils éprouvent, l'importance de l'effort qu'ils sont disposés à fournir pour les satisfaire, l'intensité, la durée et la qualité de cet effort[3] ». Le dégagement du surplus n'a été possible qu'à ce prix.

Dans une optique de dépassement du capitalisme, on pourrait envisager la restauration du rapport et donc de l'arbitrage entre l'étendue des besoins que l'on souhaite satisfaire et l'importance de l'effort que l'on juge acceptable de déployer en contrepartie. Ce rapport serait à double sens, puisque l'arbitrage conduirait aussi à « limiter les besoins et les désirs pour pouvoir limiter l'effort à fournir[4] ». Cette norme du suffisant, qui n'est pas sans rappeler les préceptes d'Épicure, fonde l'utopie écosocialiste à laquelle Gorz travaille, celle d'une « bonne vie », comme il dit, où la sobriété de la synergie entre le besoin et la dépense va de pair avec la richesse des liens sociaux.

Holisme des systèmes de vie. D'Edgar Morin à Félix Guattari

Dans l'appréhension de la globalité et de la complexité des systèmes de vie, Gorz prête particulièrement attention à

---

1 André Gorz, *Capitalisme, socialisme, écologie*, *op. cit.*, p. 91.

2 *Idem*, *Écologica*, *op. cit.*, p. 43-69. Publication d'origine : « L'écologie politique entre expertocratie et autolimitation », *loc. cit.*

3 *Ibid.*, p. 61.

4 *Ibid.*, p. 57.

deux auteurs : Edgar Morin et Félix Guattari. Ayant reçu du premier un tome de *La Méthode* (*La Vie de la vie,* 1980), Gorz en fait une recension dithyrambique dans *Le Nouvel Observateur* en 1981 en exposant la « bio-anthropo-éthique » qui le sous-tend[1]. À cette occasion, il échange quelques lettres savantes avec Morin. Du second, Gorz apprend à connaître la pensée dans la seconde moitié des années 1990 en concomitance avec leur collaboration étroite à *Transversales,* revue proche des pionniers de la théorie des systèmes[2]. Psychanalyste de son état, Guattari apporte indirectement au holisme vital de Morin une triple dimension fondée sur le bien-être psychologique, socio-politique et écologique de l'individu immergé dans les « révolutions moléculaires » de sa subjectivité.

En conclusion, si le mouvement écologiste « n'est pas né initialement d'un souci de "défense de la nature" mais d'une résistance à l'appropriation privée et à la destruction de ce bien commun par excellence qu'est le monde vécu[3] », c'est que l'écologie procède, par ses prolongements éthico-politiques – décrits comme « écosophiques » par Guattari dans *Les Trois Écologies* (1989) –, « d'une approche holiste des systèmes complexes » :

> Elle est seule à vouloir comprendre le vivant non pour le dominer mais pour le ménager. Elle est seule, dans ce souci, à se vouloir une composante de la culture, intégrée et assimilée dans les savoirs vécus, éclairant la quête de la sagesse et de la bonne vie[4].

---

1 André Gorz, *Les Chemins du paradis, op. cit.,* p. 235-249. Publication d'origine : Michel Bosquet, « La dynamite d'Edgar Morin », *Le Nouvel Observateur,* 5 janvier 1981.

2 Sur la collaboration de Gorz à cette revue, voir *infra,* chapitre 16.

3 André Gorz, *L'Immatériel. Connaissance, valeur et capital,* Galilée, Paris, 2003, p. 109-110.

4 *Ibid.,* p. 112.

16

Au-delà de la société salariale

Lorsque André Gorz rédige les *Métamorphoses*, le fordisme est bel et bien enterré. La baisse incessante du taux de profit qui a marqué la fin de son époque est enrayée grâce à deux transformations majeures, l'une concernant l'organisation de la production, l'autre, les relations économiques. La première est induite par les méthodes du toyotisme (flux tendus, robotisation, sous-traitance) qui, accompagnées de nouveaux rapports de travail (implication, flexibilité), mettent à bas la résistance ouvrière et syndicale ; la seconde implique les États qui volent au secours des entreprises, secouées par la crise, en diminuant drastiquement leur fiscalisation, en privatisant les régies rentables et en ouvrant des secteurs publics à la concurrence.

Ces pratiques néolibérales, qui ont pour corollaire l'asphyxie de l'État-providence, accroissent systémiquement les inégalités de richesse et génèrent, à partir de la moitié des années 1980, ladite nouvelle pauvreté qui affecte les couches moyennes. Alors qu'elles produisent aussi un chômage structurel, Gorz s'interroge sur les discours de réhabilitation du travail qui vont à contre-courant de ce qui se passe dans la réalité.

L'idéologie du travail

L'automation, la robotisation, la production calée sur le juste-à-temps requièrent des capacités accrues de contrôle, d'organisation, de prévision et d'adaptation que va exercer une nouvelle génération de techniciens auxquels on demande une implication personnelle indéfectible. L'enrichissement et l'intellectualisation des tâches, la valorisation de l'initiative et de la communication, l'intéressement aux bénéfices, le travail en équipe qui masque la hiérarchie et stimule l'émulation donnent l'impression que l'épanouissement et l'autonomie des travailleurs – devenus des « collaborateurs » – sont en train de croître dans l'entreprise. L'idéal des théoriciens de la nouvelle classe ouvrière et des courants autogestionnaires serait-il en passe de se réaliser ?

Gorz ne le pense pas. Premièrement, parce que « ce n'est pas la classe ouvrière qui accède à des possibilités d'auto-organisation et à des pouvoirs techniques croissants », mais seulement « un petit noyau de travailleurs privilégiés » qui se trouve du bon côté de la fracture sociale. Deuxièmement, parce que, loin de disparaître, la contrainte n'en est que mieux intériorisée et la part d'autonomie que cette élite éprouve dans son travail ne supprime en rien l'« hétéronomie » de « fonctions coordonnées de l'extérieur, par une organisation, en vue d'un but préétabli[1] ». Cette « autonomie au sein de l'hétéronomie » est donc « une autonomie dominée, asservie, subalterne, instrumentalisée qui n'a pas d'emblée les moyens de se vouloir elle-même comme exigence d'émancipation totale[2] ».

Quelques années suffiront, d'ailleurs, pour que le constat des sociologues du travail soit sans appel : le dévouement sans compter de l'individu à sa « mission », qui pense à son travail même lorsqu'il ne travaille pas, multiplie les cas de stress, d'épuisement, de dépressions et de suicides ; il affaiblit finalement les identités intime, familiale et citoyenne de la personne au profit d'une estime de soi fragile car dépendante des aléas professionnels[3]. C'est ainsi qu'en sollicitant initiative, créativité et autono-

---

1 André Gorz, *Métamorphoses du travail*, *op. cit.*, p. 94 et p. 103.

2 « Entretien avec André Gorz », *in* Françoise Gollain, *Une critique du travail*, *op. cit.*, p. 226.

3 Christophe Dejours, *Souffrance en France. La banalisation de l'injustice sociale*, Seuil, Paris, 1998 ; Vincent de Gaulejac, *La Société malade de la gestion. Idéologie gestionnaire, pouvoir managérial et harcèlement social*, Seuil, Paris, 2005.

mie du « collaborateur », qui doit s'investir passionnément dans son travail jusqu'à s'identifier avec l'entreprise, celle-ci nie la divergence d'intérêts entre le travail vivant et le capital, reconnue jusque-là par le fordisme à travers la négociation collective : elle restaure un rapport précapitaliste de soumission personnelle (une « quasi-vassalité ») où c'est la personnalité tout entière qui se trouve sous sujétion[1]. Cette dernière analyse, empruntée au philosophe italien Paolo Virno, est abordée par Gorz dans son nouveau livre *Misères du présent, richesse du possible*, publié en 1997. Après être revenu abondamment sur les dégâts humains qu'engendre le postfordisme, l'auteur y stigmatise cette fois-ci les illusions d'autres autonomes comme Negri (exilé en France) qui surestiment la réalité libératrice des procès contemporains de « subjectivation du travail », comme lui-même avait cru, dans les années 1960, qu'une fois amorcée dans l'entreprise, l'autonomie n'aurait pu être stoppée[2].

Ce *Nouvel Esprit du capitalisme* (1999) postfordiste, que décrivent Boltanski et Chiapello dans leur enquête, va de pair avec le retour en force de l'éthique du travail. Celle-ci n'est pas seulement propagée par le thatchérisme (comme plus tard par son continuateur français Nicolas Sarkozy qui exalte la « valeur travail » comme idéologie), mais aussi défendue en filigrane par les syndicats, les partis et les intellectuels de gauche qui se perdent à trouver des solutions conventionnelles au chômage. Pour Gorz, cette idéologie est en contradiction avec « le sens de l'actuelle révolution technique », qui « ne peut pas être de réhabiliter l'éthique du travail, l'identification au travail », car « un travail qui a pour effet et pour but de faire économiser du travail ne peut pas, en même temps, glorifier le travail comme la source essentielle de l'identité et de l'épanouissement personnel[3] ».

---

1 André Gorz, *Misères du présent, richesse du possible, op. cit.*, p. 51-69.

2 *Ibid.*, p. 70-71.

3 André Gorz, *Métamorphoses du travail, op. cit.*, p. 116. Karl Marx : « Le capital est contradiction en acte : il tend à réduire au minimum le temps de travail, tout en en faisant l'unique source et la mesure de la richesse. Aussi le diminue-t-il

Et de déplorer, comme déjà dans les *Adieux au prolétariat*, les conséquences politiques néfastes de cet imaginaire que le mouvement ouvrier vient à partager avec le patronat : « L'idéologie de l'effort et du mérite individuel, la défense de l'emploi et l'identification au travail sont ainsi devenues des thèmes de droite qui permettent de gagner des blocs de la classe ouvrière à une nouvelle alliance nationale-productiviste en faveur d'une modernisation libérale-capitaliste[1]. »

Inversion du sens

Misères du présent, richesse du possible est l'ouvrage théorique de Gorz le plus abouti et mûri tant par le démontage des rouages *misérables* du postfordisme que par la mise en exergue des *possibilités* de dépassement qui s'y glissent. La représentation du travail, volet idéologique essentiel de la gestion libérale des populations, est soumise à ce régime critique. Le chantage au chômage battant son plein, le travail, devenu un « bien » rare, n'est plus vécu par la masse de la population dans sa dimension anthropologique mais dans sa seule dimension utilitaire : la question du *métier* qu'on exerce (avec son lot de compétences) ou du *travail* qu'on fait (par l'action de quelque manière sur le sensible) est désormais moins importante que celle de l'« emploi » que *l'on a* ou que *l'on n'a pas* parce que c'est l'emploi, dans sa généralité de travail quelconque, qui procure l'indispensable « gagne-pain ».

Jetant un voile sur les questions *économique* et *existentielle* du travail – quelle fin de la production ? quelle place du travail dans la vie ? –, cette idéologie de l'emploi pour l'emploi fait croire que le problème de nos sociétés malades du chômage est celui de l'emploi, alors que le problème tient à la fixation qu'on fait sur lui. Cette idéologie est d'autant plus hypocrite et

---

dans sa forme nécessaire pour l'augmenter dans sa forme inutile » (Karl MARX, « Principes d'une critique de l'économie politique », *in Œuvres. Économie II*, *op. cit.*, p. 306).

1 André GORZ, « Droite/gauche. Essai de redéfinition », *Revue du MAUSS*, n° 14, 4e trimestre 1991, p. 20.

cynique qu'en poussant à la mise au travail et à l'acceptation de n'importe quelle « offre » d'emploi des masses justement exclues du travail en raison de sa raréfaction, elle les plonge dans la prostration et la culpabilité de l'exclusion persistante. En effet, la norme du travail s'impose comme une évidence, qui relègue dans la marginalité ceux qui y échappent. Le pire n'étant pas d'être chômeur, mais de se sentir chômeur par le regard réprobateur que porte sur vous la société. Terrassante, cette idéologie empêche, sous couvert d'évidence partagée par le plus grand nombre, de réfléchir à un autre type de société qui ne soit plus rivée à l'obsession de l'emploi. Il est cependant possible de penser autrement, d'« inverser les valeurs », bref, de changer de paradigme et de s'apercevoir, ce faisant, que des pans de la société remettent déjà en question l'axiome selon lequel le travail est la valeur qui ordonne la vie.

Les enquêtes que mènent sociologues et journalistes dans les pays occidentaux au cours des années 1980 et 1990 sont parlantes. Elles montrent que pour beaucoup de gens, et spécialement pour les jeunes, la précarité, connue sur de longues périodes, n'est pas subie, mais vécue comme une possibilité pour assumer soi-même la production de socialité en dehors du travail et pour inventer un régime de la vie quotidienne fondé sur la liberté d'agir[1]. L'apparition du chômage chez les cadres et l'allongement de l'espérance de vie joints aux fréquentes mises en préretraite jouent aussi dans le sens d'une relativisation du travail. Les sondages d'opinion reflètent un semblable état d'esprit. En Allemagne, 10 % seulement de la population active considèrent leur travail comme ce qu'il y a de plus important dans leur vie ; aux États-Unis, 18 % (contre 38 % en 1955). En

---

1 André Gorz mentionne, entre autres : Rainer Zoll (dir.), *Nicht so wie unsere Eltern. Ein neues kulturelles Modell ?*, Suhrkamp, Francfort-sur-le-Main, 1989 ; Paul Grell et Anne Wéry, *Héros obscurs de la précarité. Récits de pratiques et stratégies de connaissance*, L'Harmattan, Paris, 1993 ; et les enquêtes du journaliste Alain Lebaube publiées dans *Le Monde*. Plus tard, il préfacera une étude qui va dans le même sens : Sébastien Schehr, *La Vie quotidienne des jeunes chômeurs*, PUF, Paris, 1999.

Europe de l'Ouest, seuls 9 % des jeunes interrogés citent le travail comme « principal facteur pour réussir sa vie[1] ».

Critique d'Oskar Negt

Étudiant d'Adorno, puis assistant d'Habermas, Oskar Negt s'est taillé une réputation en Allemagne en alliant Théorie critique et marxisme. Sa sociologie repose sur une anthropologie du travail. Oskar Negt et André Gorz s'apprécient. Dans une lettre ouverte insérée dans les mélanges offerts au Français en 1989, Negt reconnaît en son aîné de dix ans l'un de ses « maîtres cachés ». Il rappelle l'importance qu'a eue pour lui son livre sur la stratégie des « réformes révolutionnaires », puis souligne toutefois son incompréhension à l'égard de l'« individualisme critique » présidant à ses « adieux au prolétariat[2] ». En réagissant à cette « critique amicale et dévastatrice[3] », Gorz est amené à ne pas suivre les thèses de Negt sur un point crucial – sans que cela nuise à leurs bonnes relations, à l'instar de ce qui se passe entre Gorz et Marcuse, Lipietz ou Bahro.

En analysant la nature du travail contemporain, Negt ne voit nulle présence de la « cage de fer » évoquée par Max Weber – autrement dit, l'« intégration systémique » dénoncée par Habermas –, mais au contraire le lieu privilégié de la reconnaissance sociale et de la possible réalisation personnelle de l'ouvrier[4]. La conception hégélienne du travail sous-jacente à cette vision se révèle pleinement à Gorz lorsque Negt conçoit « le travail comme une catégorie *historico-fondamentale*[5] » qui tend à s'émanciper progressivement du capital pour se poser comme activité autonome de transformation

---

1 André Gorz, *Misères du présent, richesse du possible*, *op. cit.*, p. 107.

2 Oskar Negt, « Aus produktiver Phantasie. Ein revolutionärer Realist unserer Zeit », *in* Hans Leo Krämer et Claus Leggewie (dir.), *Wege ins Reich der Freiheit*, *op. cit.*, p. 54-73.

3 Lettre d'André Gorz à Oskar Negt du 23 mai 1990 (GRZ).

4 Oskar Negt, *Lebendige Arbeit, enteignete Zeit. Politische und kulturelle Dimensionen des Kampfes um die Arbeitszeit*, Campus Verlag, Francfort-sur-le-Main, 1984, p. 43-44.

5 *Idem*, « Aus produktiver Phantasie », *loc. cit.*, p. 69.

de la matière. Gorz observe que cet idéal de travail créateur (*poiésis*) par lequel le travailleur se réalise est en réalité un héritage des ouvriers professionnels du XIXe siècle qui avaient encore la maîtrise de la matière, et qu'à vouloir l'appliquer au travail contemporain, largement dématérialisé, spécialisé, on risque d'inviter les ouvriers et les employés à considérer comme un moyen de réalisation personnelle des tâches qui précisément interdisent celle-ci ; par là, on renforce l'idéologie du travail, qui fait le jeu du patronat[1].

En vérité, cet idéal n'est aujourd'hui porté que par une élite du travail qui estime la RTT comme incompatible avec son éthique de l'implication et du rendement – Mothé, opposé à l'idée de RTT, s'en fait le représentant réactionnaire dans une polémique avec Gorz[2]. Dans les conditions actuelles, le travail ne peut être créateur et impliquant. Comme le montrent des enquêtes de terrain, c'est en dehors du salariat que les individus, et spécialement les jeunes, acquièrent les capacités et l'envie de s'investir dans des activités pour soi grâce aux opportunités que donnent, dès le départ, l'entrée tardive dans la vie professionnelle, puis l'instabilité et l'irrégularité des emplois. « L'aspiration à l'épanouissement personnel dans des activités autonomes ne présuppose donc pas une transformation préalable du travail[3]. » C'est l'abaissement de fait du temps de travail à l'échelle de la vie entière qui en est plutôt le ressort. Contribuant à des mélanges offerts à Negt en 2004, Gorz saluera ses travaux toujours stimulants, mais réitérera son reproche en notant que son idée du « vrai travail » et son insistance sur le travail rémunéré courant, lié aux moyens de subsistance et à la reconnaissance sociale, l'empêchent finalement de critiquer le travail réellement existant[4].

---

1 André GORZ, *Capitalisme, socialisme, écologie, op. cit.*, p. 115-117.

2 Daniel MOTHÉ, « Faut-il réduire le temps de travail ? », *Autogestions*, n° 19, 1985, p. 15-17 ; André GORZ, « Ne pas confondre activité autonome et travail salarié », *ibid.*, p. 17-19.

3 *Idem*, *Capitalisme, socialisme, écologie, op. cit.*, p. 123.

4 *Idem*, « Wa(h)re Arbeit », *in* Tatjana FREYTAG et Marcus HAWEL (dir.), *Arbeit und Utopie. Oskar Negt zum 70. Geburtstag*, Humanities Online, Francfort-sur-le-Main, 2004, p. 29-37.

Le revenu social garanti

L'évidence s'impose : lorsque le procès de production exige de moins en moins de travail et distribue de moins en moins de salaires, il n'est plus possible de réserver le droit à un revenu aux seules personnes qui occupent un emploi ni, surtout, de faire dépendre le niveau du revenu de la quantité de travail fournie par chacun[1]. D'où l'idée de *garantir un revenu minimum*. Prise dans sa généralité, cette idée n'est pas nouvelle. Elle fut appliquée en Grande-Bretagne à la fin du XVIIIe siècle suite à la paupérisation consécutive aux enclosures. Elle eut pour adepte le défenseur des droits de l'homme Thomas Paine qui soumit son projet de dividende pour tous aux membres du Directoire. Le visionnaire humaniste et anarchiste Bertrand Russell lui succéda en édictant sa proposition au sortir de la Première Guerre mondiale. En France, Jacques Duboin intégra ce postulat à son échafaudage d'une économie distributiste dans les années 1930. Aux États-Unis, encore, ce principe faillit être mis en œuvre dans la lutte contre la pauvreté dans les années 1960 sous la forme de l'impôt négatif. Modalité que l'économiste giscardien Lionel Stoléru reprend dans *Vaincre la pauvreté dans les pays riches* (1974).

Ses promoteurs étant nombreux et étalés dans le temps, on se doute que cette idée repose sur des motivations disparates et que ses modalités d'application couvrent un large éventail qui en modifie pour chaque cas le sens et la portée[2]. Cette idée apparaît tantôt comme une mesure d'assistance publique, tantôt comme une variable régulatrice de la main-d'œuvre et de son coût, tantôt comme une pétition subversive et émancipatrice. C'est pourquoi elle a été soutenue dans des milieux divers, aussi bien conservateurs ou chrétiens que progressistes ou écologistes.

---

1 *Idem*, *Métamorphoses du travail*, *op. cit.*, p. 250.

2 Voir Yannick Vanderborght et Philippe Van Parijs, *L'Allocation universelle*, La Découverte, Paris, 2005 ; *Revenu garanti : questions ouvertes* : *Multitudes*, n° 27, hiver 2006 ; *Imaginer un revenu garanti pour tous* : *Le Monde diplomatique*, n° 710, mai 2013 ; *Un revenu pour exister* : *Mouvements*, n° 73, printemps 2013.

Dans les années 1980, la pauvreté s'aggravant, elle finit par être appliquée *a minima* dans plusieurs pays européens sous une forme comparable au futur revenu minimum d'insertion (RMI) français. Dans les pays où elle ne s'est pas concrétisée, elle fait l'objet d'une foison de débats qui s'inscrivent cette fois-ci dans une problématique qui a pour visée première d'accroître l'autonomie des individus vis-à-vis du système économique. Dans cette optique spécifique, les écologistes sont en première ligne – à l'exception des Verts français qui partagent les réserves (initiales) de Lipietz. On pense, en Allemagne fédérale, à Opielka et Offe, avec lesquels Gorz débat par lettre en 1985 et 1986, mais c'est en Belgique qu'un admirateur de Gorz, séduit par *Les Chemins du paradis*, va être le fer de lance d'une version conséquente et radicale du revenu social garanti.

Version de droite et version de gauche

Nous l'avons vu, Gorz adhère au principe du revenu social garanti[1], qu'il expose longuement dans *Les Chemins du paradis* sous la forme d'un revenu à vie, versé en contrepartie d'un volume de travail que les progrès de la productivité auront réduit au minimum[2]. L'objectif est d'accroître l'autonomie des individus en réduisant leur temps de travail, et en augmentant leur disponibilité temporelle et matérielle à s'investir dans des activités pour eux-mêmes. En réitérant en 1984 ce schéma dans une revue alternative belge, Gorz s'attire une première série d'objections, consignées dans la réponse que lui destine Philippe Van Parijs, écologiste et libertarien de gauche, à la fois inspiré et contrarié par Gorz[3]. Dans un échange de lettres qui précède la publication de leurs deux argumentaires, ce jeune professeur de

---

1 Françoise Gollain, « André Gorz, vers l'inconditionnalité du revenu », *L'Économie politique*, n° 67, juillet 2015, p. 52-64.

2 André Gorz, *Les Chemins du paradis*, *op. cit.*, p. 87-98.

3 *Idem*, « Au-delà de la société de travail », *Virages* (Bruxelles), n° 2, avril 1984, p. 8-12 ; Philippe Van Parijs, « La porte étroite. Dialogue avec André Gorz », *ibid.*, p. 13-15.

l'université catholique de Louvain, très à cheval sur le principe gorzien d'autonomie, soulève en particulier la délicate question du *contrôle* qu'implique, dans le modèle de Gorz, la contrepartie d'un temps de travail obligatoire. Gorz la minimise :

> L'objection selon laquelle l'accomplissement de certains quotas (par exemple : au moins 2 000 heures en cinq ans) ne peut être obtenu que par de lourds contrôles bureaucratiques-totalitaires m'est incompréhensible : est-ce que le droit actuel à la retraite ou aux allocations-chômage exige un appareil de contrôle oppressif[1] ?

Ainsi débute une relation intellectuelle amicale entre Gorz et Van Parijs[2]. Celui-ci ouvre pourtant un autre chemin – que le premier mettra des années à emprunter – puisqu'il est en passe de devenir le plus éminent avocat de l'idée d'un revenu de base garanti affranchi de toute condition d'octroi : « L'allocation universelle ». Sous ce titre et avec la signature du Collectif Charles Fourier, composé de chercheurs de son université, Van Parijs rédige en mars 1984 un court texte en guise de manifeste qui est publié avec un certain fracas un peu partout, en Belgique, en Suisse, en Allemagne, en Italie, puis en France. Il invite Gorz à y répondre dans un périodique bruxellois issu de la gauche chrétienne, *La Revue nouvelle*, où ce manifeste paraît pour la première fois dans une revue en avril 1985.

Dans sa réponse, « Allocation universelle : version de droite et version de gauche »[3], Gorz martèle en quel sens seulement le revenu garanti est une solution de gauche[4]. Le critère discri-

---

1 Lettre d'André Gorz à Philippe Van Parijs du 5 mars 1984 en réponse à la lettre de ce dernier du 24 février (GRZ).

2 Philippe Van Parijs, « De la sphère autonome à l'allocation universelle », *in* Christophe Fourel (dir.), *André Gorz, un penseur pour le XXIe siècle, op. cit.*, p. 163-177.

3 André Gorz, « Allocation universelle : version de droite et version de gauche », *La Revue nouvelle*, n° 81, avril 1985, p. 419-428 (mise à part l'accroche qui se réfère au Collectif Fourier, l'article, rédigé en novembre 1984, ne répond pas directement au manifeste).

4 Voir aussi *idem*, *Métamorphoses du travail, op. cit.*, p. 250-262.

minant qu'il pose est celui de la fracture sociale : est-ce que l'allocation d'un revenu de base la renforce ou l'inhibe ?

Car il est une solution de droite, préconisée par exemple par Milton Friedman dans *Capitalisme et liberté* (1962/1962), qui creuse la dualité sociale en fomentant la création d'emplois occasionnels, précaires, ingrats, saisonniers, etc. : elle consiste à subventionner indirectement les employeurs de ces sous-activités, qui ne seraient pas rentables sans cela, par des salaires réduits que permet l'octroi d'une aide sociale au montant suffisamment bas pour obliger à travailler.

On voit où se situe l'alternative de gauche : l'allocation de base doit correspondre à un niveau de vie acceptable (Gorz dit « normal ») pour déjouer le chantage du travail au rabais. Pas seulement. Elle ne doit pas être conçue comme le « salaire du chômage et de l'exclusion », mais comme l'assurance que nous faisons partie de la société, que nous pouvons participer à l'échelle de notre vie à la production du nécessaire. La contrepartie relève donc de notre droit au travail. Pour que celui-ci soit respecté, il est indispensable que la revendication de l'allocation de base soit indissolublement scellée à celle de la réduction généralisée de la durée du travail qui permet le partage de celui-ci : « L'alternative de gauche à la société éclatée, "duale", c'est une société où tout le monde peut travailler mais travailler très peu[1]. » Si donc Gorz nourrit une suspicion à l'égard de l'allocation universelle, c'est qu'elle risque, elle aussi, d'entretenir la « coupure de la société[2] » en cassant, par son inconditionnalité, tout lien entre revenu et travail.

Cette idée fait néanmoins son chemin en France. Un gaulliste de gauche, l'économiste Yoland Bresson, s'en fait l'apôtre dans *L'Après-salariat* (1984) – sous la jolie formule d'un « revenu

---

1 *Ibid.*, p. 423.

2 André Gorz, *Capitalisme, socialisme, écologie*, *op. cit.*, p. 174. Voir aussi *idem*, « Emploi et revenu, un divorce nécessaire ? » (entretien avec Denis Clerc), *Alternatives économiques*, n° 23, juillet-septembre 1984, p. 15-17 (les thèses de Van Parijs, présentées au colloque Marx de l'École des hautes études en sciences sociales en décembre 1983, sont explicitement critiquées).

d'existence » pour tous qu'il adoptera plus tard –, mais avec un montant très bas. Si les distributistes de *La Grande Relève*, animée par Marie-Louise Duboin, y sont naturellement acquis, c'est aux antiutilitaristes du *Bulletin du MAUSS*, et en particulier au directeur Alain Caillé, que revient le mérite de lancer favorablement le débat par un numéro de septembre 1987. Intitulé *Du revenu social : au-delà de l'aide, la citoyenneté ?*, ce numéro reprend les textes du Collectif Fourier et de Gorz parus dans *La Revue nouvelle*.

Pour Gorz, Marie-Louise Duboin, avec qui il dialoguera *de visu* et par lettre, restera une figure importante du débat théorique qui l'occupera les années suivantes[1]. C'est le cas aussi du sociologue et fondateur du Mouvement antiutilitariste dans les sciences sociales (MAUSS) Alain Caillé, qui se sert de la théorie du don de Marcel Mauss pour mener bataille contre l'utilitarisme et l'économisme ambiants, et qui, à la naissance du MAUSS en 1981, ne manque pas de le solliciter pour qu'il intervienne aux réunions de l'association.

En France, le revenu garanti n'est pas un thème débattu uniquement par des intellectuels engagés, il est aussi une revendication concrète du mouvement social, et spécialement d'une frange qui semble incarner, après l'évidement de la catégorie « prolétariat », le tant recherché « sujet social » : les chômeurs et les précaires organisés en associations.

Avec le mouvement des chômeurs et des précaires

Une question brûle les lèvres de tous les interlocuteurs dubitatifs ou désorientés de Gorz : sur quel « mouvement réel » compte-t-il pour rendre crédible sa prophétie d'une nouvelle civilisation du temps libéré ? La non-classe des prolétaires postindustriels, qu'il avait commencé à dessiner dans *Adieux au prolétariat*, ne forme aucune agrégation homogène d'individus sinon abstrai-

1 Pour le rapport entre Gorz et Marie-Louise Duboin, voir le dossier *Trente ans de dialogue avec André Gorz* : *La Grande Relève*, n° 1981, novembre 2007.

tement unis par leur déphasage vis-à-vis du travail-emploi sûr et à temps plein. Dès lors, dissidence et refus ne peuvent jaillir en première instance que d'un acte individuel de la volonté : « sur les cendres du sujet historique – Parti, État, Classe – s'élève le sujet individuel qui crie "non" à toute la vieille merde », s'emporte Gorz[1]. Étrangères aux procès de socialisation inhérents au travail stable, qui avaient rendu possible l'organisation ouvrière, ces situations individuelles réfléchissent une nébuleuse sociale façonnée par le chômage ou par les nouvelles formes d'emploi précaires, à temps partiel ou intermittentes. Pour être placée aux confins de la galaxie travail, cette nébuleuse ne constitue pas moins une présence massive d'individus qui, à défaut de s'agréger par le truchement des instances syndicales traditionnelles, trouvent le moyen de créer des réseaux, des coordinations et des lieux d'échange[2]. Dans les années 1980, les premières coalitions voient le jour.

Le Syndicat des chômeurs (ou Association syndicale des chômeurs [ASC]) prend son envol en février 1982 sous la houlette de Maurice Pagat, forte personnalité qui sait jouer des réseaux politiques et s'attirer le soutien des milieux catholiques. Tandis qu'a lieu la première manifestation de chômeurs à Paris le 30 mai 1985 au cours de laquelle Pagat compare le mouvement « aux débuts héroïques des Bourses du travail de Fernand Pelloutier », maisons de chômeurs et associations locales fleurissent dans plusieurs villes de France. Le *Manifeste pour la garantie des moyens d'existence pour tous*, que lance en février 1987 le Cash (Association des chômeurs et des précaires [ACP]), regroupement parisien incluant en particulier des précaires, exprime une revendication partagée : l'instauration d'un revenu social équivalent au SMIC (salaire minimum interprofessionnel de croissance) – l'ASC propose deux tiers –, ou jusqu'à concurrence du SMIC s'il vient en complément d'autres revenus partiels, et avec pour contrepartie la disponibilité à tout emploi.

---

1 *Abschied vom Proletariat ?*, *op. cit.*, p. 123.

2 Patrick Cingolani, *Révolutions précaires. Essai sur l'avenir de l'émancipation*, La Découverte, Paris, 2014.

C'est avec la casquette du journaliste que Gorz fait la connaissance de Pagat et le soutient dans son combat[1]. En retour, le syndicaliste s'imprègne des analyses et des propositions politiques de Gorz, qu'il invite plusieurs fois aux journées d'études et aux états généraux du syndicat (« Bien que, lui écrit-il en 1992, je sache combien tu n'aimes pas participer à ce type de rencontre[2] »). De 1983 à 2003 paraissent dans *Partage*, l'organe du syndicat, une trentaine d'articles de Gorz, dont quelques-uns sont originaux. Le clou de l'investissement syndical de Gorz est représenté par la conférence qu'il donne à la journée d'études de l'ASC à la Maison des chômeurs de Saint-Ouen le 13 décembre 1986, à laquelle participent une cinquantaine de militants et chercheurs, sur le thème « La révolution technologique, l'emploi et le revenu social garanti ». À cette occasion, il rencontre les autonomes du Cash qui, en rendant compte de l'événement, perçoivent une contradiction dans son discours : « Pourquoi critiquer l'idéologie du travail et simultanément estimer que seul le droit à l'emploi pour tous permet une société égalitaire[3] ? »

L'institution du RMI par le gouvernement de Michel Rocard en décembre 1988 met fin à cette première poussée du mouvement des chômeurs et des précaires : ceux de l'ASC, qui ont activement fait pression sur Rocard, sont satisfaits, ceux du Cash sont déçus et se voient couper l'herbe sous le pied puisque les précaires, qu'ils représentent davantage, sont exclus d'une allocation qui interdit d'autres revenus.

Inconditionnalité de l'allocation universelle

Lors du colloque sur l'allocation universelle organisé à Louvain en 1986 par Van Parijs, avec la participation des Français

1 Voir Michel Bosquet, « La grève [de la faim] de Maurice Pagat », *Le Nouvel Observateur*, 11 décembre 1982.
2 Lettre de Maurice Pagat à André Gorz du 13 juin 1992 (GRZ).
3 Anonyme, « Gorz, technocrate ou utopiste ? », *Cash*, n° 5, janvier 1987, p. 2. Gorz relaie les positions du Cash dans *Capitalisme, socialisme, écologie*, *op. cit.*, p. 149 et p. 166.

Bresson et Marie-Louise Duboin, du Britannique Guy Standing, du Suédois Adler-Karlsson, des Allemands Opielka et Offe, est créé le Basic Income European Network (BIEN). À un colloque sur le même thème qui suit à Louvain en septembre 1989, Gorz fait figure de mouton noir en y envoyant un texte critique où il manifeste sa crainte que l'allocation universelle n'aboutisse à une désocialisation des individus restés à l'écart du travail[1]. Dans la première moitié des années 1990, Gorz passe beaucoup de temps à expliquer sa conception du revenu social qu'il faut entendre comme « un revenu continu pour un travail discontinu[2] » et qui doit donc rester lié au travail sinon au temps de travail. Il affirme clairement que le droit au travail fait partie du contrat que l'individu passe avec la société en échange du droit au revenu :

> On ne peut vouloir fonder ni une citoyenneté ni un sentiment d'appartenance véritable à une société sur le fait que celle-ci *vous* donne sans que vous ayez la possibilité de rien donner en retour. Car enfin l'institution de l'allocation universelle n'ouvre pas par elle-même d'espace sociétal pour des activités non économiques, elle *dispense* simplement du travail et, dans les conditions actuelles, tend en fait à rendre moins visible ou invisible l'exclusion de toute participation au processus de production, par laquelle vous vous trouvez dans la situation d'être quelqu'un qui n'a rien à donner, n'a pas de capacité socialement reconnue[3].

Gorz en vient donc à penser que ce droit au travail, qu'il admet concevoir comme un devoir, est source de citoyenneté. Il l'est aussi pour une autre raison puisque c'est la socialisation par le travail qui permet de faire primer – selon la classique distinction de Ferdinand Tönnies – la société (*Gesellschaft*) sur la

---

1 André Gorz, « On the difference between society and community, and why basic income cannot by itself confer full membership of either », *in* Philippe Van Parijs (dir.), *Arguing for Basic Income. Ethical Foundations for a Radical Reform*, Verso, Londres, 1992, p. 178-184.

2 *Idem*, « Sortir de la société salariale », *Transversales Science Culture*, n° 25, janvier-février 1994, p. 16.

3 Lettre d'André Gorz à Alain Caillé du 21 janvier 1992 (GRZ).

communauté (*Gemeinschaft*) et donc de contrebalancer le poids du groupe :

> Le travail salarié, si contraignant et déplaisant qu'il puisse être par ailleurs, libère de l'enfermement dans une communauté restreinte [...]. Travail et activités microsociales ou, ce qui revient au même, intégration fonctionnelle et appartenance à une communauté se complètent l'une l'autre, chacune contenant la critique de l'autre et libérant l'autre[1].

Nouvelles convergences

En France, le chômage et la pauvreté atteignant des sommets, c'est au cours des années 1990 que le débat sur le revenu garanti fait boule de neige. Le philosophe habermassien Jean-Marc Ferry plaide pour *L'Allocation universelle* (1995) au niveau européen. L'étonnant Centre des jeunes dirigeants d'entreprise (CJD) ne conçoit pas *L'Entreprise au XXIe siècle* (1996) sans une flexisécurité étayée sur le revenu d'existence. Des revues, la plupart engagées, montent des dossiers sur la question : *Transversales* (dirigée par Jacques Robin) en mai 1992, *Futuribles* (Hugues de Jouvenel) en février 1994, la *Revue du MAUSS* (Alain Caillé) au premier semestre 1996, *Futur antérieur* (Vincent et Negri) en septembre 1996. C'est en méditant sur ces numéros et en se rapprochant des réseaux intellectuels qui vivifient ces revues que Gorz va faire mûrir sa réflexion. Si, désormais, il « préfère continuer à écrire plutôt que de rencontrer des hommes politiques[2] », ses nouvelles attaches vont l'amener à s'impliquer dans des prises de position publiques qui les interpellent.

Le contact le plus prolifique s'établit avec Jacques Robin, de quatre ans son aîné. Celui-ci, médecin de formation, s'essaie

---

1 André GORZ, « Revenu minimum et citoyenneté », *Futuribles*, n° 184, février 1994, p. 59.

2 Marie-Béatrice BAUDET, « Les réflexions d'André Gorz et de Guy Aznar ont ouvert le débat » (Dossier *Le Retour de la réduction du temps de travail*), *Le Monde*, 10 novembre 1993.

depuis longtemps à décrire les implications multidimensionnelles des mutations technologiques et informationnelles : il a dirigé après 68 l'informel Groupe des Dix, engagé dans un rapprochement « systémiste » de la culture et de la science (réunissant Morin, Laborit, Passet, Attali, Henri Atlan, Joël de Rosnay, etc.), et, à partir des années 1980, ce qui allait devenir le Groupe de réflexions inter- et transdisciplinaires (GRIT) (comprenant Dupuy au départ et les mêmes Atlan, Morin, Passet, de Rosnay, puis Viveret).

Après une prise de contact en 1992, les accointances entre Gorz, le solitaire, et Robin, l'homme de réseau, débouchent au début de 1994, d'une part, sur le premier des nombreux articles que Gorz publie dans la revue du GRIT, *Transversales*[1], et, d'autre part, sur une déclaration commune qui paraît dans *Libération* le 24 février[2]. Dans cette déclaration, qui s'inscrit dans le débat sur la RTT à nouveau d'actualité, les socialistes sont incités, sur l'exemple de Michel Rocard (prêchant une politique fiscale axée sur 32 heures hebdomadaires négociées), à œuvrer en faveur d'une franche RTT, dont la barre est fixée par les deux auteurs à 32-33 heures avec, comme mesure de faisabilité économique (conceptualisée par Aznar), la remise d'un second chèque aux salariés prélevé sur des impôts indirects ciblés. Après son intervention dans le numéro de février de *Futuribles* sur l'allocation universelle[3], Gorz participe le 30 mars à Paris à un séminaire sur le sujet, où il rencontre Robin et les autres contributeurs du numéro, Van Parijs, Aznar, Clerc, etc. En avril, il débat sur la question du déclin et du sens du travail avec Jean-Baptiste de Foucauld, un proche de Delors, dans sa maison de Vosnon devant les caméras d'Arte. Enfin, Robin et Gorz reconduisent leur tandem pour livrer au *Monde* une longue déclaration, publiée le 8 octobre 1996, dans laquelle ils constatent qu'« une autre

---

1 André GORZ, « Sortir de la société salariale », *loc. cit.*

2 André GORZ et Jacques ROBIN, « Pour l'emploi autrement », *Libération*, 24 février 1994.

3 André GORZ, « Revenu minimum et citoyenneté », *loc. cit.*

économie et une autre société demandent désormais à naître, dans lesquelles le travail de production n'occupe plus qu'une place subordonnée tandis que devient prépondérant le temps de la production de société, de la production de soi et de la production de sens[1] ».

Alain Caillé est un autre contact important pour Gorz. Celui-ci entretient avec l'inspirateur du MAUSS une correspondance soutenue dès le début des années 1990 : les discussions portent sur le clivage droite/gauche qu'il situe entre productivisme et antiproductivisme, sur les concepts d'Habermas qui le laissent insatisfait et enfin sur la *vexata questio* de l'inconditionnalité de l'allocation universelle. Faisant taire les divergences, notamment en matière d'allocation universelle, Caillé du MAUSS, relayé par Robin du GRIT, réunissent trente-cinq signatures au bas d'un texte que *Le Monde* publie le 28 juin 1995 sous le titre « Chômage : appel au débat », dont celles de Gorz, Aznar, Bresson, Ferry, Lipietz, Negri, Pagat, Passet, Roustang, Viveret, Aline et Jacques Archimbaud, Annie Dreuille, Serge Latouche, Jean-Louis Laville, Bernard Perret, Roger Sue et même Mothé. L'appel prône trois séries de mesures *interdépendantes* (baptisées l'« indivisible triptyque » par Lipietz) qui semblent nécessaires à l'éclosion de nouvelles formes de solidarité : la RTT ; la promotion des activités associatives qui participent de l'« économie solidaire » ; et la mise en place d'un revenu minimum cumulable avec d'autres ressources sans obligation de rechercher un emploi.

Un an après, en juin 1996, est créée sur la base de cet appel l'association AECEP (Appel européen pour une citoyenneté et une économie plurielles). Lors de l'une de ses réunions avec les principaux signataires (Caillé, Robin, Laville, Negri, Sue, Viveret, etc.) à la maison Grenelle de Paris, siège de l'AECEP (et du GRIT), Gorz défend une position radicale qui lui est tout à fait nouvelle : il se rallie à l'inconditionnalité de l'allocation universelle, en maintenant de surcroît un niveau d'octroi relati-

---

1 André Gorz et Jacques Robin, « Forger un autre avenir », *Le Monde*, 8 octobre 1996.

vement élevé. Caillé, avocat de longue date du revenu garanti (sans contrepartie mais à taux modéré et limité aux démunis), se trouve même gêné par la radicalité de la proposition. À l'envoi de *Misères du présent, richesse du possible*, il réagit dans une lettre à l'auteur :

> Vous m'écrivez en dédicace que vous aimez mon évolution vers la radicalité. Je serais assez tenté de vous retourner le compliment et de vous dire que j'aime votre évolution, assez évidente, je crois, vers un argumentaire de type antiutilitariste. Malgré mon désaccord, au moins dans un avenir prévisible, sur votre idée d'un revenu radicalement inconditionnel élevé (mais dans votre livre, vos formulations, prudentes, me gênent moins que lors de votre passage à l'AECEP), j'ai beaucoup aimé votre livre, réellement inspiré, et dont beaucoup de phrases touchent au plus profond[1].

Pourquoi l'inconditionnalité ?

La conversion de Gorz à l'inconditionnalité de l'allocation universelle se lit implicitement dans son article « Revenu de citoyenneté et pluralité des fins légitimes » que *Transversales* publie à l'été 1996. Gorz fait sienne l'idée de Caillé selon laquelle l'activité des hommes est mue par une pluralité de fins légitimes qui excèdent le cadre de la logique marchande et que l'attribution d'un revenu de citoyenneté inconditionnel a justement pour fonction de cultiver cette pluralité. Il se demande dans quelle condition on peut encore parler de citoyenneté lorsque toute contrepartie a disparu : la condition, à son sens, est qu'à la même personne soit donnée la faculté de « participer simultanément ou alternativement au travail et aux "activités hors travail"[2] ».

Dans *Misères du présent, richesse du possible* publié en septembre 1997, Gorz expose les quatre raisons de sa conversion

---

1 Lettre d'Alain Caillé à André Gorz du 1er novembre 1997 (GRZ).

2 André Gorz, « Revenu de citoyenneté et pluralité des fins légitimes », *Transversales Science Culture*, n° 40, juillet-août 1996, p. 6-8.

qui trouvent toutes leurs racines dans les perspectives ouvertes par les changements introduits par le postfordisme.

1. Quand l'intelligence et l'imagination deviennent la principale force productive, le temps de travail cesse d'être la mesure du travail : il devient alors « difficile de définir une *quantité* de travail incompressible à accomplir par chacun » en contrepartie du revenu garanti[1].

2. L'inconditionnalité et le niveau suffisant du revenu garanti permettent d'échapper à la stigmatisation des chômeurs qui découle des différentes formes d'obligation au travail (*workfare*), y compris de l'incitation au travail partiel qu'implique, chez Bresson, l'idée d'un revenu de base minimal[2]. Ces deux critères joints favorisent l'éclosion et la non-marchandisation d'activités bénévoles, artistiques, culturelles, familiales, d'entraide, etc., « qui n'ont tout leur sens que si elles sont accomplies pour elles-mêmes[3] ». Dans la même optique, il n'y a pas à justifier l'octroi de ce que d'aucuns appellent le revenu citoyen en contrepartie d'activités associatives ou bénévoles, comme le proposent Jeremy Rifkin et Claus Offe, ou par la participation de tout un chacun à la production de l'intelligence collective qui fonde le capital vivant, comme le soutiennent Antonio Negri et ses amis autonomes qui voient ce travail « invisible » s'étendre jusque dans nos comportements de vie. L'inconditionnalité doit être comprise comme la garantie de la pleine liberté dans nos façons d'agir en dehors des circuits économiques. Au lieu de rémunérer une prestation, le revenu d'existence « doit rendre possibles des activités qui sont une richesse en elles-mêmes et une fin pour elles-mêmes. Il doit soustraire ces activités hors marché et hors mesure à toute évaluation et prédéfinition économiques[4] ».

3. Le niveau général des connaissances (*general intellect*), ainsi que Marx l'avait prévu dans les *Grundrisse*, est une force produc-

---

1 *Idem, Misères du présent, richesse du possible, op. cit.*, p. 140.

2 *Ibid.*, p. 134-137.

3 *Ibid.*, p. 137-138 et p. 143-144.

4 André GORZ, « Valeur et richesse : le divorce », *Transversales Science Culture*, n° 3, 3e trimestre 2002, p. 47 ; voir aussi *idem, L'Immatériel, op. cit.*, p. 30-31.

tive qui réduit à peu de chose la part du travail immédiat. Mais l'autonomie des individus qui en résulte est limitée de manière à pouvoir être contrôlée et asservie. L'allocation universelle sert au contraire à la débrider :

> [Elle a pour fonction] de faire du droit au développement des facultés de chacun le droit inconditionnel à une autonomie qui transcende sa fonction productive et existe par et pour elle-même sur le plan moral (autonomie du jugement de valeur), politique (autonomie de la décision concernant le bien commun), culturel (invention de styles de vie, modèles de consommation et arts de vivre), existentiel (capacité de se prendre en charge au lieu d'abandonner aux experts et autorités le soin de décider ce qui est bon pour nous)[1].

4. L'allocation universelle correspond le mieux à l'économie qui se dessine, car elle est censée être prélevée sur le volume des richesses socialement produites et non sur le volume des revenus du travail qui tend à se contracter (le financement des retraites se heurte à la même problématique) ni sur ceux du capital, qui n'augmentent aujourd'hui que grâce aux gonflements de bulles spéculatives destinées à imploser. La distribution de moyens de paiement devient, comme le projetait Jacques Duboin, un « revenu social[2] » : elle suppose la création d'une autre monnaie, correspondant à la valeur des marchandises produites et donc non thésaurisable, que Passet, à la suite de Duboin, appelle « monnaie de consommation[3] ». Il s'agit dès lors d'un « revenu primaire ».

> Pensée jusqu'au bout de ses implications, l'allocation universelle d'un revenu social suffisant équivaut à une *mise en commun* des richesses socialement produites [...]. Elle n'est pas réalisable immédiatement. Mais elle doit être pensée et amorcée dès à

---

1 *Idem*, *Misères du présent, richesse du possible*, *op. cit.*, p. 145.

2 Pour le rapport de Gorz avec Jacques Duboin, voir Marie-Louise DUBOIN, « André Gorz et l'économie distributive », *in* Christophe FOUREL (dir.), *André Gorz. Un penseur pour le XXIe siècle*, *op. cit.*, p. 125-146.

3 André GORZ, *Misères du présent, richesse du possible*, *op. cit.*, p. 147.

présent. *Elle présente une valeur heuristique : elle dégage le sens le plus élevé possible sur lequel ouvre l'évolution présente*[1].

Sans surprise, Gorz informe Van Parijs le 15 octobre 1997 qu'il a adhéré au BIEN.

La figure centrale du précaire

L'arrivée au pouvoir de la gauche plurielle en 1997 est une occasion inespérée de mettre en chantier les réformes demandées par l'AECEP ainsi que par le mouvement des chômeurs et des précaires qui renaît de ses cendres. Celui-ci fait l'actualité pendant l'hiver 1997-1998 en manifestant massivement, et en occupant bâtiments administratifs sociaux et autres lieux publics ou privés pour réclamer avant tout le relèvement des minima sociaux[2]. Gorz salue alors l'émergence d'une « conscience commune » publique de ce que « la figure centrale et la condition normale » de l'emploi (à l'embauche) « sont celles du précaire[3] » (en 1997, les contrats à durée déterminée [CDD] représentent 73 % des embauches).

Née en 1994 à la suite des manifestations contre le SMIC-jeunes (contrat d'insertion professionnelle [CIP]), l'association Agir ensemble contre le chômage (AC !) se bat pour un revenu garanti optimal. Gorz est ravi de constater qu'AC ! ne demande pas un retour illusoire au plein-emploi, « mais d'inventer, d'expérimenter un plein-emploi de la vie » : le revenu garanti n'est pas tant conçu comme un droit de participer réellement ou virtuellement à la production de la richesse sociale, mais comme un moyen de développer des activités beaucoup plus

1 *Ibid.*, p. 148. Voir Carlo Vercellone, « Capitalisme cognitif et revenu social garanti comme revenu primaire », *in* Alain Caillé et Christophe Fourel (dir.), *Sortir du capitalisme. Le scénario Gorz*, *op. cit.*, p. 137-148.

2 Marie Agnès Combesque, *Ça suffit ! Histoire du mouvement des chômeurs*, Plon, Paris, 1998.

3 André Gorz, « Misères du présent, richesse du possible » (entretien avec Carlo Vercellone, Patrick Dieuaide, Pierre Peronnet), *Alice*, n° 1, automne 1998, p. 31-35.

enrichissantes que ce à quoi limite le système, « des activités qui sont des créations de richesses ni mesurables ni échangeables » selon un étalon marchand[1]. L'agitation est menée aussi par le Mouvement national des chômeurs et précaires (MNCP), qui a succédé à l'ASC. Le MNCP est de ceux qui prêtent l'oreille aux propositions de Gorz (et de l'AECEP), en particulier grâce à Annie Dreuille, permanente de la Maison des chômeurs de Toulouse, qui s'échine à promouvoir lieux et initiatives autonomes en vue d'une citoyenneté sociale des chômeurs – abreuvée de ses écrits, cette militante catholique entretient avec Gorz une grande proximité, comme en témoignent les trois visites qu'elle lui rend à Vosnon.

Le gouvernement Jospin choisit de réprimer le mouvement par la force. Les réformes qu'il entreprend ne semblent pas plus une solution aux problèmes posés. Au lieu de la semaine de quatre jours (32 heures) et de dispositions secondant le temps partiel choisi que des mesures fiscales auraient accompagné, Martine Aubry, ministre de l'Emploi et de la Solidarité, fait voter en 1998 et 2000 les lois sur les trente-cinq heures, qui incitent à l'embauche avec un certain succès mais dont le coût, supporté par les entreprises, entraînera l'intensification du travail et la dégradation de ses conditions ; au lieu de favoriser l'essor des activités non marchandes, une loi sociale ultérieure se focalise sur le retour au travail en instituant la « prime pour l'emploi ».

Un cycle de luttes et d'espoir se clôt. D'autant plus que la reprise économique à partir de 1998, qui reconnecte la croissance avec l'emploi en réduisant pendant un temps – jusqu'en 2001 – le nombre de chômeurs, calme la pression sociale et renvoie les revendications qu'elle porte aux calendes grecques.

---

1 *Idem*, *L'Immatériel*, *op. cit.*, p. 101-103.

Multiactivité et économie plurielle

« L'économie n'a pas pour tâche de donner du travail, de créer de l'emploi[1]. » Tout au contraire, elle économise le travail et « produit donc massivement, aujourd'hui, cette ressource cardinale qui, pour les fondateurs de la théorie moderne[2], devrait être "la vraie mesure de la richesse" : le temps libéré des nécessités et des contraintes économiques[3] ». Tout prédispose donc à ce que naisse « une société dans laquelle la richesse se mesurera au temps libéré du travail, au temps disponible pour les activités qui portent leur sens et leur fin en elles-mêmes et se confondent avec l'épanouissement de la vie[4] ».

Certes, le capital et l'État qui le sert entretiennent soigneusement l'inaptitude au temps libre qui est capté et monétarisé pour qu'il devienne un bien marchand. Il ne faut surtout pas qu'il soit « un temps du retour sur soi, de la réflexion, de la contemplation, de la jouissance gratuite et sans objet où la personne se dégage, se régénère et se recrée comme sujet[5] ». Gorz invite à lire au sujet de ce temps pour soi le jouissif *Art de la sieste* (1998) de Thierry Paquot – mais comment ne pas évoquer aussi les œuvres suaves d'un autre poète de la ville et de la vie comme Pierre Sansot : *Les Gens de peu* (1991), *Du bon usage de la lenteur* (1998), etc. ?

Le besoin d'avoir un revenu suffisant est une chose, le besoin d'agir, d'œuvrer, de se mesurer aux autres, d'être apprécié par eux en est une autre : le capitalisme lie systématiquement les

---

1 *Idem*, « Bâtir la civilisation du temps libéré » (1993), *in Bâtir la civilisation du temps libéré* (édité par Dominique Vidal), Les Liens qui libèrent/*Le Monde diplomatique*, Paris, 2013, p. 47.

2 Allusion à Leontief, à Keynes et à un ricardien anonyme cité par Marx dans les *Grundrisse* (voir *idem*, *Écologica*, *op. cit.*, p. 68-69).

3 *Idem*, « Bâtir la civilisation du temps libéré », *loc. cit.*, p. 49.

4 *Idem*, préface à *Shihonshugi, shakaishugi, ekoroji*, Tokyo, 1993, édition japonaise de *Capitalisme, socialisme, écologie* (manuscrit en français : GRZ, 8.43).

5 *Idem*, « De l'aptitude au temps libre », *Transversales Science Culture*, n° 50, mars-avril 1998, p. 24.

deux choses et fonde son emprise sur cette confusion. Mais si le droit à un revenu n'est plus fondé sur l'emploi, ces autres besoins vitaux dont nous parlons n'ont pas non plus à dépendre d'un travail commandé et payé. Celui-ci occupera en conséquence de moins en moins de place dans la société et dans la vie de chacun. « Le temps de travail cessera d'être le temps social dominant. » Cette perspective, qui correspond aux mutations culturelles en cours, seconde « l'aspiration à une vie multiactive au sein de laquelle chacun puisse faire au travail sa place, au lieu que la vie ait à se contenter de la place que lui laissent les contraintes du "travail"[1] ». Gorz résume : « L'emploi du temps n'est plus le temps de l'emploi[2]. »

Mais la multiactivité n'est pas seulement la forme dans laquelle cherche à se réaliser l'aspiration des personnes à l'autonomie. Elle est aussi la subjectivation d'une capacité d'autonomie que l'économie postfordiste exige du « capital humain ». Il y a là la source d'un conflit entre l'entreprise et les travailleurs qui porte sur le statut de cette autonomie, son étendue, son « droit sur elle-même[3] ». C'est ainsi que le rapport de Jean Boissonnat, commissionné par le Commissariat général du Plan en 1995, préconise qu'en cas de baisse des besoins de main-d'œuvre les contrats d'activité hors entreprise du personnel soient fonction des intérêts de l'employeur. L'accord électoral de l'alliance rose-verte, qui arrive au pouvoir en 1997, prévoit cependant d'impulser la multiactivité d'un tiers secteur. L'autonomie pourrait-elle être dès lors préservée ?

En 1999, Alain Lipietz rédige un rapport à l'adresse de la ministre de l'Emploi et de la Solidarité Martine Aubry pour fixer les contours d'une loi-cadre. En insistant sur l'*utilité sociétale* (sociale, culturelle et écologique) du tiers secteur qui prend ses marques en dehors du privé et du public, ce rapport met aussi

1 *Idem*, *Misères du présent, richesse du possible*, *op. cit.*, p. 124.

2 *Idem*, « Gorz, bourreau du travail » (entretien avec Robert Maggiori et Jean-Baptiste Marongiu), *Libération*, 25 septembre 1997.

3 André Gorz, *Misères du présent, richesse du possible*, *op. cit.*, p. 125.

l'accent sur la nécessité d'en préciser et délimiter le statut en vue d'une action publique en sa direction (défiscalisations, subventions). Il n'obtient pas l'unanimité.

Les partisans de l'économie sociale et solidaire (ESS), comme le sociologue Jean-Louis Laville, le Vert Jacques Archimbaud ou encore l'économiste Christophe Fourel, proche d'*Alternatives économiques*, approuvent son optique en ce qu'elle favorise l'essor d'un secteur économique protégé à la fois marchand et non marchand[1]. L'ESS ne vise pas, dans leur esprit, à constituer un secteur d'entraide mutuelle non monétarisée, mais, en combinant le travail rémunéré avec des modalités diversifiées de volontariat, elle refuse la marchandisation des services et promeut un bien commun[2].

Au contraire, ceux qui préfèrent parler d'« économie plurielle » et que l'on peut appeler désormais les « convivialistes », comme Gorz et Caillé, ou les « anti-économie », comme Latouche lui aussi du MAUSS, craignent que l'encadrement des finalités du tiers secteur (sa validation sociale) ne limite l'autonomie des initiatives et n'exclue des activités qui n'ont pas d'utilité évidente et qui pourtant participent à créer du lien social et à épanouir l'individu[3]. Se refusant à fonctionner comme auxiliaire, baume ou soupape du système économique dominant, cette « économie plurielle » devrait être, selon Gorz, « le levier d'une mise en mouvement de toute la société et d'une mise en question [...] de la domination de la société et de la culture par la logique de

1 Voir Christophe FOUREL (dir.), *La Nouvelle Économie sociale. Efficacité, solidarité et démocratie*, Syros, Paris, 2001. Pour une vue d'ensemble, voir *L'Économie solidaire, une écologie sociale* : *Écologie et politique*, n° 28, 2004.

2 Jean-Louis LAVILLE, « Penser le changement social », *in* Alain CAILLÉ et Christophe FOUREL (dir.), *Sortir du capitalisme. Le scénario Gorz*, *op. cit.*, p. 92-93.

3 Voir *Le Tiers Secteur en débat* : *Transversales Science Culture*, n° 57, mai-juin 1999, qui comprend : André GORZ, « Le tiers secteur au-delà de la société salariale », p. 26-28. Pour un plaidoyer en faveur de la validation sociale de toute activité, fût-elle autonome, voir Jean-Marie HARRIBEY, « Le revenu d'existence ou l'impensé sur le travail », 20 octobre 2014, <lemonde.fr>. En réponse, voir Jean-Éric HYAFIL, « Le revenu universel, rémunération du bien commun », 7 novembre 2014, <lemonde.fr>.

valorisation capitaliste. Si les partisans et théoriciens de "l'économie sociale et solidaire" abordaient celle-ci dans le même esprit, [...] j'aurais moins de réticences à leur égard », écrit-il à Jacques Robin[1].

Revenons sur le principe de la multiactivité. Selon Gorz, le revenu social de base, associé à l'extension du temps disponible, est moins un réducteur qu'un multiplicateur d'activité. Au lieu que l'on soit contraint de travailler pour avoir un revenu, il permet d'avoir un revenu pour œuvrer sans contrainte, autrement dit pour se livrer à toutes sortes d'activités, « auto-organisées, autogérées, volontaires, ouvertes à tous[2] ». Gorz pense aux ateliers, clubs, coopératives, associations, réseaux de type artistique, politique, scientifique, écosophique, sportif, artisanal, relationnel ; aux activités d'autoproduction, de réparation, de restauration du patrimoine naturel et culturel, d'aménagement du cadre de vie, d'économies d'énergie et enfin aux échanges de service.

Inspiré par l'essayiste suédois Nordal Akerman[3] qu'il a contacté dès 1986 et qu'il rencontre en 1990, mais aussi par Jean Zin, philosophe écologiste radical installé dans les Causses du Lot, avec qui il correspond[4], il réactive l'idée de Murray Bookchin de coopératives communales d'autoproduction, qu'il voit pétries de *high-tech* et interconnectées mondialement[5]. Il est en outre particulièrement sensible à ce que représentent les cercles de coopération ou systèmes d'échange locaux (SEL) qui se développent en Amérique du Nord et en Europe depuis la fin des années 1980[6]. Ces formes d'échange échappent en effet au fétichisme marchand. Réglées par une monnaie-temps, elles éliminent la valeur d'échange et

1 Lettre d'André Gorz à Jacques Robin des 23-25 mars 2001 (GRZ).
2 André GORZ, *Misères du présent, richesse du possible*, *op. cit.*, p. 162.
3 *Ibid.*, p. 170-171.
4 Jean Zin lui envoie son texte : « La coopérative municipale » (4 novembre 2003), à paraître dans *EcoRev'*, n° 15, hiver 2003-2004.
5 André GORZ, *Wissen, Wert und Kapital*, *op. cit.*, p. 102.
6 *Idem*, *Misères du présent, richesse du possible*, *op. cit.*, p. 165-174.

la thésaurisation monétaire, satisfont des besoins authentiques et valorisent les compétences spécifiques que toute personne découvre en elle-même.

À propos de Gorz, il serait exagéré de considérer avec Jean Zin qu'« il y a bien chez lui un idéal d'autarcie rejetant la spécialisation et la division du travail (comme si c'était possible, comme si on pouvait tout faire soi-même !). Cependant – ajoute-t-il avec justesse –, l'objectif n'est pas tant l'indépendance que procure l'autarcie, mais l'autoproduction comme production de soi consciente et réappropriation de sa vie, réappropriation de son "monde vécu" comme projet[1] ». Car Gorz sait bien que subsiste un « problème résiduel » qui « concerne les productions dont la technicité et les moyens ne sont pas maîtrisables à l'échelle communale et réclament des compétences dont la mise en commun (la transmission, l'accessibilité pour tous) est difficilement imaginable », par exemple la technique microchirurgicale ou la conception des *high-tech*[2].

Qu'est-ce que la richesse ?

Il nous a été donné de voir au chapitre précédent que les logiques économique et écologiste sont antithétiques. Cela se confirme lorsqu'on les considère sous l'angle crucial de l'évaluation des richesses :

> Ce qui, du point de vue écologique, apparaît comme du gaspillage et de la destruction de ressources est perçu, du point de vue économique, comme source de croissance : la concurrence entre les entreprises entraîne une cadence élevée des innovations, le volume des ventes et la vitesse de circulation du capital augmentent grâce à l'obsolescence, au renouvellement plus rapide des produits. Et ce qui, du point de vue de l'écologie, apparaît comme une économie (durabilité des produits, prévention de maladies et

---

1 Jean Zin, « André Gorz, pionnier de l'écologie politique », *in* Christophe Fourel (dir.), *André Gorz. Un penseur pour le XXIe siècle*, *op. cit.*, p. 76-77.

2 Lettre d'André Gorz à Françoise Gollain du 7 juillet 2005 (GRZ).

> d'accidents, moindre consommation d'énergie et de ressources) fait baisser, avec le PNB, la production de richesses économiquement mesurables et apparaît, sur le plan macro-économique, comme une source de pertes[1].

À la demande du secrétaire d'État à l'Économie solidaire, le Vert Guy Hascoët, Patrick Viveret rédige entre 2000 et 2001 un rapport visant à *Reconsidérer la richesse* (2003) afin de prendre en compte les facteurs de richesse qui échappent à la comptabilité nationale. L'auteur, conseiller à la Cour des comptes, est un proche de Jacques Robin auquel il a succédé à la tête de *Transversales*. Étudiant à Nanterre en 68, il s'était employé à faire connaître les thèses gorziennes du *Socialisme difficile* au sein du Mouvement du 22 mars[2]. Son rapport est à la fois une remise en cause des représentations classiques de la richesse (« des thermomètres qui rendent malades ») et une mise en avant de tout ce qui, sur le plan social et écologique, favorise le développement humain et commande d'autres critères de calcul de la richesse[3].

Tout comme le rapport Lipietz, les propositions de Patrick Viveret concernant ces nouveaux indicateurs de richesse s'affinent par le débat public. Recevant de Robin le pré-rapport, Gorz prend part à la discussion en réagissant dans une très longue lettre qu'il lui adresse en mars 2001 et qui est, pour l'essentiel, commuée en article pour *Transversales*. Il fait l'éloge de l'auteur du rapport « qui non seulement assume sa subjectivité mais laisse entendre presque tout au long de son texte que la richesse ne peut ni ne doit être définie en fonction d'un étalon de mesure objectif, abstrait, quantitatif, universellement applicable indépendamment de tout ce qui est vécu et senti [...]. La dimension fondamentalement politique d'une entreprise au premier abord technico-économique est ainsi clairement affir-

---

1 André GORZ, *Capitalisme, socialisme, écologie*, *op. cit.*, p. 92.

2 Communication de Patrick Viveret à l'auteur du 18 octobre 2013.

3 Sur cette problématique, voir Jean GADREY et Florence JANY-CATRICE, *Les Nouveaux Indicateurs de richesse*, La Découverte, Paris, 2016 (4e éd.).

mée[1] ». L'autonomie de l'économie par rapport au politique et à l'éthique, qui s'appuie sur le fétichisme de la monnaie, a sa source dans la technique du calcul qui disqualifie tout ce qui n'est pas mesurable et quantifiable. C'est pourquoi la pluralité des valeurs qui inondent le monde vécu exige d'autres critères et une pluralité d'étalons ou d'indicateurs qui transcendent l'ordre de l'économie.

> Leur fonction est de désigner des priorités, des fins, des richesses qui ne sont ni monétarisables, ni mesurables par un étalon commun, ni, par conséquent, échangeables les unes contre les autres. Elles désignent « l'autre de l'économie », les limites ou interdits auxquels elle doit se plier, ce, au service de quoi elle doit être mise, bref le modèle ou projet de développement, de société que l'économie doit servir et qu'elle est incapable de définir en partant d'elle-même. Je m'amuse ici à reformuler à ma manière ce qui est clairement dit dans le texte de Patrick (quoique plus prudemment)[2].

La richesse n'est donc pas réductible à la valorisation croissante de la production. Marx l'avait déjà soutenu en imaginant le dénouement du capitalisme arrivé à maturité. En 1993, dans un ouvrage d'exégèse marxiste que Gorz découvrira près de dix ans plus tard en le qualifiant de « magistral », Moishe Postone avait observé que le célèbre fragment du machinisme des *Grundrisse* décrit le procès qui permet à la richesse réelle de s'extraire de la base étroite de la valeur : à mesure que l'industrie se développe, la création de vraie richesse dépend moins de la valeur, fondée sur le temps et la quantité de travail employés, que de l'immense efficacité productive de la science et de la technologie mises en œuvre[3]. En se référant à un paragraphe « pas très connu » des *Grundrisse* sur la « richesse bourgeoise », Gorz va plus loin

1 Lettre citée d'André Gorz à Jacques Robin des 23-25 mars 2001.

2 *Ibid.* À l'exclusion de la dernière phrase, repris dans André Gorz, « Richesse, travail et revenu garanti », *Transversales Science Culture*, n° 68, avril 2001, p. 12.

3 Moishe Postone, *Temps, travail et domination sociale*, mille et une nuits, Paris, 2009, p. 293. Voir Karl Marx, *Œuvres*, *op. cit.*, p. 305.

encore en reprenant une question que pose Marx : qu'est-ce que la richesse « une fois dépouillée de sa forme bourgeoise bornée » ? « [Marx] répond qu'elle n'est rien d'autre que le développement dans l'échange universel de la totalité des facultés et capacités humaines "en tant que telles, comme fin pour elles-mêmes, mesurées selon nul étalon préétabli[1]". » Et de commenter :

> Ce qui me plaît et m'intéresse par-dessus tout dans ce passage, c'est que les « facultés de jouissance, de production, de création, de cognition », etc. ne sont pas comprises comme des « forces productives » qui permettent la création de richesse, mais comme étant fin en elles-mêmes, la richesse elle-même[2].

Nous voilà enfin au-delà du productivisme, mieux, de l'économie telle que nous la connaissons :

> Considérer le développement des facultés humaines comme création de richesse, c'est déjà, en effet, abandonner une conception marchande-utilitaire-économiste de la richesse. Prendre le développement humain comme fin en lui-même, c'est dire qu'il vaut par soi, indépendamment de son utilité économique immédiate. C'est en n'étant pas fonctionnel au procès de production immédiat qu'il va féconder l'orientation, la finalité, la nature de la production et des échanges économiques et les "mettre à leur place"[3].

Il est une différence entre la prétendue richesse, qui « telle qu'elle est mesurée en économie, n'est jamais que la croissance des échanges en valeur », et « la production de richesses substantielles » qui peut être indépendante d'elle[4]. Il y a donc une autre économie. Elle est la source de richesses ou valeurs intrinsèques, « qui représentent le but et la condition des activités humaines :

---

1 *Ibid.*, p. 327.

2 André Gorz, « Richesse, travail et revenu garanti », *loc. cit.*, p. 12-13. Le passage de Marx est donné intégralement et commenté dans *idem*, *L'Immatériel*, *op. cit.*, p. 86.

3 *Idem*, « Richesse, travail et revenu garanti », *loc. cit.*, p. 13.

4 Lettre d'André Gorz à Françoise Gollain des 15, 25-27 décembre 2004 (GRZ).

savoirs, connaissances, art de vivre, culture, etc. ». Ces richesses et ces valeurs traduisent « la densité et la multilatéralité des rapports tant personnels que sociaux », elles indiquent le « degré d'épanouissement des facultés et capacités humaines » d'une société[1].

1 André GORZ, « Valeur et richesse : le divorce », *loc. cit.*, p. 45-46.

Cinquième partie

Vers la civilisation du temps libéré à l'ère de l'immatériel

Années 2000 : financiarisation et circulation du savoir

« La création contrainte retourne au travail[1]. »
« La tendance à l'autoproduction regagne du terrain en raison du poids croissant qu'ont les contenus immatériels dans la nature des marchandises[2]. »

1 Raoul VANEIGEM, *Nous qui désirons sans fin*, *op. cit.*, p. 152.
2 André GORZ, *Écologica*, *op. cit.*, p. 35.

17

Vers la société de l'intelligence ?

Le XXe siècle s'achevant, André Gorz prend toute la mesure des dernières évolutions du capitalisme qui, après avoir délaissé l'industrie pour les services, déplace son centre névralgique de la production réelle à la finance. Ce procès de « dématérialisation » des flux capitalistes s'accompagne de leur mondialisation. Le travail matériel (toujours taylorisé) est délocalisé dans les pays émergents. L'entreprise devient un « réseau transnational d'unités semi-autonomes, télématiquement interconnectées[1] ». Tout cela n'aurait pas été possible sans la « troisième révolution industrielle » (succédant à celles machinique et énergétique) qu'a été la gigantesque mutation informationnelle et cybernétique entretenue par les progrès rapides et incessants de l'informatique depuis les années 1980.

Quoiqu'il n'ait jamais troqué sa machine à écrire contre un ordinateur, Gorz s'est inlassablement penché sur les perspectives ouvertes par la numérisation du savoir.

La troisième révolution industrielle

Dès la fin des années 1970, un ouvrage de Jacques Attali (*La Nouvelle Économie française*, 1977) et un rapport de Simon Nora et Alain Minc (*L'Informatisation de la société*, 1978) pressentent les bouleversements inouïs recelés par l'essor des microprocesseurs. Bosquet en retient que la micro-informatique pourrait prêter main-forte à la décentralisation hors des villes de

1 André Gorz et Jacques Robin, « Forger un autre avenir », *loc. cit.*

petites unités productives[1]. Dès 1984, Gorz prédit une utilisation électronique de la monnaie, du courrier, de la gestion des stocks, et une « multiplication des "outils intelligents" qui permettent à chacun de fabriquer mille choses[2] ». Dans les *Adieux*, il s'arrête surtout sur les conséquences sociales de l'informatique que sont la déqualification des métiers et la montée du chômage – celle-ci perdurera près de vingt ans, la (faible) croissance ne créant plus d'emplois.

Découverte peu après la sortie des *Adieux*, *La Troisième Vague* (1980/1980) d'Alvin Toffler est un best-seller mondial qui lui ouvre de nouveaux horizons de réflexion. D'après ce futurologue américain, à la vague de l'agriculture, puis de l'industrie succède à présent celle du savoir, individualisé et démocratisé, que permettent les ordinateurs individuels et qui devrait culminer dans l'autoproduction. Plus nuancé, Gorz attribue à l'informatique une portée sociale ambivalente : elle est une « technologie-carrefour » qui peut servir aussi bien à l'hypercentralisation et à la surveillance qu'à une plus grande circulation du savoir favorisant l'autogestion[3]. S'appuyant sur les travaux de Jacques Robin (*Changer d'ère*, 1989) que corrobore un ouvrage incontournable du prospectiviste américain Jeremy Rifkin (*L'Âge de l'accès*, 2000/2000), Gorz constate que l'informatique, véritable rupture d'époque, va jusqu'à transformer la nature du capital fixe et variable, qui se dématérialise : « La forme la plus importante du capital fixe est désormais le savoir stocké et rendu instantanément disponible par les technologies de l'information, et la forme la plus importante de la force de travail est l'intellect[4]. »

---

1 Michel Bosquet, « Une pastille contre le travail », *Le Nouvel Observateur*, 23 avril 1978.

2 André Gorz, « Emploi et revenu, un divorce nécessaire ? » (entretien avec Denis Clerc), *loc. cit.*, p. 17.

3 *Idem*, *Les Chemins du paradis*, *op. cit.*, p. 67 et p. 160.

4 *Idem*, *Misères du présent, richesse du possible*, *op. cit.*, p. 18. Voir aussi *idem*, « Vom totalitären Vorhaben des Kapitals. Notizen zu Jeremy Rifkins *The Age of Access* », *Widerspruch* (Zurich), n° 40, 2001, p. 33-40.

L'immatériel

En janvier 2003, Gorz publie *L'Immatériel. Connaissance, valeur et capital,* qui sera le dernier ouvrage théorique édité de son vivant. Au cours des années précédentes, il a mené un long travail de préparation qui a consisté à s'approprier la vaste littérature, y compris managériale, discutant de l'*immatérialité* qui gagne le capitalisme contemporain (Pierre Lévy, Enzo Rullani, Hervé Sérieyx, etc.). Hormis les rédacteurs de *Transversales* (Robin, Viveret, Passet, etc.), il suit avec intérêt les nombreux auteurs de la mouvance autonome (héritière de l'opéraïsme) qui s'expriment dans des ouvrages[1] ou dans *Futur antérieur* (Negri, Maurizio Lazzarato, Paolo Virno, Carlo Vercellone, etc.), puis dans *Multitudes* (Yann Moulier-Boutang, Antonella Corsani, etc.), ainsi que les foucaldiens de l'éphémère revue *Alice* (Muriel Combes, Bernard Aspe). Nombre de ces auteurs lui rendent la pareille en le recensant (Negri, Moulier-Boutang) ou en l'interviewant[2]. Ils engagent la confrontation critique avec sa pensée et son œuvre, parce que celles-ci « se sont toujours situées dans une perspective révolutionnaire, de façon cohérente, et parce qu'elles exercent une large influence ; c'est aussi, sans doute, parce qu'elles sont particulièrement proches de nos positions politiques », observe Negri en tandem avec Vincent[3].

---

1 Paolo Virno, *Miracle, virtuosité et « déjà vu »*, Éd. de l'Éclat, Paris, 1996 [1994] ; Christian Marazzi, *La Place des chaussettes. Le tournant linguistique de l'économie et ses conséquences politiques*, Éd. de l'Éclat, Paris, 1997 [1994] ; Christian Azaïs, Antonella Corsani et Patrick Dieuaide (dir.), *Vers un capitalisme cognitif. Entre mutations du travail et territoires*, L'Harmattan, Paris, 2001 ; Carlo Vercellone (dir.), *Sommes-nous sortis du capitalisme industriel ?*, La Dispute, Paris, 2003. Voir aussi l'ouvrage plus tardif, mais essentiel de Yann Moulier-Boutang, *Le Capitalisme cognitif. La nouvelle grande transformation*, Amsterdam, Paris, 2008 (nouv. éd. augmentée).

2 André Gorz, « Misères du présent, richesse du possible » (entretien avec Carlo Vercellone, Patrick Dieuaide et Pierre Peronnet), *loc. cit.* ; *idem*, « Économie de la connaissance, exploitation des savoirs » (entretien avec Carlo Vercellone et Yann Moulier-Boutang), *Multitudes*, n° 15, hiver 2004, p. 205-216.

3 Antonio Negri et Jean-Marie Vincent, « Paradoxes autour du travail », *Futur antérieur*, n° 10, [avril] 1992, p. 5. Sur leurs différends théoriques, voir Françoise

Le capitalisme cognitif

Sur ce sujet ardu et controversé du capitalisme cognitif ou économie de la connaissance, Gorz démultiplie articles et entretiens. Ils sont publiés pour partie en Allemagne, mais aussi dans *Transversales, Partage, Variations* – la nouvelle revue de Vincent –, *Alternatives économiques, Multitudes* et *EcoRev'*. Cette dernière revue est née sur initiative de Verts critiques au printemps 2000. Grâce à l'intervention de son cofondateur et collaborateur du GRIT Jean Zin, elle se prévaut dès le départ du parrainage de Gorz. Animée *in primis* par l'économiste Jérôme Gleizes, elle en revendiquera toujours l'héritage.

Le premier texte de Gorz qui établit succinctement un diagnostic lucide de l'état présent des choses, signé avec Jacques Robin, paraît dans *Le Monde* en 1996, mais le plus élaboré est le rapport présenté au colloque sur la *Wissensgesellschaft* de la Fondation Heinrich-Böll à Bonn en mai 2001[1]. C'est en développant cette contribution que Gorz produira *L'Immatériel*. L'entretien donné à *Multitudes* en 2004, après la sortie de l'ouvrage, et qu'il prévoira de placer en annexe d'une éventuelle seconde édition, est également instructif[2].

L'Immatériel s'ouvre sur une relecture du « superbe passage[3] » que Marx, dans les *Grundrisse*, a dédié à l'apothéose du machinisme capitaliste. Dans les années 1960, Gorz y avait vu la justification de l'autogestion (*voir p.* 122[4]) ; dans les années 1980, la décentration hors du travail des capacités d'épanouissement des individus (*voir p.* 296) ; maintenant, exactement depuis la moitié des années 1990, il y décèle un procès

Gollain, « L'apport d'André Gorz au débat sur le capitalisme cognitif », *Revue du MAUSS*, n° 35, 2010, p. 541-558.

1 André Gorz et Jacques Robin, « Forger un autre avenir », *loc. cit.* ; André Gorz, « Welches Wissen ? Welche Gesellschaft ? », *in* Andreas Poltermann (dir.), *Gut zu wissen. Links zur Wissensgesellschaft*, Westfälisches Dampfboot, Münster, 2002, p. 15-35.

2 André Gorz, « Économie de la connaissance, exploitation des savoirs », *loc. cit.*

3 Lettre d'André Gorz à Robert Chenavier du 9 octobre 1999 (GRZ).

4 Une longue citation du passage est donnée en note.

d'« intellectualisation » du capital qui réduit comme peau de chagrin l'assise matérielle de sa reproduction[1] : le communisme qui pourrait sourdre de ce procès serait alors une « société de l'intelligence ».

À l'heure des machines automatiques, la « connaissance (*knowledge*) » devient, selon Marx, la « force productive principale ». Le travail dans sa forme immédiate cesse d'être la mesure de la richesse sociale qui dépend désormais « du niveau général de la science et du progrès de la technologie ». À proprement parler, le « procès de production » ne peut plus être confondu avec le « procès de travail[2] ». « La connaissance techno-scientifique est donc d'emblée non seulement du côté du capital comme domination et subsomption du travail vivant par la machinerie, elle fait même partie du capital fixe comme moyen d'extorsion du surtravail[3]. »

Mais Gorz perçoit un certain « flottement » chez Marx. Comme il s'en convainc à lire les écrits néo-opéraïstes, ceux précoces et éclairants de Paolo Virno, de l'économiste suisse italien Christian Marazzi, mais aussi de Yann Moulier-Boutang, il faut aller plus loin. L'auteur des *Grundrisse* a négligé le fait que le *general intellect*, soit les « connaissances générales de la société » comme il le dit aussi, ne se limite pas au *travail mort* fixé dans la machine : il est aussi un *travail vivant* fourni par le cerveau humain[4]. Car si le procès de production capitaliste a vocation à capter les *connaissances* scientifiques sous la forme d'informations formalisées et objectivées, il est une autre

1 Sur ce dernier avatar, voir Carlo Vercellone, « André Gorz et la dynamique du capitalisme », *Sens public*, n° 11-12, octobre 2009, p. 159-175.

2 André Gorz, *L'Immatériel*, *op. cit.*, p. 12. Les citations sont tirées de Karl Marx, *Grundrisse...*, *op. cit.*, p. 593 et p. 592 ; voir « Principes d'une critique de l'économie politique », *loc. cit.*, p. 307 et p. 305.

3 André Gorz, *L'Immatériel*, *op. cit.*, p. 42.

4 Paolo Virno, « Quelques notes à propos du "general intellect" », *Futur antérieur*, n° 10, [avril] 1992, p. 51. Dans une phrase que personne ne cite, Marx souligne pourtant « à quel point les forces productives ont pris non seulement un aspect scientifique, mais sont devenues des organes directs de la pratique sociale et du processus réel de l'existence » (Karl Marx, *Œuvres*, *op. cit.*, p. 307).

disposition intellective qui prend le dessus à l'ère du capitalisme cognitif et qui fait de celui-ci une nouveauté absolue. Elle est moins scientifique que culturelle, moins liée à l'information qu'à la communication – au langage, dit Marazzi, qui perçoit à l'œuvre le *linguistic turn* dans l'économie.

Gorz, qui insiste beaucoup sur cette distinction, donne un nom à cette seconde disposition : le *savoir*. Qu'est-il ? « Le savoir est avant tout une capacité pratique, un savoir-faire qui n'implique pas nécessairement des connaissances formalisables, codifiables[1]. » La mobilisation, l'implication, la motivation au travail qui caractérisent, comme nous l'avons vu au chapitre précédent, les méthodes managériales du postfordisme rendent hautement productives les capacités de coopération, d'adaptation, de discernement, d'anticipation, de réactivité à l'imprévu, d'imagination, de créativité, etc. Toutes attitudes informelles qui relèvent d'une intelligence spontanée et d'un savoir vécu, lesquels sont acquis subjectivement dans la vie de tous les jours, y compris en dehors du travail, et ne peuvent guère s'enseigner. Ces *savoir-faire* – ou cette *virtuosité*, comme dit Virno – fournissent un « travail immatériel » qui est « impossible à quantifier, à stocker, à homologuer, à formaliser, voire à objectiver » ; ils « ne peuvent être légitimement assimilés à du capital fixe[2] ». Là où les foucaldiens désignent cette subsomption de la vie par le capital comme une « bioéconomie[3] », réside justement, selon Gorz, une partie du problème que rencontre le capitalisme.

Cela signifie en effet que ce qu'il choisit de nommer le « capital humain » n'est pas mesurable et que l'estimation des actifs immatériels d'une firme est on ne peut plus aléatoire – et pourtant essentielle pour les actionnaires ou les instituts de crédit. En outre, en réduisant à part secondaire le travail immédiat en tant que facteur de production, le travail immatériel

1 André Gorz, *L'Immatériel, op. cit.*, p. 38.
2 *Ibid.*, p. 15 et p. 40.
3 Andrea Fumagalli, *Bioeconomia e capitalismo cognitivo. Verso un nuovo paradigma di accumulazione ?*, Carocci, Rome, 2007.

ôte au temps de travail, comme Marx l'avait prévu, sa fonction classique de mesure de la richesse produite. Le capital, qui a toujours besoin d'étalon pour sa valorisation sur le marché, ne semble plus reposer sur rien. Aux yeux de Gorz, les catégories de valeur et de surtravail perdent de leur sens ; pour Vincent – avec qui il débat[1] – ou Negri et ses condisciples, elles ne font qu'en acquérir un autre, conforme aux détours « cognitifs » que prend la valorisation. Mais, par-delà ces appréciations différentes, tous s'accordent pour remarquer que la *domination* est désormais totale. La fonction régulatrice de la valeur dépérissant, elle laisse la place à des rapports salariaux personnalisés où le cynisme le dispute à la servilité volontaire.

Mais, pour Gorz, ce n'est pas tout. Le grouillement et la non-mesurabilité de l'intelligence collective – que Virno appelle l'« intellectualité de masse » – poussent le capital à se l'approprier en la formalisant dans des connaissances qu'il ne peut privatiser directement, mais auxquelles il annexe une valeur marchande en en privatisant l'accès par des artifices techniques (codes d'accès, etc.) ou juridiques (droits d'auteur, brevetage, etc.) – comme Rifkin l'a bien vu aussi. Gorz assimile cette opération à la constitution d'une « rente de monopole[2] » – alors que l'économiste Moulier-Boutang la décrit allégoriquement comme l'érection de nouvelles enclosures. À ses yeux, elle n'est jamais parachevée ni satisfaisante, non seulement parce que le savoir déborde le cadre de la mise au travail mais aussi parce que la valeur marchande de ses produits ne cesse de s'amoindrir en proportion de leur reproductibilité à l'infini pour un coût marginal infime (c'est le cas des produits pharmaceutiques ou des produits numérisés – logiciels, musique, films)[3]. Pour lutter

1 Jean-Marie VINCENT et André GORZ, « Dialogue avec André Gorz », *Variations*, n° 1, 2001, p. 9-18 ; Willy GIANINAZZI, « "Vivre une vie qui ne se vit pas". Quand Jean-Marie Vincent et André Gorz débattaient de valeur et subjectivité (2000-2002) », *Variations*, n° 17, 2012, <variations.revues.org/354>.

2 André GORZ, *L'Immatériel*, *op. cit.*, p. 57-64.

3 Voir aussi Jeremy RIFKIN, *La Nouvelle Société du coût marginal zéro*, Les Liens qui libèrent, Paris, 2014.

contre la tendance à la « gratuité » des produits de l'intelligence, le capital s'acharne à organiser leur « rareté ». Mais nous verrons que, dans le domaine oh combien stratégique du numérique, les capitalistes sont loin d'avoir les coudées franches pour parvenir à leurs fins.

Toutes ces difficultés auxquelles se heurte le procès de valorisation et que tente de contourner la financiarisation de l'économie (*voir le chapitre suivant*) expliquent que Gorz puisse affirmer sans nuance : « Le "capitalisme cognitif" *est* la crise du capitalisme tout court[1]. »

La production du consommateur

La rareté des produits immatériels, qui sauvegarde leur valeur, peut donc être obtenue par leur monopolisation. Une autre astuce consiste à annexer à ces produits, comme à toute marchandise, de nouvelles qualités symboliques, affectives, esthétiques qui les rendent uniques le temps d'une campagne de marketing. Ou bien encore, comme l'a « excellemment » montré Naomi Klein dans son ouvrage retentissant *No Logo* (2000/2001), à soigner l'*image* de la marque, qui devient dès lors l'essentiel de la valeur du produit.

Tout cela présuppose que l'on ait suscité chez les individus « des désirs, des envies, des images de soi et des styles de vie » qui « les transformeront en cette nouvelle espèce d'acheteurs qui "n'ont pas besoin de ce qu'ils désirent et ne désirent pas ce dont ils ont besoin"[2] », selon la glaçante définition que donne du consommateur un neveu de Freud, Edward Bernays, passé maître dans la manipulation publicitaire aux États-Unis des décennies durant. Cette « production du consommateur » fait correspondre sa subjectivité avec la symbolique des marchandises que cette subjectivité même contribue à modeler en retour par un travail invisible de *production de soi*. Que l'on ne se méprenne pas : il

1 André Gorz, *L'Immatériel*, *op. cit.*, p. 47.
2 *Ibid.*, p. 64.

ne s'agit de rien d'autre que d'une « *prise de pouvoir* du capital fixe immatériel sur l'espace public, la culture du quotidien et l'imaginaire social[1] ».

La production de soi

La « production de soi » est un concept élaboré par Gorz. Il a pour socle l'expression identique qui sert à Touraine, dans sa *Critique de la modernité* (1992), à désigner le Sujet se faisant. Il se féconde au contact des auteurs de *Transversales* comme Félix Guattari[2], ou Roger Sue qui souligne le « passage de l'individu productif à la production de l'individu, où l'individu est moins l'instrument de sa production que sa matière première[3] ». Il veut signifier la subjectivation singulière d'un fonds culturel commun – l'intelligence collective – consistant « essentiellement à acquérir, développer, enrichir des capacités de jouissance, d'action, de communication, de création, de cognition, etc., comme des fins en elles-mêmes[4] ».

Or, il est vrai qu'« en devenant la base d'une production de valeur fondée sur l'innovation, la communication et l'improvisation continuelle, le travail immatériel tend finalement à se confondre avec un travail de production de soi[5] ». Le travail, au sens qu'il recouvre dans l'économie politique, serait-il donc supprimé et remplacé par le plein développement de l'activité personnelle ?

> Le capital fixe n'a plus une existence séparée ; il est subsumé, intériorisé par des hommes et des femmes qui font l'expérience

---

1 *Ibid.*, p. 67.

2 On trouve chez Guattari des expressions comme « production singulière d'existence », « production d'existence humaine », « production de soi comme sujet », « production de subjectivité », etc.

3 Roger Sue, *Renouer le lien social. Liberté, égalité, association*, Odile Jacob, Paris, 2001, p. 182.

4 André Gorz, « La personne devient une entreprise. Note sur le travail de production de soi », *EcoRev'*, n° 7, hiver 2001, p. 8.

5 *Idem*, *L'Immatériel*, *op. cit.*, p. 20.

> pratique concrète que la principale force productive n'est ni le capital machine ni le capital argent mais la passion vivante avec laquelle ils imaginent, inventent et accroissent leurs propres capacités cognitives en même temps que leur production de connaissances et de richesse. La production de soi est ici production de richesse et inversement[1].

Ce « protocommunisme[2] » n'est toutefois que virtuel. Car la production de soi représente une sorte d'« accumulation primitive » dont les entreprises jouissent presque gratuitement. Les managers des grandes firmes veillent à ce que l'« autonomie » de la production de soi, gage de toutes ses vertus productives, soit préservée en donnant l'illusion de métamorphoser collaborateurs, prestataires, consultants et autres « missionnés » en de petits entrepreneurs autonomes, qu'ils soient salariés ou indépendants. Un de leurs thuriféraires néolibéraux peut donc claironner : « La personne devient une entreprise[3]. »

Toujours est-il que l'essence subjective de la production de soi recèle de véritables potentialités d'autonomie qui font de cette question l'enjeu d'un « conflit central ». Potentialités qui ne se confondent pas avec l'« autovalorisation » ou l'auto-entrepreneuriat, c'est-à-dire avec la mise en vente de soi comme marchandise – Negri n'est pas très heureux en inventant la notion ambiguë d'autovalorisation, qui contient le principe moteur du capitalisme mais qui est pour lui une catégorie antiéconomique[4]. La « coïncidence entre le travailleur et l'entreprise » peut en effet être vue sous un autre angle :

1 *Idem*, *Écologica*, *op. cit.*, p. 21. Publication d'origine : « L'écologie politique, une éthique de la libération » (entretien avec Marc Robert), *EcoRev'*, n° 21, automne-hiver 2005.

2 *Ibid.*, p. 20.

3 André Gorz, « La personne devient une entreprise », *loc. cit.*, p. 7-10. Sur la domination par l'autonomisation dans le travail, voir l'ouvrage, dont Gorz a tiré profit : Manfred Moldaschl et Günter Voss (dir.), *Subjektivierung von Arbeit*, Hampp, Munich, 2002.

4 André Gorz, « Penser l'exode de la société du travail et de la marchandise », *Mouvements*, n° 50, juin-août 2007, p. 104.

> On peut y voir le signe que les capacités constitutives de la force de travail ne sont plus subsumables par le capital en tant qu'entité distincte, et que la nature de la production requiert maintenant un mode de coopération sociale auto-organisée, susceptible de déboucher tôt ou tard sur l'émancipation individuelle et collective des travailleurs. Il semblera alors que le capitalisme engendre en son secteur le plus avancé les germes de sa négation en acte. C'est là du moins ce que démontrent les dissidents du capitalisme numérique[1].

La dissidence numérique

Dans *Misères du présent, richesse du possible*, André Gorz montre un certain scepticisme sur les capacités du sujet à se soustraire à l'emprise managériale de l'entreprise postfordiste. *L'Immatériel* affiche au contraire un optimisme quant aux potentialités émancipatrices que cache l'économie de la connaissance. C'est qu'entre-temps Gorz a pris la mesure de l'accélération des mutations informationnelles qui affectent la société tout entière, en particulier grâce à l'essor d'Internet :

> L'ordinateur apparaît comme l'outil universel, universellement accessible, par lequel tous les savoirs et toutes les activités peuvent en principe être mis en commun. Et c'est bien ce droit au libre accès et à la mise en commun que revendiquent les communautés anarcho-communistes des logiciels et des réseaux libres[2].

Reposant sur une éthique de la coopération et du don, la pratique de ces communautés de « hackers » (au sens premier de « passionnés d'informatique ») consiste à mettre les savoirs à disposition de tous (*open source*) et en dehors de tout rapport marchand. Au logiciel propriétaire, elle oppose le logiciel libre ; au copyright, elle oppose, par dérision, le *copyleft*. Cela aboutit à un « anarcho-communisme réellement existant[3] », selon les

1 *Idem*, « Économie de la connaissance, exploitation des savoirs », *loc. cit.*
2 *Idem*, *L'Immatériel*, *op. cit.*, p. 21.
3 *Ibid.*, p. 95.

termes du Britannique Richard Barbrook, connu par ailleurs pour s'en être pris à l'idéologie libérale-libertarienne planant sur la Silicon Valley. Gorz s'inspire aussi du philosophe finlandais Pekka Himanen, qui magnifie *L'Éthique hacker et l'esprit de l'ère de l'information* (2001/2001). Ces « communautés dissidentes du numérique » (formule empruntée à Peter Glotz, alors professeur des médias à Saint-Gall) se lèvent contre « la privatisation des moyens d'accès à ce "bien commun de l'humanité" qu'est le savoir sous toutes ses formes[1] ». Leurs luttes ont une « portée stratégique » parce qu'elles portent le fer contre le capitalisme, mais au sein du capitalisme et au cœur même des dispositifs de pouvoir du capital. Celui-ci ne peut se passer des travailleurs de l'immatériel au moment où explosent les nouvelles technologies de l'information et de la communication (TIC).

Mais si le mouvement du logiciel libre prend une allure fulgurante à partir de la fin du XXe siècle, nourrissant les espoirs les plus utopiques, voire infondés de Gorz, rien n'est joué pour autant. En 1999, Gorz écrit au spécialiste de Simone Weil Robert Chenavier, avec qui il engage une discussion théorique serrée sur le sens du « travail » contemporain :

> L'enjeu sur et pour le Net est de savoir si celui-ci sera un lieu de coopération conviviale (au sens d'Illich : outil convivial = outil qui ne programme ni ne prédétermine l'usage que les gens en font) ou au contraire un lieu de monétarisation et de commercialisation de la communication et des échanges[2].

Wissenskommunismus ou le communisme de la connaissance

La traduction en allemand de *L'Immatériel* paraît en septembre 2004 chez l'éditeur de gauche Rotpunkt de Zurich sous le titre *Wissen, Wert und Kapital. Zur Kritik der Wissensökonomie*. Bien que l'auteur affirme en avoir réécrit en allemand

1 *Ibid.*, p. 88-89.
2 Lettre d'André Gorz à Robert Chenavier du 9 octobre 1999 (GRZ).

« un bon tiers[1] », les pages complètement inédites se limitent à une vingtaine sur les cent quarante de l'édition française. Quoi qu'il en soit, il préparera par la suite une seconde édition mise à jour de son livre en français. Elle ne sortira pas, mais ses archives conservent les retraductions en français et la préface inédite. Dans celle-ci, Gorz explique que cette nouvelle édition de *L'Immatériel*, calquée sur celle en allemand, diffère de la première par « un certain nombre de modifications et d'additions », principalement aux chapitres III et IV, rédigées « au cours des dix-huit mois qui ont suivi la parution de cet ouvrage chez Galilée ». Il ajoute qu'« elles ont pour origine des lectures et des échanges d'idées avec deux personnes[2] ». Il s'agit de Stefan Meretz et Erich Hörl.

Le premier est un informaticien berlinois qui, après avoir découvert sur la Toile un entretien de Gorz à propos de *L'Immatériel*, lui écrit une longue lettre le 18 août 2003. Une intense correspondance s'ensuit, qui se poursuivra jusqu'en août 2007[3]. « Le chapitre III de la nouvelle édition qui porte sur le numérique, explique Gorz dans la préface, s'est enrichi de nombreuses références aux réflexions et écrits de Meretz, dont la dimension philosophique m'enchantait. L'échange de lettres qui s'est développé entre nous a été pour moi l'un des plus fertiles et éclairants de ma vie. » Ce qu'il aime chez Meretz, c'est qu'il « explore par la théorie et par la pratique les possibilités d'une extension du principe des logiciels libres et de l'éthique hacker à d'autres champs de l'économie et, finalement, à la société entière[4] ».

Meretz est membre d'Oekonux[5]. Oekonux.de est une liste de discussion et d'enregistrement de projets sous licence Linux, fondée par l'informaticien allemand Stefan Merten en 1999, qui

---

1 Lettre d'André Gorz à Stefan Meretz de mai-juin 2004 (GRZ).

2 GRZ 9.5.

3 Voir Stefan Meretz, « André Gorz und der Wissenskommunismus », *in* Hans Leo Krämer (dir.), *Der Horizont unserer Handlungen : den Zusammenbruch des Kapitalismus denken*, Kooperationsstelle Wissenschaft und Arbeitswelt, Sarrebruck, 2013, p. 111-119.

4 GRZ 9.5.

5 Stefan Meretz, né en 1962, enseignant par ailleurs la *kritische Psychologie*, sera par la suite à l'initiative de plusieurs sites de critique numérique. Voir <meretz.de>.

explore lui aussi les voies du logiciel libre vers une forme de production transcendant le capitalisme. Meretz fait connaître ce réseau à Gorz en l'invitant dans sa première lettre à participer à la 3e conférence Oekonux organisée à Vienne en mai 2004. Il obtient de sa part quelques mots de soutien : « Avec un certain nombre d'entre vous, j'ai fait l'expérience que la joie et le plaisir de donner et de recevoir sont contagieux et libérateurs. Vous êtes le groupe auquel j'aurais vraiment envie d'appartenir. Je suis malheureusement un vieil homme branlant qui ne peut regarder votre entreprise que de loin[1]. »

L'édition française de *L'Immatériel* reflétait déjà l'émerveillement de néophyte d'Himanen ; son édition suisse se prévaut des analyses et témoignages très radicaux que Gorz a recueillis entre-temps auprès de partisans allemands du « libre », dont certains, comme Merten, Meretz et le mathématicien Wolf Göhring, baignent dans la culture marxiste.

> [Ceux-ci] se demandent [...] comment le « travail » pourrait être supprimé au profit d'une concertation communicationnelle dont le déroulement ferait appel à l'implication de tous les participants et dont le résultat n'appartiendrait en propre à personne. La question de savoir *ce qui* doit être produit, *comment* et *à quelle fin* devrait pouvoir être résolue sans la médiation du marché par les producteurs-consommateurs interconnectés[2].

On aboutirait ainsi à l'émancipation du capital humain vis-à-vis du procès de valorisation. Que serait alors une « authentique économie de la connaissance » sinon un *Wissenskommunismus*, c'est-à-dire un « communisme traitant les connaissances comme un bien commun et dans lequel leur mise en commun abolirait le rapport d'échange, le rapport d'argent[3] » ? Gorz signale par

1 André Gorz, « Jenseits von Arbeit, Ware und Wert » (avril 2004), *in* Stefan Meretz, « André Gorz über Oekonux », courriel du 26 avril 2004, <oekonux.de>.

2 André Gorz, *Wissen, Wert und Kapital*, *op. cit.*, p. 92-93. Cette citation et les suivantes sont traduites et adaptées en français par Gorz lui-même (GRZ 9.5).

3 *Ibid.*, p. 11.

ailleurs la remarquable supériorité productive des logiciels libres sur les logiciels patentés :

> [Elle] démontre que la créativité la plus grande s'épanouit quand les créateurs, libérés des impératifs de rentabilité et de « compétitivité », peuvent mettre en œuvre leurs capacités et leur savoir de manière libre et coopérative. Dans leur pratique s'esquissent les conditions qui permettraient aux rapports sociaux de la production de connaissances de devenir le fondement d'une authentique société de la connaissance. Contrairement à l'opinion la plus répandue, la connaissance n'apparaît pas chez eux comme un ensemble d'informations formalisées détachables de leurs détenteurs, mais comme une activité sociale qui développe des rapports communicationnels et égalitaires, exempts de domination[1].

La supériorité éprouvée de la *coopération* sur la *compétition* pousse au dépérissement de celle-ci. « Le capitalisme cognitif engendre de et en lui-même la perspective de sa suppression possible. Au plus profond de lui-même germe un noyau communiste », soutient Gorz ; « il ne s'agit pas d'une pure "vision". Il s'agit d'une pratique développée au plus haut niveau par des gens dont le communisme créatif est indispensable au capitalisme[2] ».

Gorz sous-estime sans doute la difficulté de la question qu'il pose lui-même, à savoir si et comment le modèle collaboratif propre au monde du *copyleft* peut devenir un mode de production à l'exclusion de tout autre et « étendu à toutes les activités sociales[3] ». En revanche, il saisit avec prosaïsme l'ambivalence et les dilemmes de la conjoncture contemporaine :

> Les pionniers du mouvement des logiciels libres ont toujours un pied dans le camp adverse. Ils sont exposés à l'avidité des

---

1 *Ibid.*, p. 13.

2 *Ibid.*, p. 93.

3 André GORZ, « Jenseits von Arbeit, Ware und Wert », *loc. cit.* Voir sur ce thème Sébastien BROCA, « Du logiciel libre aux théories de l'intelligence collective », *Revue TIC&Société*, année II, n° 2, 2008, p. 81-101, <ticetsociete.revues.org/451>.

> producteurs de logiciels sous copyright, sont eux-mêmes soumis à la nécessité de vendre leurs produits, car ils ne peuvent vivre en dehors de tout rapport marchand et d'argent [...] ils vivent leur situation comme un déchirement permanent et la nécessité de vendre leur « travail » comme une limitation insupportable de leur potentiel[1].

Avec plus de hauteur, il fait le même constat ailleurs :

> La dissidence numérique [...] ne permet dans les conditions actuelles qu'une émancipation symbolique du travail immatériel vis-à-vis des rapports sociaux de capital, non une émancipation réelle. Elle explose comme un défi dans un contexte où les firmes sont parfaitement conscientes qu'elles ne réussiront la mobilisation totale de toutes les énergies de leurs « collaborateurs » que si elles réussissent la subsomption totale de leurs ressorts psychiques les plus intimes [...]. Le contrôle total de l'esprit des collaborateurs et de leur temps devient un enjeu central. [...] La pratique de la libre coopération productive, source d'épanouissement et de plaisir au travail (*work is fun*), qui, chez les hackers, est auto-organisée à l'échelle du monde, est ici enfermée dans les limites d'une entreprise capitaliste et assujettie à l'éthique du rendement par un savant système de récompenses symboliques et matérielles[2].

La contradiction entre « épanouissement de soi » et « marchandisation de soi ("autovalorisation") » est loin d'être résolue. Alors que la mise en place de l'allocation universelle serait un début de solution en ce qu'elle casse l'impératif de se vendre[3]. Toujours est-il que la bataille pour la liberté sur le Net et la libre création au sein des réseaux sociaux se poursuit de nos jours, des regroupements politiques (le Parti pirate) se forment contre la propriété intellectuelle, tandis qu'à l'inverse les firmes se servent du modèle collaboratif de l'*open source* pour capter du travail gratuit (*crowdsourcing*) ou s'approprier massivement les

---

1 André Gorz, *Wissen, Wert und Kapital*, *op. cit.*, p. 92.

2 *Idem*, « Économie de la connaissance, exploitation des savoirs », *loc. cit.*, p. 207-208.

3 *Idem*, *L'Immatériel*, *op. cit.*, p. 99-104.

conceptions techniques sous licence Linux (notamment dans la téléphonie)[1].

Progressions du déshumain

L'Immatériel comporte un quatrième et ultime chapitre qui est certainement le plus original de tous. Gorz y attache une grande importance. Aussi sera-t-il déçu que peu de recenseurs de l'ouvrage en discutent les thèses[2]. D'autres les trouvent exagérées[3]. Dans ce chapitre, aux perspectives inquiétantes, l'auteur se demande si, au lieu d'une « société de l'intelligence », la direction prise par la cybernétique ne préfigure pas une « civilisation posthumaine ». La première ne peut se concevoir que par un équilibre synergique entre la science et le monde vécu, la connaissance formalisée et le savoir vivant, la machine et le corps. Au contraire, les développements contemporains de l'intelligence et de la vie artificielles ne cessent d'aggraver la rupture de ces couples. En mettant en sourdine toute expression de la vie, ils font taire l'interrogation sur le sens, les buts et les besoins relatifs à l'être humain sensible.

L'obsolescence de l'homme, que Günther Anders avait commencé à déchiffrer dans les années 1960 (dans un livre éponyme que Gorz lit et juge maintenant « fondamental »), est programmée. La connaissance mise au travail quitte le cerveau humain et prend l'apparence d'une substance qu'on peut transférer dans des appareils, conserver et transformer en un facteur de production valorisable et brevetable.

> Elle n'est plus qu'un complexe d'informations formalisées, un moyen de production mort, déraciné de tout support et de tout contexte social vivants, destiné, tout comme le travail mort

---

1 *Réseau(x) et société de l'intelligence. Le numérique sème-t-il la révolution ?* : *EcoRev'*, n° 37, été 2011 ; *(Contre-)pouvoirs du numérique* : *Mouvements*, n° 79, 2014.

2 Contre-exemple : Marie-Louise Duboin, « Revenu d'existence ou revenu social ? », *La Grande Relève*, mars 2003.

3 Par exemple, Ladislas Dowbor dans son compte rendu de novembre 2005, <dowbor.org/2005/11>.

> cristallisé dans les machines, à fonctionner comme capital fixe et à être valorisé. Pour être productives, les connaissances mortes n'ont plus besoin d'être connues et comprises par quiconque. Leur production industrielle vise dans toute la mesure du possible à rendre *substituables* les facultés humaines, jusques et y compris la vie et l'intelligence[1].

La technoscience sert la marche du capitalisme parce qu'elle obéit à une même rationalité mathématisante. Il existe en effet une étroite parenté entre la domination qu'exerce la connaissance scientifique objectivée et la domination qu'exerce le capital à travers un procès de valorisation détaché de tout contenu substantiel et concret : « Tous deux font méthodiquement abstraction de ce qui n'est pas formalisable et calculable[2]. » Comme Gorz l'avait déjà écrit dans les *Métamorphoses*, « l'autodénégation du sujet qui est propre aux techniques du calcul devient le paradigme de tout penser[3] ». Dans *L'Immatériel*, Gorz identifie et étudie une « pensée sans sujet » qui s'est historiquement formée dans le langage du calcul mathématique et qui, après avoir façonné la logique capitaliste, triomphe aujourd'hui sur le terrain de la cybernétique.

Il se documente dans les livres de son ami Finn Bowring sur l'appropriation de la vie par les biotechnologies (*Science, Seeds and Cyborgs*, 2003), des praticiens de l'intelligence artificielle comme l'informaticien Ray Kurzweil et le chercheur en robotique Hans Moravec, puis, pour l'édition en allemand, dans la thèse encore inédite d'Erich Hörl, autre ami, spécialiste des médias numériques, sur l'histoire de la mathématisation des sciences (*Die heilige Kanäle*, 2005). Prenant aussi appui sur Husserl qui, dans *La Crise de la science européenne*, avait démontré que, dans l'histoire de la pensée, la mise à l'écart de l'expérience du monde sensible trouvait sa source dans la « mathématisation de la nature », Gorz retrace le chemin de cette exclusion. Il

---

1 André Gorz, *Wissen, Wert und Kapital*, *op. cit.*, p. 106.
2 *Ibid.*
3 André Gorz, *Métamorphoses du travail*, *op. cit.*, p. 157.

évoque Kepler, Galilée, Descartes et Leibniz pour avoir découvert que les lois de l'intellect libéré de la subjectivité du corps sont aussi les lois qui régissent l'univers.

Cette révolution épistémique marque un tournant décisif avec George Boole au milieu du XIXe siècle. Pour lui, toutes les opérations de l'esprit se laissent en principe transcrire dans le langage universel de l'algèbre symbolique, de sorte qu'il est possible de concevoir des *machines pensantes*. Ce sera le cas un siècle plus tard avec les premiers ordinateurs. L'intelligence artificielle en vient donc à être conçue comme la réduction de l'esprit humain à une machine programmée. La pensée, littéralement désincarnée, réduite à la logique mathématique, devient capable de connaître au-delà de ce que l'expérience du monde sensible nous dévoile. Mais de cette façon, elle poursuit « la connaissance pour la connaissance » et voit « dans l'indifférence aux contenus, aux intérêts et aux passions la condition de l'accès à la vérité[1] ».

Échapper à l'existence déterminée est aussi le propre de la science lorsqu'elle refuse la contingence du corps, la finitude et la mort : la « rationalisation techno-scientifique de la reproduction humaine » s'invente de nouveaux domaines avec la fécondation *in vitro*, la gestation pour autrui et, à terme, le clonage humain. Quant à la vie artificielle, à laquelle donnent libre cours l'ingénierie génétique, les nanotechnologies appliquées au corps et les cyborgs (c'est-à-dire l'outillage machinique de l'homme), elle est investie d'une mission eugénique, voulue par la science et cautionnée par le politique, au mépris de la volonté des êtres « remodelés », qui n'auront pas choisi de l'être (enfants issus de ces pratiques).

Il y a donc une énorme différence entre la « corporéité biologique » et la « corporéité machinique » : « Par la première, native, nous sommes donnés à nous-mêmes : elle est la contingence naturelle du hasard de notre naissance. La seconde est fabriquée par d'autres dans un but déterminé. » Si bien que, « cyborgs, nous manions des machines qui prolongent nos corps sans

---

1 *Idem, L'Immatériel, op. cit.*, p. 116.

comprendre leur fonctionnement ni leur conception ». Si les techniques, jusque-là auxiliaires, ont toujours permis à l'homme de se produire, il se pourrait maintenant que « nous nous fa[ssions] produire par elles[1] ». Nous serions alors entrés dans une ère postbiologique et posthumaine...

---

1 *Ibid.*, p. 117, p. 140 et p. 141. Sur cette problématique, voir un ouvrage auquel André Gorz se réfère aussi : Peter SLOTERDIJK, *La Domestication de l'Être*, mille et une nuits, Paris, 2000.

18

Un autre monde est possible

Passé quatre-vingts ans, André Gorz ne songe plus à écrire de livres théoriques. En 2004, il acquiesce à la réédition des *Métamorphoses du travail* en format de poche chez Gallimard. Il admet ainsi que ce livre est certes le plus ambitieux, le plus élaboré, mais aussi le ou l'un des plus probants et pertinents sur le plan théorique parmi ceux qu'il a écrits. Quoiqu'il date de 1988 et que sa pensée ait notablement évolué par la suite, il tient toujours pour valable la deuxième partie de l'ouvrage décortiquant la raison économique, et décomposant activités marchandes et non marchandes.

Pendant les trois années qui lui restent à vivre (2005-2007), Gorz publie une dizaine de nouveaux textes. En France, il livre trois entretiens, à *Libération*, *EcoRev'* et au *Nouvel Observateur*, et autant d'articles à *Entropia*, nouvelle revue de la décroissance, *Mouvements*, revue de transformation sociale radicale née en 1998, et à *EcoRev'*.

À l'étranger, il s'exprime surtout au Brésil, pays particulièrement réceptif à ses thèmes. Coopératives, démocratie participative et monnaies locales y fleurissent. Au sein du Parti des travailleurs, le revenu d'existence est soutenu par le sénateur Eduardo Suplicy, membre du BIEN (qui lui doit l'évolution du nom en Basic Income *Earth* Network) et à l'origine du revenu minimum conditionnel (*bolsa familia*) institué en 2004. Deux livres sur la pensée de Gorz sont disponibles chez l'éditeur Annablume de São Paulo : le premier, publié en 2002, est issu de la thèse de Josué Pereira da Silva ; le second, publié en 2006, est un recueil d'études que codirige le même da Silva. Le périodique altermondialiste de Rio de Janeiro *Glob(al)* reprend en 2003 un entretien de Gorz[1]. Après avoir hébergé une synthèse du solide travail de maîtrise d'André Langer sur la pensée de Gorz, l'Instituto Humanitas Unisinos de l'université jésuite de São Leopoldo (Rio Grande do Sul) sollicite une interview du Français en 2005[2] – le site de cet institut présidé par Inácio Neutzling, qui avait invité Gorz au Brésil en 1991, continuera ensuite de promouvoir sa pensée, comme Langer[3]. La même année, le supplément culturel de la *Folha de São Paulo* accueille un entretien de l'auteur de *Misères du présent, richesse du possible* et de *L'Immatériel* qui viennent d'être traduits au Brésil[4].

En 2006, la revue de Copenhague *Social Kritik* publie à son tour un entretien de Gorz[5]. Il est sollicité par l'étudiant Niels Fastrup qui, appâté par *L'Immatériel*, nourrit l'ambition d'insérer son auteur dans le débat politico-social au Danemark – à l'étonnement de l'intéressé qui y voit déjà appliqué ses principes, comme le revenu garanti à hauteur de 1 500 euros par personne (avec enfant[s], 1 134 euros sans)ou la désertion du travail qui atteint 25 % des actifs et qui, pratiquée en alternance, concerne encore plus de monde[6].

Mis en relation avec Utopia par l'intermédiaire de Marie-Louise Duboin, Gorz achève en août 2007 une longue et robuste préface pour le *Manifeste* du mouvement qu'il intitule « La sortie du capitalisme a déjà commencé[7] ». Utopia se veut une force de proposition altermondialiste et écologiste présente à la fois

1 André Gorz, « Le savoir, la valeur, le capital » (entretien avec Thomas Schaffroth, 2003), *loc. cit.*

2 *Idem*, *Écologica*, *op. cit.*, p. 123-159. Publication d'origine : « A crise e o êxodo da sociedade salarial » (entretien avec Sonia Montaño), *Cadernos IHU Idéias*, n° 31, 2005.

3 Voir <ihu.unisinos.br>, recherche : « andré gorz ».

4 André Gorz, « Vers la multiactivité » (entretien avec Vladimir Safatle, 2005), *loc. cit.*

5 *Idem*, « Vidensøkonomi & kapitalismens krise ? » (entretien avec Niels Fastrup), *Social Kritik*, n° 107, décembre 2006.

6 Voir la lettre d'André Gorz à Françoise Gollain des 5-6 septembre 2005 (GRZ).

7 André Gorz, « La sortie du capitalisme a déjà commencé », *in Manifeste Utopia*, Parangon, Lyon, 2008, p. 5-14.

chez les socialistes, les Verts et le Parti de gauche ; son cheval de bataille, c'est la RTT à 32 heures et l'allocation universelle. Renonçant à rééditer quelques-uns de ses anciens livres épuisés qui, « à côté de ce qui est encore valable, contiennent beaucoup (beaucoup trop) de choses obsolètes[1] », Gorz prépare enfin pour Galilée, à la fin du printemps 2007, un recueil de ses articles qu'il juge les plus significatifs et actuels.

Intitulé, selon ses vœux, *Écologica*, cet ouvrage paraîtra à titre posthume en 2008. Malheureusement orphelin de la préface que Gorz n'a pas eu le temps d'écrire, ce recueil montre que l'auteur persiste à inscrire sa pensée dans le courant écologiste et qu'il en a été un précurseur. Hormis quatre textes récents produits entre 2005 et 2007, il comprend l'article sur « la bagnole » publié dans *Le Sauvage* en 1973, une adaptation d'extraits des *Adieux* prônant la décroissance et le substantiel article sur l'écologie paru dans *Actuel Marx* en 1992 (mais privé de sa conclusion, jugée sans doute « réformiste » par le dernier Gorz[2] !).

La sortie du capitalisme a commencé

Le brusque arrêt de l'emballement immobilier-financier aux États-Unis en juillet 2007 et la crise bancaire internationale qui s'ensuit à l'automne 2008 ont des conséquences dramatiques pour les populations touchées. Ils font prendre conscience à celles-ci et à l'opinion publique en général qu'avec la mondialisation l'économie est entrée dans l'ère de la financiarisation à outrance. Mais cet avènement est plus ancien, puisqu'il avait déjà causé la bulle Internet (pullulement de *start-up* surévaluées) qui avait provoqué le gigantesque krach boursier de 2001-2002. Aussi est-ce depuis des années que Gorz tente de décrire ce nouveau chemin pris par le capitalisme postfordiste. Bien informé, il en

---

1 Lettre en allemand d'André Gorz à Franz Schandl du 7 novembre 2006, *in* « Über den Horizont unserer Handlungen », *loc. cit.*, p. 13.

2 Nous remercions Françoise Gollain d'avoir attiré notre attention sur ce retranchement significatif.

préfigure les crises et suppute même l'effondrement systémique vers lequel il semble conduire irrésistiblement.

La financiarisation de l'immatériel

Au capital, il n'a pas suffi de briser les solidarités ouvrières dans la seconde moitié des années 1970 pour restaurer le taux de profit par la diminution drastique du coût du travail. Une fois achevée la robotisation, il lui a fallu pousser plus avant l'usage rationnel des ordinateurs par une reconfiguration (*reengineering*) des postes de travail dans tous les secteurs, ce qui a permis de réduire encore la main-d'œuvre pendant les années 1990.

Le résultat a été paradoxal. Pour le comprendre, il faut revenir à la théorie marxiste de la valeur-travail. Puisque « la quantité moyenne de travail abstrait cristallisé dans des marchandises est, en dernière analyse, ce qui détermine le rapport d'équivalence – la valeur d'échange – des marchandises[1] », inéluctablement, « avec la contraction du volume de travail matériel, la valeur d'échange des produits a tendu à baisser, ainsi que le volume des profits[2] ». Quant à l'extension des services à la personne, sur laquelle des économistes et des syndicalistes ont compté pour relancer l'économie et l'emploi, elle a monétarisé des activités qui ne produisent pas de valeur : « Leur rémunération provient du revenu que leurs clients ont tiré du travail productif, c'est un *revenu secondaire*[3]. »

La parade a été trouvée en valorisant les produits immatériels de l'intelligence, celle-ci étant devenue un facteur de production décisif. Mais ces produits n'étant pas des marchandises ordinaires avec une valeur d'échange déterminée, elle n'a été possible, nous l'avons vu, qu'au prix d'artifices techniques ou de marketing aboutissant à une *rente de monopole* sans rapport

---

1 André Gorz, *Wissen, Wert und Kapital*, *op. cit.*, p. 79.

2 *Idem*, « "La valeur du capital immatériel est une fiction boursière" » (entretien avec Denis Clerc et Christophe Fourel), *Alternatives économiques*, n° 212, mars 2003, p. 68.

3 *Idem*, *Écologica*, *op. cit.*, p. 148.

avec la valeur-travail, plus que jamais caduque. Comme le dit Gorz, et à sa suite les économistes Vercellone et Marazzi, le profit se mue en rente. C'est cette rente, fondée sur des valeurs virtuelles et volatiles car non mesurables, qui va permettre de sauvegarder la rentabilité du capital. C'est elle aussi qui rend le capitalisme contemporain extrêmement instable et vulnérable, et l'expose à ses propres limites.

La cote en Bourse des valeurs issue de cette économie de l'immatériel, c'est-à-dire les prévisions de leur rentabilité, va être leur « vraie » valeur. Aussi Gorz peut-il déclarer : « La valeur du capital immatériel est essentiellement une fiction boursière[1]. » La financiarisation est dès lors en marche[2]. Les profits s'orientent vers les placements financiers et, délaissant les investissements, alimentent de moins en moins l'accumulation du capital fixe (équipements) et variable (salaires). « Les idéologues de gauche » qui prétendent voir dans la financiarisation « une activité parasitaire, phagocytant l'économie réelle, ignorent la réalité des faits » : « L'achat et la vente de capital fictif sur les marchés boursiers rapportent plus que la valorisation productive du capital réel[3]. » Dès 1997, Gorz s'exclame :

> Du moment que le capital se financiarise, il ne sait plus quoi faire de la plus-value produite ! Aujourd'hui, l'argent cherche à produire de l'argent sans passer par le travail[4].

Il s'ensuit, écrit-il dix ans plus tard, au moment où éclate la bulle immobilière[5], que « l'économie réelle devient un appendice

---

1 *Idem*, « "La valeur du capital immatériel est une fiction boursière" », *loc. cit.*, p. 69.

2 Pour une analyse de ses mécanismes, voir Christian Marazzi, *La Brutalité financière. Grammaire de la crise*, Éd. de l'Éclat/Réalisations sociales, Paris/Lausanne, 2013.

3 André Gorz, « Penser l'exode de la société du travail et de la marchandise », *loc. cit.*, p. 98.

4 *Idem*, « Gorz, bourreau du travail » (entretien avec Robert Maggiori et Jean-Baptiste Marongiu), *loc. cit.*

5 *Idem*, *Écologica*, *op. cit.*, p. 25-42. Publication d'origine : « Le travail dans la sortie du capitalisme », *EcoRev'*, n° 28, automne 2007, p. 8-15.

des bulles spéculatives entretenues par l'industrie financière », laquelle ne génère que de l'argent « par des opérations de plus en plus hasardeuses et de moins en moins maîtrisables sur les marchés financiers[1] ». La production de marchandises valorisant toujours moins de travail et mettant toujours moins de moyens de paiement en circulation, le maintien de la consommation ne devient possible que par le *crédit* accordé aux ménages, qui est désormais le moteur principal de la « croissance ». Comme le montre la bulle des emprunts immobiliers aux États-Unis, « la croissance est obtenue par la création monétaire, gagée sur des actifs fictifs, affectée à la consommation américaine et non à l'accumulation » ; allant bien au-delà de la mise en garde faite par le président de la Banque fédérale américaine (FED) du risque d'éclatement de cette bulle (déclaration du 5 mai 2005), avec deux ans d'avance, il prédit à la fin de l'été 2005 : « Nous allons vers un *slump* [marasme] et une crise de tout le système de crédit[2]. » Sa sagacité ne date pas d'hier. En 1983, il émettait cette sombre prédiction :

> En ce qui concerne la crise économique mondiale, nous sommes au début d'un processus long qui durera encore des décennies. Le pire est encore devant nous, c'est-à-dire l'effondrement financier de grandes banques, et vraisemblablement aussi d'États. Ces effondrements, ou les moyens mis en œuvre pour les éviter, ne feront qu'approfondir la crise de la société[3].

Critique de la valeur et théorie de la crise

Depuis les *Métamorphoses du travail*, Gorz a fait beaucoup de chemin. Dans ce livre prolixe, il s'efforçait de tracer les contours de l'autonomie pour mieux s'accommo-

---

1 *Ibid.*, p. 28 et p. 27.

2 Lettre citée d'André Gorz à Françoise Gollain des 5-6 septembre 2005.

3 « Interview von Rainer Maischein und Martin Jander mit André Gorz am 16. Oktober 1983 in Frankreich », *in Abschied vom Proletariat ?*, *op. cit.*, p. 195, repris dans André Gorz, « L'homme est un être qui a à se faire ce qu'il est », *loc. cit.*, p. 267.

der de l'inévitabilité et même du bien-fondé de l'hétéronomie économique. Dans *Capitalisme, socialisme, écologie,* il sacrifiait à la thèse polanyienne d'un réencastrement de l'économie dans la politique et la société, avec là aussi le souci de sauver la raison économique bien comprise. Dans *Misères du présent, richesse du possible,* enfin, l'autonomie créatrice restait dépendante de la circulation marchande par la distribution de moyens de paiement sous forme d'allocation universelle. Ce faisceau de solutions, incompatibles avec la domination du capital mais non pas avec sa survie, est maintenant balayé : dans la mesure où l'économie capitaliste se meurt, c'est au plus profond de la crise de la valeur que gronde le péril de la barbarie, mais aussi où se logent les ferments d'une autre économie, sans marchandises, fondée sur des richesses immensurables, et qu'il s'agit de rendre possible et de faire croître.

Cette radicalisation manifeste de sa pensée, encore en germe lors de la rédaction de *L'Immatériel* mais déjà saillante les mois suivants avec la réécriture de sa version en allemand, fait suite à de nouvelles lectures que Gorz entreprend à partir de 2002. Il s'agit principalement d'ouvrages de Moishe Postone et de Robert Kurz qui lui font découvrir les thèses du courant marxiste de la « critique de la valeur » (*Wertkritik*).

Kurz, essayiste et journaliste indépendant prolifique, est le fondateur à Nuremberg de la revue de cette mouvance qui en 1990 prend le nom de *Krisis*. Merten, que nous connaissons, fait partie du groupe Krisis mais, incompris dans sa bataille pour les logiciels libres, s'en écarte pour fonder Oekonux. Si Gorz connaît déjà, de Kurz, son volumineux livre noir du capitalisme (*Schwarzbuch des Kapitalismus,* 1999) et, de Postone, l'édition anglaise originale de *Temps, travail et domination sociale* (1993/2009), c'est par Meretz, lui aussi membre de Krisis, que, peu après la première lettre de celui-ci en 2003, il reçoit plusieurs numéros d'un périodique publié à Vienne, *Streifzüge,* qui contenait, outre ses propres contributions, celles des membres du groupe Krisis.

Streifzüge est une autre revue de ce courant, qu'a fondée le journaliste Franz Schandl en 1996. Tandis que Kurz, en 2004, s'arc-boute sur la primauté de la critique théorique, fait scission et crée la revue *Exit*, celle de Schandl met l'accent, à l'égal des continuateurs de *Krisis*, sur les expériences concrètes susceptibles de mettre en œuvre la critique du travail et de la marchandise. Gorz s'abonne à *Streifzüge* en décembre 2003. À partir de cette date, il correspond longuement avec Schandl jusqu'à l'avant-veille de sa propre mort en septembre 2007[1]. Il est aussi en contact avec un autre rédacteur de *Streifzüge*, l'écologiste déjà membre du groupe autrichien d'ATTAC (Association pour la taxation des transactions financières et pour l'action citoyenne) Andreas Exner, qui lui demande à l'été 2006 une contribution pour un ouvrage collectif sur le revenu de base[2]. Cet article est le plus « kurzien » de tous ceux écrits par Gorz. Achevé en janvier 2007, il est anticipé durant l'été dans *Streifzüge* et, traduit et amplifié, dans *Mouvements* sous le titre « Penser l'exode de la société du travail et de la marchandise ». Mais, en juillet, Gorz confie à Exner avec regret : « C'est bien trop tard que j'ai découvert le courant de la critique de la valeur[3]. »

En faisant allusion à Postone et Kurz, Gorz pense avoir repris dans ses articles récents « l'essentiel des orientations de ces kurziens originels, y reconnaissant une élaboration théorique des [s]iennes propres[4] ». Et à l'envoi de l'article destiné à *Mouvements*, un représentant français de cette école, Gérard Briche, lui répond en juin 2007 :

> La convergence de vos analyses avec celles de la *Wertkritik* sont toujours plus manifestes [...] et le fait que, ayant mené une

1 « Über den Horizont unserer Handlungen » (lettres en allemand d'André Gorz à Franz Schandl et Andreas Exner), *loc. cit.*, p. 9-13.

2 André Gorz, « Seid realistisch-verlangt das Unmögliche », *in* Andreas Exner, Werner Rätz et Birgit Zenker (dir.), *Grundeinkommen. Soziale Sicherheit ohne Arbeit*, Deuticke Verlag, Vienne, 2007, p. 70-78.

3 Lettre d'André Gorz à Andreas Exner du 5 juillet 2007, *in* « Über den Horizont unserer Handlungen », *loc. cit.*, p. 13. Pour se documenter sur la *Wertkritik*, voir <palim-psao.fr>, <krisis.org>, <exit-online.org>, <streifzuege.org> et, du groupe Krisis, le *Manifeste contre le travail*, 10/18, Paris, 2004 [1999].

4 Préface en vue d'une seconde édition en français de *L'Immatériel* (GRZ 9.5).

> réflexion de manière autonome, nous arrivions à des conclusions analogues, constitue une puissante confirmation des analyses que nous présentons, et qui sont largement contre le courant dominant de la pensée dite « de gauche »[1].

À plusieurs égards, les convergences sont frappantes[2]. Gorz tient en haute estime la réinterprétation de la théorie critique de Marx faite par Postone, un historien canadien enseignant à Chicago qui est une des sources du courant de la critique de la valeur. Dans son livre, Postone, qui s'appuie sur les *Grundrisse*, pose le travail comme principe social d'organisation propre au seul capitalisme. Il s'élève, comme Gorz depuis les *Adieux*, contre le marxisme traditionnel qui critique le capitalisme à partir du point de vue du travail, c'est-à-dire en remettant en cause les rapports de propriété et non les forces productives façonnées par le capitalisme industriel, et auxquelles appartiennent autant le travail que le capital. Défendre le travail, comme l'a fait le mouvement ouvrier (Postone), ou défendre l'idéologie du travail, comme le fait la gauche (Gorz), est réactionnaire.

Le rapport à l'argent fournit un éclairage. En tant que véhicule de la valorisation, la monnaie est un *fétiche* qui oppose en apparence le travail et le capital (intérêts pécuniaires opposés) mais qui les assemble en réalité dans la même logique abstraite du capitalisme. Dans cette veine postonienne – qui n'est pas sans analogie avec l'analyse que Horst faisait en 1947 du fétichisme de l'argent (*voir p.* 52) ! –, Gorz explique :

> *Travail et capital sont fondamentalement complices par leur antagonisme pour autant que « gagner de l'argent » est leur but déterminant.* Aux yeux du capital, la nature de la production importe moins que sa rentabilité ; aux yeux du travailleur, elle importe moins que les emplois qu'elle crée et les salaires qu'elle distribue. Pour l'un et pour l'autre, *ce qui* est produit importe peu, pourvu que

1 Lettre de Gérard Briche à André Gorz du 19 juin 2007 (GRZ).

2 Voir aussi Anselm Jappe, « André Gorz et la critique de la valeur », *in* Alain Caillé et Christophe Fourel (dir.), *Sortir du capitalisme. Le scénario Gorz*, *op. cit.*, p. 161-169.

cela rapporte. L'un et l'autre sont consciemment ou non au service de la valorisation du capital[1].

Comme nous l'avons déjà dit dans un chapitre précédent, l'interprétation de Postone intéresse aussi Gorz sur un autre plan, qui le renforce dans ses réflexions sur la possible création de richesse en dehors de la forme valeur. Se référant à un économiste réfractaire à ses propres thèses, Gorz écrit à une correspondante :

> Conseillez-lui de lire Postone. Il apprendra que la différence entre valeur et richesse n'est pas ce qu'il croit, qu'il y a des richesses créées par l'activité humaine qui sont sans valeur (au sens de l'économie politique) parce qu'elles ne sont ni accumulables, ni échangeables, ni monétarisables (donc non capital-productives dans leur but premier) et que les « valeurs intrinsèques » n'ont rien à voir avec l'économie néo-classique mais renvoient aux *[Fondements] de la métaphysique des mœurs* de Kant où on lit : « Ce qui a un prix n'a qu'une valeur relative et non une dignité, car cela est échangeable contre toute autre chose. Mais ce qui n'a pas de prix et donc n'est pas échangeable a une dignité, une valeur absolue[2]. »

Gorz ne tarit pas d'éloges sur Robert Kurz, dont il aimerait voir traduits en France les derniers livres, comme aussi celui de Postone. En faisant ce vœu auprès d'Hugues Jallon qui, au nom des éditions de La Découverte, lui proposait en vain de publier un recueil de ses propres écrits, Gorz le définit comme un « théoricien de premier ordre de la métamorphose du capitalisme et des dimensions de sa crise », ajoutant qu'il est « le principal rival et antagoniste de Toni Negri (qui ne lui arrive pas à la cheville en matière d'érudition et de capacité théorique)[3] ». Autour de novembre 2005, il prend connaissance de son « chef-d'œuvre » « Le capital-monde » (*Das Weltkapital*, 2005) (plus tard aussi des

1 André Gorz, *Écologica*, *op. cit.*, p. 133.
2 Lettre d'André Gorz à Françoise Gollain des 15, 25-27 décembre 2004 (GRZ). Gorz a trouvé la citation de Kant chez Oskar Negt.
3 Lettre d'André Gorz à Hugues Jallon du 19 janvier 2006 (GRZ).

Aventures de la marchandise [2003] d'Anselm Jappe qui s'inscrit dans ce même courant théorique). Grâce à Kurz, Gorz reconnaît la fonction vitale des bulles financières pour la survie du système[1] et se trouve conforté dans l'idée que la crise n'est pas due aux excès de la finance, mais à l'« incapacité du capitalisme de se reproduire[2] » – Kurz reproche à ATTAC de ne pas le comprendre. Le capitalisme atteint ainsi ses limites internes. Le nœud du problème résidant, comme Gorz le dit au moins depuis *Les Chemins du paradis*, dans ladite troisième révolution industrielle :

> La révolution microélectronique permet de produire des quantités croissantes de marchandises avec un volume décroissant de travail, de sorte que tôt ou tard le système doit se heurter à ses limites internes. Ce capitalisme qui s'automatise à mort devra chercher à se survivre par une distribution de pouvoir d'achat qui ne correspond pas à la valeur d'un travail[3].

Ébauches d'une autre économie

Les derniers textes de Gorz magnifient plus que jamais l'utopie d'une société écologique et communiste mettant à bas l'infernale logique capitaliste de destruction de la nature et de l'humain. On y trouve les couleurs du catastrophisme marxiste, de l'optimisme technologique et de l'emballement utopiste. Ces écrits sont partagés entre un constat sombre et sans concession de l'emprise tentaculaire du capitalisme qui se survit en même temps qu'il nage dans ses apories et atteint ses limites, et une attraction presque enivrante pour les brèches qu'offre néanmoins le mastodonte capitaliste, notamment à travers des avancées technologiques susceptibles d'être appropriées et subverties par ceux qui expérimentent concrètement des voies civilisées de sortie du capitalisme.

---

1 André Gorz, *Écologica*, *op. cit.*, p. 111-112 et p. 145-146 n.
2 *Ibid.*, p. 28.
3 André Gorz, « Penser l'exode de la société du travail et de la marchandise », *loc. cit.*, p. 95-96.

Non pas que la technologie ait un pouvoir de démiurge : « Le règne de la liberté, avait écrit Gorz dans les *Adieux*, ne résultera jamais des processus matériels. » D'ailleurs, si « la logique du capital nous a conduits au seuil de la libération [...] ce seuil ne sera franchi que par une rupture [qui] ne peut venir que des individus eux-mêmes[1] ». « Radicale (catégoriale, disent maintenant les kurziens) », cette rupture « ne peut être spontanée, ne peut être portée par de grands mouvements collectifs mais doit être à la fois "mentale" et pratique (Guattari di[sait] ça très bien à sa façon), sans visée systémique, sans référence à un "ordre nouveau" » ; elle « ne peut être rapide, violente, sous peine d'accoucher d'un ordre totalitaire[2] ». Gorz renoue aussi explicitement avec les positions des *Adieux* « sur la crise/décadence/corruption/impuissance du politique et des partis » en manifestant son accord avec les kurziens pour qui « il ne faut rien attendre des États/gouvernements[3] » (pour les kurziens, le socialisme réellement existant a été un capitalisme d'État et les socialistes, bien nommés – « à chacun selon son travail » –, ne sont jamais que la gauche du capital).

Quelle décroissance ?

À défaut d'insuffler un vaste mouvement, la notion de décroissance obtient une incroyable audience en France dans les années 2000. Le bimestriel *La Décroissance*, apparu en 2004, se vend en kiosque à 25 000 exemplaires. Le concept, souvent assimilé à celui de « simplicité volontaire » lorsqu'il est transposé au niveau individuel, reste cependant flou dans ses présupposés antiproductivistes, anti-industrialistes, anticonsuméristes, voire antiéconomiques, dont il partage le défaut de se définir en négatif. Il n'y a guère que dans le domaine agropastoral, investi par une multitude de néoruraux adeptes de la « vie simple »

1 *Idem*, *Adieux au prolétariat*, *op. cit.*, p. 112.
2 Lettre d'André Gorz à Françoise Gollain du 26 juillet 2007 (GRZ).
3 *Ibid.*

chère à Diogène, que des pratiques extensives, comme la permaculture ou l'agriculture biodynamique mise au point par Pierre Rabhi, portent en elles l'évidence de la décroissance.

La naissance, en novembre 2006, d'une revue d'études de la décroissance, *Entropia*, entend combler un vide théorique. Dirigée par le peintre Jean-Claude Besson-Girard, elle est animée par l'économiste Serge Latouche, pourfendeur impénitent du développement, du progrès, de l'économisme (auteur de *L'Invention de l'économie*, 2005) et pour cela particulièrement apprécié par Gorz – sans qu'ils se connaissent, l'estime est réciproque. Grâce à l'entremise de la décroissante Françoise Gollain, qui est en contact épistolaire régulier avec Gorz, Latouche demande à celui-ci d'intervenir dans le numéro deux de la revue qui a pour thème « Décroissance et travail ». Avec la participation des « gorziens » Bernard Guibert – vieil ami sartrien de Gorz qui avait rejoint les AT – et Gollain – cette dernière signe une excellente présentation synthétique de la pensée de son maître[1] –, ce numéro se veut « un hommage, discret mais fervent », à l'auteur d'*Écologie et politique*.

On sait que depuis 1972, *annus mirabilis* dans la révélation des enjeux écologiques, Gorz plaide pour l'arrêt de la course à la croissance qui saccage planète et milieu de vie. Pour Gollain, acquise dans sa jeunesse aux thèses d'*Écologie et liberté*, il est sans conteste un « père de la décroissance[2] ». Mais Gorz pense aussi, comme il le lui écrit à diverses reprises, que le concept de décroissance est « malheureux[3] » et que « la décroissance ne peut être une politique[4] ». Car la décroissance, développe-t-il dans l'article qu'il envoie à Latouche le 24 septembre 2006[5], est certes

---

1 Françoise Gollain, « André Gorz ou le refus de la domination du travail », *Entropia*, n° 2, printemps 2007, p. 63-79.

2 *Ibid.*, p. 63. Voir aussi l'introduction de Françoise Gollain à *André Gorz. Pour une pensée de l'écosocialisme* (édité par Françoise Gollain), Le Passager clandestin, coll. « Les précurseurs de la décroissance », Neuvy-en-Champagne, 2014, p. 9-56.

3 Lettre citée d'André Gorz à Françoise Gollain des 5-6 septembre 2005.

4 Lettre d'André Gorz à Françoise Gollain du 20 juillet 2006 (GRZ).

5 André Gorz, *Écologica*, *op. cit.*, p. 107-122. Publication d'origine : « Crise mondiale, décroissance et sortie du capitalisme », *Entropia*, n° 2, printemps 2007, p. 51-59.

une « bonne idée » parce qu'elle invite à imaginer comment vivre mieux et autrement, mais elle n'est pas applicable dans le cadre capitaliste sans entraîner une dépression : le capital a besoin par tous les moyens de croissance, et c'est bien là son problème ! Il ne suffit donc pas d'exercer une critique *externe* du système économique au nom de la protection de la biosphère, encore faut-il avoir une intelligibilité des limites *internes* que la croissance même impose au capitalisme. Cette objection de Gorz est conforme à celle soulevée par les théoriciens de la critique de la valeur, Robert Kurz et Anselm Jappe.

Au demeurant, la décroissance de l'économie fondée sur la valeur d'échange est déjà une réalité. Ne pouvant plus se nourrir de l'extension du travail productif, la valorisation du capital repose de plus en plus sur des fictions monétaires aux résultats instables et peu prévisibles. Contrairement à Moulier-Boutang qui voit dans *Le Capitalisme cognitif* (2007) non pas l'agonie du capital, mais une « nouvelle grande transformation », Gorz ne croit guère aux facultés d'adaptation et de stabilisation du système économique en place (il est vrai que, par le passé, celui-ci ne s'est relancé que par le recours à la guerre). À l'unisson avec le courant de Kurz, il se demande seulement si l'issue de cette évolution capitaliste va prendre la forme d'une « crise catastrophique subie » ou celle d'un « choix de société » affranchie de la « domination du capital sur le mode de vie, les besoins et la manière de les satisfaire[1] ». L'idée de décroissance suppose évidemment la soustraction à cette domination ; elle ne peut donc qu'être anticapitaliste – et le mouvement qui s'en réclame gagnerait en cohérence et en force à en être conscient. N'a-t-elle pas d'ailleurs pour socle l'« idée du suffisant », étrangère à l'univers économique dominant[2] ?

Pour ce qui est de la critique « externe » que mène de préférence le mouvement de la décroissance, la radicalité nécessaire ne lui manque pas. Son hostilité aux politiques environnemen-

1 *Ibid.*, p. 114.
2 *Ibid.*, p. 114-115.

tales de ménagement, dites du développement durable ou de la transition écologique, le prouve. Gorz ne le conteste pas. Cette « restructuration écologique », explique-t-il dans *EcoRev'* en 2007, n'est pas une solution aux dégâts de la croissance car « il est impossible d'éviter une catastrophe climatique sans rompre radicalement avec les méthodes et la logique économique qui y mènent depuis cent cinquante ans » :

> La décroissance est donc un impératif de survie. Mais elle suppose une autre économie, un autre style de vie, une autre civilisation, d'autres rapports sociaux. En leur absence, l'effondrement ne pourrait être évité qu'à force de restrictions, rationnements, allocations autoritaires de ressources caractéristiques d'une économie de guerre. *La sortie du capitalisme aura donc lieu d'une façon ou d'une autre*, civilisée ou barbare[1].

Autoproduction interconnectée et artisanat high-tech

Le capitalisme a réussi le tour de passe-passe de découpler le travailleur et le consommateur : on ne consomme plus rien de ce qu'on produit, on ne produit plus rien de ce qu'on consomme. Le sujet, schizophrène, perd son intégrité et son pouvoir de détermination (pour Postone, lecteur de Gorz, c'est ainsi que s'impose le rôle de médiatisation sociale du travail, au cœur du mode de fonctionnement capitaliste, puisque « personne ne consomme ce qu'il produit, mais le travail ou le produit du travail de chacun fonctionne comme moyen nécessaire pour obtenir les produits des autres[2] »).

La captation d'externalités positives, consistant à obtenir du travail gratuit de la part du consommateur invité à contribuer à l'amélioration d'un produit ou à assumer lui-même un service, ne change rien : cette « économie de la contribution », qui tend

1 *Ibid.*, p. 29-30.

2 Moishe Postone, *Temps, travail et domination sociale*, *op. cit.*, p. 224. Ce livre comporte plusieurs références à l'œuvre de Gorz.

à s'étendre du secteur de l'immatériel à toute l'économie, ne promeut en rien la liberté de choix du « prosommateur » ainsi fabriqué. L'« unification du sujet de la production et du sujet de la consommation » s'obtient autrement, par l'« autoproduction hors marché », qui « offre seule une issue pour échapper à cette détermination par le capital du contenu des besoins et du mode de leur satisfaction[1] ». Il ne faut pas concevoir cette réunification aux seules échelles individuelle et privée :

> La « prosommation » (contraction de production et de consommation) peut actuellement s'étendre à des populations entières, être coordonnée à l'échelle planétaire par l'interconnexion d'ateliers communaux d'autoproduction *high-tech*, auto-organisée en réseaux de coopération, d'assistance mutuelle, de diffusion permanente d'innovations et d'idées[2].

Internet et les logiciels libres permettent cette coordination. Mais un pas de géant a été franchi avec la mise au point des imprimantes tridimensionnelles (*fabbers*) qui permettent d'étendre la gamme des fabrications en propre. Utilisées au départ dans l'industrie pour créer rapidement des prototypes, elles font leur apparition dans le domaine du « libre » à l'aube du XXIe siècle. Il s'agit de machines-outils de petite dimension qui exécutent des plans envoyés par ordinateur et qui utilisent des matériaux en particules (sable, colle, résine, métaux, etc.) par addition de couches pour produire des pièces uniques ou en petite quantité.

Dès qu'en 2005 il en découvre l'existence dans la littérature scientifique et militante, Gorz s'enflamme. Il est très impressionné par les observations pratiques du philosophe visionnaire Frithjof Bergmann, émule de Thoreau dans les forêts du New Hampshire, puis professeur d'université dans l'État du Michigan ravagé par la crise de l'automobile et le chômage. Il lit son ouvrage (uniquement) en allemand *Neue Arbeit, neue Kultur*

1 André GORZ, « Penser l'exode de la société du travail et de la marchandise », *loc. cit.*, p. 105.

2 *Ibid.*

(2004) dans lequel les *fabbers* sont présentées comme un formidable outil pour démultiplier l'autoproduction collaborative des populations écartées du salariat. Puis, séjournant en octobre dans un hôtel de Bad Ragaz, dans le canton de Saint-Gall, et ayant été guidé dans le maniement de l'ordinateur de l'établissement par l'ami de passage Erich Hörl, Gorz imprime fiévreusement des dizaines de pages sur le sujet, tirées d'Internet, dont les textes de Merten et Meretz.

Cet artisanat de pointe, assure-t-il, permettrait « aux populations exclues, vouées à l'inactivité ou au sous-emploi par le "développement" du capitalisme, de se regrouper pour produire dans des ateliers communaux tout ce dont elles-mêmes et leur commune ont besoin ». « Transport, stockage, commercialisation et montage en usine, qui représentent deux tiers ou plus des coûts actuels, seraient éliminés. » Une économie « au-delà du travail-emploi, de l'argent et de la marchandise » verrait le jour[1].

Les populations des pays du Sud pourraient également être intéressées par l'introduction de ces laboratoires locaux en réseaux. Car elles n'ont rien à attendre du développement capitaliste, qu'il soit keynésien ou libéral – tôt ou tard, informatisation et robotisation fomenteront partout l'effondrement du travail-emploi à plein temps. Ce n'est donc pas par hasard, poursuit Gorz, qu'un ouvrage prophétique comme celui de Robert Kurz, *Der Kollaps der Modernisierung* (1991/en portugais 1992), est devenu un best-seller au Brésil, ni que l'Afrique du Sud de Mandela accueille avec intérêt l'introduction des imprimantes 3D, projetée par Bergmann. Et de conclure :

> Je ne dis pas que ces transformations radicales se réaliseront. Je dis seulement que, pour la première fois, nous pouvons vouloir qu'elles se réalisent. Les moyens en existent ainsi que les gens qui s'y emploient méthodiquement[2].

1 André Gorz, *Écologica*, *op. cit.*, p. 117, p. 118 et p. 118-119.
2 *Ibid.*, p. 41.

De l'allocation universelle à la gratuité

Les partisans de la théorie critique de la valeur considèrent l'allocation universelle comme une fausse bonne idée. En allouant de l'argent pour consommer, cette mesure ne fait qu'entretenir le fétichisme de l'argent et de la marchandise avec pour résultat de maintenir les bénéficiaires sous le joug du capitalisme ; et ce, de surcroît, à partir d'un transfert de revenus dont l'assiette ne cesse de décroître. Mis en cause par Franz Schandl, Gorz allègue non sans raison : « J'ai toujours été clair qu'on ne peut supprimer les rapports marchands sans en même temps supprimer les relations d'argent, et aussi qu'un revenu de base inconditionnel ne peut pas être un transfert de revenus et présuppose une monnaie et des économies alternatives[1]. »

Mais, après avoir remanié le paragraphe de *L'Immatériel* sur les « Fondements du revenu d'existence » pour l'édition en allemand, il lui écrit : « J'ai pensé à vos objections (justifiées sur le principe) au revenu d'existence et ai été amené à en tenir compte, sans abandonner complètement l'idée[2]. » Dans ce paragraphe réintitulé « L'ambiguïté du revenu d'existence », il admet tout d'abord qu'« il peut sembler paradoxal que je continue à appuyer cette revendication après avoir salué la perspective d'une société au-delà du marché, de l'argent et des relations d'échange[3] ». Mais le revenu d'existence ne peut être de l'« argent ordinaire » en provenance du circuit économique[4] :

> [Il] ne peut être financé par prélèvement fiscal sur la survaleur réalisée par les entreprises. Une économie qui produit de plus en

---

1 Lettre d'André Gorz à Franz Schandl du 3 décembre 2003, *in* « Über den Horizont unserer Handlungen », *loc. cit.*, p. 9.

2 Lettre d'André Gorz à Franz Schandl du 5 août 2004, *ibid.*

3 André Gorz, *Wissen, Wert und Kapital*, *op. cit.*, p. 96.

4 Sur cette problématique, outre la section « Comment financer un revenu pour tous », *Mouvements*, n° 73, printemps 2013, voir Laurent Baronian et Carlo Vercellone, « Monnaie du commun et revenu social garanti », *Terrains théories*, n° 1, 2015, <teth.revues.org/377> ; Christian Arnsperger, « Revenu de base, économie soutenable et alternatives monétaires », *L'Économie politique*, n° 67, juillet 2015, p. 34-49.

> plus de marchandises avec de moins en moins de travail capital-productif ; une économie donc qui, grâce aux accroissements de productivité, distribue de moins en moins de moyens de paiement même quand la production augmente, ne peut financer des revenus de transfert croissants par des prélèvements fiscaux sur les salaires et sur la survaleur[1].

Le revenu d'existence n'a tout son sens que s'il est combiné avec la création d'activités locales autoproduites :

> [Il] servira alors non à la perpétuation de la consommation de marchandises et d'une vie dépendante de décisions de productions « aliénées », mais seulement, en fin de compte, à la distribution des biens qui, *pour le moment*, ne peuvent être produits que sur la base d'une division du travail transrégionale et sans lesquels (par exemple les semi-conducteurs) l'autoproduction locale ne serait pas possible[2].

Limitée à un objectif transitoire, la revendication d'un revenu d'existence révèle néanmoins « la nécessité d'une autre économie, la fin du fétichisme de la monnaie et de la société de marché. Elle annonce l'obsolescence d'une économie fondée sur le travail marchandise et prépare à son effondrement[3] ».

Donc, précise Gorz dans un entretien de 2005 destiné au Brésil, « le revenu d'existence, quand il sera introduit, sera une monnaie différente de celle que nous utilisons aujourd'hui. Elle n'aura pas les mêmes fonctions. » « Elle sera créée "d'en bas", portée par une vague de fond [...] en réponse à une conjonction des différentes formes de crises que nous sentons monter. » Gorz « ne pense pas que le revenu d'existence puisse être introduit graduellement et pacifiquement par une réforme décidée "d'en haut" » : son avènement « dépend largement des groupes et des mouvements dont les pratiques esquissent les possibilités d'un autre monde et le préparent[4] ». Mais pour Gorz un problème

1 André GORZ, *Wissen, Wert und Kapital, op. cit.*, p. 97.
2 *Ibid.*, p. 103.
3 *Ibid.*, p. 97.
4 André GORZ, *Écologica, op. cit.*, p. 154, p. 154, p. 153 et p. 154.

reste non résolu, « celui de la monnaie dans laquelle le revenu garanti est servi, et le système des prix sur la base duquel il est fixé » : « L'idée de Duboin d'émettre une monnaie qui est annulée par sa dépense ne résout pas le problème, puisqu'elle postule explicitement que les biens achetés avec le revenu garanti ont *un prix* marchand[1]. »

Gorz revient sur le modèle distributiste de Duboin dans l'article qu'il prépare pour Exner, dont il dit approuver « complètement [la] critique de la plupart des idées du revenu de base[2] ». « En préservant formellement la forme marchandise des richesses produites et le besoin d'argent pour y accéder », ce modèle « préserve un aspect essentiel des rapports de domination capitalistes ». Il ne s'agit pourtant pas de poursuivre, dans la revendication de l'allocation universelle, « le but illusoire d'un réaménagement du capitalisme qui, par sa dynamique, entraînerait sa transformation, voire son extinction » ; car, certes, « le revenu social garanti reste par lui-même immanent au capitalisme, mais il faut néanmoins le revendiquer *dans une perspective qui transcende le système*[3] ». C'est son dernier mot.

Comme il s'en explique avec Marie-Louise Duboin, si Gorz a des « difficultés avec les notions de distribution et de revenu de base », c'est parce que « l'hypothèse que nous allons (potentiellement) vers une "économie" de la gratuité s'impose de plus en plus à [lui][4] ». Le fait est que, avec l'économie de la connaissance et les possibilités d'autoproduction qu'offre le *high-tech*, « une économie au-delà du travail emploi, de l'argent et de la marchandise, fondée sur la mise en commun des résultats d'une activité comprise d'emblée comme commune, s'annonce possible : une économie de la gratuité[5] ».

1 Lettre d'André Gorz à Jean Zin du 11 juillet 2006 (GRZ).
2 Lettre d'André Gorz à Andreas Exner du 10 août 2006, *in* « Über den Horizont unserer Handlungen », *loc. cit.*, p. 13.
3 André Gorz, « Penser l'exode de la société du travail et de la marchandise », *loc. cit.*, p. 96, p. 97 et p. 100.
4 Lettre d'André Gorz à Marie-Louise Duboin du 25 septembre 2006, *in Trente ans de dialogue avec André Gorz*, *op. cit.*, p. 14.
5 André Gorz, *Écologica*, *op. cit.*, p. 118-119.

> Il s'agit, c'est entendu, d'une utopie. Mais d'une utopie concrète. Elle se situe dans le prolongement du mouvement des logiciels libres qui se comprend comme une forme germinale d'économie de la gratuité et de la mise en commun, c'est-à-dire d'un communisme[1].

La possibilité de la barbarie

À la différence de ceux que l'âge a ramollis ou carrément dévoyés de la cause, Gorz n'a jamais fléchi dans sa quête des voies qui ouvrent, par-delà l'ordre démocratique capitaliste, sur un possible radicalement meilleur. Pour lui, l'existence humaine ne consiste qu'à faire inlassablement des choix aux carrefours du possible. Pour Kierkegaard, précurseur de l'existentialisme, cette possibilité était angoissante et paralysante parce qu'elle contenait en elle-même l'évitement de ce qui est possible. Gorz avait été marqué dans sa jeunesse par cet empêchement désespérant du libre choix. Sartre le lui avait reproché en 1946. Il s'en était dégagé par une interprétation de Sartre et de Marx aboutissant à une théorie de la transformation sociale campée sur deux jambes, celle de la volonté du sujet et celle de la possibilité de la situation. Dès lors, le socialisme a été à ses yeux une nécessité facultative, puis le communisme une possibilité désirable à saisir grâce à l'évolution même du capitalisme. Mais il a toujours soupesé l'alternative du bien et du mal, de la bonne et de la mauvaise direction inscrite au fond des choses.

Gorz ne considère pas l'autonomie comme une aspiration innée qui préserverait d'éventuelles « régressions intégristes-totalitaires[2] ». À la fin de sa vie, son optimisme théorique ne l'empêche pas de déceler les signes d'une possible barbarie. En en faisant part dans ses lettres, il est frappé par la lecture d'un ouvrage de Robert Kurz écrit après le 11 Septembre, « La guerre pour l'ordre mondial » (*Weltordnungskrieg*, 2003). Partant

---

1 *Ibid.*, p. 119-120. Sur ce sujet, voir un livre précurseur : Jean-Louis Sagot-Duvauroux, *De la gratuité*, L'Éclat, Paris/Tel-Aviv, 2006 [1995].

2 Lettre d'André Gorz à Jean-Louis Laville du 29 décembre 1994 (GRZ).

du fait que les humains, devenus de plus en plus inutiles à la reproduction du système, sont massivement écartés des formes d'intégration et de reconnaissance sociales qu'avait représentées naguère le travail de type fordiste, on assiste dans le monde à une « décivilisation ».

> C'est-à-dire la domination de bandes armées, prédatrices et pillardes, mafieuses, exterminatrices et suicidaires dont la rage destructrice exprime ce que H. Arendt appelait (en allemand) l'état de perte du monde (*Weltverlorenheit*) se prolongeant en un état de perte de soi (*Selbstverlorenheit*). Nous sommes loin de la violence accoucheuse de l'histoire et/ou accoucheuse de l'autoaffirmation de la dignité dont a été spolié un peuple [...]. La violence autodestructrice de la « révolte des banlieues » de novembre [2005] prend une autre dimension et un autre sens à cette lumière-là[1].

Depuis, repli et fanatisme religieux, enfermements identitaires et communautaires, fixations nationalistes, montée des haines racistes et xénophobes, rejet des élites et de la classe politique, explosions de violences urbaines sans but affiché se sont affirmés. Il n'est pas faux de lire ces manifestations comme des réactions désarticulées, impuissantes, mais ajoutant encore au délitement social, face aux conséquences antisociales de la mainmise de l'économie-finance sur le monde que secondent les États et les gestionnaires politiques de tous bords.

1 Lettre d'André Gorz à Robert Chenavier du 22 février 2006 (GRZ).

19

La dernière liberté

En 2005, André Gorz prépare une réédition du *Traître* au format de poche pour Gallimard. Comme lorsqu'il avait révisé la nouvelle édition anglaise de 1989, il l'ampute d'une dizaine de pages de divagations ennuyeuses ou datées sur l'attitude au-dessus de la mêlée de Romain Rolland et sur l'engagement communiste de l'intellectuel. Il y ajoute en complément le texte sur « Le vieillissement » publié aux débuts des années 1960.

Nous sommes moins vieux aujourd'hui

Cette plongée dans ses écrits autobiographiques l'incite à donner une suite à ce dernier récit sous la forme d'une préface qui restera toutefois inédite de son vivant[1]. Après avoir signalé que sa description du vieillir, proposée au plus fort de l'âge, tournait à « une entreprise de dépistage des aliénations que l'adulte est appelé à intérioriser » et qu'elle était « une expérience à la fois personnelle et intellectuelle[2] », Gorz, immergé dans le troisième âge, se demande ce qu'est la vieillesse et ce qu'il est lui-même devenu.

Sciemment ou non, la vieillesse est une rupture avec le passé. Elle est une sortie de ce que Max Weber appelait la « cage de la

1 André Gorz, « Nous sommes moins vieux qu'il y a vingt ans » (titre attribué), *in* Christophe Fourel (dir.), *André Gorz. Un penseur pour le XXIe siècle*, *op. cit.*, p. 268-274.

2 *Ibid.*, p. 270.

servitude » fabriquée par le monde du travail – elle n'est donc pas obligatoirement le malheur de la « mise à l'écart » qu'elle était pour Simone de Beauvoir. À l'âge de la retraite, « une deuxième vie et une deuxième jeunesse » commencent. Il est à nouveau possible de mettre à distance les conditionnements de la « pratico-inertie », d'expérimenter des régimes de vie plus riches et de scruter avec plus de liberté les voies de l'émancipation lovées dans la virtualité des choses. Grâce à la concomitance de la révolution numérique qui ouvre de nouveaux horizons d'appropriation collective de la production, Gorz se sent mû par l'optimisme de la jeunesse, par la conviction qu'« un autre monde est possible ». « Nous sommes moins vieux qu'il y a vingt ans, individuellement et socialement », s'exclame-t-il avant de conclure : « Je ne prévoyais pas cela, à trente-six ans. Je ne prévoyais pas que passé l'âge de soixante ans, je commencerais une seconde vie avec la compagne avec laquelle j'étais uni pour toujours[1]. »

Histoire d'un amour

Entre mars et juin 2006, Gorz reprend la plume pour rédiger cette fois-ci un bilan de sa vie, sa vie passée avec sa compagne. *Lettre à D.* est la vibrante histoire de leur amour, de leur complicité et complémentarité intellectuelles. Histoire au cours de laquelle s'égrènent leur insoumission aux canons de la consommation et de la mode, leur refus de laisser la publicité et le marketing leur imposer des besoins qu'ils n'ont pas, leur propension spontanée pour la vie simple, leur mépris de l'argent : « L'écologie devenait un mode de vie et une pratique quotidienne sans cesser d'impliquer l'exigence d'une autre civilisation[2]. »

Ainsi vécu, l'amour échappe au conformisme de la société ; il est irréductible à une fonction sociale ; il récuse l'interposition

1 *Ibid.*, p. 274.
2 André Gorz, *Lettre à D.*, *op. cit.*, p. 72.

tierce qu'est l'institution du mariage – aussi Gorz monte-t-il sur ses grands chevaux lorsqu'un croyant (l'écologiste Dominique Bourg venu lui rendre visite en 1996) défend le bien-fondé de cette pratique. L'amour est une sécession dans la plus pure tradition existentialiste, mais aussi selon les schèmes de Touraine que Gorz avoue avoir suivis : « L'amour est la fascination réciproque de deux sujets dans ce qu'ils ont de moins dicible, de moins socialisable, de réfractaire aux rôles et aux images d'eux-mêmes que la société leur impose, aux appartenances culturelles[1]. » Cela étant, l'auteur veut montrer qu'« au lieu d'être repli sur soi un amour peut se renouveler et s'épanouir tout au long d'une vie en s'inscrivant dans les mutations successives de l'époque dont [son] couple aura aussi été un acteur[2] ».

Cette courte narration – soixante-six pages – commence par une déclaration qui prend au cœur : « Cela fait cinquante-huit ans que nous vivons ensemble et je t'aime plus que jamais. Je porte de nouveau au creux de ma poitrine un vide dévorant que seul comble la chaleur de ton corps contre le mien. » Mais Gorz se pose d'entrée de jeu une question qu'il adresse à la femme aimée : « Pourquoi es-tu si peu présente dans ce que j'ai écrit alors que notre union a été ce qu'il y a de plus important dans ma vie[3] ? » *Lettre à D.* est un acte réparateur. La relecture du *Traître* au cours de l'hiver 2005-2006 l'a consterné (aussi prépare-t-il un « complément » pour sa réédition[4]). Ce livre devait montrer que l'engagement envers Dorine avait été le tournant décisif qui lui avait permis de vouloir vivre. Ce programme n'est pas réalisé. Il est contrarié tout au long du roman par un besoin obsessionnel de théoriser, d'intellectualiser, d'être un « pur esprit transparent ». Alors que c'est bien grâce à sa compagne que l'auteur du *Traître* a pu circonvenir son nihilisme suicidaire. Il a fallu ensuite la maladie de Dorine

1 *Ibid.*, p. 24.
2 Lettre d'André Gorz à Jean-Luc [destinataire inconnu], s.d. [2006] (GRZ 1.11).
3 André Gorz, *Lettre à D.*, *op. cit.*, p. 9.
4 Voir *idem*, *Le Traître*, *op. cit.*, p. 412-413.

et la décision de prendre sa retraite afin de s'occuper d'elle pour que Gorz fasse enfin le serment de « vivre de plain-pied dans le présent, attentif avant tout à la richesse qu'est [leur] vie commune[1] ». Et d'annoncer solennellement, au moment où la fin du récit approche :

> Je revis maintenant les instants où j'ai pris cette résolution avec un sentiment d'urgence. Je n'ai pas d'ouvrage majeur en chantier. Je ne veux plus – selon la formule de Georges Bataille – « remettre l'existence à plus tard ». Tu m'as donné toute ta vie et tout de toi ; j'aimerais pouvoir te donner tout de moi pendant le temps qu'il nous reste[2].

L'amour fusionnel qu'éprouve Gérard Horst pour sa compagne est une évidence reconnue par tous ceux qui l'ont côtoyé un tant soit peu. À Serge Lafaurie du *Nouvel Observateur* qui s'étonna un jour qu'il ne veuille partir en reportage à l'étranger à cause de son épouse souffrante et qui lui objecta : « Tu peux bien la quitter deux jours, elle n'en mourra pas », il répliqua : « Si, justement[3] ! » Jean Daniel, s'essayant à décrire ce « personnage de roman russe », l'un des plus « fascinants » mais aussi « mystérieux » qu'il lui ait été donné de fréquenter, se demandait de quoi il pouvait être sûr : « D'abord qu'il forme avec sa compagne Doreen l'un des couples les plus intimement associés, les plus obsessionnellement attentifs et les plus richement complémentaires que j'aie vus autour de moi[4]. »

Quand Gorz rédige sa « lettre » à Dorine, il n'est pas certain de la publier, par discrétion à son égard. Il pense la lui offrir pour son anniversaire et en réserver la lecture à quelques amis ou proches. Michel Delorme, son éditeur chez Galilée à qui il soumet tout de même le manuscrit, le convainc du contraire, persuadé qu'il s'agit d'un grand et beau livre qui peut trouver un large public. Dorine ne se reconnaît pas tout à fait dans le tableau

---

1 *Idem, Lettre à D., op. cit.*, p. 53 et p. 74.
2 *Ibid.*, p. 74.
3 Entretien de l'auteur avec Serge Lafaurie du 18 novembre 2011.
4 Jean Daniel, *L'Ère des ruptures, op. cit.*, p. 50.

dont elle est le modèle, même s'il dit la vérité, sa vérité à lui[1]. Elle respecte la décision de le voir livrer au public bien qu'elle lui soit pénible ; mais « aimer un écrivain implique d'aimer ce qu'il écrit », déclare-t-elle à une journaliste[2]. Elle demande seulement que cette Lettre à Dorine devienne plus anonymement *Lettre à D.* et que le livre ne paraisse pas en anglais de son vivant.

À la lecture de *Lettre à D.*, de vieux amis de Gorz qu'il avait perdus de vue lui écrivent des mots affectueux, comme Paul Virilio, le Lausannois Freddy Buache ou encore Tiennot Grumbach qui, en « avocamarade », a entre-temps passé sa vie à défendre ardemment les droits des travailleurs. Lors de la publication du récit en octobre, Michel Contat met à profit une visite à Vosnon pour en parler chaleureusement dans *Le Monde*. Lafaurie et son épouse, qui n'y étaient pas revenus depuis plus de vingt ans, s'y rendent en juillet 2007. Le petit livre connaît un succès de librairie fulgurant : en deux mois, 21 000 exemplaires s'écoulent. « Nous devenons célèbres ! » ironise Gorz auprès d'un ami[3]. En y incluant les éditions en langue étrangère dans les deux pays où Gorz a son public, l'Allemagne et le Brésil, le cap des 120 000 ventes est atteint en 2011. *Le Figaro* y va de son commentaire : « On admire la figure de cette femme indépendante, intelligente, néanmoins toute donnée à son mari. Il paraît que les hommes sont nombreux à venir acheter *Lettre à D.* : gageons que c'est pour l'offrir à leur épouse et leur exprimer ainsi la reconnaissance qu'ils ne sont pas forcément capables de manifester[4]... » En 2016, le récit est mis en scène au théâtre en Belgique et en France.

1 Michel Contat, « André Gorz. Le philosophe et sa femme », *Le Monde*, 27 octobre 2006.

2 Elisabeth von Thadden, « Von Luft und Liebe », *Die Zeit*, 20 septembre 2007.

3 Finn Bowring, « The writer's malady. André Gorz, 1923-2007 », *Radical Philosophy*, n° 148, mars-avril 2008, p. 52.

4 Astrid de Larminat, « L'amour se bonifie avec l'âge », *Le Figaro*, 14 décembre 2006.

Le choix de la fin

La première moitié de 2007 tourne mal. En mars-avril, Gérard transmet à Dorine une bronchite qu'elle soigne pendant dix jours avant que son état ne s'aggrave. Elle se plaint de douleurs inexpliquées, puis est hospitalisée d'urgence pour une occlusion intestinale qui est opérée le 14 mai. Le 2 avril, Gorz s'est empressé de signer un testament devant notaire. Il a songé à désigner comme exécuteur testamentaire le Troyen Dominique Bourg, un proche de Nicolas Hulot, connu dix ans auparavant mais entre-temps nommé professeur à l'université de Lausanne. En juillet, il s'adresse à son ami Christophe Fourel, connu en 1987 à un débat sur le revenu minimum de la revue *Projet* et qui, au lieu d'accepter, deviendra l'un des principaux hérauts de sa pensée en pilotant ouvrages collectifs et colloques. Dominique Bourg est donc chargé d'exécuter les dernières volontés de Gorz.

L'éditeur de Gorz, Michel Delorme, est pressenti pour gérer son œuvre, mais c'est finalement avec Olivier Corpet, qui dans les années 1980 l'avait plusieurs fois accueilli dans la revue *Autogestions*, que Gorz conclut un accord qui confie la gestion à l'Institut Mémoires de l'édition contemporaine (IMEC), qu'il dirige. L'IMEC est un fonds d'archives, sis à Caen, qui recueille entre autres celles d'Althusser, Derrida, Foucault, Guattari, Morin et Touraine. La Cimade est désignée comme légataire universel. Créée en 1939, c'est une association œcuménique d'entraide auprès de migrants et réfugiés dont Gorz connaît l'action depuis longtemps.

En 1989, le couple s'était adressé à une cofondatrice de la Cimade, Madeleine Barot, qui venait de recevoir le titre de « Juste », pour lui proposer la création, sur leurs propres avoirs, d'un fonds spécifique pour l'octroi de bourses aux étudiants des pays de l'Est. Étudiant à Lausanne, Gorz avait lui aussi bénéficié des largesses d'un couple de bienfaiteurs. Gorz et Dorine vinrent à Paris pour parler de leur idée avec le président Jacques Maury auquel ils soumirent ensuite un plan écrit, mais la chute du mur de Berlin rendit le projet caduc. Beaucoup plus tard, ils sont revenus à la charge en souhaitant cette fois-ci léguer à la Cimade leur patrimoine. Pendant les quelque quatre années restantes de la vie du couple, Maury les tient donc au courant des activités de l'association en leur amenant à Vosnon tel président, secrétaire ou responsable de la communication.

Les journalistes qui se rendent dans l'Aube pour rencontrer les deux protagonistes de *Lettre à D.* les interrogent parfois sur l'absence de progéniture du couple. Gorz invoque leur insécurité professionnelle et financière à l'époque, et puis son immaturité : « C'était un sacrifice que D. a fait. Parce qu'elle sentait très bien que je n'étais pas mûr pour une paternité[1]. » En 1949, Gérard avait confié à Riffel qu'il avait eu recours à un médecin, l'époux de la tenancière de la pension Wachsmuth, pour faire avorter sa partenaire[2]. Gérard et Dorine expliquent que de toute façon « ils ont renoncé à avoir des enfants parce qu'ils n'ont rien à transmettre et puis ils n'ont pas le sens de la famille[3] » ; « à mon avis, philosophe Gorz, les bons pères sont ceux qui ont eu besoin de père dans leur enfance. Moi, je n'avais pas envie d'avoir de père parce que je n'aimais pas mon père [...]. Nous n'avions pas de famille à fonder pour transmettre quoi que ce soit, puisque nous n'avions jamais eu de famille nous-mêmes[4] ».

Michel-Édouard Leclerc, auquel on doit les souvenirs les plus tendres et saisissants sur Gorz émis au lendemain de sa disparition, s'est forgé une autre vérité. Il raconte avoir longtemps été choqué par ses explications concernant l'absence d'enfant : « Plutôt que de dire que Dorine n'aurait pas pu en porter, il s'aventurait sur des arguments politiques qui me paraissaient

1 Jean-Baptiste Marongiu et Frédérique Roussel, « Aux noms de l'amour » (reportage à Vosnon), *Libération*, 5 octobre 2006.

2 Communication à l'auteur de Walter Riffel, le 23 septembre 2016. Mais Riffel ne se rappelle ni la date de l'événement ni s'il s'agissait de Dorine.

3 Elisabeth von Thadden, « Von Luft und Liebe », *loc. cit.*

4 Frédérique Roussel, « André Gorz, dernière lettre à D. » (référence à l'enregistrement audio du reportage à Vosnon cité), *Libération*, 25 septembre 2007.

bien inacceptables, sauf à tuer toute espérance[1]. » À Vosnon, Dorine se prend d'affection pour Katheline, enfant puis adolescente de la famille voisine dont elle prend soin comme s'il s'agissait de sa propre petite-fille.

Les nuages s'éloignent avec l'été. Gorz recommence à écrire et classe soigneusement ses archives dans des cartons qu'il destine à l'IMEC. Le réalisateur Henning Burk, déjà captivé par *L'Immatériel*, revient tourner à Vosnon une émission sur *Lettre à D.* pour la télévision germanophone 3sat. Des amis rendent visite au couple. Finn Bowring s'y attarde quatre jours, du 6 au 9 septembre. « Dorine revient à la vie – de loin, de loin[2] ! », confie Gorz à Françoise Gollain, demi-soulagé. Aussi accepte-t-il auprès d'elle l'idée d'un débat avec Latouche que Besson-Girard veut organiser en grande pompe à la Sorbonne le 17 septembre, mais que lui propose à Vosnon même (« On est bien mieux chez moi. Invitez-les à venir »). Fin août, une journaliste de l'hebdomadaire allemand à grand tirage *Die Zeit*, qui enquête sur *Lettre à D.*, obtient aussi un rendez-vous dans sa maison pour le 10 septembre. « S'il n'arrive rien d'ici là », se sait-elle prévenue, et si elle veut bien recueillir également le témoignage de Dorine[3]. L'entretien a lieu. « Mais comment parler à ce couple de la mort ? » Elle tente une question : « Vivriez-vous une séparation comme un échec ? Ils rient tous les deux. La séparation, impensable[4] ! »

Deux jours plus tard, le téléphone sonne chez Françoise Gollain : d'une petite voix, défaite, fatiguée, Gorz s'excuse de devoir annuler la rencontre avec les décroissants d'*Entropia*. Cela fait plusieurs jours que Dorine endure de terribles douleurs. Au cours de la même période, Gorz demande à Christophe Fourel, qu'il a au bout du fil, de remettre sa visite à après le voyage

1 Michel-Édouard Leclerc, « André Gorz : la mort d'un philosophe », *loc. cit.*
2 Lettre d'André Gorz à Françoise Gollain du 26 juillet 2007 (GRZ).
3 Voir le fax en français d'Elisabeth von Thadden à André Gorz du 28 août 2007 (GRZ).
4 Elisabeth von Thadden, « Von Luft und Liebe », *loc. cit.*

du couple. De quel voyage s'agit-il ? Depuis quelques années, Gérard et Dorine avaient coutume de partir en automne dans la station thermale de Bad Ragaz et c'est à cette version que leur ami parisien s'en tient. Un filet d'espoir subsiste peut-être. Les valises ont été descendues du grenier. Cette fois, elles resteront vides.

À Meretz et à Jean Zin, Gorz dit son regret de ne pas les avoir vus avant. À son ami de toujours, le Grison Walter Riffel avec qui il aimait se promener à Bad Ragaz, il déconseille de venir à Vosnon parce qu'il ne sait s'il sera là (Riffel s'y rendra tout de même et trouvera porte close). Le dernier texte écrit par Gorz est une épure de son exigeante préface au manifeste d'Utopia, qu'il prépare pour *EcoRev'*[1]. Il l'achève à la main le 17 septembre, mais, embêté par le dysfonctionnement du télécopieur (il en a un depuis quelques années), s'inquiète au téléphone en expliquant que le temps presse : il doit « partir en voyage ».

La décision de Gérard et Dorine est prise : ils « partiront » ensemble. Ils en ont discuté souvent et cela fait très longtemps qu'ils en ont arrêté le principe d'un commun accord. *Lettre à D.*, que l'auteur confesse avoir écrit en pleurant, présageait l'épilogue dans une scène onirique chargée d'émotion dont la littérature a le secret. Sublime déclaration d'amour, *Lettre à D.* se terminait en niant la possibilité même de vivre sans l'autre :

> La nuit je vois parfois la silhouette d'un homme qui, sur une route vide et dans un paysage désert, marche derrière un corbillard. Je suis cet homme. C'est toi que le corbillard emporte. Je ne veux pas assister à ta crémation ; je ne veux pas recevoir un bocal de tes cendres [...]. Nous aimerions chacun ne pas avoir à survivre à la mort de l'autre. Nous nous sommes souvent dit que si, par impossible, nous avions une seconde vie, nous voudrions la passer ensemble[2].

En 1975 déjà, lorsque la maladie chronique de Dorine devenait insupportable, Gorz avait rédigé un fragment littéraire, étonnam-

---

1 André Gorz, *Écologica*, *op. cit.*, p. 25-42.
2 *Idem*, *Lettre à D.*, *op. cit.*, p. 75.

ment semblable par le ton serein et attendri, dans lequel il était cependant plus explicite :

> Cette chose que j'écris sera la dernière. Je n'en viendrai peut-être pas à bout.
> Quand tu n'en pourras plus, j'en ferai un paquet et je le porterai à la poste avec quelques lettres. Ensuite je me coucherai auprès de toi, tu te coucheras auprès de moi, comme nous avons fait depuis vingt-huit ans. Mais ce sera pour ne plus nous réveiller. C'est mieux ainsi. Je t'aime.
> Dès que j'ai eu cette idée la paix s'est faite en moi. J'ai su que c'était la seule solution juste. Nous poserons de nouveau le même regard sur les choses, nous aurons de nouveau le même avenir. Tu ne me regarderas plus comme quelqu'un qui va te survivre et te remplacer auprès de soi. Tu n'as pas été une invitée dans ma vie. Tu y es chez toi. Je ne mènerai personne d'autre dans cette maison. Je ne te laisserai pas seule au dernier moment. Cela aussi, nous allons le vivre ensemble[1].

Au matin du lundi 24 septembre, Lucette, la fidèle voisine qui s'occupe du ménage, rentrée par une porte dérobée de leur maison, ne voit pas un simple message accroché sur la porte : « Prévenir la gendarmerie ». Mais elle trouve épinglé dans le salon un papier, et ce conseil : « Ne montez pas à l'étage. » Gérard et Dorine y reposent tous deux côte à côte. Les sacs plastique qui les encapuchonnent n'ont été qu'une précaution supplémentaire. Des seringues ont servi. On se remémore que Gorz avait des connaissances en chimie ; cela fait des années qu'il s'est aussi documenté sur la technique (*Suicide mode d'emploi*, 1982) et sur *Les Droits des vivants sur leur fin de vie* (1998). Les gendarmes font remonter le trépas du couple au soir du samedi 22.

En bonne vue sur la table, une enveloppe kraft contenant copie du testament et dernières volontés, une lettre pour Lucette, « mon ange gardien », signée de la main trémulante de Dorine – « Pendant de longues années, vous m'avez beaucoup aidée. Et

1 Note manuscrite, GRZ 50.4, reproduite par Christophe Fourel, *Lettre à G. André Gorz en héritage*, Le Bord de l'eau, Lormont, 2017, p. 127-128.

maintenant je vous demande de comprendre que nous sommes sereinement arrivés au bout du chemin » –, des bijoux pour Katheline, une lettre pour la maire de Vosnon, qui est une amie – « Chère Éliane, nous avons toujours su que nous voulions finir notre vie ensemble. Pardonnez-nous les tâches déplaisantes que nous vous laissons » – et, destinée à celle-ci, quarante et une enveloppes affranchies et adressées pour l'envoi du faire-part[1]. Celui-ci est libellé comme suit : « Gérard Horst, dit André Gorz, et son épouse Dorine se sont unis dans la mort comme ils s'étaient unis pour la vie. » Michel Delorme, son éditeur, reçoit une lettre de Gorz écrite ce même samedi : « Mon cher Michel, ma dernière pensée est pour toi, nous avons bénéficié d'une amitié exemplaire. Une belle collaboration prend ainsi fin[2]. » À la lettre est annexé l'article élogieux de *Die Zeit* qui vient de paraître : Gorz l'attendait avec impatience comme une consécration en Allemagne de sa *Lettre à D.*

Le couple rejoint le cercle de ces suicidés à deux, trop attachés à la vie pour laisser la déchéance l'emporter sur le corps fatigué de l'un ou des deux et n'imaginant pas que la vie sans l'autre ait le moindre sens : Paul Lafargue et sa compagne Laura, fille de Marx ; Stefan Zweig et sa femme malade ; et encore Arthur Koestler et sa dernière épouse. En 1983, Gérard et Dorine avaient

---

1 Y est jointe la liste des destinataires ainsi dressée : 1. Cimade ; 2. Finn Bowring ; 3. Françoise Gollain ; 4. Walter Riffel ; 5. M. et Mme Dominique Bourg ; 6. Michel Delorme ; 7. Chris Turner [traducteur] ; 8. Franz Schandl ; 9. Stefan Meretz ; 10. M. et Mme Michel Contat ; 11. M. et Mme Robert Chenavier ; 12. notaire ; 13. Thomas Schaffroth ; 14. Erich Hörl ; 15. Heinrich Dauber ; 16. Otto Kallscheuer ; 17. Hans Leo Krämer ; 18. Rainer Zoll ; 19. Jean Zin ; 20. Pierre Franzen [*Widerspruch*] ; 21. Andreas Simmen [Rotpunkt Verlag] ; 22. Tiennot Grumbach ; 23. Jeremy Tatman ; 24. Serge et Ida Ravanel ; 25. Josué Pereira da Silva ; 26. Olivier Corpet ; 27. Ronald Fraser ; 28. Lazare Rozensztroch ; 29. Conrad Lodziak ; 30. Jacques Maury ; 31. Christophe Fourel ; 32. Jean Moreau ; 33. Annie Dreuille ; 34. Marie-Louise Duboin ; 35. Dick Howard ; 36. François Noudelmann ; 37. Niels Fastrup ; 38. Serge Lafaurie ; 39. Henning Burk ; et, à avertir après obsèques : 40. Erika Angerer [sœur de Gérard] ; 41. Alan Stace [demi-frère de Dorine] (archives privées).

2 Citée par Ben MacIntyre, « In life, in death, in love », *The Times*, 18 octobre 2007. Citation retraduite.

parlé du cas Koestler, alors d'actualité, mais il ne pouvait les concerner tant, à ce moment-là, elle bataillait victorieusement contre son cancer. Si le geste des Lafargue avait suscité la réprobation silencieuse de leurs camarades guesdistes en 1911, celui du couple Horst, « beau comme le stoïcisme antique », pousse à l'indignation le catholique Jacques Julliard, mais dans un sens inattendu : « Comment l'Église peut-elle condamner un tel acte de dignité[1] ? »

Les funérailles ont lieu au crématorium de Rosières-près-Troyes le 1er octobre 2007. Une grosse trentaine de personnes sont présentes : trois représentants de la Cimade dont Jacques Maury, des villageois de Vosnon dont leur maire, des citoyens anonymes de Troyes, puis Denis Clerc, Michel Contat, Olivier Corpet, Mme Delorme, Christophe Fourel, Jérôme Gleizes et Emmanuel Dessendier d'*EcoRev'*, Erich Hörl, Serge Lafaurie, Rossana Rossanda, Jean Zin. Erika Horst rend hommage à son frère à Vienne dès le 29 septembre lors d'une soirée commémorative à laquelle participent Franz Schandl, Erich Kitzmüller (qui avait interviewé Gorz en 1992), ainsi que l'éditeur suisse et la traductrice de Gorz, Andreas Simmen et Eva Moldenhauer.

À Rosières, Patrick Peugeot, président en fonction de la Cimade, ouvre la cérémonie en précisant qu'elle n'a aucun caractère religieux. Le pasteur Jacques Maury lit l'élégie de Jean Daniel dans *Le Nouvel Observateur* qui s'achève par cette envolée : « On ne connaît pas de fin plus écrasante de beauté ni plus accablante de pureté que cette communion dans le suicide, la mort, l'amour. » Serge Lafaurie, l'un des plus anciens amis du couple, prend ensuite la parole pour citer un poète que Gorz a toujours chéri : Paul Valéry. La maire de Vosnon, Mme Éliane Carr, récite enfin des passages émouvants de la *Lettre à D.* Après un détour par le notaire, les représentants de la Cimade ramènent les deux urnes à Vosnon.

En présence de quelques assidus, les cendres sont mêlées et dispersées sous le tilleul où Dorine aimait prendre son thé

1 Jacques Julliard, « Les passions d'André Gorz », *loc. cit.*

et sous les arbres que Gérard avait fièrement plantés. Elle avait quatre-vingt-trois ans, lui quatre-vingt-quatre. Ils n'auront pas eu le temps de revoir dans leur jardin les kakis briller de leur vive couleur hivernale. Les châtaignes et les pommes sont à terre, les plates-bandes desséchées. Le temps d'œuvrer et de vivre était passé.

Les derniers temps, Gorz ressassait ce vers tiré de *Pavot et mémoire* de Paul Celan, poète juif de Bucovine, rescapé des camps et naturalisé français qui s'était donné la mort en se jetant dans la Seine : *Es ist Zeit. Dass es Zeit wird* (« il est temps que le temps advienne[1] »).

Sartre l'avait écrit dans *L'Être et le Néant* : « Être mort, c'est être en proie aux vivants. » Cela vaut aussi pour l'œuvre d'André Gorz qui se clôt avec sa disparition. Les générations contemporaines et futures peuvent dès lors commencer à se l'approprier. Non pas pour l'aduler, mais pour en faire la critique à la lumière de ce que le présent offre de perspectives, de virtualités, de possibilités pour l'avènement d'une civilisation désirable de l'après-capitalisme et de l'après-croissance qui nous préserve des chemins de la barbarie[2].

---

1 Voir Paul CELAN, *Die Gedichte*, Suhrkamp, Francfort-sur-le-Main, 2003, p. 39. Témoignage de Walter Riffel au cours d'un entretien avec l'auteur, 17 mars 2016.

2 En achevant cet ouvrage, nous tenons à remercier pour leur aide et leurs conseils précieux Élisabeth Lau, Sandrine Samson, Françoise Gollain et Christophe Fourel.

Postface

Une persistante actualité

> « L'utopie ne consiste pas, aujourd'hui, à préconiser le bien-être par la décroissance et la subversion de l'actuel mode de vie ; l'utopie consiste à croire que la croissance de la production sociale peut encore apporter le mieux-être, et qu'elle est matériellement possible[1]. »

Loin de tirer des plans sur la comète, nullement futurologue, André Gorz a fondé son « utopie concrète » sur les possibilités de réalisation qu'offrait, sous ses yeux, notre monde en crise. Cette première biographie intellectuelle a cependant donné lieu à des jugements émerveillés qualifiant André Gorz de « visionnaire » et « décroissant précoce » (*Le Nouveau Magazine littéraire*), de « clairvoyant précurseur » (*Le Canard enchaîné*) ou encore de « prophète de l'écologie et du temps libéré » (*Les Inrockuptibles*). Il fallait comprendre, rien de moins, que « le penseur de gauche idéal a existé » (*L'Obs*) et donc se demander si l'on n'avait pas découvert en cet écologiste sans concession, qui assurément « avait tout compris » (*Télérama*), « le grand penseur du XXIe siècle » (*Socialter*).

1 Michel Bosquet, *Écologie et liberté* (1977), *in* André Gorz/Michel Bosquet, *Écologie et politique*, *op. cit.*, p. 20.

Retour à Gorz

Le retour de l'intérêt pour Gorz s'était déjà manifesté à travers des colloques spécifiques, organisés l'un à Montreuil en 2012 par Christophe Fourel et Alain Caillé, l'autre à Sarrebruck en 2013 grâce à Hans Léo Krämer. Aux éditions de leurs actes s'est ajoutée en 2018 la publication de l'ouvrage magistral de Françoise Gollain, *André Gorz, une philosophie de l'émancipation*. Signe des temps, la tournée en France de *Doreen*, pièce de théâtre intimiste montée par David Geselson qui imagine l'ultime soirée du couple, connaît depuis plus de trois ans un franc succès[1]. De leur côté, les électeurs de la primaire du Parti socialiste français ont semblé confirmer la persistante « actualité » de ce philosophe qui voulait libérer les individus du travail, en choisissant comme candidat à la présidentielle de 2017 Benoît Hamon, dont les analyses économiques et les propositions politiques rappelaient étonnamment ses thèses. À l'occasion du dixième anniversaire de sa mort, ce « retour à Gorz » s'est traduit par des publications au Brésil, en Allemagne, et en France, avec un riche numéro d'*EcoRev'* intitulé *André Gorz, une pensée vivante*, des articles de presse (*Politis*) et des émissions de radio.

Mais, à vrai dire, ce *revival* n'a pas toujours été de bon aloi, puisqu'il a fallu écouter Daniel Cohn-Bendit ânonner à la radio publique que si Gorz était vivant « il aurait été pour Emmanuel Macron[2] » ! Un tel propos relève à l'évidence d'une projection de soi. Le parcours politique de Cohn-Bendit lui-même vient infirmer sa pertinence. Négligé dans notre récit, nous n'avons pas relevé que ce parcours avait souvent été en décalage par rapport au cheminement théorique de Gorz. Ce fut le cas, d'abord, lorsque Cohn-Bendit se défia du « réformisme » PSU de Gorz – en raison de son fond libertaire soixante-huitard. Puis, lorsque, dans

1 Pour un aperçu du script et des intentions du metteur en scène, voir David Geselson, « Représenter Doreen et Gérard », *EcoRev'*, n° 45, été 2017, p. 161-172.

2 Dans l'émission de Laure Adler *L'Heure bleue* sur France Inter, le 29 décembre 2017.

un chassé-croisé des positions, il perdit de vue l'« utopisme » de Gorz – en raison cette fois-ci de son écologisme « réalo » à la Joschka Fischer des années 1980, puis « libéral-libertaire » et enfin « macroniste ». Voilà pourquoi Cohn-Bendit n'a jamais été en position d'apprécier pleinement les théorèmes gorziens.

Prophète du présent

Si Gorz reste « actuel » et a pu faire figure d'oracle prédisant le déclin du capitalisme et la possibilité d'un autre monde, humainement souhaitable, ce n'est pas, comme on l'a supposé, par une intuition providentielle : Gorz n'avait rien d'un visionnaire ou d'un prophète. C'est tout simplement parce qu'il n'a eu de cesse de décortiquer les tendances lourdes de l'économie-monde entrée dans l'ère calamiteuse du Capitalocène : tout au plus fut-il un « prophète du présent[1] ». Prenons quelques exemples qui ont été montés en épingle par la critique.

Dans les années 1950, si Gorz était au fait du réchauffement climatique, du danger des radiations atomiques et des potentialités du solaire, c'est tout simplement parce qu'il épluchait la littérature scientifique (sans d'ailleurs en faire des questions politiques). Si, à la même époque, il dénonça l'obsolescence psychologique des marchandises soumises à leur renouvellement incessant, c'est parce qu'il connaissait les dernières stratégies de manipulation des désirs et des aspirations mises en œuvre par le marketing nord-américain. Si, dans les années 1970, il prôna la décroissance économique des pays riches et s'opposa à l'obsolescence programmée, c'est parce que la conscience écologiste du désastre planétaire en cours était déjà à son acmé : le fameux rapport Meadows et la lettre de Sicco Mansholt au président de la Commission européenne avaient fait voler en éclats l'équation expansion = progrès.

---

1 Aussi, tout en maniant le paradoxe, faisions-nous acte de rigueur en lui dédiant ainsi notre dernier livre, que nous lui avions envoyé en 2006.

(On notera que désormais la novlangue ne dit plus « expansion », mais « croissance » – c'est moins agressif... – et non plus « progrès », mais « innovation » – c'est plus séduisant... Avec de nouveaux mots, l'équation est rétablie : ce n'est plus le mythe du progrès, mais celui de l'innovation qui vient au secours de la croissance.)

Mais surtout – et c'est la raison la plus importante et décisive –, si Gorz fit preuve de clairvoyance dans l'analyse de ce qu'est devenue aujourd'hui la « mégamachine technocapitaliste » imbriquée au système financier, c'est parce que depuis plus de quarante ans nous vivons la même situation, que Gorz et d'autres ont appelée le « postfordisme », voire le « toyotisme », puis la « troisième révolution industrielle ». En fait, la référence au modèle de l'usine automobile tout comme l'accent porté sur le caractère industriel de la révolution technologique en cours ont, depuis, montré leur inadéquation sémantique : il est clair aujourd'hui que nous sommes entrés dans un cycle long déclenché par ce qu'il convient de nommer plutôt une *révolution informationnelle postindustrielle* qui s'accompagne nécessairement et irrévocablement de *politiques étatiques (néo)libérales*. Gorz considérait que nous baignions dans une phase languissante du capitalisme mondialisé ; force est de constater qu'elle se prolonge par soubresauts et solutions en trompe-l'œil jusqu'à nos jours. Mais est-ce le début de la fin du capitalisme ?

Gorz est mort en pensant que « la sortie du capitalisme a déjà commencé ». Hélas, c'était sous-évaluer l'extraordinaire résilience de ce mode de production. Le déclin des procédés classiques de valorisation du capital (en vigueur à l'époque du fordisme) est surmonté par d'autres façons de soumettre le travail et d'autres façons de créer des actifs financiers – aussi fragiles et peu productives fussent-elles. La croissance, si nécessaire à l'accumulation du capital, a durablement fléchi (hormis en Chine, où le bas « coût » du travail est cependant remis en cause par des grèves récurrentes). Pourtant, jamais le capital n'a autant rapporté et enrichi les riches qu'aujourd'hui. Gorz a pointé avec lucidité les faiblesses et donc prévu la crise de ce capitalisme financier, qui, après 2008, n'a toutefois cessé de s'affermir en continuant d'appliquer ses recettes monétaristes – celles-ci créent de la valeur boursière au lieu de la valeur réelle, et pallient le blocage des revenus du travail par le crédit ou, en France, par le saupoudrage de primes à l'emploi.

La « société duale » que Gorz dénonçait en son temps s'est encore ancrée davantage. Les écarts de revenu dans l'entreprise et de richesse dans la société se sont creusés de façon extravagante dans le monde entier. Certes, le filet social, légué par l'État-providence, empêche en France l'accroissement de la pauvreté. Les classes populaires et moyennes inférieures subissent néanmoins de plein fouet les « réformes » libérales, de plus en plus livrées à la précarité, aux « boulots de merde », sinon à un chômage qui ne baisse que trop lentement. L'explosion sociale des Gilets jaunes pendant l'hiver 2018-2019 a témoigné de cette situation en exprimant un vaste rejet des politiques fiscales inéquitables et antisociales qui sont consubstantielles à la survie du capitalisme à l'ère hyperlibérale.

Et nous n'avons encore rien dit de la brûlante question humaine et sociale que risque de soulever la poursuite sans frein du réchauffement climatique (nous avons déjà émis plus de CO_2 ces trente dernières années qu'au cours des cent précédentes...). Il est évident que les déplacements de population massifs qu'il provoquera seront susceptibles de causer des tensions et des guerres dans de nombreuses parties du Globe. Par le passé, les urgences écologiques ont parfois trouvé des solutions (contrôle des naissances en Inde et en Chine ; remplacement des gaz destructeurs de la couche d'ozone), mais cette fois le problème a pris une dimension gigantesque qui exige une mutation de paradigme de l'économie mondiale.

Gorz s'est trompé en craignant que la catastrophe écologique annoncée ne conduise à des politiques autoritaires d'austérité, qu'il qualifiait d'« écofascistes ». Au contraire, les visées planificatrices qui ont guidé les directives environnementales jusqu'aux années 1970 ont laissé place à une gestion *libérale* de l'écologie – quoique technocratique souvent, non démocratique parfois. Il n'empêche que cette gestion rend aussi criminelles que dérisoires les velléités de la transition car elle fait soigneusement l'impasse sur un changement de cap structurel de l'ordre économique rivé à la croissance. Comme Gorz n'a cessé de le répéter, nous devons changer nos mentalités, nos habitudes et nos besoins, mais cela ne suffira pas car c'est bien le système qu'il faut changer.

Utopies en marche

En proie à la violence, et aux populismes haineux et rétrogrades qui montent de toutes parts, le monde va mal. La violence sociale des appareils de domination y a atteint une extension et une intensité inouïes. Mais les résistances, qu'elles soient effectives ou échafaudées par la réflexion critique et militante, existent et se multiplient un peu partout dans le monde. Elles ouvrent des espaces ou des perspectives de liberté et d'autonomie qui laissent entrevoir les germes d'une société nouvelle qui aurait supplanté un capitalisme enfin reconnu comme humanicide et écocide. Ce qui nous convainc que l'utopie gorzienne n'a pas été la rêverie d'un philosophe retiré dans sa campagne du pays d'Othe (où de jeunes autochtones ébahis l'ont découvert et préparent un film sur lui[1] !), mais un ferment intellectuel qui a nourri la boîte à idées des combats pour l'émancipation.

Père de l'écologie politique et théoricien de l'autonomie, Gorz reste une référence clé pour l'agir critique. Rétif aux dithyrambes, nous n'irons pas jusqu'à dire, comme Michel Contat, qu'il est un « phare de la pensée » et une « boussole éthique[2] ». Mais il continue d'éblouir les jeunes lecteurs qui le découvrent, comme nous l'avons été nous-même lorsque notre « refus du travail » des années 1970 s'est trouvé conforté par les lumineux *Adieux*

1 Voir <andregorz.fr>.
2 Dans l'émission de Laure Adler, *L'Heure bleue, loc. cit.*

au prolétariat[1]. Pour autant, la postérité directe de Gorz se limite à peu de disciples qui, avec brio, s'emploient à faire connaître le suc de son œuvre. Mais, qu'elle soit ou ne soit pas inspirée de lui, la relève pratique et critique est assurée.

À notre sens, il en est ainsi pour les *Utopies réelles* (2010/2017), désirables, viables et faisables d'Erik Olin Wright qui se demande comment elles peuvent s'inscrire dans des stratégies de transformation qui augmentent le pouvoir d'agir social. Aussi l'auteur se penche-t-il sur les « logiques interstitielles », souvent non conflictuelles mais échappant à la domination, qu'incarnent une multitude d'expériences hétérogènes, au nombre desquelles il cite le coopérativisme solidaire, les budgets participatifs, les réseaux collaboratifs (Wikipédia) ou, à l'état de proposition, les élections par tirage au sort et le revenu de base.

Dans un livre qui nous paraît aussi « gorzien » par le ton que par son titre au diapason de notre époque, *Adieux au capitalisme* (2014), Jérôme Baschet, qui a pris ses quartiers dans le Chiapas des zapatistes, plaide pour une société où les activités productives seraient subordonnées au temps de vivre et à des choix de vie qualitatifs. Il table sur la multiplication d'« espaces libérés » où, en rupture avec les institutions et le système, se déploient les formes radicales de l'autogouvernement. Son regard se porte sur les paysans zapatistes, mais pourrait également se diriger vers le communalisme démocratique du Rojava kurde ou l'îlot de résistance zadiste de Notre-Dame-des-Landes.

Après avoir expliqué qu'on peut et qu'il est souhaitable de *Changer le monde sans prendre le pouvoir* (2002/2007), John Holloway, lui aussi séduit par l'expérience zapatiste, s'attelle, dans *Crack Capitalism* (2010/2012), à repérer les failles du capital que forme tout acte de sécession, si minime, individuel ou éphémère soit-il. Il y voit l'avènement du « faire » qui lézarde

---

1 Nous n'avons jamais eu le courage de rencontrer notre mentor, que nous avions pourtant édité, en tant que secrétaire, dans *Actuel Marx* ; ce qui a préservé l'indépendance de notre enquête historienne car il arrive que, comme tout un chacun, Gorz reconstruise inconsciemment ses souvenirs à l'aune du présent.

par effractions multiples et successives la funeste domination du « travail abstrait ».

C'est cet « âge du faire », annoncé par Michel Lallement dans son ouvrage éponyme (2015), que Pierre Dardot et Christian Laval explorent en quelque sorte en examinant la nature et les conditions d'épanouissement du *Commun* (2014). Contrant la privatisation à tout va du néolibéralisme qui va de pair avec le pillage de l'écosphère, le « principe du commun » institue la réappropriation des ressources à travers la pratique démocratique participative de la coactivité, de la codélibération et de la codécision. Des manières de vivre et de travailler soustraites au fétichisme de l'argent et de la marchandise s'affirment. Aux anciennes formes coopératives s'ajoute ainsi un foisonnement d'initiatives, comme les coopératives d'habitat, les centres de soins gratuits, les réseaux locaux de distribution alimentaire, les ateliers solidaires de réparation, les monnaies alternatives, les jardins partagés, la coproduction d'énergie renouvelable. Et bien sûr les laboratoires de fabrication pour soi *high tech*, étudiés par Lallement, et tous les modes de coopération collaborative ou contributive que permet la révolution informationnelle, à l'origine de *La Nouvelle Société du coût marginal zéro* (2014/2014) décrite par Jeremy Rifkin.

Pour sa part, André Gorz concevait le revenu d'existence comme « un moment transitoire vers une fédération de coopératives communales d'autoproduction qu'il permet de mettre en place[1] ». Asseyant l'autonomie des individus, ce revenu garanti devait accompagner l'émergence d'activités créatrices de « richesses intrinsèques », ni mesurables ni échangeables. Il avait vocation, dans son esprit, à s'effacer au profit de la « gratuité » de cette économie des communs qui monte en puissance. Creusant dans cette direction, le décroissant Paul Ariès propose, dans *Gratuité vs capitalisme* (2018), de terrasser les quatre fléaux du capitalisme (marchandisation, monétarisation, utilitarisme et économisme) en vue d'une société de sobriété extra-marchande.

---

1 Lettre d'André Gorz à Françoise Gollain du 7 juillet 2005 (GRZ).

La méthode ? Casser politiquement la relation entre prix et coût, et promouvoir la « gratuité des usages » jusqu'à un certain seuil, avec renchérissement corrélatif des « mésusages ».

La réflexion fuse. Le combat se poursuit.

Janvier 2019

Sigles et acronymes

AC !	Agir ensemble contre le chômage
ACP	Association des chômeurs et des précaires (ou Cash)
AECEP	Appel européen pour une citoyenneté et une économie plurielles
AFME	Agence française pour la maîtrise de l'énergie (ancêtre de l'ADEME)
ASC	Association syndicale des chômeurs (ou Syndicat des chômeurs)
AT	Les Amis de la Terre (France)
ATTAC	Association pour la taxation des transactions financières et pour l'action citoyenne
BIEN	Basic Income European Network, puis Basic Income Earth Network
CDD	Contrat (d'embauche) à durée déterminée
CDM	Citoyens du monde
CFDT	Confédération française démocratique du travail
CFTC	Confédération française des travailleurs chrétiens
CGIL	Confédération générale italienne du travail
CGT	Confédération générale des travailleurs
CIDOC (ex-CIF)	Centre interculturel de documentation (ex-Centre interculturel de formation) (Mexique)
CIP	Contrat d'insertion professionnelle
CVN	Comité Vietnam national
DGB	Confédération allemande des syndicats (Deutscher Gewerkschaftsbund)
ESU	Étudiants socialistes unifiés (liés au PSU)
ESS	Économie sociale et solidaire

FGEL	Fédération des groupes d'études de lettres
FIOM	Fédération italienne des ouvriers de la métallurgie (adhérente à la CGIL)
GP	Gauche prolétarienne
GRIF	Groupe de recherche et d'information féministes (Belgique)
GRIT	Groupe de réflexions inter- et transdisciplinaires
IG Metall	Syndicat de la métallurgie (Industriegewerkschaft Metall ; Allemagne, adhérent à la DGB)
JCR	Jeunesse communiste révolutionnaire
LC	Lotta continua (Italie)
LCR	Ligue communiste révolutionnaire
MAUSS	Mouvement antiutilitariste dans les sciences sociales
MNCP	Mouvement national des chômeurs et précaires (ex-ASC)
MNEF	Mutuelle nationale des étudiants de France
MUCM	Mouvement universel pour une Confédération mondiale
PC, PCF	Parti communiste français
PCI	Parti communiste italien
PO	Potere operaio (Italie)
POP	Parti ouvrier et populaire (canton de Vaud, Suisse)
PSIUP	Parti socialiste italien d'unité prolétarienne
PSU	Parti socialiste unifié
RDA	République démocratique d'Allemagne (Allemagne de l'Est)
RDR	Rassemblement démocratique révolutionnaire
RFA	République fédérale d'Allemagne (Allemagne de l'Ouest)
RMI	Revenu minimum d'insertion
RTT	Réduction légale du temps de travail
SDS (la)	Union des étudiants socialistes allemands (Sozialistischer Deutscher Studentenbund ; Allemagne de l'Ouest)
SDS (les)	Étudiants pour une société démocratique (Students for a Democratic Society ; États-Unis)

SEL	Système d'échange local
SGEN	Syndicat général de l'enseignement national (affilié à la CFDT)
SMIC	Salaire minimum interprofessionnel de croissance
SPD	Parti social-démocrate allemand (Sozialdemokratische Partei Deutschlands)
UJC (ml)	Union des jeunesses communistes marxistes-léninistes
UNEF	Union nationale des étudiants de France
URPE	Union pour l'économie politique radicale (Union for Radical Political Economics ; États-Unis)
VLR	Vive la Révolution

Bibliographie et sources

Ouvrages d'André Gorz[1]

André Gorz, *Le Traître*, Seuil, Paris, 1958 (« Avant-propos » de Jean-Paul Sartre) ; coll. « Points », 1978 (2e éd.) ; suivi de « Le vieillissement », Gallimard, coll. « Folio essais », Paris, 2005 (3e éd.) ; avec complément, **2008**.

—, *La Morale de l'histoire*, Seuil, Paris, 1959.

—, *Stratégie ouvrière et néocapitalisme*, Seuil, Paris, 1964.

—, *Le Socialisme difficile*, Seuil, Paris, 1967.

—, *Réforme et révolution*, Seuil, Paris, 1969 (comprend une version allégée de *Stratégie ouvrière et néocapitalisme*).

Michel Bosquet, *Critique du capitalisme quotidien*, Galilée, coll. « RC », Paris, 1973.

André Gorz (dir.), *Critique de la division du travail*, Seuil, Paris, 1973.

Michel Bosquet, *Écologie et politique*, Galilée, coll. « RC », Paris, 1975 ; André Gorz/Michel Bosquet, Seuil, Paris, **1978** (2e éd. augmentée d'*Écologie et liberté*) ; Arthaud, Paris, 2018.

Michel Bosquet, *Écologie et liberté*, Galilée, coll. « RC », Paris, 1977.

André Gorz, *Fondements pour une morale*, Galilée, coll. « RC », Paris, 1977.

—, *Adieux au prolétariat. Au-delà du socialisme*, Galilée, coll. « RC », Paris, 1980 ; Seuil, coll. « Points », Paris, **1981** (2e éd. augmentée).

—, *Les Chemins du paradis. L'agonie du capital*, Galilée, coll. « RC », Paris, 1983.

—, *Métamorphoses du travail, quête du sens. Critique de la raison économique*, Galilée, Paris, **1988** ; Gallimard, coll. « Folio », Paris, 2004 (2e éd.).

1 Dans le cas d'éditions multiples, celle de référence que nous avons utilisée est signalée par l'année en gras.

—, *Capitalisme, socialisme, écologie. Désorientations, orientations* (postface d'Otto Kallscheuer), Galilée, Paris, 1991.

—, *Misères du présent, richesse du possible*, Galilée, Paris, 1997.

—, *L'Immatériel. Connaissance, valeur et capital*, Galilée, Paris, 2003.

—, *Wissen, Wert und Kapital. Zur Kritik der Wissensökonomie*, Rotpunkt, Zurich, 2004 (éd. en allemand de *L'Immatériel*, révisée et augmentée) ; 2005 (2e éd.).

—, *Lettre à D. Histoire d'un amour*, Galilée, Paris, 2006 ; Gallimard, coll. « Folio », Paris, 2009 (2e éd.).

—, *Écologica*, Galilée, Paris, 2008.

—, *Bâtir la civilisation du temps libéré* (coordonné par Dominique Vidal), Les Liens qui libèrent/*Le Monde diplomatique*, Paris, 2013. Comprend :

« Leur écologie et la nôtre » (paru à l'origine sous le titre : « Partage ou crève ! » dans *Le Sauvage*, n° 12, avril 1974, p. 10-12), p. 11-19.

« Pourquoi la société salariale a besoin de nouveaux valets » (paru dans *Le Monde diplomatique*, juin 1990, p. 22-23), p. 21-45.

« Bâtir la civilisation du temps libéré » (paru dans *Le Monde diplomatique*, mars 1993, p. 13), p. 47-57.

—, *Le Fil rouge de l'écologie. Entretiens inédits en français* (édité par Willy Gianinazzi, postface d'Erich Hörl), Éd. de l'EHESS, Paris, 2015. Comprend :

« La vie, la nature, la technique » (trad. augmentée de « "Archäologie" des philosophischen Fadens. Die Ent-Packung der ver-packten Philosophie », entretien avec Erich Hörl, *Kurswechsel* [Vienne], n° 3, 1990, p. 5-36), p. 19-81.

« Le savoir, la valeur, le capital » (trad. de « Wissen, Wert, Kapital », entretien avec Thomas Schaffroth, *Die Wochenzeitung* [Zurich], 26 juin 2003), p. 83-90.

« Vers la multiactivité » (trad. de « Ócio revolucionário », entretien avec Vladimir Safatle, *Folha de São Paulo*, supplément *Ilustríssima*, 30 janvier 2005), p. 93-100.

—, *Penser l'avenir. Entretien avec François Noudelmann* (présentation et appareil critique de Christophe Fourel, postface de François Noudelmann), La Découverte, Paris, 2019.

Ouvrages et travaux universitaires sur André Gorz

Graziella Rizzi, *La Problematica filosofica e politica di André Gorz* (tesi di laurea), Università degli Studi, Milan, 1974.

Michael Mundhenk, *Appropriating Life-history through Autobiographical Writing : André Gorz's* The Traitor, *a Dialectical Inquiry into the Self* (thèse), Simon Fraser University, Vancouver, 1984.

Nicolas Guillerot, *Capitalisme et revenu minimum. Réflexions à partir de l'œuvre d'André Gorz* (mémoire de DEA), université Paris-I, Paris, 1989.

Hans Leo Krämer et Claus Leggewie (dir.), *Wege ins Reich der Freiheit. André Gorz zum 65. Geburtstag*, Rotbuch Verlag, Berlin, 1989.

Adrian Little, *The Political Thought of André Gorz*, Routledge, New York, 1996.

Cristina Di Modugno, *Il Lavoro e l'utopia. Studio sul pensiero di André Gorz* (tesi di laurea), Università di Bari, Bari, 1997.

Philip Farah, *André Gorz e la questione del lavoro* (tesi di laurea), Università di Bari, Bari, 1997.

Conrad Lodziak et Jeremy Tatman, *André Gorz : A Critical Introduction*, Pluto, Londres, 1997.

Andrea T. Levy, *Reframing Socialism from the Fifties to the Fin-de-Siècle : The Intellectual Odyssey of André Gorz* (thèse), Concordia University, Montréal, 1998 (version éditée : *Odyssey of a Public Intellectual : André Gorz in perspective*, Black Rose Books, Montréal, 1999).

Finn Bowring, *André Gorz and the Sartrean Legacy : Arguments for a Person-Centred Social Theory*, MacMillan, Londres, 2000.

Françoise Gollain, *Une critique du travail. Entre écologie et socialisme*, La Découverte, Paris, 2000.

Joaquin Valdivielso, *La Filosofía política de André Gorz. Las sociedades avanzadas y la crisis del productivismo* (thèse), Université des îles Baléares, Palma, 2001.

Josué Pereira da Silva, *André Gorz. Trabalho e política*, Annablume-Fapesp, São Paulo, 2002.

André Langer, « Pelo êxodo da sociedade salarial. A evolução do conceito de trabalho em André Gorz » (mémoire de maîtrise), *Cadernos IHU* [São Leopoldo, Rio Grande do Sul], n° 5, 2004.

Josué Pereira da Silva et Iram Jácome Rodrigues (dir.), *André Gorz e seus críticos*, Annablume, São Paulo, 2006.

Arno Münster, *André Gorz ou le Socialisme difficile*, Nouvelles éditions Lignes, Paris, 2008.

Michel Contat, *André Gorz. Vers la société libérée*, Textuel/INA, Paris, 2009.

Ralf Zwengel (dir.), *Ohne Proletariat ins Paradies ? Zur Aktualität des Denkens von André Gorz*, Klartext Verlag, Essen, 2009.

Maëlezig Bigi, *Autonomie et critique du travail chez André Gorz* (mémoire de master), Université de Paris-I, Paris, 2010.

Christopher D. Brooks, *Exile : An Intellectual Portrait of André Gorz* (thèse), ProQuesf, Ann Arbor, 2010.

Florian Fröhlich, *Eine kurze Einführung in die Theorien von André Gorz*, Grin Verlag, Munich, 2010.

Enzo Lesourt, *André Gorz. Portrait du philosophe en contrebandier ou l'écologie politique comme reconquête du sujet*, L'Harmattan, Paris, 2011.

Christophe Fourel (dir.), *André Gorz. Un penseur pour le xxie siècle*, La Découverte, Paris, 2012 (2e éd.).

Roberto Pereira Furtado, *André Gorz. Trabalho, tempo livre e liberdade* (thèse), Universidade federal de Goiás, Goiâna, 2012.

Adeline Barbin, *André Gorz. Travail, économie et liberté*, CNDP, Futuroscope [Chasseneuil-du-Poitou], 2013.

Christophe Fourel (dir.), *André Gorz, en personne*, Le Bord de l'eau, Lormont, 2013.

Alain Caillé et Christophe Fourel (dir.), *Sortir du capitalisme. Le scénario Gorz*, Le Bord de l'eau, Lormont, 2013.

Hans Leo Krämer (dir.), « *Der Horizont unserer Handlungen : den Zusammenbruch des Kapitalismus denken* » *(André Gorz). Kongress über die Ideen von André Gorz 15. und 16. Februar 2013 in Saarbrücken*, Presses universitaires de la Sarre, Sarrebruck, 2013.

—, *L'Écologie politique d'André Gorz*, Fondation de l'écologie politique, Paris, 2014.

Françoise Gollain (présenté par), *André Gorz. Pour une pensée de l'écosocialisme*, Le Passager clandestin, Neuvy-en-Champagne, 2014.

Alice Sternberg, *L'Écologie du monde vécu dans l'œuvre d'André Gorz. L'autonomie au fondement du politique* (mémoire de master), Université de Paris-VIII, Saint-Denis, 2014.

Marcelo Gomes, *André Gorz e o século XX. A problemática fundamentação metodológica de* Adeus ao Proletariado (mémoire de maîtrise), Universidade estadual Paulista Júlio de Mesquita Filho, São Paulo, 2005 ;

Novas Edições acadêmicas, Saarbrücken, 2016, <www.nea-edicoes.com>.

Mathias Richter et Inka Thunecke (dir.), *Paradies now. André Gorz, Utopie als Lebensentwurf und Gesellschaftskritik*, Mössingen-Thalheim, Talheimer, 2016.

Claus Leggewie et Wolfgang Stenke (dir.), *André Gorz und die zweite Linke. Die Aktualität eines fast vergessenen Denkers*, Verlag K. Wagenbach, Berlin, 2017.

André Häger, *André Gorz und die Verdammnis zur Freiheit. Studien zu Leben und Werk* (thèse), Bielefeld, 2018.

Françoise Gollain, *André Gorz, une philosophie de l'émancipation*, L'Harmattan, Paris, 2018.

Archives

CENAC Bibliothèque de La Chaux-de-Fonds, CENAC, fonds Bovard, D.600.52, correspondance Gérard Horst-René Bovard d'août 1949.

CRLR Université de Lausanne, archives du CRLR, fonds de Dardel, dossier *Servir*.

GRZ Institut Mémoires de l'édition contemporaine (IMEC), Caen, fonds André Gorz[1].

HM Université de Francfort-sur-le-Main, bibliothèque, archives, fonds Herbert Marcuse, correspondance André Gorz-Herbert Marcuse.

LLB Fondazione Lelio et Lisli Basso, Rome, archives, correspondance André Gorz/Gérard Horst-Lelio Basso, 1962-1968.

SEUIL Institut Mémoires de l'édition contemporaine (IMEC), Caen, fonds Éditions du Seuil.

Entretiens ou communications

Claude Aucouturier, Dominique Bourg, Freddy Buache, Charles-Henri Favrod, Éliane Carr, Lucette Cassemiche, Denis Clerc, Gaston Cher-

---

1 Toutes les lettres de Gorz tirées de ce fonds sont en réalité des copies qu'il a faites pour lui. À l'exception des copies de la correspondance adressée à Walter Riffel, photocopiée à une date postérieure par son destinataire.

pillod (†), Jacques Delors, Charles-Henri Favrod (†), Christophe Fourel, Françoise Gollain, André Henry, Alain Hervé, Erich Hörl, Dick Howard, Jacques Julliard, Hans Leo Krämer, Serge Lafaurie (†), Claus Leggewie, Jacques Maury, Gilles Monod, Jean-Pierre Moulin, Claus Offe, Walter Riffel, Jean Robert, Michel Rocard (†), Joaquin Valdivielso et Patrick Viveret.

Index des noms

C

D

E

F

G

J

K

L

M

N

O

P

Q

R

S

T

Table des matières

Troisième partie

LA LIBÉRATION DE LA VIE
EN PÉRIODE D'ALLERGIE AU TRAVAIL
Années 1970 : croissance zéro et écologie

Quatrième partie

LA LIBÉRATION DU TEMPS
À L'ÈRE DE LA SOCIÉTÉ DUALE
Années 1980-1990 : toyotisme et précariat

CPI
FIRMIN-DIDOT

Composition Facompo, Lisieux.
Impression réalisée par CPI Firmin-Didot
à Mesnil-sur-l'Estrée (Eure)
en avril 2019.
Dépôt légal : mai 2019
Numéro d'imprimeur : 152464
Imprimé en France